DESCRIPTION
DE
L'ÉGYPTE

RECUEIL
DES OBSERVATIONS ET DES RECHERCHES

QUI ONT ÉTÉ FAITES EN ÉGYPTE

PENDANT L'EXPÉDITION DE L'ARMÉE FRANÇAISE.

SECONDE ÉDITION

DÉDIÉE AU ROI

PUBLIÉE PAR C. L. F. PANCKOUCKE

TOME TROISIÈME

ANTIQUITÉS — DESCRIPTIONS

IMPRIMERIE
DE C. L. F. PANCKOUCKE.

M. D. CCC. XXI.

DESCRIPTION

DE

L'ÉGYPTE.

DESCRIPTION

DE

L'ÉGYPTE

OU

RECUEIL

DES OBSERVATIONS ET DES RECHERCHES

QUI ONT ÉTÉ FAITES EN ÉGYPTE

PENDANT L'EXPÉDITION DE L'ARMÉE FRANÇAISE.

SECONDE ÉDITION
DÉDIÉE AU ROI
PUBLIÉE PAR C. L. F. PANCKOUCKE.

TOME TROISIÈME

ANTIQUITÉS—DESCRIPTIONS.

PARIS
IMPRIMERIE DE C. L. F. PANCKOUCKE

M. D. CCC. XXI.

ANTIQUITÉS
DESCRIPTIONS.

DESCRIPTION GÉNÉRALE
DE THÈBES.

CHAPITRE IX. SECTION DIXIÈME,
Par E. JOMARD.

Description des hypogées de la ville de Thèbes.

PREMIÈRE PARTIE.

Observations historiques sur les hypogées[1].

§. I. *Coup d'œil général.*

Les ouvrages que l'on va décrire sont loin d'égaler ces grands édifices que les lois et la religion de l'État consacraient en Égypte. Il ne s'agit plus de portiques somp-

---

[1] Le mot *hypogée* a été adopté dans les planches de l'ouvrage, pour désigner ce que certains voyageurs ont appelé les *grottes*. La première expression convient mieux que la seconde pour indiquer des catacom-

tueux, de statues colossales, ni de magnifiques péristyles; ici les travaux des Égyptiens n'ont presque aucune apparence au dehors. A la vérité, le sein des montagnes a été ouvert dans mille sens; le roc a été creusé avec art, distribué avec symétrie, décoré avec goût : mais on n'aperçoit pas, dans ces ouvrages, de vastes dimensions, un style gigantesque, enfin la grandeur égyptienne. Si l'on y reconnaît à quelque marque les productions de ce peuple, c'est à la multiplicité incroyable des sculptures, des peintures variées, des ornemens de toute espèce, qui décorent les faces des rochers, jusqu'au sein des ténèbres les plus épaisses; c'est au fini admirable des détails, à cette unité d'ensemble qui caractérise les Égyptiens, enfin à la constance que de pareils travaux ont exigée de la part de cette nation industrieuse, dont on a dit, avec assez de justesse, que si les monumens qu'elle a élevés sur la terre peuvent être comparés à quelque chose, c'est uniquement aux ouvrages qu'elle a exécutés sous terre. Qui le croirait? des salles, des réduits, des puits même condamnés à une ombre éternelle, ont été ornés et enrichis avec autant de soin que

bes, des monumens souterrains, soit à cause de son étymologie, soit à cause de l'usage qu'en ont fait les divers auteurs, tels que Vitruve, Julius Pollux, Hésychius, Pétrone, Tertullien. Elle s'appliquait spécialement, chez les Romains, aux tombes souterraines qui recélaient les urnes sépulcrales. Ces tombeaux étaient divisés, comme en Égypte, en plusieurs salles ornées de bas-reliefs, de fresques et d'une multitude de décorations. Au reste, on se servira quelquefois du mot *grotte*, le lecteur étant bien averti qu'il ne s'agit pas de cavernes ou de creux naturels de rocher. Le mot *crypte* a été employé au même usage par plusieurs écrivains; mais il nous a paru moins juste que celui d'*hypogée*.

N. B. *On peut lire le texte d'une manière continue, sans s'arrêter aux notes, qui, pour la plupart, ne sont que des développemens accessoires ou des renvois aux planches.*

DE THÈBES. SECTION X.

les monumens éclairés par le soleil! De longues galeries, des pièces décorées de colonnes et de pilastres, ou bien de simples excavations, composées de chambres étroites et basses, en un mot, tous les hypogées ont été, les uns comme les autres, couverts de peintures à fresque, la plupart consacrées à des scènes familières et à la vie domestique. Ainsi l'on peut dire en quelque sorte que les hypogées étaient les monumens du peuple, comme les temples et les palais étaient les monumens de l'Etat; c'était là, et non dans des maisons de briques, qu'il pouvait satisfaire son goût naturel pour la sculpture : c'est ce qui explique en partie pourquoi, en Égypte, les habitations particulières n'ont pas été bâties avec les mêmes matériaux que les édifices publics, et par conséquent ont toutes disparu.

A quelle cause pourrait-on attribuer ces travaux souterrains, continués pendant tant de siècles, si ce n'est à l'empire des mœurs et des usages religieux? Le respect pour les morts, professé par toutes les nations, était porté en Égypte au plus haut degré. Tout le monde sait que ce pays est le premier, sinon le seul, où les hommes imaginèrent de conserver en entier les dépouilles de leurs ancêtres, et de les dérober en quelque sorte au néant de la mort[1]. Peut-être, à l'origine de l'art de l'embaumement, ignorait-on encore l'art de la sculpture,

---

[1] L'histoire nous apprend que les Éthiopiens, les Perses, les Assyriens et d'autres peuples de l'ancien monde, et, dans le nouveau, les Péruviens, ont aussi, chacun à sa manière, pratiqué l'embaumement des morts; mais on ne retrouve point de momies proprement dites ailleurs qu'en Égypte, si ce n'est peut-être celles de Palmyre. Il y a aussi des momies particulières aux Canaries; elles appartiennent aux Guanches, peuple assez obscur, que l'on présume avoir tiré son origine

qui pouvait reproduire l'image d'un mortel chéri; ou peut-être aussi pensait-on que ses restes, gardés religieusement au sein de sa famille, agiraient plus sur les cœurs qu'une copie infidèle et qu'une froide image. N'était-ce pas, en effet, mettre sous les yeux de la jeunesse un spectacle frappant, capable de l'exciter à égaler ses aïeux, que de lui présenter leur personne elle-même et leurs traits conservés et intacts, au lieu d'une ressemblance équivoque; sans parler du but moral qu'avait le législateur, en familiarisant les esprits avec l'idée et le tableau de la mort, et ne laissant rien à celle-ci de ce qu'elle a de repoussant? Mais les inconvéniens ou les avantages de cette pratique ne doivent pas être examinés ici. Les peuples ont suivi divers usages funéraires : presque tous ont honoré les morts. Celui d'Égypte n'a différé des autres que par cette singularité, d'avoir non-seulement laissé à la postérité ses arts, ses monumens, mais de s'être en quelque sorte conservé lui-même[1] : tant il avait en principe d'attacher à tout le sceau de la durée.

Ainsi tous ces monumens souterrains étaient des tombeaux domestiques; et à cette destination il s'en joignait une autre peut-être plus ancienne, celle de retracer l'image de la vie civile. Le spectacle des hypogées aura donc pour les modernes un intérêt qui touche ordinai-

de l'Égypte, tant pour l'usage même de l'embaumement, qu'à cause d'une prétendue similitude dans la langue : mais cette opinion n'est pas suffisamment fondée.

[1] Cette expression ne paraîtra pas exagérée au lecteur, quand il verra plus bas à quel point les momies humaines, qui ont été bien apprêtées, sont encore intactes après tant de siècles, et combien peu d'altération ont essuyé les traits du visage.

rement les hommes, celui d'un tableau de mœurs; il suppléera le silence des historiens; et en montrant, pour ainsi dire, l'intérieur des familles, il reposera l'esprit et les yeux du lecteur, de la contemplation des grands monumens.

Avant d'aborder la description de ces catacombes que la piété filiale des Thébains a consacrées d'une manière si durable, qu'il me soit permis d'en examiner l'origine. Les premières grottes sépulcrales furent sans doute des carrières. Quand on avait tiré d'une carrière ce qu'elle pouvait fournir de pierres propres à la construction, il restait des soutiens et des massifs; on en dressait les faces, et l'on en faisait des piliers et des colonnes; les parois exploitées par l'architecte se changeaient en murailles lisses, dont le sculpteur et le peintre s'emparaient ensuite pour les décorer. A la vérité, je suis porté à croire que beaucoup de ces grottes, telles, par exemple, que les tombeaux des rois, ont été taillées exprès, et non à l'occasion des temples et des autres édifices; mais je pense aussi que cela n'arriva point dans les premiers temps. L'existence des grottes sépulcrales doit dater de l'érection des monumens publics, puisque ces deux genres de travaux exigeaient également l'excavation des montagnes[1]. Au reste, les uns et les autres sont en si grand nombre en Égypte, qu'on peut douter s'il n'existe autant d'hypogées que parce qu'il y a tant de monumens, ou s'il ne s'y trouve autant de monumens que parce qu'il y a tant d'hypogées.

Cette idée, fondée ici sur une considération très-

---

[1] Sans cela, trouverait-on tant de grottes d'une forme irrégulière?

simple, sera dans la suite appuyée par des raisons plus directes et d'une nature différente; mais on peut déjà voir qu'elle rend compte d'un fait très-général, je veux dire la ressemblance du style, si ce n'est des sujets, dans les peintures et les bas-reliefs qui décorent, soit les temples, soit les hypogées. Si les derniers étaient tout-à-fait antérieurs aux édifices du culte et de l'État, on y trouverait, au moins dans quelques-uns, des ébauches absolument grossières et sans aucune proportion; et c'est ce qu'on n'a point vu. Au contraire, si la plupart sont d'anciennes carrières, exploitées seulement avec méthode et ornées après coup, ne doit-on pas y rencontrer (comme on les y rencontre en effet) le même style, le même état dans les arts du dessin, le même système de décoration, que dans les temples et les palais, élevés à peu près dans les mêmes temps, et ouvrages d'une même école? Il y a plus; on remarque, dans plusieurs grottes sépulcrales, des ornemens d'un goût plus pur et certains détails plus parfaits que dans les grands monumens eux-mêmes : il faut donc convenir qu'elles ne sont pas de beaucoup antérieures à ces derniers.

D'un autre côté, puisque les hypogées devaient servir de catacombes pour y déposer les morts embaumés, ne fallait-il pas pour cela que la préparation des momies et tout l'art de l'embaumement fussent déjà connus et usités en Égypte ? La loi ayant fait un devoir de cette pratique, il fallait chercher, pour la remplir, un lieu sec, à l'abri de l'inondation et des influences de l'air, et surtout un sol qui ne fût pas pris aux dépens de la terre cultivable. Où ces conditions se trouvaient-elles réunies, si ce n'est au sein même des montagnes calcaires et siliceuses qui enferment la vallée d'Égypte? On profita donc de toutes les excavations déjà faites dans les rochers, et chaque monument donna ainsi naissance à plusieurs hypogées. Les familles se distribuèrent ces catacombes; elles les firent orner de tableaux et de bas-reliefs. Ce fut, pour les particuliers plus ou moins riches, un moyen de satisfaire leur goût pour la sculpture ou la peinture. Les pauvres eux-mêmes eurent des tombeaux ornés : aussi trouve-t-on qu'il y a dans les hypogées beaucoup d'inégalité pour le travail. On devait y employer des ouvriers très-différens; toute la nation avait besoin de ces monumens souterrains, puisque tous les morts étaient embaumés indistinctement. Chaque chef de famille faisait creuser des puits, des caveaux, et les faisait décorer suivant sa fortune et son goût. Voilà pourquoi les grottes égyptiennes sont si multipliées, si diverses : rien n'est plus varié en effet que les plans des salles et des conduits, le style des colonnes, l'état mat ou poli des murailles, les enduits servant aux peintures, le dessin des figures, l'espèce des couleurs. Plusieurs de ces hypogées sont de simples caveaux carrés, sans aucune sculpture; et depuis cette nudité absolue jusqu'à la magnificence des distributions et des ornemens, on trouve toutes les nuances dans cette architecture souterraine.

Ainsi l'origine des grottes sépulcrales me paraît due à l'architecture, loin de penser que celle-ci a pris naissance dans les grottes. Quand les architectes des temples et des palais avaient fait descendre leurs matériaux dans la plaine, ceux des hypogées, autrement les architectes du peuple, succédaient aux premiers, achevaient les distributions intérieures, et les peintres à leur tour venaient orner les murailles par l'image des travaux domestiques.

§. II. *Topographie des hypogées, et remarques historiques.*

Si l'on veut se former une idée générale des hypogées de Thèbes, il faut se représenter une partie de la chaîne libyque, contiguë à la plaine de Qournah, du *Memnonium* et de Medynet-abou [1], longue de plus de deux lieues, haute de trois à quatre cents pieds, et percée, d'espace en espace, d'ouvertures rectangulaires à toute sorte de hauteurs. Qu'on imagine ensuite des conduits peu élevés, et moins larges que hauts, qui, partant de ces ouvertures, pénètrent dans le sein du rocher, tantôt horizontalement, tantôt dans une direction inclinée, tantôt même en serpentant, interrompus çà et là par des salles et par des puits; plusieurs divisés en nombreuses ramifications qui reviennent quelquefois sur elles-mêmes, et rendent le chemin difficile à reconnaître. Si l'on établissait des communications entre tous ces conduits, ils formeraient le labyrinthe le plus inextricable. Souvent

---

[1] *Voy.* le plan général de Thèbes, pl. 1, *A.*, vol. II, et la pl. 28, même volume.

Je ne ferai mention ici que des travaux pratiqués dans le corps de la montagne; toutes les constructions extérieures, même les environs immédiats des hypogées, font l'objet de la *description des monumens de Thèbes*, par MM. Jollois et Devilliers.

les ouvertures ont été pratiquées l'une à côté de l'autre, à un même niveau, et sur une face de rocher dressée d'avance perpendiculairement; cette dernière disposition est digne de remarque, et le lecteur ne doit pas la perdre de vue.

Pour arriver aux hypogées, l'on suit des sentiers étroits pratiqués dans la montagne. Ces chemins, malgré leur pente adoucie, sont difficiles à gravir, parce que la montagne est très-escarpée : cependant on y trouve si fréquemment à s'arrêter et à satisfaire sa curiosité, qu'on n'éprouve nulle fatigue à les parcourir. Tantôt on aperçoit des portes élevées, tantôt des entrées basses, les unes carrées, les autres couronnées par des arcades; celles-ci entièrement découvertes et accessibles, celles-là ne laissant qu'un étroit passage, d'autres enfin encombrées jusqu'au plafond par des amas de sable. Les portes des principaux hypogées sont précédées d'un grand vestibule à ciel ouvert, dont les côtés ont été dressés et polis, mais rarement décorés de peintures; les portes des autres débouchent immédiatement sur la face de la montagne. Une dernière distinction qu'il me reste à établir, c'est que les tombeaux les plus simples occupent le haut, et les plus magnifiques, le bas de la montagne. Le dernier asile des pauvres et celui des riches différaient de la même manière que leurs demeures diffèrent entre elles dans nos grandes villes modernes.

Cette multitude de galeries souterraines sert aujourd'hui de refuge à des Arabes, vivant misérablement, et la plupart adonnés au vol. Quand les Européens viennent visiter ce lieu, c'est pour les premiers une bonne fortune trop rare pour qu'ils n'en profitent pas aux dépens des voyageurs. On sait ce qui est arrivé à Bruce; et son aventure est tellement conforme à la vraisemblance, qu'on ne peut l'accuser ici, comme ailleurs, d'un peu d'exagération. Protégés par une escorte, nous n'avions pas les mêmes risques à courir; soit effet de la terreur, soit effet d'un calcul bien entendu, nous n'avons éprouvé, de la part de ces Arabes, aucun traitement fâcheux. Qu'ils aient changé de mœurs, on connaît trop leur penchant à la rapine pour le supposer; mais ne voit-on pas les voleurs les plus déterminés changer d'habitude, quand ils trouvent mieux leur compte à faire autrement? C'est ce qui arrivait avec nous, qui leur payions chèrement les petites statues, les peintures, les antiques de toute espèce, qu'ils rapportaient de l'intérieur des hypogées. Dépouiller un des voyageurs eût été le signal de leur perte à tous; au contraire, en piquant adroitement notre curiosité, ils se faisaient de maîtres des amis. Toujours habiles et rusés, ils inventaient mille artifices pour gagner notre confiance et notre argent. Par exemple, ils bouchaient eux-mêmes l'entrée d'une grotte; ensuite ils annonçaient mystérieusement la découverte d'une grotte nouvelle, et passaient marché pour en faire l'ouverture. Quand on s'étonnait d'y voir le même désordre que dans les autres, les sermens ne leur coûtaient rien pour se justifier de leur supercherie.

En songeant à quels hommes appartiennent à présent ces demeures souterraines, il se présente à l'esprit un rapprochement singulier. Avant les voleurs arabes, elles servaient d'asile aux anachorètes. Pour fuir les superstitions et les délices mondaines, ces pieux et austères cénobites n'avaient pu trouver de refuge plus sûr; cependant ils y retrouvaient encore les profanes images du culte égyptien : aussi recouvraient-ils ces images par des figures chrétiennes; on voit même quelquefois un enduit de plâtre entre les unes et les autres. Dans ces mêmes lieux où les prêtres de l'Égypte faisaient aux morts de magnifiques funérailles avec toute la pompe de leur religion, d'humbles solitaires venaient pratiquer une religion nouvelle, aussi éloignée de la première qu'eux-mêmes différaient des prêtres égyptiens; et aux figures d'Isis, d'Osiris et d'Harpocrate, sculptées avec une délicatesse extrême, succédaient des représentations grossières de la Vierge, du Christ ou des apôtres. Cette succession, dans les mêmes lieux, des prêtres d'Égypte, des anachorètes chrétiens, et des voleurs arabes, remonterait encore plus haut, si l'on s'en rapportait à des auteurs un peu trop crédules. A les en croire, ces mêmes hypogées auraient servi d'asile contre le déluge. Les philosophes égyptiens avaient prévu, dit-on, cette grande catastrophe; et pour ne pas laisser périr leurs découvertes et les connaissances qu'ils avaient acquises, ils les avaient gravées sur des *stèles* dans l'intérieur des rochers; comme s'ils eussent pu croire que ces lieux seraient respectés par un cataclysme universel!

On a dit plus haut que les ouvertures des hypogées sont quelquefois l'une à côté de l'autre et à un même niveau. La direction commune qu'ont alors les galeries, la plupart perpendiculaires à la face de la montagne, me semble expliquer fort bien le nom de *syringe* qui a été employé par les auteurs, sans qu'on ait su en faire jusqu'ici la véritable application. Cette dénomination est-elle purement fortuite, ou ne serait-elle pas due plutôt à une certaine analogie entre les tuyaux de la flûte de Pan appelée *syringe*, et tous ces conduits souterrains aboutissant à une même ligne? Une douzaine d'ouvertures de grottes égales et contiguës, étant vues de loin, pouvaient ressembler un peu aux trous de la syringe; et quand le vent soufflait dans ces canaux parallèles, il en résultait peut-être accidentellement une suite de sons analogues à ceux de la flûte de Pan. Si l'on s'en rapporte aux étymologistes, σύεργξ indique un canal quelconque[1]. Le romancier Héliodore, d'ailleurs précieux pour la vérité des mœurs et des descriptions, désigne évidemment les hypogées dans le passage où Calasiris raconte les questions qu'on lui faisait au temple de Delphes : « Les uns m'interrogeaient sur la forme et la construction des pyramides, les autres sur les *détours tortueux des syringes* (συείγων πλάνην). Enfin ils n'oubliaient rien des merveilles égyptiennes; car on plaît singulièrement à des Grecs, lorsqu'on leur fait des récits touchant l'Égypte[2]. »

Ammien-Marcellin représente les syringes comme de vastes souterrains pleins de détours, pratiqués dans le

---

[1] De là le mot *seringue*. Voyez Suidas, qui donne cette définition de *syrinx*, ἡ ἐπιμήκης διῶρυξ, *fossa longa*. Selon Hésychius, le mot σύριγγις indique des trous ou excavations qui se communiquent.

[2] *Æthiopic*. lib. II. Héliodore fait encore ailleurs la description d'une caverne creusée artificiellement dans les montagnes de la basse Égypte. Il en avait puisé les traits dans les excavations des hypogées. (*Ibid.* l. 1.)

DE THÈBES. SECTION X. 13

roc avec un grand travail, et recouverts d'hiéroglyphes et de figures sculptées[1].

Les historiens et les poètes, dit Élien, célèbrent les labyrinthes de Crète et les syringes d'Égypte. Ce rapprochement donne une juste idée des syringes; et ce qui achève de les peindre, c'est que l'auteur les compare avec les sentiers obliques et tortueux que se creusent les fourmis[2].

On trouve, dans plusieurs auteurs, le mot *syringe* avec une acception pareille, mais non à propos de l'Égypte. Décrivant les fameux jardins de Babylone, Diodore les représente comme supportés par plusieurs étages de syringes; ce qu'on peut entendre comme des galeries, d'après le sens qu'on donne ici à ce mot. Diodore et Strabon ont négligé de citer les syringes de Thèbes, quoique tous deux aient parlé des tombeaux des rois.

Dans l'Histoire de Polybe, on trouve ce mot employé pour indiquer un passage secret qui existait à Alexandrie[3]. Pausanias place les syringes dans la Thébaïde,

---

[1] *Sunt et syringes subterranei quidam et flexuosi secessus, quos..... penitùs operosis digestos fodinis, per loca diversa struxerunt; et excisis parietibus, volucrum ferarumque genera multa sculpserunt, et animalium species innumeras, quas hieroglyphicas litteras appellarunt* (Am. Marcell. lib. XXII, cap. 15.)

[2] Ælian. *de natur. anim.* lib. VI, cap. 43, et lib. XVI, cap. 15. Rossi pense qu'il faut lire, dans ces passages, σήραγγας et non σύριγγας, et se fonde sur ce que le mot est d'origine égyptienne; mais l'étymologie qu'il donne de σήραγγας est loin d'être satisfaisante (*Etymolog. Æg.* pag. 194). Si l'on veut absolument que le mot *syringe* ait sa source dans la langue égyptienne, autant vaut supposer que σύριγξ, *fistula, canalis*, vient primitivement de cette langue; car le sens en est parfaitement juste, appliqué aux hypogées.

[3] Εἰς τὴν σύριγγα τὴν μεταξὺ τοῦ Μαιάνδρου καὶ τῆς παλαίστρας κειμένης. (Polyb. *Hist.* lib. XV.)

du côté où était la statue de Memnon[1]; et Tacite les désigne sans les nommer, quand il parle du voyage de Germanicus à Thèbes. « On y trouve, dit-il, des endroits resserrés et d'une immense profondeur, où l'on n'a jamais pu pénétrer jusqu'à l'extrémité[2]. » Au reste, ce passage a été expliqué différemment et comme s'il se rapportait aux profondeurs du Nil; je pense qu'il faut l'entendre des catacombes. Mais, parmi tous les auteurs, c'est Callistrate qui décidera tout-à-fait de l'origine du mot *syringe*. « Il y avait, dit-il, auprès de Thèbes d'Égypte, un souterrain en forme de *syringe*, contourné naturellement et en spirale autour du pied de la montagne. Au lieu de se diriger comme un chemin droit et de se diviser en tuyaux alignés, il suivait les circuits du rocher, et il étendait sous terre ses rameaux tortueux par des détours inextricables[3]. » Cette description ne peut plus laisser aucun nuage sur l'étymologie et sur la nature des syringes de Thèbes, il faut seulement en appliquer le nom à presque tous les souterrains de cette ancienne ville, au lieu de l'attribuer à un seul en particulier.

On a pu se faire une idée, par ce qu'on vient de lire, de l'étendue et de la multiplicité des excavations pratiquées à Thèbes; mais Pline raconte un fait plus extraordinaire que tout le reste. Il rapporte qu'il a existé une

---

[1] Pausan. *Attic.* lib. 1, cap. 13.

[2] *Atque alibi angustiæ, et profunda altitudo, nullis inquirentium spatiis penetrabilis.* (Tacit. *Annal.* lib. 11.)

[3] Le reste du passage renferme la description curieuse d'un prétendu automate joueur de flûte, qui, suivant l'auteur, se voyait dans le souterrain. (Ἔκφρασις Καλλιστράτου, *in Satyrum*, Philostr. Oper.)

ville suspendue en l'air; c'était Thèbes d'Égypte. A l'insu des habitans, des armées traversaient la ville par-dessous, et cependant le fleuve la partageait en deux[1]. Sans reléguer tout-à-fait ce récit parmi les fables, il est permis de le regarder comme tenant du merveilleux; mais du moins il fait connaître l'opinion qu'avaient les anciens eux-mêmes sur les travaux innombrables des souterrains de Thèbes. De pareils travaux ont eu lieu dans le reste de la Thébaïde et dans les montagnes de l'Égypte moyenne; et c'est ce qui a fait dire à plusieurs, mais sans nulle preuve, que cette foule de grottes servait d'habitation aux anciens Égyptiens. Les prêtres, dit-on, y passaient leur vie et s'y livraient à des études secrètes: de là le goût des mystères qui dominait généralement en Égypte; de là l'usage d'une écriture cachée, le voile impénétrable répandu sur la religion et sur l'histoire du pays, et même, ajoute-t-on, le caractère mélancolique de la nation. Ce serait du temps mal employé que de réfuter ces idées systématiques : elles n'étaient que spécieuses, avant que l'on connût bien les monumens de l'Égypte; aujourd'hui elles seraient insoutenables.

On peut déduire des conséquences plus justes du grand nombre des hypogées. Quand on fait attention que la plupart sont des conduits resserrés en largeur, on conclut qu'il était impossible d'y faire travailler à-la-fois beaucoup d'ouvriers pour l'extraction de la pierre; mêmes difficultés pour les peintres et les sculpteurs.

[5] *Legitur et pensilis hortus, imò verò totum oppidum Ægyptiæ Thebæ, exercitus armatos subter educere solitis regibus, nullo oppidanorum sentientè. Etiamnum hoc minùs mirum, quàm quòd flumine medium oppidum interfluente.* (Plin. *Nat. Hist.* lib. xxxvi, cap. 14.)

CH. IX, DESCRIPTION GÉNÉRALE

Que de siècles n'a-t-il donc pas fallu pour exécuter tous ces ouvrages et les amener au degré de fini qu'on y admire! Tant de catacombes prouvent encore combien a été nombreuse la population de la capitale, et combien de générations ont vu Thèbes florissante, avant d'aller remplir ce grand magasin de mortalité. Quant au nombre total de tous ces hypogées, il nous est impossible de le fixer, même à peu près, moins encore à cause de leur multiplicité, que parce qu'une partie est cachée à la vue; en outre, les communications intérieures d'un hypogée à l'autre ne peuvent être bien connues. Soit que les Égyptiens aient fermé eux-mêmes les orifices des grottes, soit que les Arabes les aient encombrés, soit enfin que cet encombrement soit l'ouvrage des sables, il est aisé de voir que les voyageurs ne pourront jamais compter les hypogées.

La description des monumens souterrains prendra, par ce motif, une couleur différente de celle des temples et des palais. Accoutumé à un ordre rigoureux dans la description des édifices, le lecteur ne peut s'attendre à trouver ici la même suite, la même marche. Il est même impossible de le conduire dans l'intérieur des catacombes à l'aide des plans, comme on l'a conduit jusqu'ici dans toutes les distributions d'un temple; on n'en a point levé les plans, si ce n'est celui d'un hypogée remarquable par son étendue, et ceux des tombeaux des rois, qui sont d'une si grande magnificence[1]. D'ailleurs, parmi ces souterrains, les uns sont d'une extrême simplicité;

---

[1] *Voyez*, pour le grand hypogée, la pl. 39, *A*., vol. II, et pour les tombeaux des rois, les pl. 77 à 92, même volume.

les autres sont composés de lignes courbes et rentrantes à la manière des hélices, et ils ne se prêteraient pas à une projection : on s'efforcera de suppléer à cette lacune par la clarté du discours, et en remplaçant par l'ordre des sujets l'ordre qui manque aux lieux qu'on veut décrire[1]. Après avoir parlé du sol et de l'état actuel des hypogées, on fera connaître leur disposition, le système dans lequel on les a décorés, et les objets qu'on y trouve, tels que les momies d'hommes ou d'animaux, les volumes écrits sur papyrus, et les autres antiques dignes d'intérêt. On terminera cette description par quelques recherches et par des remarques tirées du fond du sujet. Le lecteur curieux de rapprochemens pourra consulter les descriptions des temples souterrains de l'Inde à Ellora, Éléphanta et Salsette, des catacombes étrusques de Tarquinia, de celles de Rome et de Naples, et même ce qu'on a écrit sur les carrières des environs de Maestricht, sans oublier les profondes excavations des bords de la Loire, au-delà de Tours; mais nulle part il ne trouvera plus d'analogie avec les ouvrages des Égyptiens que dans les catacombes des Étrusques, et cela ne doit pas étonner ceux qui ont comparé les arts des deux peuples. Tous ces grands travaux souterrains peuvent,

---

[1] *Voyez* la table à la fin de cet écrit. Les trente-trois planches relatives à cette description sont divisées dans le même ordre qu'elle, ou du moins que la seconde partie, qui traite de l'*art*, la seule qui soit du ressort de la gravure. Les peintures et les bas-reliefs qui décorent les hypogées remplissent les pl. 44, 45, 46 et 47, *A.*, vol. II; les momies humaines et les momies d'animaux sont représentées dans les pl. 48, 49, 50, 51, 52, 53, 54 et 55; les antiques et les enveloppes des momies peintes, dans les pl. 56, 57, 58, 59 et 76; et les manuscrits sur papyrus, dans les seize planches numérotées de 60 à 75.

sous un rapport, être mis en parallèle avec les hypogées d'Égypte, mais nullement sous le point de vue de la décoration et de la richesse des peintures.

§. III. *De la nature du sol où les hypogées ont été creusés.*

La montagne libyque, ou chaîne occidentale, est escarpée à Thèbes, tandis que, dans le reste de la vallée, du moins au nord de cette ville, c'est au contraire la chaîne arabique où le roc est perpendiculaire. Ici la montagne de l'ouest est composée de grands mamelons de couleur blanchâtre, élevés de cent mètres environ (trois cents pieds)[1] : l'espèce de la pierre est calcaire; le grain est fin, égal, d'une médiocre dureté, et, en plusieurs lieux, il est même fort tendre. Quand les Thébains ont creusé dans leurs rochers la première carrière, ils ont dû s'apercevoir de l'uniformité des lits. Ils ne pouvaient trouver une pierre plus propre à leurs desseins; et lorsqu'il s'est rencontré quelque inégalité ou quelque matière dure, ils ont usé d'un procédé industrieux, que je décrirai plus loin[2]. Ainsi la nature de la montagne était favorable pour l'excavation, pour le travail du ciseau, et pour la sculpture des reliefs les plus délicats. Cependant il s'y trouvait aussi des pétrifications de coquillages, telles que les bélemnites et les cornes d'Ammon, qui ont dû apporter de fréquentes difficultés au travail des sculpteurs.

[1] *Voyez* la pl. 43, *A.*, vol. II.
[2] *Voyez* ci-après, et la pl. 47, *A.*, vol. II.

Comme la cassure ordinaire de cette pierre est anguleuse et de la forme appelée *conchoïde* par les minéralogistes, il est resté autour des grottes un grand nombre d'éclats de pierre plus ou moins coupans, provenant de l'exploitation; et ces éclats rendent le chemin rocailleux et pénible.

On remarque de temps en temps, aux plafonds des hypogées, des stalactites et des morceaux de sel fibreux contourné comme des anneaux [1], et de couleur argentine, qui, à mesure qu'il se forme, trouve une issue dans des fissures imperceptibles. Ce sel augmente de plus en plus de volume par de nouvelles couches cristallines, et parvient à écarter les lits de la pierre. Il en est résulté que ces plafonds se sont peu à peu dépolis, et, dans quelques endroits, absolument déformés, ou même sont tombés par éclats. On ne doit pas insister ici sur la présence du sel marin dans les hypogées; c'est un fait qui tient à la salure générale du sol de l'Égypte, et qui, par conséquent, ne doit être expliqué que par une cause également générale.

La haute température des catacombes de Thèbes est encore une circonstance intéressante de leur état physique : cette observation a d'autant plus d'importance, qu'elle est constante dans tous les hypogées. On l'a également faite et dans ceux de Memphis et dans ceux de la ville de Thèbes. Au paragraphe suivant, on reviendra sur ce sujet.

---

[1] Ces morceaux ont plusieurs centimètres de longueur (de six à quinze lignes).

§. IV. *De l'état actuel des hypogées, et des obstacles qu'on trouve en les parcourant.*

Parmi les caveaux qui sont ouverts aujourd'hui, non-seulement on n'en trouve point d'intacts, mais tous offrent l'aspect d'un bouleversement total. Les momies ne sont point dans leurs caisses ni à leurs places; elles sont renversées à terre, pêle-mêle, et le sol en est jonché; quelquefois même le passage en est encombré entièrement. On est obligé de marcher sur les momies; elles se brisent sous le poids du corps, et souvent l'on a de la peine à retirer le pied embarrassé dans les ossemens et les langes. Au premier abord, on en ressent de l'horreur: mais peu à peu on se familiarise avec ce spectacle; et ce qui y contribue beaucoup, c'est que les momies n'ont rien qui répugne, soit à la vue, soit à l'odorat. L'odeur bitumineuse, quoique très-forte, n'a rien d'absolument désagréable, rien surtout qui ressemble aux exhalaisons des cadavres. Un autre sentiment que le dégoût occupe et inquiète le voyageur: tous ces corps embaumés, enveloppés de toiles épaisses et chargées de bitume, peuvent s'embraser par une étincelle; si l'incendie s'allumait, comment en échapper, surtout dans les grottes profondes et contournées, ou dans celles dont les galeries et les portes sont obstruées à tel point, qu'il faut ramper sur le ventre pour y pénétrer ou pour en sortir? Comme on ne reçoit de jour dans ces caveaux que par les flambeaux qu'on porte, il est aisé de juger du péril qu'on y court, et combien, en se traînant sur ces corps combustibles, on a de peine à en écarter la bougie qu'on tient péniblement d'une main, tandis qu'on s'appuie sur l'autre pour avancer. L'idée d'un incendie vient d'autant plus naturellement à l'esprit, que souvent les Arabes rassemblent, à la porte des catacombes, des momies qu'ils ont brisées, et allument, avec ces débris, de grands feux qui s'aperçoivent au loin. Ces feux sont très-durables; j'en ai vu se prolonger pendant une nuit entière. Soit dessein, soit accident, il est arrivé plusieurs fois que des momies se sont allumées dans l'intérieur même des hypogées; car les plafonds et les parois en sont noircis fortement. Si quelque Européen a péri ainsi dans ces labyrinthes, victime de sa curiosité, sa mort a dû être un supplice horrible.

Outre les milliers de momies qui recouvrent le fond des hypogées, on rencontre, épars sur le sol, des amulettes, des statues portatives, des fragmens de statues plus grandes, soit en terre cuite ou en porcelaine, soit en pierre, en albâtre ou en granit, la plupart d'une conservation parfaite; au lieu que ces mêmes objets, trouvés dans la basse Égypte, sont mutilés ou d'une moins bonne exécution, ou même quelquefois de fabrique moderne. Il n'est donc pas sans intérêt de recueillir ces fragmens, qui seraient déjà précieux par leur authenticité et par des séries de signes hiéroglyphiques. On en a rapporté un grand nombre; on en a fait un choix, et on les trouvera gravés, soit parmi les planches des hypogées, soit à la fin de l'Atlas. Tous ces objets sont comme confondus au milieu d'une multitude d'éclats de pierre qui garnissent le sol de plusieurs grottes, surtout de celles qui ont essuyé l'action du feu; le plafond en a été attaqué, fendillé; il s'est éclaté peu à peu : un léger effort en fait tomber à terre des morceaux. J'attribue cet effet au feu principalement, quoiqu'il puisse s'y joindre une autre cause indiquée plus haut, la formation des cristaux salins. Cet état des plafonds contraste avec celui des parois, qui sont lisses et polies.

Tel est le désordre qui règne actuellement dans les catacombes de Thèbes. Les peintures et les bas-reliefs n'ont pas autant souffert. On voit bien quelques fragmens peints ou sculptés, détachés des murailles et renversés à terre; mais ce n'est que dans les grands hypogées dont l'abord est facile, et où les voyageurs eux-mêmes ont essayé de détacher des échantillons de peintures, pour les transporter en Europe.

On omettrait une circonstance particulière de l'état actuel des hypogées, si l'on passait sous silence la multitude de chauve-souris qui remplissent les puits et les caveaux, et qui volent perpétuellement, en faisant siffler l'air avec un bruit aigre et perçant [1]. Il faut être poussé par une curiosité bien vive, pour surmonter le dégoût qu'on éprouve après une heure ou deux de séjour au milieu de ces animaux hideux, surtout dans un air excessivement chaud, qui résulte, d'une part, de la chaleur produite par les flambeaux et par la respiration

---

[1] Homère a connu et décrit admirablement ce vol des chauve-souris au milieu des grottes. « Tels, dans les ténèbres, des oiseaux nocturnes, perçant l'air de cris aigus et lugubres, volent du fond d'un antre sacré dès que l'un s'en échappe, attachés l'un à l'autre et formant une longue chaîne; telle vole, en faisant frémir les airs de ses cris, la foule rapide et serrée de ces ombres, etc. » (*Odyss.* ch. XXIV, traduction de Bitaubé.)

dans des caveaux étroits, et, de l'autre, de la température habituelle des lieux souterrains en Égypte. En effet, le thermomètre de Réaumur se tient constamment à 22 degrés dans ces souterrains ; on a même observé qu'il en marquait 25 dans le puits des pyramides [1]. Cette température élevée, commune aussi à l'eau du Nil, et à l'eau de la mer sur les côtes d'Égypte, tient à des causes générales, dignes des recherches des physiciens.

Si l'on supposait qu'un artiste européen passât deux ou trois années de suite dans l'intérieur des catacombes, le temps et les forces lui manqueraient pour dessiner toutes les peintures et tout ce qui frapperait son attention ; mais, outre la difficulté matérielle d'observer et de copier une si grande multitude d'objets différens, il trouverait devant lui des obstacles d'une autre nature, et son courage succomberait avant sa curiosité. Quelle fatigue n'éprouve-t-on pas à parcourir tous ces détours tortueux ? On vient de voir par quelles causes la température s'élève si fortement dans ces caveaux : qu'on y ajoute la qualité impure et malsaine de l'air qui n'a, pour se renouveler, qu'une issue souvent très-éloignée, l'action irritante qu'exercent sur les poumons l'odeur du baume et surtout l'odeur fétide et intolérable des excrémens de chauve-souris entassés depuis tant de siècles, la lassitude que le voyageur éprouve à tenir constamment dans la main une ou deux bougies allumées, enfin le bruit incommode que font en volant autour de lui

---

[1] Cette remarque a été faite par M. Coutelle, qui a bien voulu nous permettre d'en faire usage, et à qui l'on doit une collection précieuse d'observations météorologiques faites en Égypte avec beaucoup de soin.

des milliers de chauve-souris, seul ventilateur de ces galeries souterraines; on n'aura qu'une faible idée de la gêne qu'il doit y souffrir. Il faut encore se figurer ces passages longs et étroits où l'on est contraint de se traîner à plat ventre, ces puits si multipliés, ces momies si inflammables, et même plusieurs dangers réels que l'on rencontre aujourd'hui dans des lieux jadis si fréquentés par la population d'une grande capitale. Là même où l'on accomplissait les cérémonies les plus imposantes avec toute la pompe de la religion et tout le luxe des arts, un voyageur, curieux de ces merveilles, est réduit à ramper, le visage plongé dans des décombres, et court même quelquefois le risque de la vie. Si les murs n'étaient couverts de peintures et de sculptures d'un fini admirable, preuves parlantes de l'ancien état des hypogées, quelle idée aurait-il des historiens qui nous ont vanté si haut les tombes et les funérailles des Égyptiens? C'est ce contraste qui engage à entrer ici dans de nouveaux détails sur l'état actuel des lieux. Il est bon d'ailleurs de prémunir les voyageurs futurs contre les accidens qui les attendent dans les catacombes, et qui, tout au moins, peuvent nuire à leurs observations.

Les Arabes qui habitent aujourd'hui dans les excavations de la montagne, sont d'une extrême pauvreté, et l'espoir chimérique d'y trouver des trésors contribue à les retenir dans les singulières demeures dont ils ont fait choix. Cette espérance est soutenue de temps en temps par la rencontre de quelques antiques d'or massif, et par l'aspect des feuilles d'or qu'ils aperçoivent sur l'enveloppe et sur la peau même des momies. S'il faut en croire certains rapports, ils trouvent aussi quelquefois des pièces de métal dans la bouche de ces momies; mais je n'ai aucune connaissance personnelle de ce fait, et je me garderai de le garantir. En outre, les Arabes ramassent des bronzes, des lampes, des vases, enfin toute sorte d'antiques bien conservées, que l'on transporte au Kaire, pour les vendre aux Européens. Ils sont donc continuellement occupés à fouiller les catacombes avec une patience infinie. Ils s'avancent dans ces labyrinthes, s'enfoncent aux extrémités des galeries, soulèvent les corps qui sont à terre, les visitent partout, mettent les enveloppes en pièces, enfin ne laissent aucun objet sans l'examiner. Qu'on imagine maintenant qu'un Européen, ignorant cette pratique, s'est introduit tout seul dans un hypogée : après avoir parcouru nombre de galeries et de salles, et avoir considéré les momies pendant des heures entières, s'il est fortement occupé à voir ou s'il médite dans un profond silence, et que tout-à-coup il vienne à entendre au fond d'un puits quelque bruit un peu considérable, n'éprouvera-t-il pas une impression soudaine, je ne dis pas de terreur ou de crainte, mais d'agitation et de trouble involontaire, faute de pouvoir expliquer à l'instant par une cause naturelle un effet imprévu? et s'il voit une figure blanche sortir lentement, une lampe à la main, du milieu des cadavres, ne lui faudra-t-il pas un peu de réflexion pour deviner que ce fantôme est un Arabe avec son *barnous*[1], enseveli volontairement au milieu des morts, et cherchant des antiques à la lueur de sa lampe?

---

[1] Manteau blanc, habit ordinaire et presque unique des Arabes.

Différentes causes qu'on a indiquées plus haut, ont altéré les plafonds des hypogées. La destruction des piliers et des supports est encore une cause qui a fait éclater ces plafonds : il s'en détache de temps à autre des parties énormes ; et si l'on est inattentif ou trop occupé, on peut être écrasé par la chute des pierres. Une fois le quart d'un pilier s'écroula pendant que je le dessinais, et rasa ma tête en tombant. Je courus une autre fois le risque de la vie, dans un hypogée à la porte duquel le feu prit par accident. Le bitume, qui s'enflamme si rapidement, et une certaine matière rouge qui s'allume comme de la poudre, avaient promptement communiqué le feu aux toiles éparses, aux cartons et aux bois peints qui étaient à l'entrée. J'étais alors avec deux Arabes au fond d'un puits de quatre mètres (douze pieds) de profondeur ; il fallait remonter ce puits avec des cordes, marcher plus de trente pas sur un chemin difficile, et sortir en rampant par une entrée extrêmement basse, que les flammes auroient bouchée. Par bonheur, le feu s'éteignit de lui-même ; et ce n'est qu'à la sortie du caveau, en voyant les murs tout noircis et en marchant sur des cendres chaudes, que nous connûmes le péril auquel nous avions été exposés.

Ces accidens affreux, mais bien rares sans doute, puisqu'ils n'ont été funestes à aucun des voyageurs de l'expédition, malgré leur curiosité et leur imprudence, ne sont pas cependant ce qu'il y a de plus à redouter pour ceux qui visitent les catacombes ; témoin l'aventure arrivée à deux d'entre nous. Ils avaient pénétré, à cinq heures du soir [1], au fond d'un vaste hypogée décoré avec la plus grande magnificence, et composé de salles, de galeries et de couloirs faisant des angles fréquens. Quand on s'arrête souvent, que le spectacle occupe fortement l'imagination par des choses étranges et absolument neuves, le chemin parcouru paraît plus long, et les détours plus compliqués. En outre, la profonde obscurité de ces lieux, qu'on ne peut dissiper qu'en transportant soi-même une bougie au point que l'on veut bien voir, fait faire beaucoup de pas à droite et à gauche; car, à côté de la faible clarté que cette bougie procure, tout le reste est ténèbres. Il arrive donc qu'après avoir fait cinq cents pas en ligne droite, on croit en avoir fait mille. Nos curieux avaient rencontré, sur leur route, un puits dont ils avaient jugé la profondeur d'environ dix mètres (trente pieds); pour le traverser, ils avaient été obligés de s'asseoir sur le bord en s'avançant sur leurs mains. N'ayant pas compté les détours de la route ni constamment regardé à leurs pieds, ils pensaient avoir laissé derrière eux plusieurs puits; et effectivement il y en avait d'autres encore plus profonds dans l'hypogée. Enfin ils n'avaient qu'une idée confuse ou même fausse de la forme des lieux : il n'y a rien de commun entre l'impression que fait sur le cerveau l'ensemble des lignes d'un labyrinthe, surtout dans la situation qu'on vient de décrire, et l'effet que produit sur l'œil le plan dessiné des mêmes lieux, vu de sang-froid.

Par une imprudence dont l'expérience seule pouvait leur apprendre tout le danger, ils n'avaient que deux

---

[1] Le 21 vendémiaire an VIII (13 octobre 1799).

bougies pour éclairer leur marche. Au moment où ils étaient le plus attentifs à considérer des sculptures en ronde-bosse, tout d'un coup, du fond d'un couloir, s'élance un essaim nombreux de chauve-souris qui agitent violemment l'air autour d'eux; l'une des bougies est frappée, et la flamme s'éteint. Celui qui la portait court la rallumer à l'autre bougie; et celle-ci, frappée au même instant, s'éteint comme la première. Le passage subit de la lumière aux ténèbres les saisit d'horreur; ils sentent qu'ils sont dans un dédale et entourés de précipices : mais le lumignon, encore rouge, peut les guider quelques secondes; ils mettent le temps à profit et reculent à grands pas; bientôt la dernière lueur brille, et l'obscurité est complète.

Ils s'arrêtent, immobiles de stupeur. Comment peindre le désordre et la foule des pensées qui les agitent au même instant? L'espérance du salut ou l'horrible désespoir, le choix des moyens, le défaut de ressources, l'idée du lendemain, l'affreux genre de mort qui les menace, le souvenir de la patrie, mille sensations contraires les oppressent à-la-fois. La raison succombe, et l'imagination règne seule. Être enterrés tout vivans dans ces tombeaux, en proie à l'épouvantable faim, périr misérablement après trois à quatre jours d'angoisses, voilà tout l'avenir qui s'offre à leurs yeux, sans mélange d'aucun espoir!

Cependant peu à peu leur esprit revient de ce premier trouble, et la raison reprend ses droits : ils conviennent de différens signes, en cas qu'ils soient forcés de se quitter. L'un frappe des mains à coups précipités, pour attirer l'attention de ceux qui pourraient se trouver dans l'hypogée; l'autre appelle du secours en poussant des cris aigus. Vains efforts! un silence absolu, ou l'écho de la voix, c'est la seule réponse qu'ils reçoivent. Comme ils étaient entrés dans la catacombe vers la fin du jour, presque tous leurs compagnons de voyage s'étaient déjà dirigés vers le Nil, distant de plus d'une demi-lieue. Être entendu des Arabes, c'était un hasard invraisemblable; car le nombre de ces hommes qui résident effectivement dans les souterrains, est très-petit. Néanmoins ils répètent plusieurs fois cette épreuve, crient de toutes leurs forces et prêtent l'oreille avec anxiété; un horrible silence, ou bien le sifflement plus horrible encore du vol des chauve-souris, les assure qu'ils sont seuls. L'un des deux propose de chercher à tâtons le puits qu'ils avaient franchi; mais comment y arriver? Il fallait se rappeler les coudes qu'on avait suivis; il fallait les reconnaître et les distinguer au toucher. Enfin ils se livrent à cette chance faible et incertaine. Pour bien *explorer* le sol, ils conviennent de se donner la main, en écartant les jambes le plus possible, et de marcher accroupis pas à pas, lentement, chacun touchant toujours un des côtés de la galerie ou bien le plancher. Ils embrassaient ainsi trois à quatre mètres de largeur, d'autant plus que l'un d'eux tenait un pic, instrument destiné à la fouille des momies. A l'aide de cette espèce de chaîne, ils balayent, pour ainsi dire, le chemin, sûrs de ne pas laisser passer une muraille, une issue ou un puits, sans en avoir connaissance. Après quelques cents pas, les deux murs leur échappent en même temps; ils reconnaissent qu'ils sont dans un carrefour, reculent avec effroi, et ressaisissent la muraille. Mais ils ne devaient pas hésiter plus long-temps, de peur que les forces ne les abandonnassent; ils se déterminent donc à suivre le mur du côté droit seulement, sans le quitter jamais, quelque détour qu'il fît. Ce parti pouvait les faire enfoncer de plus en plus dans le labyrinthe, mais il pouvait aussi les conduire de proche en proche jusqu'à l'issue. D'un côté la crainte de rencontrer des précipices, de l'autre le vif désir de retrouver le puits qu'on avait déjà passé, ralentissent et accélèrent tour-à-tour leur marche. Déjà la fatigue les gagnait; ils ne se disaient plus rien, et le désespoir se glissait dans leur ame, sans qu'ils s'en fissent l'un à l'autre la confidence, lorsque tout-à-coup le premier sent qu'il a un vide sous les pieds, et signale un précipice; l'autre, en même temps, reconnaît le bord d'un puits. Mais quel est ce puits? Comment le traverser? Faut-il le passer ensemble ou l'un après l'autre, debout ou assis, avec ou sans ses vêtemens? Sans retard, chacun s'assied en frémissant sur ce bord étroit. Le dos et la tête collés, pour ainsi dire, à la muraille, plus de la moitié de la cuisse et les jambes suspendues sur l'abîme, ils se traînent doucement, insensiblement, se soulevant sur les mains, et sans avancer à chaque fois de plus de six pouces. Enfin le précipice est franchi, non sans un faux mouvement de l'un d'eux, qui, se retenant à l'autre, allait l'entraîner avec lui; mais déjà celui-ci avait atteint l'angle opposé du puits; tout en frissonnant, il saisit cet angle avec force, donne à son compagnon un point d'appui, et bientôt ils sont tous deux au-delà de l'ouverture. A un premier mouvement de joie pour ce bonheur inespéré, succèdent de nouvelles craintes. Si ce puits n'est pas celui qu'ils cherchent, il faudra qu'ils le repassent une autre fois; et s'ils continuent, ils s'égareront davantage. Mais il n'y avait qu'une même idée, suivie opiniâtrément, qui pût les sauver : ils s'attachent donc constamment à la muraille du côté droit. Comme ils marchaient dans cette direction, une lueur presque insensible, et en apparence excessivement reculée, vient frapper leurs regards avides de lumière. Ceux qui ont veillé quelques heures dans un lieu complètement obscur, savent que, dans cet état, la vue éprouve des illusions, et aperçoit subitement dans les ténèbres des lumières qui n'y sont pas. Nos voyageurs se demandent si c'est une illusion pareille qui les trompe. Est-ce une émanation gazeuse, allumée spontanément, ou bien la lampe d'un Arabe, ou simplement une affection de l'organe? Malgré cette incertitude, ils se portent rapidement vers ce léger feu : la lumière semble aller en croissant; elle n'est point rouge comme celle d'une lampe, mais blanchâtre, et son étendue ne paraît pas limitée. Aussitôt il leur vient à l'idée qu'il est à peu près l'heure du coucher du soleil, et ils songent à la possibilité que le jour crépusculaire ait pénétré au fond de la catacombe, et ait jeté un reflet aux environs. Frappés de cette pensée soudaine, ils se précipitent sans précaution vers l'espace éclairé; c'était la clarté du jour!

Il était six heures : le reflet de l'atmosphère avait atteint le bout de la grande avenue de l'hypogée, malgré un intervalle de plus de quatre-vingt-dix mètres (deux cent quatre-vingts pieds); et du fond, il s'était réfléchi sur les galeries voisines. Les voyageurs n'avaient fait, dans leur retour, aucun pas faux ou inutile; et le puits qu'ils avaient passé, était bien celui qu'ils avaient traversé d'abord. Avec quel battement de cœur ils se portèrent jusqu'à l'avenue! L'un d'eux éprouva un mouvement vif et subit, non de joie, mais d'horreur, qui le fit courir, à perdre haleine, jusqu'au dehors de l'hypogée. C'est ainsi qu'ils furent rendus, sains et saufs, à la lumière et à leurs compagnons de voyage, après des alternatives cruelles d'espérance et de désespoir.

Je ne puis passer ici sous silence une anecdote peu connue, qui a trait au précédent récit, mais qui est plus tragique[1]. L'acteur principal est le poëte anglais Aaron Hill, qui célébra Pierre-le-Grand dans son poëme intitulé *the Northern Star* (l'Étoile du Nord), et qui se fit connaître par plusieurs autres ouvrages. Il voyageait en Égypte avec deux de ses amis; voulant visiter une catacombe, ils prirent un guide, et y descendirent au moyen de câbles. Comme ils parcouraient le caveau, ils

---

[1] On la trouve rapportée dans l'Esprit des journaux, année 1785, mois de mai, p. 353, article *Anecdoctes, Singularités*.

C'est en 1700 qu'Aaron Hill partit de Londres pour parcourir la Palestine, l'Égypte, et diverses contrées de l'Orient. Il était ami de lord Paget, alors ambassadeur à Constantinople, qui lui fournit tous les moyens de voyager avec fruit. Cependant il n'a pas publié la relation de son voyage; on n'a de lui, en prose, que des lettres d'amour. Aaron Hill est une des victimes que Pope a immolées à sa verve satirique; mais il a repoussé la critique dans un poëme dirigé contre l'auteur de la Dunciade. Consultez *a new and general biographical Dictionary*, vol. VI, *London*, 1795, et les œuvres d'Aaron Hill, en quatre vol. in-8°.

découvrirent deux hommes couchés à terre, et qui paraissaient morts de faim. L'un d'eux avait en main des tablettes, sur lesquelles était écrite l'histoire de leur triste sort. Ces malheureux étaient deux frères tenant à une grande famille de Venise. Aaron Hill et ses compagnons virent avec terreur le danger qu'ils couraient; à peine avaient-ils lu ces tablettes, qu'ils s'aperçurent que leur guide et deux autres hommes s'occupaient de fermer l'entrée du tombeau. Dans un péril si imminent, ils tirent leurs épées en désespérés, et cherchent à sortir du caveau; c'est alors qu'ils entendirent les gémissemens de quelqu'un qu'on venait d'égorger. Heureusement ils distinguèrent les assassins, les poursuivirent, et eurent le bonheur d'arriver à l'ouverture, avant que ceux-ci eussent pu y rouler une pierre qui devait ensevelir vivans les trois voyageurs. Je passe plusieurs circonstances de cette anecdote, sur lesquelles on pourrait élever des doutes. Il est aisé d'imaginer de ces sortes de récits, et de leur donner une couleur de vraisemblance, sûr d'exciter à peu de frais l'attention du lecteur. Ne lit-on pas avec le plus vif intérêt le trait de Cléveland dans la caverne de Rumneyhole, bien persuadé cependant qu'on lit une fiction? Le sentiment de la pitié est si fort et si naturel, qu'on se laisse aller à l'illusion, sans s'embarrasser de la réalité. Aaron Hill, héros de l'aventure et poëte, a pu, en la racontant, se laisser entraîner par son sujet. Il n'en est pas de même de celle du peintre Robert dans les catacombes de Rome: un poëte célèbre s'en est emparé, comme d'un fait éminemment dramatique et du domaine de l'imagination; mais, en l'ornant de toutes les richesses de la poésie, il a su respecter la vérité.

DEUXIÈME PARTIE.

Des hypogées sous le rapport de l'art.

§. V. *De la disposition des hypogées.*

On a déjà dit que la disposition des plans est extrêmement variée dans les hypogées. Cette diversité ne permet pas de les rattacher à une même forme; et le seul moyen d'en donner une idée juste, est de rapporter des exemples de chaque espèce de distribution.

Les hypogées les plus considérables et les plus magnifiques sont précédés d'une sorte de vestibule à ciel ouvert, où l'on descend par plusieurs marches; de là on passe sous une large entrée couronnée en arcade, qui conduit à plusieurs salles hautes de quatre à cinq mètres (douze à quinze pieds), alignées sur un même axe et soutenues par des piliers carrés ou à pans. Au bout de cette suite de salles ou de péristyles, est une dernière pièce plus petite, renfermant une estrade élevée de quatre marches. Au fond est un personnage assis, sculpté en ronde-bosse, quelquefois accompagné de deux figures de femmes[1]. A droite et à gauche de ces salles sont des couloirs où l'on entre par des portes latérales, et c'est là que sont pratiqués les puits des momies. Ces puits sont carrés, larges de deux à trois mètres (six à neuf pieds) ou davantage, et profonds de huit, dix et

---

[1] *Voyez* la pl. 67, fig. 2, *A.*, vol. 1.

quinze mètres. Comment y descendait-on ? comment les traversait-on commodément ? C'est sur quoi l'on ne découvre aucun indice en examinant les lieux attentivement.

A l'extrémité de la dernière salle, on trouve quelquefois une nouvelle enfilade dirigée perpendiculairement au premier axe, divisée par des paliers et par de larges degrés : par-là on arrive à de nouvelles galeries et de nouveaux puits. Enfin d'autres coudes à angle droit ramènent vers l'entrée de l'hypogée, ou débouchent à un autre point de la première direction. La longueur de ces hypogées varie beaucoup : celle de l'un d'eux, à ne prendre que ses développemens principaux, est d'environ deux cents mètres (plus de six cents pieds); un autre a cent cinquante mètres de long (plus de quatre cent soixante pieds) [1].

Toutes les portes sont accompagnées de tableaux ou chambranles et d'une baie avec renfoncement, comme si elles avaient été fermées; cependant on n'a point aperçu les traces des gonds, encore moins les débris des gonds eux-mêmes, ou ceux des battans.

Après cette classe d'hypogées, vient une autre disposition qui appartient à des souterrains moins vastes. Ils se rapprochent des premiers, en ce qu'ils renferment également plusieurs salles ou galeries, alignées jusqu'à la dernière pièce, et que, dans celle-ci, on a figuré en relief un personnage assis au fond d'une niche : mais la hauteur des salles n'excède pas deux à trois mètres, et

---

[1] *Voyez* la pl. 39, *A.*, vol. II, et *Description of the East*, by Rich. Pococke, pl. 34, vol. I.

le nombre en est peu considérable. Quant aux puits, ils sont creux, tantôt de dix mètres, tantôt de quinze mètres ou plus : on ne saurait affirmer jusqu'où s'arrête leur profondeur, ni quel est le nombre de leurs branches et de leurs communications diverses. Ces puits sont beaucoup plus étroits que dans les grands hypogées, tantôt carrés, tantôt arrondis; et l'on arrive au fond par des entailles pratiquées à droite et à gauche, de telle manière qu'on y descend assez commodément, en plaçant successivement le pied droit et le pied gauche de l'un et de l'autre côté : c'est au fond de ces puits qu'étaient placées les momies.

La troisième sorte de disposition est plus irrégulière. D'abord la porte est plus abaissée. Il n'y a que la première salle qui soit d'équerre sur la façade; la suivante fait un angle avec elle. Viennent ensuite des couloirs, des galeries étroites et basses, qui se suivent sans aucun alignement; quelquefois elles rentrent sur elles-mêmes, elles vont en serpentant en forme de spirale et par une descente rapide, enfin elles se divisent en plusieurs rameaux, et, aux carrefours, on trouve des puits comme ceux qu'on vient de décrire. Il arrive aussi qu'après être descendu jusqu'au fond, on voit une galerie ascendante, qui ramène le voyageur, à sa grande surprise, tout auprès de l'entrée.

Il y a des hypogées où l'on est arrêté par des obstacles subits. Après avoir suivi plusieurs galeries, on trouve brusquement un abaissement ou une élévation de plusieurs mètres; et, à moins d'être muni de cordes ou d'échelles, on ne saurait continuer sa route. J'ai vu

DE THÈBES. SECTION X.

l'une de ces murailles haute de près de trois mètres, à partir du sol; au sommet on apercevait cinq entrées différentes conduisant à d'autres puits.

L'exemple suivant appartient à la troisième classe des hypogées[1]. Qu'on se représente, à l'entrée, une petite antichambre sculptée avec soin, ensuite un corridor, et à son extrémité une ouverture étroite où l'on ne pouvait entrer qu'avec peine : il fallait, dans ce corridor de moins d'un mètre et demi de large, marcher courbé en deux (sans doute à cause de l'encombrement), plus de cent pas de suite, et toujours en descendant en spirale. Au bout était une chambre d'un sol inférieur, dans laquelle on ne put arriver qu'en sautant de deux mètres de haut. Cette chambre était petite, sculptée et peinte; on y aperçut deux statues en granit, bien polies, et presque de grandeur naturelle. En sortant de là, était un corridor pareil au précédent, mais où l'on pouvait marcher debout. Après y avoir fait cent pas, et être descendu d'environ seize mètres au-dessous de l'entrée de l'hypogée, on trouva un puits carré très-profond, où l'on ne put pénétrer, faute de cordes suffisamment longues; et l'on ignore ce qu'il renfermait. Au reste, dans les puits où l'on est parvenu à descendre, on a vu partout les momies hors de place. Les Arabes ont tout bouleversé, du moins dans les grottes qui aujourd'hui sont ouvertes.

---

[1] La description de cet hypogée est extraite du journal de voyage de feu Michel-Ange Lancret, ingénieur des ponts et chaussées, mort en 1807, et mon prédécesseur dans les fonctions de commissaire chargé de la direction des travaux de gravure et d'impression de l'ouvrage. On a rendu un juste hommage à son rare mérite dans l'*Avertissement* qui suit la *Préface historique*.

J'ai expliqué plus haut pourquoi, dans plusieurs de ces couloirs, l'on est obligé de se traîner sur le ventre dans une longueur de cinq à six mètres ou plus; mais, outre que les véritables entrées se sont souvent obstruées, on peut conjecturer encore que, dans plusieurs cas, les Arabes ont pratiqué des entrées forcées, faute d'avoir découvert les autres, et qu'ils ne se sont pas donné la peine de les creuser plus larges qu'il ne fallait pour y passer le corps.

La forme d'arcade a été souvent mise en usage par les Égyptiens dans leurs hypogées. C'est toujours une portion de cercle à grand rayon, et l'arc est très-bien tracé. Cependant on a cru voir aussi la forme d'une anse de panier, ayant ses extrémités tangentes aux pieds-droits. L'emploi fréquent d'une ligne courbe dans les portes et les couronnemens est un fait digne de remarque, et qui doit contribuer à éclaircir une question intéressante; savoir, si les voûtes ont été inconnues en Égypte. Ici, l'on ne parle du fait que sous le rapport de la disposition des hypogées. Les arcades ont été employées de deux façons différentes dans les grottes sépulcrales, soit comme plafonds des vestibules, soit comme un simple encadrement pour enfermer des sujets de sculpture. On peut voir cinq exemples de la seconde espèce dans les gravures du second volume d'*Antiquités* [1], et les volumes suivans en présenteront encore d'autres [2].

C'est à l'entrée des grottes et dans les premiers cor-

---

[1] *Voyez* les pl. 35, 39, 44 et 45, A., vol. II.

[2] *Voyez* les planches des hypogées de Syout et de Beny-hasan, A., vol. IV, pl. 43 à 49, 64 à 66.

ridors que les Égyptiens ont arqué les plafonds. Ont-ils voulu donner à ces plafonds une forme plus élégante que celle d'un toit plat, ou bien imitaient-ils par-là une construction employée en plusieurs cas par leurs architectes ? C'est ce qu'on ne peut décider absolument. Le monument d'Abydus et quelques autres favorisent la seconde supposition, sans exclure toutefois la première. Il en résulte toujours que les Égyptiens mettaient de la variété dans leur architecture, beaucoup plus qu'on ne le pense communément. Pour terminer ce peu de mots sur les arcades des hypogées, on fera remarquer ici combien se sont trompés ceux qui ont cru que les Égyptiens ignoraient l'usage du compas.

§. VI. *Du système de décoration des hypogées.*

L'architecture des hypogées n'ayant rien de commun avec celle des monumens, qu'une certaine analogie dans les distributions, le système qu'on a suivi pour les décorer, ne pouvait être le même pour l'une et pour l'autre. Au lieu que la seconde est composée de membres distincts, en harmonie avec les hauteurs des colonnes et celles de leurs diverses parties; la première n'a aucune division marquée ni essentielle. Ici, point de soubassement, d'architrave ni de corniche, parce qu'il ne s'y trouve pas de colonnes avec une base et un chapiteau proprement dits. Toutes les murailles sont droites et lisses, et elles n'offrent aucun profil; on ne doit donc pas y chercher les ornemens que les Égyptiens avaient adoptés pour les membres de leur architecture, tels que les enroulemens en tore ou cordon sur les architraves, les cannelures et les groupes symétriques des corniches, les feuillages et les autres sculptures des chapiteaux, enfin les divers ornemens qui, ayant un relief plus ou moins fort, diffèrent de la décoration commune des murailles, décoration qui consiste dans des scènes encadrées et des tableaux rectangulaires. Ce sont ces derniers tableaux qui seuls décorent les hypogées depuis le sol jusqu'en haut. En revanche, on trouve sur les plafonds des catacombes une richesse de détails qui ne se voit pas dans ceux des temples et des palais; c'est une multitude de méandres peints à fresque, de fleurons disposés en carreaux ou en damier, d'entrelacs et d'enroulemens délicats, de rosaces variées, et de ce qu'on appelle *grecques* ou bien *étrusques*[1]. Les oppositions de couleurs entre ces divers entrelacs sont d'un effet très-agréable, et la vivacité, l'éclat de ces couleurs le rendent encore plus piquant. C'est véritablement dans la peinture de ces plafonds que les artistes se sont donné carrière: délivrés du joug ordinaire des compositions religieuses, ils ne suivaient plus que l'essor de leur imagination; du moins, la différence entre les peintures domestiques et celles qui représentent des sujets religieux, porterait à le croire.

Malgré l'absence des profils dans l'architecture sou-

---

[1] *Voyez*, pl. 64, *A.*, vol. iv, les gravures des hypogées de Benyhasan, qui renferment beaucoup de ces ornemens de fantaisie : c'est le seul cas où les Égyptiens ont renoncé à-la-fois et à l'imitation des objets naturels et au style allégorique. Les catacombes de Selseleh, d'Antæopolis, de Syout ou Lycopolis, et des Pyramides, ont aussi des plafonds ornés de ces espèces d'étrusques.

terraine, on y trouve quelquefois des sculptures à grande saillie, qui ne se rencontrent pas dans les édifices eux-mêmes; elles produisent beaucoup d'effet et une certaine surprise, sans doute à cause de leur contraste avec la finesse ordinaire des bas-reliefs. Au fond des dernières salles, ou bien sur les côtés des murailles, on a quelquefois, de distance en distance, creusé des renfoncemens, et l'on y a sculpté, en plein relief, des groupes de petites figures qui représentent tantôt des momies [1], tantôt des serpens de grande dimension, ou bien des masques ornés, rangés l'un à côté de l'autre [2]. Ces groupes symétriques sont comme encadrés par quelques petites colonnes en forme de tiges de lotus, ou bien par des pilastres à tête d'Isis, et ils accompagnent des portes feintes [3]; ce sont ordinairement ces sujets qui sont couronnés en forme d'arcade.

Outre ces reliefs qui sont propres au genre de décoration des hypogées, il y a encore des figures de grandeur humaine, en ronde-bosse, debout ou assises dans des renfoncemens, au bout des galeries; elles paraissent représenter les chefs de la famille à qui l'hypogée appartenait. On peut voir dans les gravures un exemple d'une figure pareille; c'est une statue placée debout au fond d'une niche. Son costume est ample et étoffé, autant que son attitude est simple; il est formé d'une étoffe cannelée, descendant jusqu'aux talons, et reployée autour des reins d'une façon bizarre [4].

---

[1] *Voy.* la pl. 39, fig. 5, *A.*, vol. II.
[2] *Voy.* la pl. 35, fig. 3, *A.*, vol. II.
[3] *Voyez* la pl. 39, fig. 5, et la pl. 44, fig. 2, *A.*, vol. II.
[4] *Voyez* la pl. 45, fig. 11, *A.*, vol. II; *voyez* aussi la pl. 67, fig. 2, *A.*, vol. I.

A l'exception des sculptures en relief que l'on vient d'indiquer, toutes les décorations des hypogées sont à fleur de mur, et consistent dans des peintures à fresque, ou bien des reliefs très-plats, soit dans le creux, soit en saillie, les uns peints et les autres sans couleur, et où les figures sont distribuées en bandes parallèles. Ces figures sont ordinairement sur une très-petite échelle, et par conséquent les accidens de la pierre dont on a déjà parlé, c'est-à-dire les silex et les pétrifications, ont fréquemment arrêté les sculpteurs. C'est par un soin extrême et presque minutieux qu'ils sont parvenus à y remédier; et l'on peut dire qu'une recherche aussi délicate dans l'exécution est une chose qui ne se voit qu'en Égypte. Partout où ils ont trouvé des morceaux de silex, ils les ont enlevés, et ils ont creusé la pierre tout autour en parallélogramme; puis ils ont rempli le creux par des pierres parfaitement ajustées à la place, et scellées avec un ciment. Les joints sont si bien faits, qu'il est très-difficile de les apercevoir et de se douter d'un pareil travail, quand on n'a pas été averti. Mais, lorsqu'on est une fois prévenu, on cherche et on ne tarde pas à reconnaître toutes ces pierres de rapport; pour les faire sortir de leur place, il suffit de frapper quelque temps tout autour des joints[1]. Elles sont très-multipliées, du moins dans certaines salles où le rocher est souvent traversé par des cailloux. Il y a telle chambre et tel hypogée où le quart de la surface est de pièces rapportées:

[1] Le fragment gravé pl. 47, fig. 12 et 13, *A.*, vol. II, a été détaché de la muraille de cette manière par M. Lenoir; on en a rapporté encore d'autres du même souterrain.

DE THÈBES. SECTION X. 43

cette observation a été faite par M. Lancret et par M. Coutelle.

Il résulte de cette méthode égyptienne, que les séries de figures ne sont jamais interrompues par aucun intervalle arbitraire ou disproportionné. Ce que cherchait à faire l'artiste qui dessinait la décoration d'une façade, c'était de tout subordonner à la disposition de la scène et des personnages. Sculpter sur le silex, était presque impossible; laisser des espaces vides, c'était manquer à la symétrie : il ne restait donc qu'à corriger les inégalités de la pierre.

Il faut convenir que ce genre de soin a dû rendre bien difficile et bien long le travail des hypogées; mais, quand on connaîtra l'extrême finesse des détails de la sculpture, on sera bien plus fondé à trouver cette patience admirable. Quelquefois les figures d'un tableau n'ont qu'un demi-décimètre de haut (deux pouces); les petits hiéroglyphes qui les entourent, ont à peine un centimètre (quatre lignes). Un tableau pareil, composé de six figures, peut occuper un espace d'un décimètre sur trois (environ cinquante pouces carrés) : ainsi une simple face de muraille, de quinze mètres de long, renfermera douze cents de ces petits tableaux. Maintenant, que l'on calcule le nombre des petits signes hiéroglyphiques; et ensuite, qu'on fasse le compte pour deux, pour trois murailles, pour un hypogée, pour plusieurs hypogées, enfin pour tous les monumens souterrains.

Toutes les façades ne sont pas travaillées aussi délicatement; mais les plus simples des grottes, à un petit nombre près de façades toutes nues, sont décorées de sujets de petite dimension. A la vérité, plusieurs sont d'un travail négligé; les masses des figures y sont indiquées largement; quelquefois même elles sont informes. Cependant on y voit toujours une certaine habitude des contours, quelque sentiment des proportions; et l'on ne peut pas dire de l'ébauche la plus imparfaite, que toutes les règles y soient violées.

C'est sur un enduit très-fin que les figures ont été dessinées, puis revêtues de couleurs. Cet enduit a le poli d'un stuc : il paraît qu'on le composait avec du plâtre très-fin et une colle transparente; il est encore blanc là où l'on n'avait pas mis de teinte de fond, et par endroits il est même luisant. On n'a pas découvert le mordant qui servait à fixer les couleurs, et qui, sans doute, a contribué à les conserver vives et intactes.

Les couleurs étaient couchées à plat sur les figures; nulle teinte adoucie, nul reflet sur les parties tournantes : mais il arrive que, dans les peintures appliquées sur des reliefs, les parties arrondies reçoivent des reflets qui produisent l'effet de demi-teintes. Quand le dessinateur avait tracé au rouge les contours de ses personnages ou des divers ornemens, le peintre n'avait qu'une précaution à prendre, c'était de ne pas dépasser le trait et de bien étendre sa nuance. Les tons des carnations étaient fixés d'avance, et les différens objets avaient aussi leurs tons marqués. Ainsi le talent du peintre ne passait guère celui d'un bon enlumineur; car il ne faut pas lui faire honneur de la préparation des couleurs, qui sans doute était réglée par des procédés chimiques. La fermeté de touche qu'il y a dans le dessin, lui était également étrangère : or, c'est la principale chose à remarquer dans ces peintures, sous le rapport de l'art; tant les contours sont purs et hardis, notamment dans les figures d'animaux. Quant à la conservation surprenante des couleurs, elle est bien digne d'attention; l'on peut consulter les planches, pour avoir une certaine idée de leur éclat si vif et si pur, tel qu'il subsiste encore aujourd'hui [1].

Les figures que l'on devait sculpter en creux avant de les peindre, étaient préparées comme les peintures à fresque; on les dessinait au rouge, et l'on taillait la pierre tout autour du trait. On a représenté une de ces ébauches dans les planches [2].

Ce qu'on a dit suffit pour faire concevoir que le plan suivi par les artistes égyptiens dans la décoration des hypogées, consistait, en général, à diviser les façades des murailles par compartimens ou tableaux rectangulaires, depuis le plancher jusqu'à la frise du haut. On retraçait, dans ces bandes, diverses représentations, les unes peintes, les autres sculptées, et souvent sculptées et coloriées à-la-fois. La bande supérieure était ordinairement une frise composée de faisceaux en forme de fer de lance ou d'objets analogues.

Il reste maintenant à décrire les sujets renfermés dans ces tableaux.

§. VII. *Des sujets représentés sur les murs des hypogées.*

Le lecteur est déjà prévenu que la plus grande partie

[1] *Voyez* les pl. 47 et 48, *A.*, vol. II.   [2] *Voyez* la pl. 47, fig. 7, *A.*, vol. II.

des peintures des hypogées a pour objet les travaux domestiques : comme ces sujets sont les plus intéressans, c'est aussi à ceux-là que je m'attacherai de préférence. Sans rechercher un ordre quelconque dans les professions des personnages qui composent les scènes familières, je suivrai seulement l'ordre des gravures pour les sujets qui ont été dessinés; et pour les autres, je les décrirai à mesure qu'ils se présenteront dans mon journal de voyage ou dans ma mémoire. Une marche plus régulière serait aussi plus fatigante pour le lecteur, outre que les matériaux ne suffiraient pas pour la suivre toujours. On ne craint déjà que trop de faire une description qui manque de variété; le spectacle des mœurs de ces temps antiques pourra seul en corriger la monotonie.

SCÈNES FAMILIÈRES.

En Égypte, les hommes du peuple ont coutume de porter les fardeaux légers sur le plat de la main; pour se donner plus de force, ils ramènent le coude près du corps et la main sur l'épaule : les anciens Égyptiens avaient le même usage. Dans les scènes domestiques, on voit les serviteurs porter ainsi les vases qui renferment les alimens[1]. Les femmes avaient également cette pratique; et elles en usent encore de nos jours, lorsqu'elles veulent porter l'eau puisée dans le fleuve, ou des vases pleins de lait. Quand le fardeau est plus lourd, on le porte sur la tête.

[1] *Voyez* la pl. 44, fig. 7, *A.*, vol. II; *voyez* aussi la pl. 68, *A.*, vol. I.

L'habit des gens du peuple était jadis à peu près le même qu'aujourd'hui, c'est-à-dire qu'il se bornait à une tunique descendant jusqu'auprès du genou et liée autour des reins par une ceinture, le reste du corps étant nu. Leur coiffure était très-différente du turban des mahométans : c'était un bonnet ou un filet serré, destiné probablement à garantir de l'ardeur du soleil une tête absolument rasée[1]. On sait en effet, par Hérodote, que les Égyptiens se rasaient la tête et le menton, excepté à la mort de leurs parens[2].

Il n'est pas toujours possible de reconnaître les attributs que portent les divers personnages. Un homme coiffé avec ses cheveux, qu'on voit dans la gravure citée plus haut[3], tient dans les mains des objets qu'on pourrait regarder comme des candélabres; mais il est très-permis de supposer toute autre chose à la place. Sa double tunique, ses bracelets et sa ceinture brodée annoncent un homme au-dessus de la classe du peuple; mais son épaisse coiffure est ce qu'il a de plus remarquable : on peut la regarder comme formée de cheveux à longs anneaux, et telle est encore la chevelure d'une tribu d'Arabes connue sous le nom d'*A'bâbdeh;* on en verra un autre exemple dans le troisième volume des planches[4].

Parmi les usages les plus intéressans de l'ancienne Égypte, on peut mettre au premier rang ce qui a rapport à la culture des arts libéraux. Il s'en faut que les

---

[1] *Voyez* la pl. 44, fig. 7, *A.*, vol. II; *voyez* aussi la pl. 68, *A.*, vol. I.

[2] *Hist.* lib. II, cap. 36.

[3] *Voyez* la pl. 44, fig. 5, *A.*, vol. II.

[4] *Voyez* la pl. 67, fig. 6, *A.*, vol. III.

Égyptiens fussent étrangers à celui de tous les beaux arts qui a le plus d'empire sur les organes, l'art musical. Si l'on voulait s'en rapporter là-dessus au témoignage de Diodore de Sicile, encore ne faudrait-il l'admettre qu'avec des restrictions; car les tableaux des monumens, et principalement des hypogées, déposent hautement en faveur de ceux qui attribuent aux Égyptiens une musique perfectionnée. Des harpes très-variées pour le nombre des cordes et pour la forme de la boîte sonore, autant que pour la richesse des ornemens, attestent le goût et même le luxe de la musique chez ce peuple; il y en a de onze cordes et de vingt-une. Les musiciens qui pincent de la harpe, sont tantôt des hommes et tantôt des femmes[1]; ceux-là sont debout, et celles-ci sont assises sur leurs talons. Par la position des mains, on peut conjecturer que les harpistes touchent en même temps plusieurs cordes, et par conséquent, que des cordes de tons différens vibrent à-la-fois. Quelle que soit l'imperfection de ces tableaux sans perspective, on peut cependant reconnaître le fait d'une manière distincte, et l'on doit même espérer de mettre hors de doute que les Égyptiens ont possédé la pratique des accords et une certaine connaissance de l'harmonie; mais cette question importante exige un mémoire spécial.

On voit, dans les peintures, plusieurs autres instrumens à cordes, garnis de longs manches, et comparables à des guitares, mais surtout à l'espèce de mandoline appelée aujourd'hui *tanbour* par les Arabes, et n'ayant

---

[1] *Voyez* la pl. 44, fig. 6, *A.*, vol. II.

rien de commun que le nom avec le tambour européen[1]. Ces *tanbour* ont trois cordes ou un plus grand nombre. Nous ne voyons point de traces de chevilles à tous ces instrumens. Comment remédiait-on à l'action de l'air et de la chaleur sur les cordes? C'est ce qu'on ne peut pas même soupçonner à l'inspection des peintures. Il faudrait, par un bonheur inespéré, retrouver quelques débris des instrumens eux-mêmes. Dans les scènes musicales un peu étendues, l'on voit aussi des hommes qui jouent de divers instrumens à vent, tels que l'espèce de flûte à deux becs qu'on a vue à Elethyia; enfin des personnages frappent la mesure, soit avec leurs mains, soit avec des crotales ou d'autres instrumens de percussion.

Je ne classe pas parmi ces instrumens le sistre qui se voit aux mains des prêtresses d'Isis, parce que ces musiciennes font partie de scènes religieuses; il n'est question ici que de ce qui touche les mœurs, les arts, les coutumes civiles. On remarquera, sous ce rapport, un tableau curieux, dessiné par M. Dutertre, où l'on voit un jeune homme qui apprend à tirer de l'arc[2]. Par une licence usitée chez les scupteurs égyptiens, le but se trouve excessivement rapproché de la main. Il paraît que l'usage était de consacrer les jeunes gens à telle ou telle divinité, et de leur en faire porter une marque: celui-ci est tout nu, aux sandales près; mais il porte la même coiffure qu'Horus, c'est-à-dire une grosse natte de cheveux sous

---

[1] *Voyez* la pl. 44, fig. 6, *A.*, vol. II; *voyez* aussi la Description des instrumens de musique des Orientaux, par M. Villoteau, Ire *partie*, chapitre *II*, Mémoires sur l'Égypte moderne.

[2] *Voyez* la pl. 45, fig. 2, *A.*, vol. II.

l'oreille. Son maître a le vêtement et la coiffure des gens du peuple. Il y a du naturel dans les poses, et de la justesse dans la manière dont le maître dirige les deux bras de son élève. L'attitude de ce dernier est celle d'un homme qui s'efface et qui montre de côté la plus grande partie du dos. Son arc est de l'espèce la plus simple; mais on trouvera cette arme représentée dans l'Atlas sous beaucoup de formes différentes. On ne peut se défendre de remarquer que ce bas-relief curieux rappelle à la mémoire un des meilleurs tableaux de l'école moderne, *l'Éducation d'Achille*, bien entendu pour le sujet et pour l'action seulement. Il eût été précieux de recueillir beaucoup de sujets pareils, pour suppléer le silence des auteurs sur l'éducation des Égyptiens, ou pour éclaircir leurs passages. Que n'a-t-on retrouvé la peinture des jeux et des divers exercices auxquels on se livrait en Égypte; tels, par exemple, que la course à pied dont parle Diodore de Sicile[1] ?

La coutume actuelle, pour transporter de grands fardeaux, est de les suspendre à un fort levier que deux hommes portent par chaque bout et sur l'épaule droite, en le maintenant avec le bras gauche : quand le poids s'élève à douze quintaux, il faut deux leviers et quatre hommes. C'est ce qu'on remarque fréquemment dans les ports du Kaire, et surtout dans les villes maritimes.

[1] Diod. liv. 1er, chap. 9. Cet auteur prétend, il est vrai, que la lutte était proscrite en Égypte. En disant que les seuls habitans de Chemmis connaissaient les jeux gymniques, Hérodote semble confirmer cette assertion. L'on apprendra ce qu'il faut en penser, en voyant les peintures de Beny-hasan. *Voyez* la pl. 66, *A*., vol. IV, et la Description de Beny-hasan, chap. *XVI des Descriptions d'antiquités*.

On trouve encore, dans les bas-reliefs des hypogées, la représentation de cet usage. On y voit deux hommes portant, à l'aide d'un levier posé sur leurs épaules, un énorme vase entouré d'un filet[1] : ce vase a deux anses; il ne ressemble pas mal aux jarres qu'on appelle aujourd'hui *ballás,* et qui servent à conserver de l'huile, du vinaigre et d'autres liqueurs. Ces jarres se fabriquent dans la partie supérieure de la Thébaïde; on en forme des radeaux, et on les conduit tout le long du Nil jusqu'à la capitale.

Voici une scène d'économie domestique d'un autre intérêt; c'est le pesage des marchandises[2]. Le levier de la balance est suspendu par un anneau à un poteau solide et élevé qui est muni d'un crochet. Ses bassins sont garnis de trois cordes, et ressemblent exactement à ceux de nos balances communes; c'est par le fléau qu'elle en diffère, en ce qu'il est en dessous du levier, au lieu d'être en dessus. Cette balance est d'ailleurs plus parfaite que celle des grottes d'Elethyia[3]. Le peseur juge que la balance est en équilibre, parce que la tige du fléau est parallèle au poteau, et par conséquent d'aplomb. On peut conjecturer que la boîte posée à terre est un poids, que l'homme placé derrière le peseur tient une tablette où il a inscrit ce que pèse la marchandise, et que celui qui le regarde exprime par son geste qu'il

---

[1] *Voyez* la pl. 46, fig. 3, *A.*, vol. II.
[2] Voyez *ibid.*, fig. 10.
[3] *Voyez* la pl. 68, *A.*, vol. I, et le mémoire de M. Costaz sur les grottes d'Elethyia, *A. Mém.* Cette position du fléau est peut-être plus commode que celle qui est usitée dans nos balances. Les essayeurs ont des balances très-sensibles, où le fléau est aussi inférieur.

trouve la marchandise bien pesée. Ces trois hommes ont le costume ordinaire du peuple.

J'ai remarqué, dans un des hypogées des environs du *Memnonium*, des sculptures qui expriment plusieurs arts intéressans, et qu'il ne m'a pas été possible de dessiner. L'une d'elles représente des ouvriers occupés à construire des chars; on voit des parties de roue déjà faites, plus loin des roues achevées entièrement. On n'a pu s'assurer si les chars étaient en bois ou bien en métal; cependant, comme il n'y a dans les mains des charrons que des instrumens tranchans, il est plus probable qu'ils travaillaient en bois[1]. Une autre sculpture est la représentation de la pêche au filet : on a distingué, parmi les poissons, l'espèce consacrée sous le nom d'*oxyrynchus*. Plus loin était une chasse aux oiseaux, où l'on a reconnu des oies sauvages et plusieurs espèces différentes de volatiles.

Sous les galeries latérales d'un très-vaste hypogée, j'ai vu la peinture d'un repas servi au maître et à la maîtresse de la maison et à plusieurs convives par une multitude de serviteurs : les uns portent des cuisses de mouton ou de veau, les autres des canards; ceux-ci des légumes, ceux-là des fruits et beaucoup d'autres provisions. A l'abondance qui règne dans le festin, se joint encore le plaisir de la musique; on y joue de plusieurs espèces d'instrumens à vent et à cordes. Toutes les figures de cette scène sont des modèles de fini et de délicatesse,

---

[1] Il paraît aussi que les Égyptiens ont eu des chars travaillés en cuivre, à en juger par la couleur bleue des roues, et aussi par la finesse des jantes et des rais. C'est ce qu'on peut vérifier en consultant la pl. 12, *A*., vol. II.

et les hiéroglyphes eux-mêmes ont une perfection que je n'ai trouvée nulle part, même dans les grands monumens les plus soignés; cela tient sans doute au grain fin et moelleux que la pierre a dans cet endroit. Quant aux vases qui servent à porter les mets, ils sont d'un goût exquis. La pureté des contours, dans un si grand nombre d'objets, a de quoi étonner. Le tout est peint sur enduit; partie est sculptée en creux, partie en relief avec une très-légère saillie; enfin le poli de la surface ajoute beaucoup à l'effet de l'ensemble. C'est un de ces tableaux qu'il aurait fallu choisir pour prendre une collection d'empreintes en cire ou en plâtre; mais on manquait des moyens de l'exécuter. Quant à la possibilité de dessiner tant de détails, il aurait fallu un temps prodigieux : vingt personnes occupées, six mois de suite, à copier les peintures des hypogées, n'en dessineraient pas la dixième partie.

Un autre tableau m'a paru bien digne d'être décrit, mais je n'ai pu l'observer en détail : c'est une danse composée de plusieurs personnages; les attitudes sont toujours variées, élégantes et naturelles, et l'objet de la scène est bien exprimé.

Dans une de ces peintures, nous avons encore reconnu l'art du potier; l'ouvrier se sert du tour incliné, comme on fait encore dans la haute Égypte, et comme je l'ai vu pratiquer à Edfoû [1]. Cette direction de l'axe du tour était destinée à prolonger le mouvement imprimé une fois à la roue par le pied de l'ouvrier, à cause du

---

[1] *Voyez* la pl. II, fig. 12, *É. M.*, vol. II (Arts et Métiers), et son explication.

poids de cette roue qui l'entraîne toujours. Voilà donc encore un usage conservé de l'antiquité. On sait d'ailleurs que la forme des poteries actuelles ne s'éloigne pas des formes antiques[1], et enfin que les vases d'argile avaient jadis, comme aujourd'hui, la propriété de rafraîchir l'eau[2].

L'art du sellier fait aussi le sujet d'un de ces tableaux. On peut voir, par les bas-reliefs militaires, quelle recherche il y avait dans la sellerie égyptienne[3].

Quant à la chasse, elle est, ainsi que la pêche, fréquemment représentée dans les hypogées. Dans une des scènes de cette espèce, M. Lancret a cru reconnaître des animaux qui appartiennent au midi de l'Afrique. Faute de renseignemens précis, l'espèce de ces animaux est douteuse, et l'on présume seulement qu'il s'agit de rhinocéros ou d'éléphans. On a vu aussi des zèbres et des léopards.

On ne peut s'étendre ici sur une foule de sujets intéressans sous le rapport des mœurs, par la raison qu'ils n'ont pas été dessinés; tels que des scènes de vendeurs et d'acheteurs, des exercices de sauteurs de corde, des animaux domestiques faisant des tours de force, des tableaux d'agriculture, la vendange et la moisson, les détails de la préparation des alimens, la navigation sur

---

[1] *Voyez* la Description d'Edfoû, *A. D.*, vol. 1, *chap. V*, pag. 266; *voy.* aussi, pour les vases antiques, les pl. 14 et 15, *A.*, vol. 1; 35, 65 et 66, *A*, vol. III, etc.; et pour les vases modernes, les pl. *EE*, *FF*, etc., *É. M.*, vol. II (Vases, Meubles et Instrumens). *Voy.* enfin le mémoire de M. Costaz sur les grottes d'Elethyia, *A.*, vol. I.

[2] *Voyez* la pl. 68, *A.*, vol. I.

[3] *Voyez*, entre autres, la pl. 39, *A.*, vol. III.

le Nil, des funérailles somptueuses, des évolutions militaires, des combats, des collections d'armures, etc. Un de ces sujets représente un homme condamné à une peine afflictive; le châtiment qu'il subit est le supplice de la bastonnade : nouveau rapprochement avec les mœurs des Égyptiens modernes. J'ai retrouvé une pareille scène dans les hypogées de Beny-hasan, et je l'ai dessinée[1].

Une cérémonie funéraire termine souvent toutes ces scènes de la vie civile, domestique ou agricole, comme si l'objet de ces peintures était de constater les occupations qu'un homme avait eues dans le cours de sa carrière, et les funérailles que sa famille lui avait faites. Cependant cette explication ne pourrait pas être applicable à tous les cas, puisqu'on trouve parfois des tableaux militaires à côté de scènes d'agriculture; car on sait positivement que ces deux espèces de professions appartenaient, en Égypte, à des classes distinctes. Peut-être aussi ces représentations avaient-elles un tout autre but; c'est sur quoi l'on n'aura de lumières que lorsqu'on pourra lire d'une manière suivie les hiéroglyphes qui accompagnent chaque tableau.

Les animaux que l'homme a su assujettir à ses besoins, excitent aussi quelque intérêt dans le spectacle des mœurs domestiques. On a recherché avec soin ceux qui font partie des peintures égyptiennes, et l'on a vu avec surprise que le chameau n'était pas du nombre, quoiqu'il figure parmi les hiéroglyphes d'Horapollon :

[1] *Voyez* la pl. 66, *A.*, vol. IV, et la Description de Beny-hasan. chap. *XVI* des Descriptions.

il est vrai qu'il en est de même de l'éléphant. Le bœuf, l'âne, le cheval, voilà ceux qui rendent les services les plus essentiels à l'homme, et ses compagnons dans les travaux les plus rudes : aussi sont-ils fréquemment représentés dans les peintures. Après viennent la chèvre, le belier, le porc, le singe, le chat, le lièvre, le chien, et aussi divers volatiles, tels que l'oie et le pigeon. Je ne parle pas ici des espèces qui ne sont point domestiques : n'étant point rangées sous les lois de l'homme, elles ne lui rendaient aucun office, et elles ne pouvaient faire partie des tableaux de la vie sociale; c'est dans les tableaux religieux qu'on aperçoit leurs images, parce qu'elles servaient de symboles pour l'écriture hiéroglyphique. La figure de la girafe et celle de l'hippopotame ne se voient jamais dans les hypogées, mais dans les temples; et si l'on rencontre, dans les premiers, des animaux sauvages, tels que le lion et la gazelle, c'est parmi les représentations consacrées à la chasse. Le chacal, qu'on retrouve dans ces catacombes[1], ne fait pas non plus une exception, parce qu'il sert d'emblème dans les peintures de cérémonies funèbres, peintures qui tiennent le milieu entre les scènes communes et les scènes symboliques.

La figure du chat se voit de temps en temps parmi les sculptures des hypogées. Il est assez remarquable que les Égyptiens ont le plus souvent montré sa tête de face dans les tableaux peints ou sculptés, apparemment pour mieux caractériser cet animal. Ils en ont usé de

[1] *Voyez* la pl. 45, fig. 13, *A*., vol. II; *voyez* aussi la pl. 69, fig. 1, *A*., vol. I.

même à l'égard du hibou, dont la face a de la conformité avec celle du chat. Ce dernier animal se trouve assez fréquemment parmi les petits bronzes qu'on rencontre sur le sol des catacombes, et toujours modelé avec une vérité parfaite[1]. C'est bien à juste titre qu'on accorde aux Égyptiens le mérite d'avoir réussi dans l'imitation des animaux; ce fait prouvera toujours, quoi qu'on puisse dire, qu'ils savaient observer et exprimer la nature.

Dans les scènes de repas et d'offrandes, on voit des portions d'animaux destinées aux sacrifices, telles que les membres d'un bœuf, la tête et les parties postérieures d'un veau, des cochons de lait, des gazelles, et enfin des oies dépouillées de la tête. Tous les détails en sont assez fidèlement rendus; l'on peut citer en exemple la tête d'un jeune bœuf, sculptée avec finesse, et copiée d'après le fragment qu'a rapporté M. Lancret[2]. A l'article des momies, on parlera des autres espèces d'animaux que renferment les scènes des hypogées.

COSTUMES.

L'examen des scènes familières m'a déjà donné lieu de faire plusieurs remarques sur la manière de se vêtir des différentes classes; je vais rapporter d'autres exemples de costumes. Il ne faut pas s'étonner si cette variété d'habillemens ne se trouve que dans les hypogées, et point dans les temples; c'est que, dans les monumens

---

[1] *Voyez* la pl. 45. fig. 14, *A.*, vol. II, et les planches d'*antiques*, pl. 60 et suiv., à la fin du cinquième volume d'Antiquités.

[2] *Voyez* la pl. 47, fig. 9, *A.*, vol. II.

sacrés, on n'avait à représenter que les dieux et les prêtres. Ce n'est pas qu'on ne voie aussi, dans les tombeaux, des scènes religieuses, et par conséquent des habits particuliers à la classe sacerdotale. Les pompes funéraires, les sacrifices, les offrandes aux dieux, sont accompagnés d'hommes et de femmes consacrés au culte; on reconnaît ceux-ci à certains attributs, et surtout aux coiffures symboliques. Deux femmes de cette condition peuvent être citées en exemple[1]; toutes deux ont de grandes robes transparentes et de riches colliers : l'une est coiffée de longues tresses, et sa tunique est ample et traînante; l'autre a un bonnet qui descend très-bas et qui a huit plis, semblable à un habit qui aurait huit collets. Une bretelle soutient sa tunique : l'usage des bretelles était presque général.

J'ai déjà cité deux autres prêtresses[2] habillées richement de gazes rayées et légères[3]. La chevelure de la première (si l'on peut regarder cette figure comme coiffée avec ses cheveux) est épaisse et très-longue, et fait supposer que les femmes avaient le plus grand soin d'entretenir cette parure naturelle; mais il faut avouer qu'on ne peut pas toujours distinguer les tresses de cheveux d'avec les tresses artificielles. Un large diadème et deux paires de bracelets ajoutent encore à la richesse de ce costume. L'autre figure se fait remarquer par une grande fleur de lotus qui couronne sa coiffure, et par un voile orné de franges, rejeté sur son épaule. Malgré le manque

---

[1] *Voyez* la pl. 44, fig. 1 et 3, *A.*, vol. II.

[2] Je me sers de ce mot pour abréger. *Voyez* la Description d'Éléphantine, *Ant. D.*, *chapitre III*, p. 194.

[3] *Voyez* la pl. 45, fig. 1 et 3, *A.*, vol. II.

de perspective dans tous ces bas-reliefs, je crois qu'il ne serait pas difficile à un artiste intelligent de démêler les diverses parties de ces costumes, et même, jusqu'à un certain point, les différentes espèces d'étoffes, pour les employer parmi nous à l'usage de la scène. Cette étude ne serait pas à dédaigner, aujourd'hui que l'on met de l'importance à représenter fidèlement les lieux, les temps et les personnages. Si l'on a réussi à bannir du théâtre tant d'habillemens bizarres dont on affublait les Grecs et les Romains, combien ne reste-t-il pas à faire dans les drames dont la scène est en Égypte, je ne dis pas seulement pour les costumes, qui ne sont en effet qu'un accessoire, mais pour le site, pour les monumens, et pour la vérité des mœurs? Les rois, les prêtres, les grands, les guerriers, les artisans, les laboureurs, et les femmes des diverses conditions, sont si fréquemment représentés dans cet ouvrage, qu'il ne manquera presque aucune ressource à ceux qui voudront connaître à fond la manière de se vêtir des anciens Égyptiens : mais il faudra distinguer les attributs et tout ce qui n'est que symbolique, d'avec les véritables habillemens; par exemple, on ferait une chose hasardée et contre la vraisemblance, si l'on faisait porter aux prêtres ces coiffures colossales, et surtout ces masques d'animaux qui, dans les sculptures, servaient de symboles pour marquer la divinité particulière à laquelle ces prêtres étaient consacrés. Quant aux dieux, la forme de leurs habits, ordinairement très-simple, ne pourra jamais induire en erreur, et il suffira de tracer leurs images telles qu'elles sont dans les monumens.

On a déjà cité un costume bizarre, composé d'une étoffe rayée, reployée autour des reins de la figure qui le porte; les manches sont très-amples, évasées, et ne descendent pas au-dessous du coude [1]. On ne concevrait pas facilement ces manches volumineuses, sans d'autres exemples où l'on reconnaît comment elles appartiennent au reste de la robe [2]. Un des costumes les plus riches que j'aie vus, est celui d'une figure qui tient dans la main gauche une grande tige de lotus, entourée d'un liseron, plante qui n'a été remarquée qu'une fois parmi les peintures égyptiennes [3]. On distingue un voile à franges posé sur sa longue tunique rayée; le collier est à quatre rangs de perles en poire, et la coiffure (s'il est permis d'y reconnaître les cheveux eux-mêmes) est toute formée d'une multitude de tresses qui descendent de dessous une toque ou diadème richement brodé. Il paraît que la coiffure en tresses détachées était d'un fréquent usage; on a dessiné en grand un fragment de petite statue ainsi coiffée, afin d'en donner un exemple [4].

Les écrivains, étant d'une classe supérieure, se distinguent aussi à leur costume; c'est une tunique descendant jusqu'aux talons. L'écrivain qu'on a dessiné parmi ces bas-reliefs [5], a la sienne rayée; sa coiffure est aussi plus riche. L'attitude que l'artiste lui a donnée, a du mouvement et du naturel, et exprime bien l'action d'un personnage tenant un *volumen* et traçant des caractères.

[1] *Voyez* la pl. 45, fig. 11, et *suprà*, pag. 41.
[2] Voyez *ibid.*, fig. 3, et la pl. 46, fig. 1 et 4, *A.*, vol. II.
[3] *Voy. ibid.*, fig. 15, *A.*, vol. II.
[4] *Voyez* la pl. 45, fig. 7, *A.*, vol. II.
[5] *Voyez* la pl. 46, fig. 13, *A.*, vol. II.

Deux formes de bonnets appartenaient aux hommes du peuple : l'une est ronde et s'applique juste à la tête ; l'autre en diffère en ce qu'elle est carrée en dessous. C'est de cette dernière espèce qu'est la coiffure d'un homme de la campagne, assis dans un fauteuil à bras ; il tient une branche de lotus, comme on voit aujourd'hui les paysans, après la fête du Nil, rouler autour de leurs bras et de leur cou des tiges de cette plante [1]. Cette coiffure carrée est encore celle d'un autre personnage qui faisait partie d'une suite de figures, toutes assises comme lui en équilibre sur un des talons [2]. Il a le haut du corps nu, mais il porte une ceinture blanche en bandoulière ; l'air de tête a de la douceur et de la grâce, et la pose a en même temps de l'aplomb et de la légèreté. Cette manière de se poser en équilibre, moitié assis, moitié à genoux, est encore en usage parmi les Égyptiens.

La figure de divinité la plus remarquable pour la coiffure est celle du jeune Horus ; ce sont des cheveux tressés et nattés avec art. Cette manière de porter les cheveux était aussi en usage parmi les jeunes gens que l'on consacrait à Horus [3]. Il faut convenir que les Égyptiens avaient aussi une certaine coiffure d'un genre bizarre et tout-à-fait de mauvais goût, tant elle est roide et contraste avec les autres ajustemens [4]. C'est dans les gravures qu'il faut étudier toutes les variétés de costumes ou d'attributs qu'il serait trop long de passer en revue, telles que le tablier triangulaire [5], les signes distinctifs

---

[1] *Voyez* la pl. 46, fig. 9, *A.*, vol. II.

[2] *Voyez* la pl. 47, fig. 11, *A.*, vol. II.

[3] *Voyez* la pl. 46, fig. 6 et 8, *A.*, vol. II.

[4] *Voy.* la pl. 46, fig. 7, *A.*, vol. II.

[5] Voyez *ibid.*, fig. 2.

dans les différentes cérémonies [1], les masques des dieux, ceux des prêtres [2], etc. On se bornera ici à faire remarquer, pour la singularité, un buste de jeune homme, dont la coiffure est à longues tresses [3]. Cette figure se distingue par un collier serré sur le cou, très-éloigné de la forme des colliers ordinaires, toujours pendans sur la poitrine; de plus, ce collier, formé de huit cordons, porte une plaque au milieu; enfin, son vêtement est soutenu par une bretelle, à l'aide d'une boutonnière ou espèce d'agrafe que l'on n'a rencontrée qu'en cet endroit.

USTENSILES DOMESTIQUES.

Jetons maintenant un coup d'œil sur les vases et les meubles domestiques dont les hypogées nous offrent l'image. On n'en a dessiné qu'un bien petit nombre, surtout par rapport à l'immense quantité qu'il y en a dans les peintures; mais il suffit de quelques exemples pour attester la pureté des formes que les Égyptiens avaient adoptées, et dont ils ne se sont jamais écartés [4]. Ce fait seul mettra toujours un grand intervalle entre leurs arts et ceux des autres peuples de l'Orient, chez qui l'on chercherait vainement des formes constamment pures, simples et élégantes. On sent mieux qu'on ne peut définir ce qui plaît à l'œil dans les vases égyptiens; c'est qu'il s'y voit une grande variété, et cependant une con-

---

[1] *Voyez* la pl. 46, fig. 4 et 15, *A.*, vol. II.
[2] Voyez *ibid.*, fig. 11 et 12.
[3] *Voyez* la pl. 47, fig. 12 et 13.
[4] *Voyez* la pl. 45, fig. 4 et 10, *A.*, vol. II, les planches d'*antiques* à la fin du vᵉ volume, et les pl. 14, 15, *A.*, vol. I; 35, 65, 66, *A.*, vol. III, citées plus haut.

tinuité de courbure qui n'admet jamais des sauts brusques dans les contours. La ligne droite y succède quelquefois à une courbe prononcée, mais par des passages doux et insensibles; et les courbes elles-mêmes changent de l'une à l'autre sans aucun jarret (qu'on me passe ce terme d'école). Quand le galbe est interrompu par des anses, celles-ci sont ajustées avec le même art, et ajoutent à l'élégance de l'ensemble. Qu'on ne dise donc plus que les Égyptiens, grands dans l'architecture, n'ont point montré de goût dans les détails, et qu'ils n'ont jamais sacrifié aux Grâces; car les formes de leurs meubles sont précisément celles que nous admirons dans les vases grecs, nommés communément *étrusques*.

On a trouvé, dans les hypogées, quelques-uns de ces vases eux-mêmes en terre cuite, et d'une pâte rouge très-fine; d'autres en faïence émaillée, ou bien en pâte de porcelaine. Mais, comme on doit le présumer, les vases peints sur les murailles ont duré plus long-temps que les premiers; leurs couleurs, encore intactes, nous laissent entrevoir diverses particularités. Par exemple, la teinte rouge qu'on voit à travers plusieurs d'entre eux, paraît annoncer à-la-fois et la transparence du verre et la présence du vin [1]; quelquefois, il est vrai, ces couleurs tranchées indiquent seulement des teintes appliquées sur l'extérieur des poteries opaques. Le bouchon ou le couvercle est aussi d'une couleur particulière, et ordinairement rouge; ce couvercle est garni d'un manche plus ou moins long qui sert à l'enlever [2]. On a déjà

---

[1] *Voyez* la pl. 45, fig. 4 et 10, *A.*, vol. II, et l'explication de la planche.
[2] Voyez *ibid.*, fig. 4 et 10.

parlé d'une grande jarre analogue aux *ballâs* des Égyptiens modernes[1]; ces vases étaient supportés sur des pieds en bois, comme c'est l'usage encore aujourd'hui, sans quoi ils n'auraient pu tenir debout : c'est ce qu'on voit dans les grottes d'Elethyia et de Thèbes[2].

Il n'est pas nécessaire de citer d'autres exemples de vases; l'ouvrage en fournira un grand nombre : quant à ceux qui servaient aux momies d'animaux, on en parlera plus loin. Il vaut mieux faire remarquer au lecteur un meuble d'une forme gracieuse, servant de siége à un homme de la campagne, qui paraît être le chef des travaux[3]. C'est une chaise à bras, ou fauteuil à jour, soutenu sur des pieds de lion. Cette forme de meuble est très-fréquente dans les bas-reliefs égyptiens, mais non pas avec les bras et le dossier[4]. On a vu dans les peintures, avec un vif intérêt, beaucoup de meubles servant à différens usages; le temps n'a pas permis de les dessiner : c'est dans les gravures des tombeaux des rois qu'on en trouvera plusieurs qui sont de l'élégance la plus recherchée.

STYLE DES FIGURES.

On finira cette description des sujets qui ornent les hypogées par quelques remarques sur le style des figures. On est suffisamment prévenu que les artistes égyptiens

---

[1] *Voyez* la pl. 46, fig. 3, *A.*, vol. II.

[2] *Voyez* la pl. 68, *A.*, vol. I, et le mémoire de M. Costaz, cité plus haut.

[3] *Voyez* la pl. 46, fig. 9, *A.*, vol. II.

[4] *Voyez* la Description d'Hermonthis, *A. D.*, ch. *VIII*, p. 421.

n'exprimaient point les raccourcis, puisque la poitrine est presque toujours vue de trois quarts dans leurs figures de profil. On n'insistera donc pas ici sur cette faute de perspective, dont il résulte, pour tous ceux qui n'y sont pas habitués, un aspect choquant, et qui empêche même, au premier coup d'œil, de reconnaître la simplicité de la composition, la justesse de certaines attitudes, ou l'agrément des contours. Cependant il suffit d'examiner les airs de tête et la variété des physionomies, pour s'assurer que les Égyptiens ne s'éloignaient pas constamment de la nature, même dans le dessin de la figure humaine, du moins autant qu'on le croit communément. L'imitation des mains, où ils ont péché fortement, ne mérite pas toujours le même reproche. C'est surtout dans les hypogées que ces défauts ordinaires sont moins sensibles; apparemment que le dessinateur y avait plus de liberté. Sans quelque raison de cette nature, jamais on n'expliquera pourquoi, en Égypte, les différentes parties de l'art ont été traitées avec tant d'inégalité. En considérant deux figures jouant de la guitare et de la harpe, figures déjà citées précédemment[1], n'est-on pas porté à convenir que l'action est bien exprimée, que la pose est juste, et que les têtes ne manquent pas de grâce? Ne trouvera-t-on pas encore, dans d'autres figures[2], des attitudes qui peignent l'attention, l'application ou le mouvement, ou des airs de tête qui, dans leur diversité, sont d'accord pour le caractère, et tou-

---

[1] *Voyez* la pl. 44, fig. 6, *A.*, vol. ii.

[2] *Voyez* la pl. 46, fig. 1, 2, 3, 4, 9, 10 et 13, *A.*, vol. ii, et la pl. 47, fig. 11 et 12, même volume.

jours pleins d'une douceur aimable ? Si l'on voit encore de la roideur dans plusieurs de ces figures, on en voit aussi d'autres où il y a plus de souplesse et de naturel. Au reste, l'expression est presque toujours calme et sans vivacité; rarement les Égyptiens peignaient la passion. C'est dans les scènes militaires qu'ils ont rendu leur style plus animé, même plein de feu. L'on regrette de n'avoir pas dessiné, dans les hypogées, les sujets de cette dernière espèce ; mais les combats que l'on a copiés sur les palais de Thèbes peuvent en dédommager le lecteur[1].

Le travail un peu fruste que l'on rencontre parfois dans les grottes sépulcrales, pourrait tromper un observateur peu attentif. Ce n'est pas sur les productions les plus grossières qu'il faut juger des arts de l'Égypte, mais bien sur ce qu'elle a exécuté de plus parfait. Cette différence d'exécution entre un hypogée et un autre ne pouvait manquer d'avoir lieu par le motif qu'on a déjà fait apercevoir au lecteur, je veux dire l'inégalité de condition dans les particuliers, et par suite celle de la dépense dans la décoration des tombeaux. Loin de s'étonner de cette différence, on doit être surpris de ne pas la trouver plus grande. Quel serait de nos jours, dans le bas peuple ou dans les classes moyennes de la société, l'homme ayant assez d'aisance pour faire travailler la pierre dans un tombeau de famille, et la faire orner de bas-reliefs et de peintures ? Si en Égypte le peuple suivait cet usage, il ne pouvait avoir à son service que des ar-

---

[1] *Voyez* les pl. 10 et suivantes du vol. II d'*Antiquités*, et beaucoup d'autres sujets militaires gravés dans les vol. II et III.

tistes du dernier ordre. Néanmoins ce qu'il y a de plus médiocre dans ces ouvrages négligés, ne laisse pas d'avoir des proportions, et annonce la connaissance de plusieurs règles du dessin. C'est le travail du ciseau qui est moins délicat, la forme des extrémités qui est plus incorrecte, le caractère des têtes qui est moins soigné. Ainsi les peintres à l'usage du peuple tenaient encore à une école établie, et ne s'écartaient pas arbitrairement des modèles. En Europe, il n'en est pas ainsi, surtout hors des grandes villes; les ouvriers en peinture qui travaillent pour la basse classe, n'ayant reçu nulle instruction, ne s'astreignent à aucune règle, et font des choses barbares pour les proportions. On ne trouverait pas, dans les figures des hypogées les plus imparfaites, des fautes aussi choquantes qu'on en trouve dans nos enseignes de campagne; à part toutefois les fautes de perspective, que les artistes égyptiens ne pouvaient éviter dans aucun genre de peinture. La différence est encore plus grande entre les animaux qu'ils ont sculptés et ces figures de chien ou de lion, en terre cuite ou en faïence, qui servent chez nous à orner les portes des jardins.

§. VIII. *Des objets que l'on trouve dans l'intérieur des hypogées.*

Les objets isolés que l'on rencontre aujourd'hui sur le sol, sont des momies d'hommes et d'animaux, ou bien des antiques en granit, en pierre et en bois peint. Il faut décrire premièrement les momies, les boîtes ou enveloppes qui les renferment et les peintures qui les re-

CH. IX, DESCRIPTION GÉNÉRALE

couvrent, ensuite les différentes espèces d'antiques. On consacrera un article particulier aux manuscrits sur papyrus que l'on trouve dans les momies.

1°. MOMIES HUMAINES[1].

État des momies, caractère de la physionomie.

On a déjà parlé du désordre où sont les momies dans les hypogées, de manière à dispenser d'y revenir[2]. Il s'agit à présent de décrire plus en détail, non ce qui regarde l'embaumement, attendu qu'un mémoire particulier rendra compte au lecteur de tout ce qu'il pourrait désirer d'apprendre à ce sujet[3], mais l'arrangement industrieux des bandelettes, les signes d'écriture tracés sur les toiles, le caractère de la physionomie, les peintures qui ornent les enveloppes, enfin l'art avec lequel on a, pour ainsi dire, caché la mort pour lui donner les formes de la vie.

On sait quelle quantité de bandes de toile entrait dans la composition d'une momie; on sait encore qu'on plaçait sur le visage plusieurs masques en toile plus ou moins fine, qui reproduisaient tous une image ressemblante : mais ce qu'on n'a pas remarqué (ce me semble), c'est que les mains et les pieds avaient aussi de ces masques,

---

[1] On a donné beaucoup d'étymologies différentes du mot *momie*, en arabe *moumyá*. Ce mot ne se trouve point dans les auteurs grecs; il nous a été transmis par les Arabes. Selon M. Rossi, il est formé de deux mots qobtes, *mori*, *mortuus*, et *sal*, c'est-à-dire mort préparé avec le sel, ou mort embaumé. (Ig. Rossi, *Etymolog. Ægyptiac.* pag. 124.)

[2] *Voyez* ci-dessus le §. IV.

[3] *Voyez* le Mémoire sur l'embaumement, par M. Rouyer, *A. Mémoires*.

c'est-à-dire que les toiles portaient une empreinte en relief, très-marquée, des doigts et des orteils, même des ongles[1]. Bien plus, pour remédier à la contraction, à la dessiccation des chairs, et donner aux différentes parties du corps toute la rondeur naturelle, on augmentait au besoin le nombre ou l'épaisseur des toiles, et l'on poussait le soin, la recherche, jusqu'à rendre les formes plus belles que la nature vivante. Je puis citer en exemple un bras de momie que j'ai rapporté des catacombes[2]. En parcourant un caveau, je remarquai une petite momie à cause de sa parfaite conservation, et je formai le projet de l'emporter. L'entrée du caveau était une de celles dont j'ai parlé au commencement, où l'on ne peut passer qu'en se traînant sur le ventre. J'éteignis ma lumière, et, prenant d'une main la momie par le bras, je m'avançai péniblement en m'appuyant sur l'autre main. Malheureusement l'issue se trouva encore plus étroite que je ne le pensais; les efforts que je fis pour attirer la momie au dehors, la brisèrent sous l'épaule, et le bras se sépara. Les circonstances ne me permettant pas de rentrer dans le caveau, il me fallut renoncer à mon entreprise.

En considérant ce bras, je reconnus qu'il appartenait à une jeune fille d'environ huit ans; je le trouvai d'une grande beauté, ses formes étaient arrondies et gracieuses : mais ce qui m'étonna le plus, c'est qu'en mettant à découvert les ongles de la main, je les vis teints d'une cou-

---

[1] *Voy.* pl. 52, fig. 14, *A.*, vol. II. Il paraît qu'on avait un moule en bois qui imprimait sur la toile encore chaude, la forme des doigts et des ongles.

[2] *Voy.* la pl. 48, fig. 2, *A.*, vol. II.

leur rouge, comme celle dont les femmes se teignent aujourd'hui les ongles à l'aide du henné. On sait que le henné est une poudre verte, provenant des feuilles d'un arbrisseau (*lawsonia inermis*, Lin.), séchées au four et pulvérisées, et qu'il suffit que cette poudre humectée séjourne sur une partie quelconque d'un corps vivant, pendant quelques heures, pour la teindre solidement en rouge-orangé; cette nuance demeure sur la peau jusqu'au renouvellement de l'épiderme. Les bandelettes particulières des doigts et de la main me parurent aussi plus rouges que le reste du bras, et je conjecturai que l'embaumeur avait imprégné les mains de henné après l'opération finie. J'avoue cependant qu'on pourrait aussi attribuer cette couleur à l'action du bitume ou à toute autre cause.

Cette momie m'a fait voir encore qu'on enveloppait séparément chacun des membres, chaque main ou chaque pied, et même chaque doigt, par des bandelettes particulières, avant de mettre des enveloppes générales autour du corps. On admire communément l'art et le soin qu'il y a dans ce travail; mais on ne fait pas attention à l'habitude qu'avaient acquise les embaumeurs par une pratique journalière.

La toile qui repose immédiatement sur la peau de ce même bras, est beaucoup plus grosse que les autres; c'est l'enveloppe extérieure qui est la plus fine de toutes. Celle-ci était taillée en pointe, et entourait le bras à partir de la paume de la main, en forme d'une manche bien serrée; au lieu que les enveloppes de dessous paraissent n'être que des bandelettes roulées en spirale.

Ce serait ici le lieu de s'étendre sur les espèces de toiles employées dans les momies, et d'examiner l'industrie qu'elles supposent dans les Égyptiens, et les matières végétales dont ils se servaient pour les fabriquer. Comme on en a beaucoup rapporté en Europe, principalement depuis ces derniers temps, il sera possible de lever toute incertitude sur ce sujet. En attendant, on présentera ici quelques observations particulières; mais on s'abstiendra de rappeler des faits généralement connus.

On ne peut douter que le lin et le coton n'aient servi tous deux en Égypte à faire de la toile, puisque Hérodote emploie séparément et d'une manière distincte le terme de lin et celui de *byssus*, et que ce dernier est certainement le coton : or, quand il veut parler des toiles qui étaient destinées à l'embaumement, il se sert du mot de *byssus*[1]. Il est difficile de s'assurer aujourd'hui si la toile de momie est en effet de coton ou de lin, lorsqu'elle est fortement imprégnée de bitume, desséchée et cassante : mais il y a aussi des toiles parfaitement conservées, aussi solides que si elles étaient neuves; et celles-ci, quand on les examine attentivement, offrent beaucoup d'analogie avec le tissu de coton, tant à la vue qu'au toucher. Cette observation s'applique aux plus grossières comme à celles dont le tissu est le plus délié; ce qui justifie le passage d'Hérodote. Je n'ai trouvé d'exception à cette règle que dans les toiles des catacombes de Philæ; on y reconnaît la fibre du lin assez clairement : cela est d'autant moins difficile, qu'elles sont excessivement grosses, à tel point que la chaîne a

---

[1] Herod. *Hist.* lib. II, cap. 86.

CH. IX, DESCRIPTION GÉNÉRALE

une ligne d'épaisseur[1]. Ces toiles ont sans doute servi pour des hommes de la classe la plus pauvre; et ce qui le confirme, c'est qu'elles sont chargées de natroun, et non de bitume[2].

Les bandelettes extérieures étaient quelquefois couvertes de caractères d'écriture, tantôt en hiéroglyphes, tantôt en lettres courantes. Il y a long-temps que ce fait est connu en Europe, parce que les voyageurs ont rapporté de Saqqârah, le cimetière de Memphis, plusieurs de ces toiles écrites; mais ils n'en avaient pas rapporté de la Thébaïde. J'ai trouvé, sur une momie de Thèbes, une bande écrite assez négligemment, dont les signes sont hiéroglyphiques, et non cursifs[3] : il est aisé de les distinguer à leur disposition régulière, et en ce qu'ils sont isolés, alignés, et ordinairement de même grandeur; tandis que les caractères cursifs sont inégaux et entrent plus ou moins les uns dans les autres, comme dans toute écriture courante : c'est ce qu'on expliquera plus au long à l'article des papyrus.

Les langes de momie offrent de nombreuses variétés, telles que des toiles rayées de larges raies bleues[4]; des

---

[1] *Voyez* la Description de l'île de Philæ, par feu Michel-Ange Lancret, *A. D.*, chap. I, pag. 32.

[2] Herod. *Hist.* l. II, c. 88. Greaves a donc eu tort de penser qu'en Égypte toutes les toiles indistinctement étaient faites en lin. Ce que dit Plutarque des habits de lin est relatif aux prêtres. Pline (*Natur. Hist.* lib. XIX, c. 1) est positif sur l'emploi des habits de coton, même dans la classe sacerdotale. Enfin, selon Apulée (*Metam.* lib. XI, pag. 388), le coton servait à l'habillement des initiés.

[3] *Voyez* la pl. 48, fig. 4; *A.*, vol. II.

[4] *Voyez* la pl. 59, fig. 5, *A.*, vol. II. C'est la trame qui forme la raie bleue; cette raie, assez large, est accompagnée de plusieurs autres de même couleur et plus petites.

franges formées de fils tordus et terminés par un nœud[1], sans doute celles dont parle Hérodote en décrivant le costume égyptien[2]; de grandes pièces couvertes de peintures et de divers dessins, etc. Toutes ces toiles sont d'un jaune plus ou moins foncé, même les bandes extérieures qui ne sont pas imprégnées de bitume, et qui sont seulement enduites de cette gomme que l'on regarde comme celle de l'acacia, ou gomme arabique. On a déjà remarqué que ce sont les premières bandes, c'est-à-dire celles qui touchent au corps, qui sont pénétrées de résine bitumineuse, d'un brun très-foncé.

La chaîne de la toile de momie a souvent deux fils : quelquefois la chaîne et la trame en ont deux l'une et l'autre, ainsi que celles de la toile à voiles; et le grain est alors plus gros, mais d'un coup d'œil agréable. Il arrive encore que, d'espace en espace, la trame a trois et quatre fils : j'ai même compté jusqu'à quatorze fils à la trame, du côté du chef de la pièce; ce qui forme une sorte de bordure. Quant à la largeur des toiles, il y en a d'un mètre, et même d'un mètre et demi; M. Coutelle en a rapporté un morceau qui a un mètre cinquante-sept centimètres (quatre tiers d'aune) de largeur.

Cette dernière toile a une frange dont les filets, distans d'un centimètre et longs de vingt, sont formés par les fils de la chaîne rassemblés et tordus. Il n'y a point de nœud à l'extrémité des fils; mais les bouts sont artistement entrelacés ou cousus. Le chef de la toile est orné

---

[1] *Voyez* pl. 59, fig. 4. Il y a de ces franges qui ont deux décimètres de hauteur.
[2] Herod. *Hist.* lib. II, cap. 81.

de huit raies divisées en deux parties; et ces raies sont formées par la trame, qui, au lieu d'un fil, en a huit ou dix. L'égalité de l'étoffe est parfaite, et la finesse en est bien supérieure à l'idée qu'on avait des ouvrages d'un temps aussi reculé : c'est dans de pareils tissus qu'on peut apprendre à quel degré les Égyptiens ont poussé l'industrie. Il est à propos de remarquer ici que les étoffes appelées *miláyeh* par les Égyptiens modernes ont beaucoup de rapport avec ces toiles à franges. Les *miláyeh* servent de draps, de manteaux, de sacs, et sont d'un usage universel. Ainsi qu'autrefois, les tisserands qui les façonnent, laissent déborder aux deux bouts les fils de la chaîne dans une longueur d'un décimètre ou quatre pouces; ces fils sont séparés par paquets de huit à dix, tordus, puis réunis deux à deux et fermés par un nœud.

On a encore rapporté des hypogées, des ceintures à raies bleues avec un effilé, des toiles ouvrées, des toiles à liteaux, des toiles d'un rouge de capucine ou de garance, des canevas en lin très-clairs, enfin des peluches en coton et des demi-velours. J'ai une de ces peluches où il y avait, d'espace en espace, trois rangs en poil de chèvre; c'est là l'origine du velours. Mais ce qui est le plus digne d'attention, c'est une étoffe en laine, cannelée à la manière des basins et des camelots, douce au toucher, très-lisse et d'un grain parfaitement égal[1]. Quoiqu'on ait ramassé cette étoffe dans les catacombes, on ne pourrait assurer qu'elle ait servi à l'embaumement : en effet, c'est un fragment isolé qu'on a trouvé

---

[1] C'est M. Coutelle qui l'a rapportée des catacombes de Thèbes.

sur le sol, parmi les débris de momies; en outre, selon Hérodote, on ne faisait pas usage de laine pour envelopper les corps embaumés [1] : mais elle est certainement un ouvrage égyptien. La couleur de l'étoffe est un jaune-orangé fort agréable, qui ne provient pas du baume, mais de la nuance donnée à la laine. Cette nuance a résisté à la durée des siècles d'une manière surprenante; ou du moins, si le temps l'a changée, il lui a été bien favorable. Le morceau de cette étoffe qu'on a rapporté, était garni tout autour d'un ourlet plat et large de quatre lignes, et cousu à points écartés; la couture en est bien conservée, mais mal faite. A ce morceau en est cousu un autre pareil; et à la jonction des deux ourlets, est un joli cordonnet jaune, nuancé de bleu. La chaîne est beaucoup plus grosse que la trame, et c'est de cette différence de grosseur que provient l'apparence cannelée. Le fil de la trame est d'une finesse si extraordinaire, qu'il n'est pas aisé de concevoir comment on a pu le filer. En général, parmi toutes ces espèces de toiles, la plupart ont un grain très-marqué, qui est dû à la différence de la chaîne avec la trame.

On ne peut s'empêcher de remarquer la solidité du jaune, du bleu, du rouge, qui ont servi à teindre ces diverses toiles. Le bleu provient de l'indigo; quant au rouge, l'analogie qu'on lui trouve au premier coup d'œil avec la garance, est encore confirmée par l'existence très-ancienne de cette plante en Orient [2].

J'ai observé des momies mieux conservées que d'au-

[1] Herod. *Hist*. lib. II, cap. 81.
[2] *Voyez* les Mémoires de botanique, par M. Delile, *H. N.*, t. II.

tres, dont tout le corps était recouvert d'un treillage en émail, artistement disposé [1]. Cette espèce de réseau est supporté par une couche de baume très-pur appliquée sur de la toile; il est formé de petits tubes d'émail bleu, longs de six millimètres (trois lignes), et joints l'un à l'autre par un petit anneau de la même matière : la couleur de l'anneau est tantôt bleue, tantôt rouge, et régulièrement variée. C'est l'adhérence de la résine qui paraît fixer ce réseau sur la momie : peut-être aussi tous ces tubes étaient-ils liés ensemble par quelque fil qui passait au-dedans, et qui traversait les anneaux. Long-temps après avoir observé ces singuliers ornemens, appartenant sans doute à des momies de gens riches, j'ai reconnu qu'ils étaient le type de certaines petites figures en bois où l'on a imité ce treillage d'émail, soit sur une partie du corps, soit sur le corps entier, y compris les pieds et les épaules [2].

On ne donnera ici aucun détail sur la qualité des diverses résines qui entrent dans les momies; cet objet est rempli dans le Mémoire spécial auquel on a déjà renvoyé. Il suffira de dire qu'il y en a beaucoup de variétés, depuis l'espèce qui est poreuse et mêlée de terre, jusqu'au baume parfaitement fin, luisant, compacte et homogène. Il y a de ces résines d'une espèce particulière, et qui, en France, à la température de quinze à vingt degrés de Réaumur, se liquéfient totalement; l'on ne conçoit pas comment elles ont pu être employées pour

---

[1] *Voyez* la pl. 45, fig. 8, *A.*, vol. II.

[2] *Voyez* la pl. 76, fig. 4 et 6, *A.*, vol. II. J'en ai vu de pareilles dans le cabinet de M. de Tersan et dans d'autres collections.

les momies, au moins à l'extérieur. Le bitume ne se trouve pas seulement en grandes masses au-dedans de la momie, mais encore à la surface du corps, probablement pour remplir tous les vides qu'il y aurait eu sans cela sous le bandage. La quantité de baume qui a été employée ainsi pendant tant de siècles, est incalculable.

Rien n'est plus fait pour étonner, quand on a débarrassé une momie de tous ses langes, que la conservation des formes du visage. Dans les momies bien préparées, les traits sont reconnaissables, les chairs sont peu affaissées; les paupières, les lèvres, l'oreille, le nez, les joues, toutes les parties charnues ont une apparence qui approche de l'état naturel; les dents sont en place; enfin les cheveux sont encore implantés solidement [1] : mais la couleur de la peau est brune et tire sur le noir. On peut donc avoir enfin des idées certaines sur le caractère de la physionomie et sur la race des anciens habitans de l'Égypte, matière tant débattue par les savans et les voyageurs. Les uns ont avancé que les Égyptiens étaient de la race nègre, et ils se sont fondés sur le sphinx colossal qui est devant les pyramides de Memphis; les autres leur ont trouvé des rapports avec les Chinois, à cause des yeux montans que l'on voit aux petites statues égyptiennes [2]; d'autres encore ont regardé la physionomie des Qobtes du Kaire comme étant la même que celle des anciens Égyptiens; mais aucune de ces opinions n'est appuyée de preuves. C'est dans les portraits que

---

[1] *Voyez* les pl. 49 et 50, *A.*, vol. II.

[2] Winckelmann (*Hist. de l'art chez les anciens*). Blumenbach avait déjà remarqué que la physionomie chinoise est très-différente de celle des momies égyptiennes (*Craniorum decas prima*, pag. 14).

les Égyptiens eux-mêmes nous ont laissés de leurs personnes, et principalement dans les momies bien conservées, qu'on pourra puiser de quoi résoudre la question : or, il paraît évident que ces momies, que les têtes des bas-reliefs et des peintures, ne ressemblent ni aux Qobtes, ni aux Nègres, ni aux Chinois. S'il était permis d'énoncer une opinion, en attendant que les savans aient prononcé, on dirait que les Arabes et les habitans de l'Égypte supérieure, surtout depuis la dernière cataracte jusqu'à Thèbes, présentent, dans les traits de leur visage, dans la conformation du front et du nez, enfin dans tout le profil, beaucoup de ressemblance avec les momies de Thèbes et avec les sculptures. J'ai fait cette remarque sur les lieux mêmes avec plusieurs voyageurs de l'expédition; et plus nous avons cherché à la vérifier, plus l'expérience l'a confirmée. Nous en avions souvent l'occasion, soit quand les anciens Arabes, habitans de Qournah, venaient nous apporter des corps embaumés, et développaient eux-mêmes, sous nos yeux, les têtes des momies; soit quand les hommes qui habitent au milieu des ruines de Karnak, d'Esné ou d'Edfoû, nous conduisaient dans l'intérieur des monumens. Les têtes de momies que M. Delile a rapportées en France, et qui sont gravées dans l'ouvrage[1], peuvent être citées à l'appui de cette opinion, principalement la tête de momie d'homme. Tous ceux qui ont un peu considéré les Égyptiens du Sa'yd, en retrouvent les principaux traits

---

[1] *Voyez* les pl. 49 et 50, *A.*, vol. II, et l'explication de ces planches par M. A. Delile; *voyez* aussi la pl. 51, fig. 1 et 2, *A.*, vol. II, et son explication par M. J. C. Savigny.

dans cette figure¹. C'est d'abord un front large, un peu arqué et incliné en arrière ; des cheveux fins, et non durs ou crépus ; un nez légèrement aquilin, incliné comme le front, fin et arrondi à l'extrémité ; des tempes larges, des pommettes saillantes ; des yeux grands et bien dessinés, avec de larges paupières et les sourcils horizontaux ; ensuite une bouche plus grande que petite, mais régulière et bien formée ; des lèvres légèrement bordées et un peu épaisses ; enfin des dents étroites, égales et bien plantées : voilà le caractère de tête commun aux hommes de la haute Égypte et aux momies de Thèbes. C'est surtout parmi les cheykhs des villages, c'est-à-dire parmi les familles principales et les plus anciennes du pays, que l'on trouvera cette ressemblance avec les momies².

Le lecteur pourra comparer les têtes de momies avec les planches de l'*État moderne* consacrées à la représentation des portraits ; il y découvrira plus d'un rapport, et il s'assurera que l'on retrouve encore en Égypte les descendans de l'ancienne population du pays³. Si cette conformité est plus grande au fond de la Thébaïde, il faut l'attribuer sans doute à ce que les Perses, les Macédoniens, les Romains, ont moins habité la haute que la basse Égypte, et ont moins dénaturé le sang égyptien.

¹ *Voy.* la pl. 49, fig. 1, *A.*, vol. II.
² J'ai essayé une fois de dessiner une coiffure à la turque sur une tête copiée d'après une momie. Ayant demandé à quelqu'un qui connaissait parfaitement tous les grands personnages du Kaire, auquel des cheykhs ressemblait cette figure, il me nomma, sans hésiter, un cheykh du divan, auquel en effet elle ressemblait beaucoup.
³ *Voy.* la collection des *costumes et portraits*, *É. M.*, vol. II, pl. 1, fig. 3, 6, 17, etc.

L'angle facial des momies est de soixante-seize à soixante-dix-huit degrés, c'est-à-dire à peu près le même que celui des habitans de l'Europe, en exceptant les peuples du midi. Il est superflu d'avertir que ce résultat n'est qu'un à-peu-près; mais les variétés que présenterait un grand nombre de mesures, si l'on avait pu les prendre, seraient certainement comprises entre des limites assez rapprochées; et ces limites, on peut les fixer à soixante-quinze degrés, d'une part, et soixante-dix-huit degrés, de l'autre, sans craindre de faire une erreur notable : or, cette mesure est la même dans les têtes des bas-reliefs et dans les bustes antiques. On n'en citera qu'un exemple, à cause de l'importance du monument; c'est une tête colossale en granit rose, qu'on a vue sur le sol du tombeau d'Osymandyas[1]. A cela près de l'excessive hauteur des oreilles (défaut commun à toutes les sculptures égyptiennes), cette tête offre le même caractère et le même angle facial que la momie d'homme citée précédemment[2]. Enfin, si l'on compare cette mesure avec l'angle facial des Égyptiens modernes, on y trouvera encore la même analogie.

Le volume du crâne est très-considérable dans les têtes de momies, surtout par rapport à l'étendue de la face; on reconnaît encore cette proportion de la face et du crâne dans les bustes égyptiens. Mais de tous les signes distinctifs de la physionomie égyptienne, celui qui me paraît le plus frappant, c'est l'inclinaison en

---

[1] *Voyez* la pl. 32, fig. 6, *A.*, vol. II.

[2] *Voyez* la pl. 49, *A.*, vol. II; la pl. 67, *A.*, vol. III, fig. 3, 8, etc., et beaucoup d'autres planches de détails. *Voyez* aussi la Description d'Edfoû, *A. D.*, chap. *V*, à la fin du §. IV.

DE THÈBES. SECTION X.

arrière du nez et du front dans un même plan. Dans les têtes grecques, le front et le nez ont aussi une même direction, mais ils sont perpendiculaires l'un et l'autre; tandis que, chez les Européens septentrionaux, ces deux traits font ordinairement un angle rentrant, plus ou moins prononcé [1].

On ne doit pas attendre ici des détails plus étendus sur une pareille matière; elle exigerait un travail approfondi, qui est au-dessus de nos forces, et que nous nous estimons heureux de pouvoir indiquer aux savans physiologistes, comme digne de leurs recherches : contentons-nous de faire observer combien il y a loin de la physionomie des Égyptiens à celle des Nègres, chez qui l'angle facial n'excède pas soixante-dix degrés [2]. On ne peut s'empêcher toutefois de tirer de ce qui précède, une conséquence intéressante sous le rapport de l'art; c'est que les Égyptiens se sont appliqués à imiter leur

---

[1] Plusieurs personnes de l'expédition ont rapporté des bustes de grandeur naturelle, en granit et autres matières précieuses, qui peuvent servir à ce rapprochement plus sûrement que les antiques en pâte et d'une petite proportion. M. Coutelle a un masque en granit, très-remarquable par la forme des parties inférieures du visage. Je citerai encore un petit buste en grès rouge, du cabinet de M. de Tersan, dans lequel on reconnaît parfaitement les signes physionomiques dont j'ai parlé, principalement le crâne volumineux, l'inclinaison du front et du nez, enfin la forme des yeux et de la bouche.

[2] L'opinion du célèbre Blumenbach diffère peu de celle que j'ai hasardée ici, puisqu'il regarde le caractère de tête des momies comme différent de celui des Nègres, et tenant de l'Abyssinien et de l'Éthiopien; il ajoute que ce caractère est conforme à la physionomie des figures des monumens égyptiens, qui est tantôt éthiopienne, tantôt indienne. Les têtes de momies, dit ce savant professeur, ont le grand style qui caractérise les sculptures égyptiennes. Que n'eût-il pas dit, s'il eût pu voir les monumens eux-mêmes, au lieu des fragmens mesquins des cabinets d'Europe? (Voyez *Decas prima craniorum*, pag. 13, et *Decas quarta*, pag. 4.)

propre nature, ainsi que les Grecs ont copié la leur : mais, plus heureux que leurs maîtres, ces derniers ont encore embelli des modèles dont la beauté approchait de l'idéal, tandis que les premiers ont peu fait pour corriger une nature médiocre.

L'état de mort empêche de comparer, dans les momies et les statues, certaines parties molles, telles que les joues; cependant les pommettes saillantes des premières s'accordent bien avec les joues pleines et arrondies, la peau tendue et l'air de jeunesse qui se voient toujours dans les figures des bas-reliefs et sur le visage des bustes. Il faut moins s'étonner de trouver plusieurs parties altérées ou détruites dans les momies, que d'en voir tant de conservées, telles que les cartilages du nez, les oreilles, les dents, les cheveux mêmes encore à leur place. L'état du nez est ce qui doit surprendre davantage, d'autant plus que, dans le travail de l'embaumement, les Égyptiens extrayaient, comme on sait, la cervelle par les narines. On a même aperçu quelquefois la cloison du nez encore intacte, malgré cette opération. Ce fait a été observé par M. Lancret.

Les cheveux des momies sont quelquefois nattés ou tressés, ou bien disposés en touffes et en anneaux bouclés [1]. On trouve aussi des têtes rases. J'ignore comment on peut concilier avec le passage d'Hérodote [2] la présence des cheveux sur les momies, à moins de dire qu'il y avait des individus qui s'exemptaient de la loi

---

[1] *Voyez* la pl. 5o, *A.*, vol. II.
[2] Herod. *Hist.* lib. II, cap. 36, et *suprà*, pag. 47.

commune. Il faut bien admettre que l'usage de porter la tête rasée n'était pas universel, puisqu'on trouve aussi des bustes et des figures de bas-reliefs couronnés de tresses de cheveux.

Le menton est ordinairement sans barbe [1], et en général tout le corps est épilé : on reconnaît que la barbe a été coupée; mais il paraît que les autres poils du corps s'enlevaient avec une pommade ou une eau épilatoire, ainsi qu'on le fait aujourd'hui. Les deux sexes sont épilés l'un comme l'autre. On voit encore, à l'inspection des parties sexuelles, que la circoncision a été pratiquée généralement; on a cru apercevoir aussi des traces de l'excision des femmes [2]. C'est, au reste, un usage que S. Ambroise attribue aux Égyptiens [3] dans son livre sur Abraham (lib. II, cap. XI).

Le cou des momies est considérablement rétréci; il en est de même des bras, des cuisses, des jambes. En comparaison de la tête, des mains et des pieds, on peut dire que les membres d'une momie qu'on a mise à nu, ont un aspect horrible par l'état de contraction et l'exiguité des formes. Quand on a soulevé tous les langes, on voit un corps presque noir [4] et difforme, et qui n'est

---

[1] *Voyez* la pl. 49, *A.*, vol. II. On peut voir dans Blumenbach (*Decas quinta craniorum*, pag. 5), un exemple d'une tête de momie dont la barbe est mal rasée.

[2] M. Labate, l'un de nos collègues, est l'auteur de cette dernière observation.

[3] *Denique Ægyptii quarto-decimo anno circumcidunt mares, et feminæ apud eos eodem anno circumcidi feruntur; quòd ab eo videlicet anno incipiat fl. grure passio virilis, et feminarum menstrua sumant exordia.* (Oper. tom. I.)

[4] Les corps paraissent avoir été trempés tout entiers dans le bitume, à plusieurs reprises; mais la peau, quoique très-brune, a conservé tout son grain, et n'a pas la moindre altération.

propre nature, ainsi que les Grecs ont copié la leur : mais, plus heureux que leurs maîtres, ces derniers ont encore embelli des modèles dont la beauté approchait de l'idéal, tandis que les premiers ont peu fait pour corriger une nature médiocre.

L'état de mort empêche de comparer, dans les momies et les statues, certaines parties molles, telles que les joues; cependant les pommettes saillantes des premières s'accordent bien avec les joues pleines et arrondies, la peau tendue et l'air de jeunesse qui se voient toujours dans les figures des bas-reliefs et sur le visage des bustes. Il faut moins s'étonner de trouver plusieurs parties altérées ou détruites dans les momies, que d'en voir tant de conservées, telles que les cartilages du nez, les oreilles, les dents, les cheveux mêmes encore à leur place. L'état du nez est ce qui doit surprendre davantage, d'autant plus que, dans le travail de l'embaumement, les Égyptiens extrayaient, comme on sait, la cervelle par les narines. On a même aperçu quelquefois la cloison du nez encore intacte, malgré cette opération. Ce fait a été observé par M. Lancret.

Les cheveux des momies sont quelquefois nattés ou tressés, ou bien disposés en touffes et en anneaux bouclés[1]. On trouve aussi des têtes rases. J'ignore comment on peut concilier avec le passage d'Hérodote[2] la présence des cheveux sur les momies, à moins de dire qu'il y avait des individus qui s'exemptaient de la loi

---

[1] *Voyez* la pl. 50, *A.*, vol. II.
[2] Herod. *Hist.* lib. II, cap. 36, et *suprà*, pag. 47.

commune. Il faut bien admettre que l'usage de porter la tête rasée n'était pas universel, puisqu'on trouve aussi des bustes et des figures de bas-reliefs couronnés de tresses de cheveux.

Le menton est ordinairement sans barbe[1], et en général tout le corps est épilé : on reconnaît que la barbe a été coupée; mais il paraît que les autres poils du corps s'enlevaient avec une pommade ou une eau épilatoire, ainsi qu'on le fait aujourd'hui. Les deux sexes sont épilés l'un comme l'autre. On voit encore, à l'inspection des parties sexuelles, que la circoncision a été pratiquée généralement; on a cru apercevoir aussi des traces de l'excision des femmes[2]. C'est, au reste, un usage que S. Ambroise attribue aux Égyptiens[3] dans son livre sur Abraham (lib. II, cap. XI).

Le cou des momies est considérablement rétréci; il en est de même des bras, des cuisses, des jambes. En comparaison de la tête, des mains et des pieds, on peut dire que les membres d'une momie qu'on a mise à nu, ont un aspect horrible par l'état de contraction et l'exiguité des formes. Quand on a soulevé tous les langes, on voit un corps presque noir[4] et difforme, et qui n'est

---

[1] *Voyez* la pl. 49, *A.*, vol. II. On peut voir dans Blumenbach (*Decas quinta craniorum*, pag. 5), un exemple d'une tête de momie dont la barbe est mal rasée.

[2] M. Labate, l'un de nos collègues, est l'auteur de cette dernière observation.

[3] *Denique Ægyptii quarto-decimo anno circumcidunt mares, et feminæ apud eos eodem anno cir-cumcidi feruntur; quòd ab eo videlicet anno incipiat fl. grure passio virilis, et feminarum menstrua sumant exordia.* (Oper. tom. I.)

[4] Les corps paraissent avoir été trempés tout entiers dans le bitume, à plusieurs reprises; mais la peau, quoique très-brune, a conservé tout son grain, et n'a pas la moindre altération.

guère plus gros que ne serait un squelette : aussi l'embaumeur mettait tout son art à déguiser la sécheresse de ces parties, et multipliait les bandelettes pour rétablir la grosseur naturelle[1]. La tête, au contraire, n'était recouverte que de masques en toile, qui, loin de déguiser la forme du visage, en étaient chacun la fidèle empreinte. En louant les Égyptiens d'avoir su conserver les traits de la face, on pourrait leur reprocher d'avoir négligé le reste du corps; mais, puisqu'ils visaient à la ressemblance, n'ont-ils pas atteint leur but principal?

Ce qu'on vient de dire sur l'état actuel des momies, est bien éloigné des idées que l'on a pu se faire en examinant celles de nos cabinets d'antiquités. Il faut convenir que celles-ci ont quelque chose de hideux; elles sont, en général, dans un désordre qui ne permet pas de rien distinguer. La raison de cette différence, c'est que les momies que je décris viennent de Thèbes, d'où les voyageurs n'en avaient jamais rapporté, tandis que celles qui étaient en Europe avant l'expédition française, viennent toutes de Memphis : or, les momies de Memphis ont été beaucoup plus mal préparées, et elles sont moins bien conservées que celles de Thèbes. En outre, il faut savoir que les Arabes et les Juifs en fabriquent de fausses, et les vendent aux voyageurs, non-seulement au Kaire, mais à Saqqârah même. Pour les composer, ils prennent des débris qui ont appartenu à des personnes différentes d'âge, de sexe et de condition, les ajustent grossièrement et les assujettissent avec des langes qu'ils trouvent sur le sol; ils appliquent ensuite

[1] *Voyez* ci-dessus, pag. 69.

sur la tête, ou sur ce qui en tient lieu, un masque pris dans les catacombes, et n'ayant aucune proportion avec la figure qu'ils ont fabriquée. Ces fausses apparences ne peuvent tromper un œil un peu exercé; mais la présence du véritable baume, des toiles de momie et des peintures égyptiennes, peut en imposer au premier abord. Il est arrivé plusieurs fois à des dupes d'acheter à grand prix ces grossières imitations, et de réunir ensuite des curieux, des naturalistes, des antiquaires, pour assister solennellement à l'ouverture d'une momie d'Égypte. En ôtant ou en coupant les bandages extérieurs, que trouvait-on? Des fragmens d'os, de bitume, de toiles et de chairs desséchées, entassés pêle-mêle et sans aucune suite.

Puisque j'ai parlé des fausses momies des Juifs et des Arabes, je ne puis passer sous silence celles qui sont l'ouvrage des Égyptiens eux-mêmes. C'est dans les catacombes de Thèbes que ce fait curieux a été observé, et cette circonstance ôte toute incertitude. On a trouvé des momies parfaitement conformées à l'extérieur, c'est-à-dire recouvertes par des bandelettes régulièrement disposées autour de la tête et du corps, et qui, à l'ouverture, n'ont offert qu'une sorte de carcasse en tiges de palmier, destinée à supporter l'enveloppe de toile. J'ai rapporté plusieurs de ces tiges : elles ont perdu aujourd'hui une partie de leur dureté; mais cette dureté n'était plus nécessaire à la solidité de l'ouvrage, une fois que l'adhérence et la quantité de bitume, et surtout le laps de temps, avaient fait de ces assemblages un tout bien compacte. Les tiges qui entrent dans ces momies simulées, sont précisément ce que les Égyptiens appellent *geryd*, c'est-à-dire les côtes des feuilles de dattier dépouillées de leurs folioles, dont ils se servent à différens usages, et le plus souvent pour faire des *qafas*[1]. J'ai fait deux fois cette observation singulière, et je n'ai pu en trouver qu'une explication admissible; c'est qu'il est arrivé en Égypte, comme on le voit arriver en Europe, que l'intérêt personnel a fait supposer des morts. Les Égyptiens ont aussi fabriqué de fausses momies d'animaux; on en citera bientôt un exemple : mais il faut achever ce qui reste à dire sur l'état des momies humaines.

Les femmes ont plus généralement les bras fixés contre les cuisses; les hommes les ont croisés sur la poitrine. On dorait très-fréquemment les ongles des pieds des momies, les bracelets, les lèvres sur la peau même, et le masque extérieur en toile. On a vu aussi des pieds dorés entièrement. Enfin on dorait quelquefois les parties sexuelles de l'homme et de la femme. Ces faits mettent hors de doute que l'art du batteur d'or et celui du doreur étaient connus des Égyptiens.

J'ai observé dans plusieurs momies, et principalement dans une qu'on avait traînée hors des catacombes jusqu'au temple de Medynet-abou, auprès du bassin, une poussière brune, qui, jetée sur le feu, fuse et s'enflamme comme la poudre à canon. J'ai jugé cette poussière comme étant de la chair décomposée et imprégnée de nitre et d'une matière bitumineuse particulière; car elle se trouve toujours entre la peau et les os.

[1] Espèce de lit ou d'estrade à claire-voie.

Tels sont les principaux faits que l'on a observés sur les momies humaines[1]. J'en ai moi-même ouvert un très-grand nombre, pendant trois à quatre jours que j'ai uniquement consacrés à visiter les catacombes : plusieurs autres de mes compagnons de voyage, MM. Chabrol, Delile, Villoteau, Rouyer, étaient occupés aux mêmes recherches, et nous emportions des hypogées, les uns des momies entières ou mutilées, les autres des antiques ou des portions d'enveloppe; ceux-ci recueillaient des peintures; ceux-là, plus heureux, trouvaient des manuscrits intacts. Il ne serait pas facile de décrire l'empressement, l'activité, avec lesquels on scrutait ces étonnantes galeries, non-seulement pendant le jour, mais pendant les nuits mêmes. En effet, rien n'avertissait de l'absence du soleil, puisque la seule lumière qui nous éclairait, était celle des flambeaux et des bougies. Enfin ces catacombes excitaient à un si haut point la curiosité, que nous consumions à les parcourir le temps que nous aurions pu employer à dessiner ou à décrire les intéressans tableaux du *Memnonium*.

2°. MOMIES D'ANIMAUX.

On trouve, dans les hypogées, des momies d'oiseaux et des momies de quadrupèdes; on en trouve aussi de reptiles. Les premiers sont des ibis, des éperviers et divers oiseaux de proie; les seconds, des chiens, des

---

[1] Je renvoie le lecteur au mémoire de M. Rouyer (*Antiquités Mém.*). relativement à la préparation des momies. On y trouvera aussi quelques faits généraux d'un grand intérêt, tels que la rareté des momies d'enfans.

bœufs, des chacals, des beliers, des chats, etc.; les autres, des crocodiles et des serpens. L'embaumement des animaux consacrés était aussi parfait que celui des momies humaines, quant au choix, à la préparation et à l'emploi des matières balsamiques; et il ne l'était pas moins sous le rapport de la disposition des bandelettes. L'inspection des planches donnera une idée plus précise que le discours, de l'arrangement des bandes et de l'art avec lequel on les croisait en toute sorte de sens autour du corps de ces animaux embaumés [1]. Quelquefois, au lieu de bandes, ce sont de simples toiles, coupées en secteurs de cercle, et accumulées l'une sur l'autre pour recouvrir l'animal, de manière à lui donner la forme conique. Rien n'est plus varié que ces espèces de filets ou treillages de fils, la largeur des bandes, leur couleur, et l'entrelacement des réseaux. Les Égyptiens se sont plu à orner les dépouilles des animaux qu'ils avaient honorés pendant leur vie. Chaque maison nourrissait l'oiseau sacré, et l'associait en quelque sorte aux droits de la famille : à sa mort, il partageait aussi les mêmes soins et le même tombeau. Emblèmes des puissances divines qui président aux saisons et au cours des astres, les animaux consacrés étaient à-la-fois, pour l'Égyptien, des compagnons et des protecteurs; il voyait en eux les ministres ou les signes vivans des bienfaits du ciel; et cette religieuse idée, ou, si l'on veut, cette superstition, avait du moins l'heureux effet d'inspirer et d'entretenir la douceur des mœurs. Loin de nous le dessein de justifier l'adoration des animaux, devenue si aveugle sous

---

[1] *Voyez* les pl. 51, 52, 53, 54, 55, *A.*, vol. II.

les Romains, que le peuple mettait à mort un étranger coupable d'avoir tué un chat ou un oiseau! Qui ne partage l'indignation des écrivains romains et celle des Pères de l'Église contre un culte aussi absurde? Mais il ne faut pas oublier que, depuis la dynastie des Perses, le véritable culte égyptien était dénaturé entièrement[1]. Déjà, sous les derniers rois, il avait reçu les plus funestes atteintes, et, depuis cette époque, les lois, les mœurs et la religion ne firent que dégénérer. Ainsi, pour comprendre un fait aussi singulier que l'embaumement des animaux, il faut se reporter aux temps antiques, et supposer un motif raisonnable ou plausible à un usage pratiqué par l'universalité du pays.

Ce qu'on a dit de la conservation des momies d'homme observées à Thèbes, on peut le dire des momies d'animaux. Les familles, les espèces mêmes, sont bien reconnaissables. Les oiseaux paraissent avoir été exposés à une grande chaleur, puisque les plumes sont souvent brûlées : mais, en général, les ibis, et les éperviers surtout, ont été embaumés avec un grand soin, et l'on en a même trouvé dont le plumage avait une partie de ses couleurs; c'est ce qu'on n'avait jamais vu dans les ibis du puits de Saqqârah, qui n'ont aucune solidité, et où les os sont rompus, les chairs et les plumes grillées. Sur cent momies d'ibis retirées de ce puits, à peine en est-il une seule ferme et compacte. Ainsi, avant l'expédition française, qui a permis de visiter les hypogées de la

---

[1] Du temps d'Hérodote, le meurtrier, même involontaire, d'un ibis ou d'un épervier, était condamné au dernier supplice. (*Hist.* lib. II, cap. 65.)

Thébaïde, on n'avait point, en Europe, une juste idée de l'embaumement des Égyptiens [1].

On préparait les momies d'animaux comme les autres, tantôt avec le bitume, et tantôt avec le natroun. On sait que ce dernier genre d'embaumement est moins parfait que l'autre : les animaux préparés de cette manière ne sont donc pas dans un bon état de conservation ; les chairs, au lieu d'être dures ou desséchées, ont une certaine mollesse qui annonce leur décomposition. Il paraît aussi qu'on ne se servait pas toujours de natroun ou de bitume ; on se bornait alors à dessécher les animaux fortement, puis à les entourer d'un grand nombre de toiles.

Les momies d'oiseaux sont de forme conique à base plus ou moins convexe ; la tête est confondue dans la forme générale. Les momies de quadrupèdes sont cylindriques, quadrangulaires et arrondies sur les angles [2]. Pour obtenir cette forme, on abaissait sur le corps les pattes de devant, on relevait les pattes postérieures, et l'on enveloppait le tout de bandelettes : la tête était garnie de bandes particulières, et restait saillante et détachée. On a observé que les momies de chien étaient préparées fort diversement, et quelquefois avec peu de soin ; on en a rapporté une dont l'enveloppe, faite de toile grossière, était assujettie avec des espèces de cordes ou liens en dattier [3].

---

[1] J'ai ouvert plusieurs centaines de momies d'oiseaux, dans le puits même de Saqqârah, et en les puisant à même dans les rangées de pots dont les chambres sont garnies, sans en trouver quinze de bien conservées, même à l'extérieur.

[2] *Voyez* les momies de chien et de chat, pl. 51, fig. 4, 5, 6, et pl. 55, fig. 8, *A.*, vol. II.

[3] *Voyez* la pl. 55, fig. 8, *A.*, vol. II.

Quand un animal présentait un trop grand volume, on en réunissait simplement quelques parties; on formait une tête factice, et l'on enveloppait le tout de langes et de bandelettes, comme on aurait fait d'un corps entier : ainsi quelques ossemens de belier, de bœuf, de crocodile[1], forment le noyau de certaines momies arrangées avec autant d'art que si elles contenaient tout l'individu. Cependant on trouve à Syout, l'ancienne Lycopolis, des chacals embaumés dans leur entier. On en a figuré dans les planches quelques fragmens avec l'or qui les recouvre, pour faire voir que l'on dorait les momies d'animaux comme les autres[2]. Quand on examine cette dorure, elle paraît appliquée sur les ossemens mêmes : cette apparence vient de ce que la chair et la peau, exposées à l'air, se sont peu à peu affaissées et détruites, et de ce que l'or, qui ne s'altère pas, en a pris la place. Les fragmens que l'on vient d'indiquer apprennent qu'on usait d'une toile très-grossière pour la préparation de cette sorte de momies. Au reste, la peau et le poil y sont bien conservés, même dans des débris qui sont long-temps restés en plein air; mais le principal intérêt que présentent ces ossemens, c'est d'offrir aux naturalistes les moyens de comparer l'ancien chacal des Égyptiens avec celui qui habite aujourd'hui en Égypte, soit pour sa grandeur absolue, soit pour la proportion des parties entre elles. Les hypogées de Lycopolis renferment un grand nombre de ces sortes de momies; ce

---

[1] *Voyez* pl. 51, fig. 5, et pl. 55, fig. 8 et 2, *A.*, vol. II.

[2] *Voyez* la pl. 52, fig. 7 à 13, *A.*, vol. II.

qui fait présumer que l'animal consacré dans cette ville n'était pas un loup, mais un chacal.

Les momies de petite dimension étaient enfermées dans un pot ou vase particulier. A Saqqârah, ces pots sont en terre cuite, et de la même forme que la momie elle-même, c'est-à-dire en cône allongé; ils sont fermés par un couvercle scellé en plâtre assez grossièrement. On les trouve placés horizontalement dans les salles des caveaux, exactement rangés comme des bouteilles dans une cave. A Thèbes, ces pots sont de différentes matières, en pierre commune, ou en faïence bleue, ou en pierre dure et polie; leur figure est conique, mais bien moins allongée[1] : ils tiennent debout sur leur fond, tandis que les premiers ne peuvent tenir que couchés à terre.

Si l'on eût rapporté un plus grand nombre de momies, on aurait fait une foule d'observations curieuses, telles que les deux suivantes, dont on est redevable à M. Savigny. Il a trouvé la momie d'un oiseau dont l'espèce n'est point connue aujourd'hui : par plusieurs caractères, cet animal ressemble à l'ibis; et par le bec, il en diffère essentiellement. Une autre momie renfermait des œufs, et l'on a trouvé, dans ces œufs, des petits déjà formés et couverts de duvet; les petits paraissent appartenir à la même espèce que l'oiseau dont on vient de parler[2]. Ces différentes observations sur les momies

---

[1] *Voyez* le cinquième volume des planches d'*Antiquités*, pl. 76, dans la collection des antiques.

[2] *Voyez* la pl. 53, fig. 1 à 6, *A.*, vol. II, et l'explication de la planche par M. Savigny.

d'animaux feront sans doute l'objet des mémoires et des recherches que les naturalistes se proposent de publier.

On ne peut que mentionner ici, sans aucun détail, les momies d'ibis blanc ou noir trouvées dans les hypogées; tout ce qui a trait à cet oiseau fameux, cher aux Égyptiens, et digne peut-être de leur attention religieuse, a été mis dans le plus grand jour par M. Savigny dans son Histoire de l'ibis, et je dois y renvoyer le lecteur [1]. Il vaut mieux citer des momies moins connues en Europe, et qui font partie de la collection de M. Geoffroy-Saint-Hilaire : telles sont celles d'épervier et de faucon [2]. Les Égyptiens ont encore embaumé d'autres oiseaux de proie, tels que l'émerillon et l'autour [3].

On sait que l'épervier servait d'emblème à l'astre du jour, le premier dieu de l'Égypte. Par son vol élevé, infatigable, cet oiseau semble se rapprocher du soleil plus qu'aucun autre; c'est en effet celui de tous qui plane dans les régions les plus hautes de l'atmosphère. Pour cette raison sans doute, il fut choisi de préférence comme le symbole du feu céleste; et c'en est assez pour expliquer le soin qu'on a mis à l'embaumer. Cette sorte de momie a été disposée à peu près comme celle de l'ibis : on abaissait la tête de l'oiseau sur la poitrine; les pattes

---

[1] *Voyez* l'Histoire naturelle et mythologique de l'ibis, par J. C. Savigny, Paris, 1805.

[2] *Voy.* les pl. 54 et 55, *A.*, vol. II, et leur explication par M. Geoffroy-Saint-Hilaire.

[3] *Voyez* pl. 54, fig. 5 et 6, *A.*, vol. II, et l'explication. Ces espèces ont été reconnues par M. Geoffroy, parmi les momies qu'il a rapportées de la ville de Thèbes.

étaient relevées contre les épaules, et l'on croisait les ailes pour recouvrir le corps[1].

Le faucon a été embaumé d'une façon très-différente. Au lieu d'abaisser la tête comme dans les autres oiseaux, on l'a laissée droite, et l'on a disposé les épaules et tout le reste du corps de la même manière que dans les momies humaines; on y a même ajouté la saillie des pieds de ces dernières, ce qui rend la ressemblance plus complète[2].

Les seuls reptiles que l'on ait trouvés à l'état de momie, sont les crocodiles et les serpens. A Elethyïa, on a déjà fait remarquer le crocodile embaumé; mais on ne l'a rencontré nulle part dans son entier. C'est la tête de cet animal, ou même une seule partie du crâne, qui fait le noyau de la momie[3]; on imitait le reste du corps avec des tiges de palmier réunies ensemble et entourées de toiles. Il existe même de fausses momies de crocodile où l'on ne découvre aucune des parties de cet animal[4]. L'embaumeur s'est appliqué à copier exactement dans ces simulacres les formes de la tête, du corps et de la queue, et à leur donner leurs longueurs relatives. A l'intérieur, sont de menues branches de dattier, autrement des palmes dépouillées de leurs feuilles; on les a jointes et assujetties avec des fils et des bandes bien serrées; puis on a fortifié cette carcasse par des roseaux mis en en travers, et on l'a garnie de bandelettes plus ou moins

---

[1] *Voyez* la pl. 54, fig. 3, *A.*, vol. II.

[2] *Voyez* la pl. 54, fig. 4, *A.*, vol. II.

[3] *Voyez* la pl. 55, fig. 2, *A.*, vol. II.

[4] Voyez *ibid.*, fig. 1.

épaisses, de manière à imiter la masse du crocodile. Ces momies feintes ne sont pas dues au même motif que les fausses momies d'homme; mais elles prouvent, comme celles-ci, l'adresse et la subtilité des embaumeurs.

Quant aux momies de serpent, nous n'en connaissons qu'un exemple [1]. Celle qu'on a rapportée, renferme des parties séparées du corps de l'animal, mais non la queue ni la tête; ce qui serait essentiel pour distinguer l'espèce. Ces fragmens étaient simplement enveloppés de quelques bandelettes, et le tout faisait une masse arrondie et plate, ressemblant assez à un galet.

Ces diverses momies et ces débris d'animaux serviront aux naturalistes à reconnaître les espèces qui habitaient en Égypte à une époque reculée. Il n'existe aucun autre moyen pour constater sûrement la différence ou l'identité des individus actuels avec les anciens, et pour prononcer sur une grande question ; savoir, l'invariabilité que conservent les formes spécifiques et essentielles des animaux à travers la durée des siècles.

5°. SARCOPHAGES OU ENVELOPPES DES MOMIES, PEINTURES QUI LES DÉCORENT, PROCÉDÉS EMPLOYÉS PAR LES PEINTRES.

Les enveloppes ordinaires des corps embaumés ne sont point des sarcophages proprement dits; ce sont des boîtes à couvercle ayant la forme exacte d'une momie, et dont la grandeur était proportionnée à celle du corps

[1] *Voyez* la pl. 55, fig. 7, *A.*, vol. II.

qu'on y déposait[1]. Elles se fermaient avec des chevilles de bois et des cordes. Le dessus est orné de peintures d'hiéroglyphes, de figures, de fleurs et de compartimens plus ou moins riches; à l'endroit de la tête, est un masque ressemblant à l'individu embaumé, et ce masque est quelquefois doré entièrement. On prétend que tous ces corps, ainsi enfermés, étaient rangés debout symétriquement, et appuyés contre les murs des galeries.

Aujourd'hui l'on ne trouve plus une seule de ces enveloppes qui soit en place ni dans son intégrité : les Arabes les ont toutes brisées pour fouiller les momies; et comme ils se sont aperçus que les moindres fragmens de ces boîtes peintes excitaient la curiosité des voyageurs, ils les ont divisées, autant qu'ils ont pu, pour en tirer plus de profit.

Les unes sont en bois, les autres en carton très-épais. Celles-là sont toujours de bois de sycomore[2], bois qui passe pour être le plus durable de tous les bois connus. Le fait est que nous en avons rapporté des échantillons qui ont vraisemblablement trente à quarante siècles d'existence, et que l'on peut regarder comme intacts. Les cartons sont composés d'un très-grand nombre de toiles collées ensemble, et si bien assujetties, qu'elles ont le son et la dureté du bois. Les unes et les autres sont recouvertes d'un enduit ou stuc blanc, d'un milli-

---

[1] Il existe un sarcophage en pierre dure, découvert dans le Nil à Boulâq par M. Monge, et qui est également taillé en forme de momie. On le trouvera gravé dans le cinquième volume d'*Antiquités*, pl. 24.

[2] *Ficus sycomorus*, espèce de figuier très-élevé, le plus grand et l'un des plus beaux arbres de l'Égypte. *Voyez* les Mémoires de botanique par M. Delile, *H. N.*

mètre ou deux d'épaisseur, quelquefois verni, et sur lequel les couleurs sont appliquées. L'épaisseur de l'enduit se laisse voir dans les déchirures des enveloppes, d'autant plus facilement que sa blancheur contraste avec le rouge ou les autres teintes qui le recouvrent. On ne peut mieux comparer ces parties d'enduit écaillé qu'aux cassures de la coquille d'un œuf qui serait teint en rouge.

Toutes les parties des boîtes étaient peintes, et même la partie inférieure ou le dessous des pieds; on y figurait deux sandales [1], et, dans chaque sandale, on traçait quelquefois deux personnages fort bizarres, l'un peint en rouge pâle, couleur avec laquelle les Égyptiens avaient coutume de se représenter, et l'autre peint en noir. Celui-ci est d'une difformité horrible; ses cheveux sont hérissés, sa tête aplatie, sa bouche énorme, son nez long et horizontal. On dirait qu'on a voulu représenter par cette étrange figure un Nègre de la côte d'Afrique, si toutefois ce n'est pas une tête de fantaisie. Son attitude est celle d'un suppliant; les genoux sont ployés, les coudes sont liés par un ruban rouge. Était-ce un emblème religieux, une image fantasque, ou une peinture historique [2]? C'est ce qu'on ne peut examiner ici : bornons-nous à décrire les diverses peintures de ces caisses.

Selon toute apparence, les momies n'étaient pas toutes dans des boîtes. Les momies des pauvres n'avaient pas

---

[1] *Voyez* pl. 57, fig. 3, et pl. 59, fig. 6, *A.*, vol. II; *voyez* aussi les planches d'antiques, à a fin du cinquième volume. On y a gravé un dessin remarquable en ce genre; l'original en a été apporté par M. Coutelle.

[2] Consultez les pl. 86 et 88, *A.*, vol. II, où l'on voit des hommes noirs agenouillés et suppliciés.

A. D.   III.

d'enveloppe, tandis que celles des riches en avaient jusqu'à deux : la première, ou intérieure, en carton; la seconde, ou extérieure, en bois. Le dedans du coffre était enrichi de peintures comme le dehors. On peut en voir un exemple dans les planches[1] : la figure qui occupe le fond de la boîte, a une grande étoile sur la tête; elle semble être le portrait du personnage embaumé, tandis que, sur le dessus de cette boîte, on a peint la figure d'un dieu. Toutes les couleurs sont très-vives et bien conservées.

Sur l'extérieur de l'enveloppe, on indiquait légèrement les bras et les mains; mais les pieds étaient bien marqués[2], les orteils peints en rouge et les ongles en blanc. La forme de sandale qui est tracée sous la momie, n'est autre chose qu'une indication qui correspond aux pieds figurés par-dessus. Sur le bord, ou le contour inférieur, qui forme comme l'épaisseur de la semelle, sont ordinairement des dessins de rosaces et d'ornemens qui ressemblent à ce qu'on appelle *grecques* ou *étrusques*.

Au-dessous du cou, l'on peignait un collier enrichi de fleurs et de compartimens. Parmi une vingtaine de fragmens de peintures que j'ai rapportés des catacombes, il y a un de ces colliers presque entier, orné d'un joli dessin de lotus bleu (*Nymphæa cærulea*), bien reconnaissable à sa couleur, à la forme de son calice et à celle des feuilles. Entre deux fleurs épanouies, est un jeune bouton, et l'ensemble forme une couronne très-

---

[1] *Voyez* la pl. 56, fig. 3 et 10, *A.*, vol. II. [2] *Voyez* la pl. 57, fig. 3, et la pl. 59, fig. 8, *A.*, vol. II.

élégante. Quant à l'agrément et à la vivacité des couleurs, les planches peuvent en donner une idée [1].

A la partie supérieure de ces boîtes, étaient des masques en bois ou en torchis : ceux de la dernière espèce ont cela de remarquable, que le noyau est d'une terre grossière, mêlée quelquefois de paille, et que le dessus est cependant bien conformé et revêtu de couleurs solides, appliquées sur un stuc. Les parties du visage y sont aussi bien modelées que dans la sculpture en bois ou en pierre dure; quant à la couleur, elle est ou rouge ou verte. Les masques en bois sont en sycomore, également peints de différentes couleurs. On ne trouve pas toujours à ces masques le même caractère de physionomie; j'en ai rapporté un qui a le profil droit, le front très-haut, les oreilles disproportionnées, et qui d'ailleurs est sculpté d'un grand style [2]. On trouvera, dans la collection des antiques réunies à la fin du cinquième volume des planches d'*Antiquités*, plusieurs masques de momies en terre et en bois.

Le reste de la boîte, comprenant le tronc, les cuisses et les jambes, était orné d'une foule de sujets dans le goût égyptien, mais avec des singularités qui les distinguent des figures ordinaires consacrées dans les temples. L'emblème le plus répété de tous, c'est le scarabée ailé, roulant sa boule devant lui [3]; et cet emblème convenait bien pour décorer les momies, s'il est vrai qu'il soit en effet celui de la régénération. On verra

---

[1] *Voyez* la pl. 59, fig. 7, *A.*, vol. II.
[2] *Voyez* la pl. 76, fig. 10 et 11, *A.*, vol. II.
[3] *Voyez* la pl. 58, fig. 1, 2 et 9, *A.*, vol. II.

bientôt pourquoi les Égyptiens en ont fait si souvent usage. Le vautour, avec ses ailes étendues, est encore une image fréquemment répétée.

Quatre figures principales se remarquent entre toutes les autres ; ce sont de petites images de momies avec différens masques ; elles reviennent toujours ensemble, dans le même ordre et dans plusieurs attitudes : ces masques sont ceux que l'on voit sur les vases désignés improprement par le nom de *canopes*. Une figure humaine est la première ; les suivantes sont le cynocéphale, le chacal et l'épervier : tel est l'ordre où elles sont toujours quand elles se suivent, soit sous les lits des momies, soit partout ailleurs[1]. Quand elles se regardent, le cynocéphale est en face de la figure humaine, et l'épervier vis-à-vis du chacal[2]. Le singe, le chacal et l'épervier figurent aussi dans leur entier, et non comme de simples masques, tantôt couchés, tantôt debout[3]. Outre ces figures, on voit encore, dans les peintures de momies, le masque du bœuf et celui du belier. Or, on a vu que tous ces différens animaux se trouvent embaumés dans les catacombes : ces deux faits ont nécessairement de la liaison entre eux.

De toutes les couleurs qu'on trouve dans ces peintures, la couleur verte est la seule qui ait éprouvé de l'altération ; on peut la confondre quelquefois avec le bleu : j'attribue cet effet à la disparition du jaune qui entrait dans sa composition. Le bleu étant certainement métal-

---

[1] *Voyez* la pl. 59, fig. 2 et 3, *A.*, vol. II.
[2] Voyez *ibid.*, fig. 2, et la pl. 75, au-dessus de la col. 75, *A.*, vol. II.
[3] *Voyez* la pl. 58, fig. 3, 6, 8, 10, *A.*, vol. II.

lique, soit qu'on le regarde comme fabriqué avec le cobalt, ainsi que l'analyse chimique l'a fait penser, soit qu'on l'attribue au cuivre [1], a dû résister plus long-temps qu'un jaune végétal. Au reste, les Égyptiens ont aussi employé une espèce de jaune très-solide et éclatante. Ce qu'il y a de plus étonnant, c'est la conservation du blanc après tant de siècles. Celui qui découvrirait la composition de ce blanc, rendrait aux arts un service essentiel. Je dois encore mentionner ici un rouge très-foncé et très-brillant, que l'on a tâché d'imiter par la gravure [2]; il est appliqué sur un carton aussi dur que du bois, épais de huit à dix millimètres (trois lignes et demie). Peut-être l'éclat de cette nuance provient-il d'une épaisse couche de vernis ou de gomme que l'on a passée par-dessus.

Toutes ces figures d'animaux sont fort négligemment dessinées, mais avec une facilité qui annonce une main très-exercée, obligée de faire rapidement [3]. Cette même manière se reconnaît dans les petits hiéroglyphes qui accompagnent les peintures; les signes sont faits avec peu de soin, et les animaux seuls peuvent se distinguer. C'est toujours de l'écriture en hiéroglyphes que les peintres ont fait usage : cependant j'ai rapporté un petit fragment de toile peinte qui renferme aussi de l'écriture vulgaire [4]; dans ce fragment curieux, la scène est renfermée par un trait circulaire, forme très-rare dans les encadremens.

---

[1] M. Collet-Descostils regarde le cuivre comme la base du bleu égyptien. Quelques personnes pensent aussi que le fer entrait dans la préparation de cette couleur.

[2] *Voyez* la pl. 58, fig. 7, *A.*, vol. II.

[3] *Voyez* la pl. 58, fig. 6 et 7, *A.*, vol. II.

[4] Voyez *ibid.*, fig. 8.

La hardiesse du trait peut se remarquer encore dans une de ces toiles peintes, qui représente une momie sur son lit [1]. Le meuble est décoré de la tête et des pieds du lion; un personnage qui paraît dans l'action de l'embaumer, debout devant le lit, ayant une main élevée et l'autre sur la poitrine de la momie, est dessiné avec cette touche qui est propre aux caricatures bien faites. On a déjà parlé ailleurs de l'élégance des lits égyptiens.

Les divers sarcophages ou coffres de momies que nous venons de passer en revue, nous apprennent que les Égyptiens peignaient sur le bois et sur la toile recouverts d'un enduit très-fin et bien collé. D'un autre côté, l'examen des murailles des hypogées nous a fait voir qu'ils peignaient également sur la pierre. Telle est certainement l'origine de l'art, quoique bien grossière à la vérité. Le premier pas de tous, qui a précédé la peinture sur la pierre, sur le bois et sur la toile, a encore été fait par les Égyptiens, lorsqu'ils ont appliqué des couleurs dans les contours renfoncés des figures sculptées en creux. Mais en vain chercherait-on, parmi tous ces ouvrages, un seul exemple où les couleurs soient fondues ou mélangées, pour produire de la dégradation dans les teintes et quelque effet de lumière ou de perspective; cette partie du travail suppose donc peu d'habileté : mais le dessin mérite qu'on le remarque, et la préparation des couleurs suppose des connaissances chimiques très-avancées.

[1] *Voyez* la pl. 59, fig. 3, *A.*, vol. II.

4°. ANTIQUES TROUVÉES DANS LES HYPOGÉES.

On ne sait pas d'une manière précise quelle destination avait, dans les hypogées, cette multitude d'antiques de toute grandeur et de toute matière qu'on trouve aujourd'hui répandues sur le sol, au milieu des éclats de pierre et des débris de momies. Il paraît que les Égyptiens les renfermaient dans leurs cerceuils; cependant la forme des enveloppes taillées, comme on l'a vu, suivant celle du corps humain, n'aurait pas permis d'y introduire les objets qui ont une dimension un peu considérable[1]. Il faut avouer qu'on n'a point de lumières suffisantes sur cette question, et l'on doit s'en prendre au désordre actuel des catacombes : il en serait autrement si l'on pouvait pénétrer dans un seul hypogée que n'auraient pas encore violé les Arabes.

Il n'en est pas moins à propos de jeter un coup d'œil sur ces divers objets. Le travail en est quelquefois très-beau, la matière précieuse, et la conservation parfaite. Les hypogées sont la source commune de tous ces morceaux de bronze, de porphyre, de granit, de terre cuite, de bois peint et doré, etc., que l'Égypte est en possession de fournir aux cabinets d'antiquités; les retrouver sur les lieux mêmes où les Égyptiens les ont déposés, leur donne un intérêt de plus, et leur ajoute au moins le caractère de l'authenticité.

---

[1] Plusieurs voyageurs, tels que Prosper Alpin, Maillet, Monconys, ont décrit avec détail les antiques de différentes sortes qu'ils ont trouvées dans l'intérieur des momies de Saqqârah.

J'ai ramassé, parmi ces fragmens, un oiseau sculpté en bois de sycomore, avec des couleurs vives et conservées; cette figure a une tête de femme fort bien ajustée sur le corps de l'animal [1]. Une pareille figure rappelle tous les bas-reliefs et les papyrus où les Égyptiens ont représenté des oiseaux à tête humaine, avec les ailes en repos ou déployées [2]; elle rappelle aussi certaines *chimères* qui ornent les tombeaux grecs et romains. On avait regardé jusqu'ici ces associations monstrueuses *comme des produits du caprice, comme des bizarreries insignifiantes.* Il est à croire, en effet, que les Grecs les ont copiées en Égypte, sans en comprendre ou sans en adopter le sens; mais certainement ce sens existait pour les Égyptiens. On a gravé deux de ces *chimères* en bois peint [3] : le corps en est bariolé et moucheté, et le plumage y est indiqué avec plus de recherche que d'exactitude dans les détails; quant aux couleurs, elles étaient vives et tranchées.

L'oiseau dont il s'agit paraît être un épervier; car la même figure se trouve aussi ailleurs, ayant, au lieu de tête humaine, la tête de cet oiseau consacré. MM. Coutelle et Redouté ont rapporté trois de ces éperviers en bois de sycomore, peints de diverses couleurs, et dont l'un est doré sur les yeux, sur le bec et sur la face [4] : mais l'attitude n'est pas tout-à-fait la même que dans les

---

[1] *Voyez* la pl. 47, fig. 4, *A.*, vol. II.

[2] *Voyez* la pl. 96, fig. 1, *A.*, vol. I; la pl. 83, fig. 1, *A.*, vol. II; les pl. 62, 69, 70, même vol., etc. Il faut consulter aussi les antiques, à la fin du cinquième volume des planches.

[3] *Voyez* la pl. 47, fig. 3, 4, et la pl. 56, fig. 4, 5, *A.*, vol. II.

[4] *Voyez* la pl. 47, fig. 14, 15; la pl. 56, fig. 1, 2; la pl. 57, fig. 8, 9, *A.*, vol. II.

DE THÈBES. SECTION X. 105

chimères. Dans celles-ci, l'oiseau est debout sur ses pattes ; et dans les autres, il est couché.

Parmi les débris de momies, j'ai encore recueilli des objets en bois peint, de la forme des coiffures sacerdotales [1]. Ces images doivent être regardées comme symboliques : en effet, la hauteur démesurée des bonnets et la petitesse du pivot qui les soutient, sont des raisons de douter que les prêtres en fussent réellement affublés dans les cérémonies. On peut en dire autant des têtes d'animaux, puisqu'en supposant que les prêtres portassent des masques de cette espèce, on devrait retrouver, derrière, la forme et la hauteur de la tête humaine ; ce qui n'arrive pas [2]. Les coiffures en bois que l'on rencontre aujourd'hui sur le sol, étaient placées sur la tête de ces mêmes oiseaux chimériques que l'on vient de décrire [3]. Quant à leur forme, elle est composée de deux feuilles courbées à l'extrémité, avec un disque rouge sur leur base, et reposant sur deux cornes de belier, de bouc ou de bœuf.

On rencontre de petites images de momies entières également en bois peint, d'un à cinq décimètres de longueur. Comme les véritables momies, elles sont peintes, ornées de colliers, d'attributs, d'hiéroglyphes ; les couleurs en sont encore fraîches, et l'enduit qu'on

---

[1] *Voyez* la pl. 47, fig. 1 et 2, *A.*, vol. II.

[2] *Voyez* la pl. 82, *A.*, vol. 1, et les différentes planches de bas-reliefs religieux ; *voyez* aussi la Description de Philæ, rédigée par feu Michel-Ange Lancret, et où cette observation a déjà été faite. (*A. D.*, chap. *I*, pag. 66.)

[3] *Voyez* la pl. 47, fig. 14, 15 ; la pl. 56, fig. 4, 5 ; la pl. 57, fig. 8, 9, *A.*, vol. II.

passait sur le bois avant de peindre, est aujourd'hui même d'une grande blancheur : les mieux conservées sous ce rapport sont celles qu'ont apportées MM. Jollois et Devilliers[1]. Ces figures étaient-elles des images votives que l'on consacrait lors de la sépulture d'un Égyptien, et les emblèmes qu'elles tiennent dans les mains étaient-ils relatifs à la profession du mort, ou bien ces figures représentent-elles soit Isis, soit quelque autre divinité? voilà des doutes qu'il est permis de former sans les résoudre, afin de ne point tomber dans la faute commune des antiquaires, qui ont souvent tranché hardiment dans ces questions obscures. Appliquons-nous plutôt à distinguer les attributs de ces figures. On en voit trois qui sont reconnaissables : l'un est le soc de la charrue égyptienne, il est dans chaque main; un autre est peint sur le dos, c'est le semoir ou sac renfermant la graine, et que l'on voit, dans les scènes agricoles, entre les mains des laboureurs; le troisième est peint sur le derrière du bras, il paraît représenter un vase avec une tige de plante. Ces symboles de l'agriculture accompagnent fréquemment les divinités.

Une antique en bois, d'une autre nature, et qu'on a également trouvée dans les catacombes, mérite d'être distinguée : c'est une figure d'animal accroupie et peinte tout en noir. Les extrémités de la tête et des pieds manquent : mais tout annonce un chacal, soit la forme des oreilles, soit celle du corps; ajoutons la couleur elle-même, car le noir paraît consacré à cet animal. Quand

[1] *Voyez* la pl. 56, fig. 8, 12, et la pl. 76, fig. 1 à 7, *A.*, vol. II.

on voit dans les peintures un prêtre avec une tête de chacal, cette tête est ordinairement noire[1]. Observons, en outre, que les embaumeurs sont distingués par un masque noir, en forme de tête de chacal. Cette circonstance et d'autres encore font voir que le chacal jouait un grand rôle, comme symbole, dans les cérémonies funéraires; et il n'est pas surprenant que l'image elle-même de l'animal entier se trouve dans les tombeaux.

Les Égyptiens ont aussi sculpté en bois de petits coffrets, renfermant dans l'intérieur quelques antiques en faïence, en bronze, et même en cire, et ressemblant assez à ces tombeaux grecs et romains qui ont des mascarons aux quatre angles[2]. Ces coffres s'ouvraient en dessous par une planche qui se tirait à coulisse.

Parmi les fragmens qu'on trouve sur le sol des hypogées, il y a de petites figures très-délicatement sculptées en pâte ou en terre cuite, à tête de belier, d'ibis et de chacal; des images de divers animaux entiers, tels que des lions, des vautours, des éperviers, des ibis, des grenouilles, des singes, des chats, des crocodiles; des bustes ou des figures entières, parmi lesquelles on doit distinguer l'homme à tête de chacal, assis et tenant un arc et une flèche; des groupes de deux à trois figures en bronze, en basalte ou autres pierres; des images de Typhon et de Nephthys, avec de longues mamelles, ayant un ventre de pourceau, des griffes de lion, une tête d'hippopotame et des bras humains; des hommes

---

[1] *Voyez* les pl. 58, 59; et les papyrus, pl. 72, 73, 74, 75, *A.*, vol. II. *A.*, vol. II. Ici les angles ne sont pas ornés, comme dans les tombeaux grecs.

[2] *Voyez* la pl. 56, fig. 13, 15,

couchés et appuyés sur d'énormes phallus, un, entre autres, pinçant d'une harpe qui est posée sur son phallus; une scène à deux personnages, où la vérité est aussi outragée que la pudeur; d'autres objets, tels que des lampes, des vases, des grains, des tubes et des boules percées, des imitations de chapiteaux, d'autels votifs, de bras et de mains fermées. On trouve encore, mais plus rarement, des gemmes taillées en forme d'hiéroglyphes simples. J'ai rapporté une émeraude qui représente exactement une croix hiéroglyphique. Il serait trop long de passer en revue toutes les petites statues en pierre des hypogées : on en a gravé simplement quelques-unes pour servir d'exemple. Ces statues sont, les unes en pierre tendre [1], et les autres en pierre dure, c'est-à-dire en granit rose ou noir, en albâtre, en basalte, en serpentin [2], etc. Parmi ces dernières, on en voit de sculptées en grès rouge comme le grès du colosse de Memnon, matière fréquemment employée par les Égyptiens. M. Coutelle a rapporté un fragment de cette espèce, qui est remarquable par le travail; c'est un pied d'enfant, où toutes les parties essentielles sont bien indiquées, non pas avec de la recherche dans les détails, mais avec un vrai sentiment des formes : la sculpture de ronde-bosse, comme on l'a déjà observé, était infiniment plus avancée en Égypte que le bas-relief.

---

[1] *Voyez* la pl. 45, fig. 6, *A.*, vol. II.

[2] *Voy*. la pl. 47, fig. 5; la pl. 57, fig. 6, 5, *A.*, vol. II. Cette dernière figure, tenant deux socs de charrue, paraît être une figure d'Isis; elle est remarquable par sa chevelure en tresse, sorte de coiffure qu'on ne voit pas sur ces petites statues. Nous avons décrit plus haut, parmi les peintures des hypogées, une coiffure pareille à celle-là.

De toutes les antiques, celles qui sont le plus multipliées dans les catacombes, ce sont les images de *scarabées* en pierre ou en pâte cuite. On les trouve quelquefois enfilées par douzaine comme des grains de chapelet, alternant avec une multitude d'animaux, de fleurs, d'objets figurés, et de petits amulettes en émail ou en faïence blanche. Ces scarabées sont de toute grandeur, depuis un centimètre jusqu'à trente. M. Villoteau en a rapporté un en granit qui est colossal. On en a réuni un grand nombre à la fin des planches d'*Antiquités*, et le lecteur pourra y recourir pour étudier les inscriptions en hiéroglyphes dont le dessous est orné [1]. Ils sont communément de forme ovale : mais on en voit aussi de carrés, avec l'image de trois à quatre, et quelquefois jusqu'à douze petits scarabées. D'autres fois il y a deux scarabées accolés. L'insecte n'est pas toujours figuré en-dessus, mais il est remplacé par un autre animal ou par un objet différent. Enfin ce n'est pas toujours la même espèce de scarabée : tantôt le dos est strié, tantôt il est lisse. Les variétés qui s'y remarquent, fourniront aux naturalistes un sujet de recherches intéressantes.

§. IX. *Manuscrits sur papyrus.*

Parmi les découvertes littéraires les plus importantes dont on soit redevable à l'expédition française en Égypte, on doit distinguer celle des manuscrits sur papyrus que l'on a trouvés intacts dans les momies de Thèbes. Quel

[1] *Voyez* la pl. 56, fig. 6, 7, *A*., vol. ii, et le vol. v des planches d'*Antiquités*.

manuscrit existant dans nos bibliothèques peut leur être comparé pour l'ancienneté[1]? La première pensée qui nous est venue en apercevant ces *volumes* écrits en langue alphabétique (car *volume* est ici le mot propre), n'est-ce pas l'espérance de lever enfin le voile épais que la barbarie des Perses, l'insouciance ou la vanité des Grecs, le zèle aveugle des premiers chrétiens et le fanatisme des musulmans ont jeté sur l'antiquité? A l'aspect de ces fragiles et précieux monumens, que, par une expression hardie et ingénieuse, un voyageur a surnommés les frêles rivaux des pyramides[2], nous avons cru voir se dévoiler à nos yeux (chacun suivant ses études favorites), l'un, les fastes et les lois du pays; l'autre, les registres astronomiques; celui-ci, le tableau des connaissances naturelles cultivées par les Égyptiens, et celui-là, les procédés de leurs arts ou le secret de leurs étonnantes machines[3]. Si rien ne justifie encore ces premières con-

---

[1] Un manuscrit des Épîtres de S. Augustin, autrefois à la bibliothèque de Saint-Germain-des-Prés, passe pour avoir onze siècles ; il est écrit sur papyrus d'Égypte. Selon Montfaucon. le plus ancien de tous les manuscrits connus est l'Évangile de S. Marc, qu'on gardait à Venise, qui est également écrit sur papyrus, et qui remonte au moins au quatrième siècle de J. C. Depuis ce savant, on a découvert à Herculanum une quantité de manuscrits qui datent de plus loin. *Voyez* ci-après.

[2] Voyage dans la haute et la basse Égypte, par M. Denon.

[3] Il est difficile d'expliquer, sans le secours de la mécanique, l'érection des obélisques, et, ce qui est peut-être encore plus surprenant, la pose si parfaite des énormes pierres qui forment les architraves et les plafonds des grands édifices, quoiqu'à une hauteur considérable. Beaucoup de ces pierres ont une longueur de onze mètres, sur un mètre et un quart d'équarrissage : le volume de chacune est de plus de dix-sept mètres cubes, ou cinq cent trois pieds cubes; et le poids, de plus de quatre-vingts milliers de livres. On conçoit que, sans des méthodes parfaitement calculées, il aurait été très-difficile, pour ne pas dire impossible, de juxta-poser un grand nombre de pierres d'une si lourde masse. Si l'on eût dévié tant soit peu du niveau en les plaçant

jectures, que l'on convienne du moins qu'elles étaient inspirées naturellement par une aussi singulière et aussi heureuse découverte, et, surtout, par le besoin de s'expliquer les merveilles égyptiennes. D'ailleurs, ne savons-nous pas que les Égyptiens ont eu en effet des livres d'histoire et de sciences? Qui ne connaît le passage de Clément d'Alexandrie sur les quarante-deux principaux livres que devaient connaître les hiérogrammates? Parmi ces ouvrages dont Clément fait l'énumération, on comptait l'exposition des phénomènes de l'univers, la description du globe et particulièrement du Nil et de l'Égypte, le cadastre des terres, l'explication du système des mesures usuelles[1]. Combien l'on doit regretter, s'ils sont en effet perdus, ces volumes sur l'astronomie, la cosmographie, la géographie et les mesures des Égyptiens! Le témoignage de Diodore de Sicile n'est pas moins positif que celui de Clément d'Alexandrie et d'autres auteurs, sur l'existence des notions astronomiques en Égypte; et l'on ne doit rien inférer contre le fait, de l'ignorance de ces écrivains en matière de sciences. Leur ignorance est elle-même une preuve de la sincérité de leur récit. On sait encore, par les auteurs, que les Égyptiens avaient une poésie, puisqu'ils faisaient des odes en l'honneur des dieux et des héros, et des poëmes qu'on chantait dans les festins[2] : et quand les

---

sur les supports, ou que ceux-ci eussent manqué d'aplomb, il est visible qu'elles auraient croulé en peu de siècles. Loin de là, ces plates-bandes énormes sont encore intactes, contiguës, enfin dans l'état où on les a posées. Au reste, c'est à la conservation des toitures que l'on doit celle des monumens.

[1] Clem. Alex. *Strom.* l. VI, c. 4.
[2] *Ibid.* et Plat. *de Legibus*, l. II; Herod. *Hist.* lib. II, cap. 79, etc.

écrivains n'en diraient rien, on serait forcé de le supposer, à la vue de leurs instrumens de musique si perfectionnés et si riches; car ces instrumens ne servaient que pour accompagner le chant. Comment pourrait-on douter que les Égyptiens écrivissent les événemens historiques ? C'est sur un papyrus qu'était écrit le catalogue des trois cent trente rois qui avaient régné jusqu'à Sésostris, et ce papyrus a été montré à Hérodote [1]. Selon Proclus (*in Tim.*), les Égyptiens conservaient la mémoire des événemens singuliers, des actions remarquables et des inventions nouvelles. Théophraste fait mention de leur histoire des rois [2]; Strabon et Diodore, de leurs commentaires et de leurs annales [3]; et Joseph dit qu'il est superflu de parler du soin qu'on avait en Égypte d'écrire les faits historiques, tant ce soin est connu de tout le monde [4]. Je m'abstiens de citer ici le nombre des livres égyptiens (livres qu'on attribuait à Hermès), parce que les auteurs ne sont pas d'accord sur ce nombre; mais ce qu'il y a de fabuleux dans la quantité des volumes, ne fait rien quant à la nature de ces ouvrages, et il reste constant que les Égyptiens ont écrit sur le papyrus des récits historiques et des traités de sciences. Que les savans se livrent donc avec constance à l'étude des papyrus que nous possédons aujourd'hui.

Quand même ils n'y trouveraient que des prières ou des liturgies, ils y puiseraient du moins la connaissance de la véritable langue du pays, dont on possède à peine

---

[1] Herod. *Hist.* lib. II, cap. 100.

[2] Theophr. *lib. de Lapid.*

[3] Strab. *Geogr.* lib. VII; Diod. Sic. *Bibl. hist.* lib. I et XVI.

[4] Joseph. *contra Apion.* lib. I.

DE THÈBES. SECTION X. 113

quelques lambeaux : par conséquent, ils seraient en état d'interpréter les volumes qu'on apportera par la suite, et de lire dans les archives de l'histoire égyptienne, si elle a jamais été écrite quelque part. D'un autre côté, l'étude des caractères de ces manuscrits fait voir clairement que leur forme dérive de celle des hiéroglyphes[1]. Il est donc grandement probable que la connaissance de la langue égyptienne vulgaire conduira quelque jour à l'interprétation partielle, sinon totale, de l'écriture hiéroglyphique. Or, il serait déraisonnable de nier que les Égyptiens eussent déposé, dans l'une ou dans l'autre de ces écritures, les connaissances scientifiques ou morales que l'antiquité grecque admirait, étudiait chez eux. Comment les scènes d'histoire, les peintures astronomiques, les représentations civiles, enfin les images du commerce, de l'industrie ou de l'agriculture, accompagnées constamment de colonnes d'hiéroglyphes, ne seraient-elles pas elles-mêmes décrites et commentées dans ces inscriptions? Quatre ou cinq grands manuscrits, formant un développement de dix-sept mètres (cinquante-deux pieds), composés de soixante-une pages égyptiennes en écriture vulgaire et de cinq à six cents colonnes en écriture hiéroglyphique[2]; près de cent tableaux avec leurs hiéroglyphes, dix obélisques inédits, plusieurs monolithes, cuves et sarcophages couverts d'écriture hiéroglyphique, une multitude de scarabées et d'antiques portant des caractères sacrés, enfin une

---

[1] *Voyez* ci-après.
[2] On ne comprend pas ici les rouleaux rapportés par M. Denon, et par les voyageurs anglais qui nous ont succédé.

collection de légendes et de phrases puisées dans les temples et les palais, voilà des ressources que la *Description de l'Égypte* offrira aux laborieux amis de l'antiquité pour la solution de ce grand problème. Ne dissimulons pas, toutefois, que ces matériaux, si neufs et si abondans, eu égard à la disette qu'en a éprouvée jusqu'ici l'Europe savante, sont peu de chose en comparaison de la récolte qu'on pourrait encore faire en Égypte ; et sans parler des centaines de papyrus qu'on trouvera, si l'on veut, sur les momies, combien de tableaux et de sujets il reste encore à dessiner dans les monumens ! Nous attachant, comme nous devions le faire, à recueillir des scènes complètes, nous donnions à chacune un temps considérable, et nous n'avons pu réussir, malgré nos efforts, qu'à en copier une faible partie : tant est grande la richesse, l'étendue ou la quantité des tableaux hiéroglyphiques.

Je ne répéterai point ici ce qu'on peut trouver dans Pline et dans les auteurs modernes, touchant l'origine des volumes écrits sur le papyrus ; je ne parlerai pas davantage de l'emploi qu'ont fait de cette plante plusieurs peuples de l'Orient et de l'Occident, pour le même usage que les Égyptiens [1] : tous ces faits sont plus ou moins connus ; et ils ne serviraient qu'à prouver une chose incontestable, c'est que l'écriture sur papyrus a pris naissance en Égypte. Cette plante, aujourd'hui très-rare sur les bords du Nil, y était jadis indigène [2]. Son nom *biblos*

---

[1] *Voyez* Plin. lib. XIII, cap. 11; Theophr. lib. IV, cap. 9; le P. Mabillon, *de re diplomat.*; Montfaucon, *Palæograph. Græc.*; Maffei, *Istor. diplomat.*; et une dissertation de Caylus, *Mém. de l'Acad. des inscr.*, t. XXVI, in-4°, etc.

[2] Le papyrus de Sicile, quelque

DE THÈBES. SECTION X.

est originairement égyptien, et le mot lui-même de *bibliothèque* est un témoignage frappant de l'origine, de la nature et de la patrie des premiers livres qui aient existé. Le papyrus fournissait encore, dès la plus haute antiquité, un aliment commun aux Égyptiens, et c'est pour cela qu'il leur servait à désigner l'ancienneté de la nation et en général tout ce qui est très-ancien [1]. L'usage qu'ils en ont fait, remonte donc aux temps les plus reculés [2]. Je n'entrerai non plus dans aucun détail sur la préparation qu'on faisait subir à la tige du papyrus pour la transformer en papier, et je me bornerai à ce que j'ai observé moi-même en examinant les manuscrits.

L'antiquité nous a transmis le souvenir d'un papyrus très-blanc, lisse et poli, sur lequel on devait écrire aussi aisément que nous le faisons sur nos meilleurs papiers. Mais tous les fragmens que j'ai vus sont loin d'avoir cette qualité : le plus blanc est d'un jaune-paille ; le plus uni a toujours des aspérités, et l'on a même de la peine à concevoir comment la main a réussi à y tracer des caractères nets et bien formés, comme ceux qu'on y voit. C'était de deux couches très-minces de l'écorce de la plante, collées et appliquées à angle droit, qu'on formait chaque feuille : mais, quelque bien appliquées qu'elles soient, la trace des filamens croisés paraît toujours à l'œil, et elle forme un réseau un peu inégal avec

différence qu'on ait cru observer entre cette plante et celle d'Égypte, a sans doute été apporté de ce dernier pays avec l'usage même du papier et les autres arts dont la Sicile est redevable aux Égyptiens. Quant à celui de l'Inde, c'était le même que celui de l'Égypte, au rapport de Strabon. Voyez, dans la dissertation de Caylus, les additions de Bernard de Jussieu, pag. 297.

[1] *Voyez* Horapollon, *Hier.* xxx, lib. I.

[2] Un distique de Martial prouve

de petites rugosités. La surface en est lisse, mais non plane; la plume devait éprouver alternativement de l'aisance et de la difficulté pour y faire couler l'encre.

Plus on regarde les caractères empreints sur cette écorce, et plus on est porté à croire qu'on les a tracés avec cette espèce de plume que les Orientaux connaissent aujourd'hui sous le nom de *qalam*[1]. Tout le monde sait que c'est un roseau mince, taillé à la manière de nos plumes, mais avec une coupe très-oblique, et propre à former également des déliés très-fins et des pleins très-larges. L'écriture des papyrus n'a pas de traits aussi délicats que la belle écriture arabe; mais elle a cependant des pleins et des déliés bien marqués. En outre, et cela prouve notre assertion, la queue des lettres est toujours coupée en biseau. Soit que ces lettres aient une direction perpendiculaire, soit qu'elles s'étendent horizontalement, il y a constamment un biseau à l'extrémité.

Outre le *qalam*, les écrivains égyptiens employaient la règle pour tracer des lignes droites. Il y a toujours dans leurs volumes quelque tableau qui accompagne

que, pour écrire, on se servait à Rome des roseaux d'Égypte; à plus forte raison les Égyptiens en devaient-ils faire usage.

Dat chartis habiles calamos Memphitica tellus;
Texantur reliquâ tecta palude tibi.

Mart. *Epigr.* lib. xiv, dist. 38.

[1] Les mots de *qalam* et κάλαμος ou *calamus* ont sans doute la même origine. Le second signifie à-la-fois *roseau* et *plume*, soit en grec, soit en latin; ce qui semble annoncer que les Grecs et les Romains ont écrit d'abord sur le papyrus et avec un roseau: peut-être ce mot est-il lui-même un ancien mot des Égyptiens que les Grecs leur ont empruntés, en même temps que l'usage et les instrumens de l'écriture. C'est une remarque heureuse que celle de Pline, au sujet du *calamus*: *Chartisque serviunt calami, Ægyptii maximè, cognatione quâdam papyri.* (*Hist. nat.* lib. xvi, c. 36.)

l'écriture, et il fallait aligner ce tableau; il fallait aussi l'encadrer d'une double ligne, et l'on reconnaît que la même plume leur servait pour tracer les cadres. Je pense aussi qu'on usait du *qalam* pour tracer les figures des tableaux, car la taille oblique se retrouve encore dans les contours des personnages; et, pour le dire en passant, l'emploi d'un pareil instrument pour dessiner des figures au premier trait suppose une bien grande habitude dans les dessinateurs ou plutôt les écrivains. En effet, les linéamens sont larges, mais fermes et tracés sans hésitation, avec une justesse de touche et un sentiment des formes qu'on admire, surtout dans les animaux. Aucun ancien peuple n'a possédé, sans doute, autant d'artistes, j'entends d'hommes doués de ce talent pour la connaissance des formes essentielles et caractéristiques, enfin de cette grande habitude pour les silhouettes; nous ne trouvons pas ailleurs qu'en Égypte des ébauches de dessins aussi bien faites que celles qu'on voit si communément dans les hypogées, dans certains monumens non finis, enfin dans les manuscrits. Nous parlerons plus loin des procédés de la peinture sur papyrus : donnons d'abord une idée de la forme de ces précieux volumes, de leur étendue, de leur composition, et de l'état où on les a découverts.

Comment peindre la surprise des voyageurs, quand, après avoir développé ou coupé vingt circonvolutions de bandelettes de momie, ils venaient à rencontrer des rouleaux intacts ? Si l'on voulait décrire l'empressement, la curiosité, l'enthousiasme, qui nous gagnaient tous de proche en proche, on ferait une peinture froide et sans couleur à côté de la réalité. N'essayons pas même d'esquisser ce tableau, et narrons simplement les faits que nous avons observés.

C'est sous les enveloppes générales qui recouvrent les momies, ordinairement entre les deux cuisses, et quelquefois entre le bras et le corps, qu'on a découvert les papyrus. On en a trouvé indistinctement dans les deux sexes, mais plus fréquemment chez les hommes; les momies préparées avec simplicité renfermaient des volumes comme celles où l'on avait déployé un certain luxe.

La hauteur de ces rouleaux est variable, et la longueur l'est encore davantage; le plus grand et le plus précieux de tous ceux que l'on a recueillis, a neuf mètres vingt centimètres de long (environ vingt-huit pieds quatre pouces)[1]. Il ne faudrait peut-être pas juger, par ces mesures, de la dimension à laquelle pouvait atteindre le papier égyptien; car rien ne devait borner cette dimension, s'il faut en juger par le procédé que Pline a décrit.

Chaque volume est roulé sur lui-même, en circonvolutions serrées, et de *gauche à droite*; indice à joindre aux preuves qu'on a déjà, que les Égyptiens lisaient de droite à gauche. Le rouleau est aplati. Il est moins léger qu'on ne s'y attendrait; effet qui provient de la double couche du liber, de la présence de la gomme et de la peinture appliquée par-dessus. Au toucher, on le trouve sec et cassant; il sent fortement le baume; sa teinte est un jaune plus ou moins foncé ou sali. Le dérouler au

---

[1] La hauteur varie de vingt-huit quatre lignes à treize pouces huit à trente-sept centim. (dix pouces lignes).

sortir de la momie, serait impossible : au moindre mouvement que l'on fait pour l'ouvrir, on l'entend craquer, et l'on voit des filamens s'en détacher. Ce n'était pas là, sans doute, l'état primitif de ces manuscrits; l'écrivain avait besoin d'un papier plus flexible pour pouvoir en user. Je pense que cet effet provient de ce qu'on a roulé autour du corps les bandelettes toutes chaudes, et qu'à la chaleur des toiles s'est jointe une autre cause continue, la température élevée des puits, qui a desséché entièrement les rouleaux, malgré les enveloppes imperméables qui les recouvrent.

Il ne sera pas inutile de donner ici une idée des précautions qu'il a fallu prendre pour dérouler ces volumes, afin de diriger ceux qui auront à faire, par la suite, la même opération. Il faut premièrement humecter le papyrus en le recouvrant de plusieurs linges mouillés. Quand on juge que l'humidité l'a pénétré suffisamment, il faut tendre une gaze fine sur un châssis, en lui donnant plus de longueur qu'on n'en suppose au volume. On passe de la colle bien fine et bien délayée sous la marge du manuscrit et sur la gaze, en les faisant adhérer l'une à l'autre par le moyen d'une douce pression; puis on déroule et on colle successivement par bandes étroites de deux ou trois centimètres, à mesure que les parties précédentes sont affermies. Le meilleur moyen de presser doucement le papyrus contre la gaze, est d'employer un tampon de linge avec légèreté. Il faut que ce travail se fasse à l'ombre; il faut surtout ne pas l'abandonner longtemps. La poussière et tout ce qui pourrait dessécher l'étoffe, doivent aussi être écartés avec soin. On voit quel temps doit exiger ce travail pour dérouler un papyrus de dix mètres.

Malgré la fragilité de ces volumes, combien ils sont conservés et intacts, si on les compare aux plus anciens manuscrits connus, et même à ceux qu'on a découverts à Herculanum dans le siècle dernier! comme si tous les ouvrages des Égyptiens, même les plus délicats, devaient leur plus grande conservation à leur plus grande ancienneté; singulier privilége que l'Égypte exerce depuis tant de siècles sur toutes les nations connues! Que d'habileté ne faut-il pas aux savans chargés de recueillir les parcelles des manuscrits d'Herculanum, pour traduire, en quelque sorte lettre à lettre, ces cendres écrites, avant qu'elles disparaissent pour toujours! et en supposant qu'un Tacite, un Tite-Live, un Cicéron complets soient cachés dans ces débris, quelle faible chance on a pour les y retrouver, et que de temps il faudra pour en jouir, malgré tous les moyens ingénieux que l'on met en usage! Au contraire, les papyrus égyptiens peuvent être ouverts et déroulés sans peine, et l'on peut les copier fidèlement et sans lacune.

Quand on examine et que l'on compare ensemble les divers papyrus, on voit, 1°. qu'ils sont tous écrits par parties séparées, en colonnes ou en pages; 2°. qu'il s'y trouve une scène principale, qui est constamment la même; 3°. que certains commencemens d'alinéa, si l'on peut employer ce mot, sont écrits en rouge, tandis que le texte est en noir; 4°. enfin, que les caractères sont de deux espèces; que l'on peut désigner, provisoirement, l'une sous le nom d'*hiéroglyphes*, et l'autre sous

DE THÈBES. SECTION X. 121

le nom de signes *alphabétiques*. Les premiers se voient sur tous les manuscrits, au moins dans le grand tableau principal; mais ils sont en petit nombre et les moins fréquens : les seconds, heureusement, recouvrent la presque totalité des papyrus, à l'exception des rouleaux qui sont tout en hiéroglyphes[1]. La phrase suivante, tirée de Martianus Capella, me paraît bien s'appliquer à ces papyrus hiéroglyphiques : *Volumina alia ex papyro, quæ cedro perlita fuerant, videbantur; ...... erantque* (libri) *quidam sacrâ nigredine colorati, quorum litteræ animantium credebantur effigies*[2]. Apulée parle aussi des manuscrits en hiéroglyphes dans le passage suivant : *Quosdam libros litteris ignorabilibus prænotatos, partim figuris cujuscemodi animalium concepti sermonis compendiosa verba suggerentes, partim* etc.[3]

Les manuscrits alphabétiques sont divisés par pages dans leur longueur. J'appelle ici *page* égyptienne, faute d'autre mot, un certain espace écrit dans un rectangle variable de hauteur et de largeur, et séparé d'un espace pareil par un blanc large d'un centimètre plus ou moins. Ces pages ne sont pas moins variables pour leur écriture lâche ou serrée, forte ou grêle, très-noire ou pâle. Mais ce dernier défaut est rare, et il conviendrait de l'attribuer à une cause accidentelle; car ces manuscrits se font quelquefois remarquer par le brillant et la solidité de l'encre noire. On verra bientôt que les autres couleurs sont également conservées.

[1] On n'en a rapporté qu'un seul de cette dernière espèce. Il est gravé dans les pl. 72, 73, 74 et 75, *A.*, vol. II.
[2] Lib. II, pag. 35.
[3] *Metam.* lib. XI. *Voyez* ci-après.

On a un papyrus où il existe quelques caractères isolés sur la marge, comme si l'écrivain eût voulu essayer sa plume[1] : ils occupent la marge droite, par où l'écrivain devait en effet commencer; et ils sont d'ailleurs plus pâles et plus maigres. Ceux qui ont le plus de force et de largeur, sont les hiéroglyphes[2]; sans doute, la plume se taillait plus gros pour les faire.

Les hiéroglyphes, comme on l'a dit, accompagnent une scène particulière, placée vers la gauche ou la fin du volume. Elle a déjà été décrite par plusieurs voyageurs, entre autres par M. Denon, qui le premier l'a vue représentée sur un manuscrit : il suffit de dire ici qu'elle exprime, selon toute vraisemblance, le jugement de l'ame du personnage qui est à droite de la scène, sans doute celui sur le corps duquel était le papyrus; qu'Isis le reçoit, présenté par une femme habillée comme la déesse; que deux prêtres masqués pèsent dans une balance des objets symboliques, et qu'on croit représenter les bonnes et les mauvaises actions du personnage[3]; qu'un autre, également masqué, écrit sur une tablette le résultat de la pesée, et enfin qu'un dieu assis sur un trône élevé paraît faire les fonctions de juge. Entre les deux derniers, et sur un autel, est une figure monstrueuse, à tête de crocodile et à corps de lion, avec beaucoup de mamelles; animal chimérique, sur lequel il serait difficile de faire une conjecture, ou trop long de l'établir ici avec solidité. Un grand lotus figure sur

[1] *Voyez* la pl. 60, *A.*, vol. II.
[2] Voyez *ibid.*
[3] Cette balance diffère beaucoup de celle qui est gravée pl. 46, *A.*, vol. II, et décrite plus haut, p. 51.

un autre autel. Ce qu'il y a de plus curieux, c'est la scène de la balance, et surtout un objet qui pend aux pieds d'un cynocéphale, espèce de contre-poids qui paraît faire la différence des charges des deux plateaux, et qui, par conséquent, établit l'équilibre. Si l'on veut croire que le résultat est en faveur du personnage, on dira (toujours dans la même hypothèse) que les mauvaises actions sont représentées ou indiquées par la *feuille* prise dans un sens tropique, et que les bonnes le sont par le *vase*, puisque le contre-poids est placé entre le plateau de la feuille et le centre du levier; et si l'on voulait pousser la recherche plus loin, on remarquerait que, la distance du contre-poids au centre étant au quart du bras du levier, c'est là le nombre que doit enregistrer l'homme à tête d'ibis, comme étant l'excès des bonnes actions sur les autres. Que le prêtre arrêtant le contre-poids et observant sa distance au centre ait le masque de l'épervier, et que celui qui paraît l'interroger ait celui du chacal, c'est ce qui ne doit pas surprendre, après avoir vu, dans les catacombes, ces animaux peints, sculptés et même embaumés comme les hommes. On ne peut qu'effleurer ici un sujet aussi curieux, mais obscur, où l'imagination doit craindre de s'égarer, et qui cependant est digne de toute l'attention des lecteurs. Examinons-le encore dans d'autres papyrus avec quelques variétés. Dans le premier, Isis est la seule figure de femme, et le lotus supporte quatre figures désignées plus haut sous le nom de *canopes*[1]. Dans le second, il y a de plus une grande crosse isolée et une petite figure

---

[1] *Voyez* ci-dessus, pag. 100.

assise sur une seconde crosse. Dans un troisième, sont la même petite figure et les quatre canopes, et Isis est seule : mais les prêtres ont changé de fonctions ; c'est le peseur à tête de chacal qui conduit le contre-poids.

Toutes les scènes semblables sont enfermées par un tableau qui a de l'analogie avec la forme des temples d'Égypte; deux colonnes *lotiformes* avec un chapiteau en bouton tronqué leur servent de cadre, et un entablement les couronne. A chaque angle et au-dessus de l'entablement, est un singe qui maintient une balance, et le reste est occupé par des serpens et de grandes feuilles. Tous ces accessoires et bien d'autres qu'on ne décrit pas, sont communs aux divers manuscrits : mais le fait le plus remarquable et qui est également général, c'est l'absence de l'écriture cursive dans l'intérieur des tableaux; on n'y voit absolument que des hiéroglyphes. Au reste, les différences que l'on observe entre les inscriptions hiéroglyphiques de cette même scène dans les divers papyrus, doivent être en rapport avec l'histoire des personnages embaumés; et l'étude qu'on en fera, aura par-là même plus d'intérêt, et peut-être plus de facilité. Entre ces hiéroglyphes et l'entablement, il y a toujours deux rangs de figures assises, presque toutes pareilles et ayant toutes une feuille sur la tête. On peut remarquer que le nombre de ces figures est le même dans deux papyrus [1]; savoir, vingt-trois à la rangée supérieure, et dix-neuf à celle du bas, en tout quarante-deux. Le papyrus hiéroglyphique en présente une seule de plus.

[1] *Voyez* les pl. 60 et 64, *A.*, vol. II.

DE THÈBES. SECTION X. 125

Le personnage principal du tableau est en scène dans tout le manuscrit, et avec plusieurs attitudes; tantôt priant les mains élevées, devant les images des dieux, tantôt leur adressant des offrandes et des hommages, ou bien occupé à différentes actions, comme à porter des enseignes, des coffres sacrés, de petits autels, etc. : on le reconnaît à son costume, qui est le même d'un bout à l'autre de cette sorte de procession. Toutes ces petites scènes successives sont placées l'une à côté de l'autre, sans séparation, comme dans les premiers tableaux de la renaissance de l'art; elles indiquent peut-être les épreuves que l'ame du mort était censée devoir subir avant le jugement qui fixait son sort. Parmi ces cérémonies, on distingue des sacrifices, des barques où l'on passe les momies, et beaucoup d'autres scènes fort dignes d'attention, que nous laissons à étudier au lecteur curieux. Observons seulement que cette longue procession occupe le haut du volume et quelquefois le milieu, appuyée sur un double trait qui la sépare des pages d'écriture. Les figures de temple, d'autel, de monolithe, sont fréquentes et variées dans ces différentes stations : on peut remarquer une chapelle monolithe avec un toit pyramidal, précisément de la même forme que celle d'Antæopolis [1]. On observera encore des scènes agricoles, avec des détails intéressans [2]; des animaux, des oiseaux et des plantes qui ne sont point ailleurs; un serpent de couleur rouge; un insecte noir à huit pattes, qui, à la queue près, ressemble assez à un scorpion; enfin, trois cro-

---

[1] *Voyez* la pl. 62, *A.*, vol. II, et la pl. 38, *A.*, vol. IV.   [2] *Voyez* la pl. 63, *A.*, vol. II.

codiles frappés ou percés d'une lance. Les crocodiles semblent détourner la tête, comme pour éviter le coup qui les menace.

Le dessinateur ou l'écrivain qui traçait toutes ces figures, ne s'astreignait pas toujours à la même proportion : quand l'espace était plus étroit, il les faisait plus courtes ; témoin un petit tableau qu'on a fait de moitié plus bas que le pareil dessiné tout à côté, parce que la place était prise par les caractères cursifs[1]. L'écriture était interrompue de temps en temps par des tableaux autres que la grande scène principale ; ces tableaux sont encadrés comme elle, et sont également accompagnés d'hiéroglyphes, au lieu de lettres courantes : on peut en voir des exemples dans les planches[2].

Les rouleaux dont nous venons de faire ou plutôt d'esquisser la description, ont presque tous été entamés par l'un des bouts, ou par tous les deux. Soit qu'on ait fait un effort en les détachant de la momie, soit que le papyrus ait été brûlé ou altéré par la chaleur du baume, ils sont aujourd'hui plus ou moins déchirés sur la marge ; et c'est là la cause de ces nombreuses échancrures, diversement profondes et distantes, que l'on aperçoit dans les gravures. En effet, on peut s'apercevoir que, vers la gauche, c'est-à-dire au centre du rouleau, elles sont plus rapprochées qu'à l'extérieur, où le diamètre était le plus grand ; cette circonstance est surtout remarquable dans le *manuscrit hiéroglyphique*. Ce qui suit est uniquement relatif à ce papyrus.

[1] *Voyez* la pl. 64, *A.*, vol. II, en bas, vers la gauche.

[2] *Voyez* les pl. 63, 65, etc., *A.*, vol. II.

Le manuscrit hiéroglyphique présente un grand intérêt par son étonnante conservation, par sa grandeur qui excède celle de tous les autres, et surtout par son écriture, où il n'entre pas un seul des signes vulgaires ou cursifs; tous les caractères sont disposés perpendiculairement et par colonnes, un à un ou deux à deux de front, au lieu que l'écriture vulgaire est toujours par lignes horizontales. Le nombre de toutes ces colonnes est de cinq cent quinze, et celui des signes est de plus de trente mille.

Le tissu est, dans sa plus grande partie, absolument intact; l'écriture en est égale et parfaitement belle, et l'encre en est encore actuellement très-noire. La couleur générale est un jaune de paille plus ou moins rougeâtre, qu'on ne s'est pas astreint à imiter dans la gravure avec toutes les nuances. On s'est appliqué à donner une copie fidèle des couleurs; savoir, le blanc, le rouge, le vert, le bleu et le jaune. Le rouge et le blanc sont magnifiques; mais, quel que soit l'éclat du premier, la beauté du second a de quoi surprendre encore davantage après un laps de tant de siècles. Le vert et le bleu sont un peu altérés. Quant au jaune, il y en a de deux espèces : le jaune orangé, qui est mat; et le jaune verdâtre, qui est luisant.

Si de l'examen des couleurs on passe à celui des caractères, on admire la justesse des formes et la facilité du dessinateur malgré la petitesse des signes. A travers une certaine négligence, on trouve que chaque animal est caractérisé par son contour propre, et sans qu'on puisse s'y méprendre : ainsi le vautour, l'épervier, la perdrix, le hibou, l'ibis, l'hirondelle et les autres oiseaux, quoique dessinés d'un seul trait, se distinguent sans équivoque. Il n'est pas moins facile de reconnaître le taureau, la gazelle, le lièvre, le porc, le belier, le crocodile, le lion, et parmi les poissons, l'oxyrynque. On y voit encore des insectes autres que le scarabée, mais sur la nature desquels on n'oserait avancer aucune opinion.

Les grandes figures qui composent la procession supérieure, ne sont pas tracées d'une main moins habile; mais elles offraient moins de difficultés. On craint d'entrer ici dans une description suivie et minutieuse de cette suite intéressante de figures. Pour le lecteur déjà familiarisé sans doute avec les formes des dieux, des prêtres, des attributs, des animaux ou des plantes, la plupart sont si faciles à reconnaître, qu'il serait pour le moins superflu, et certainement fastidieux pour lui, d'en faire une longue et sèche nomenclature; peut-être même serait-ce émousser sa curiosité et lui ôter le plaisir de faire lui-même cette revue et les applications qui se présenteront à son esprit. D'un autre côté, il y a des choses qu'on ne peut absolument passer sous silence, sans paraître n'avoir fait aucune étude d'un manuscrit si important. Pour éviter ces deux écueils, on fera un choix parmi les figures les plus singulières, et on les signalera au lecteur. Quant aux observations relatives aux signes hiéroglyphiques, elles trouveront place dans la troisième partie.

Il est inutile de revenir sur le grand tableau du jugement des ames, qu'on a suffisamment décrit dans les précédens papyrus; mais le personnage qui s'y trouve en scène, étant sans doute l'image même de celui sur la momie duquel était le rouleau, mérite qu'on le suive dans la procession supérieure, non pas à pas, mais dans les stations les plus intéressantes ou les moins inaccessibles à l'explication. Ainsi qu'on l'a observé, il est toujours reconnaissable à son costume; il l'est de plus, ici, par les couleurs. Il est peint en rouge, et son costume est toujours un long jupon blanc; le reste du corps est nu, et la tête même est sans coiffure. Introduit d'abord dans une barque où il rend hommage aux grands dieux Osiris, Isis et Harpocrate, il passe ensuite à différentes épreuves; on le présente à plusieurs figures emblématiques de la divinité, devant chacune desquelles il fait une prière, un sacrifice ou une offrande qui, le plus souvent, consiste en une ou plusieurs fleurs de lotus bleu : les figures des dieux sont tantôt par trois, tantôt par quatre, et elles ont pour masque la tête de l'épervier, du chacal, du lion, de l'ibis ou du cynocéphale. Plus loin, il est à l'état de momie, couché sur un lit en forme de lion : là, une figure très-remarquable dans toutes les scènes des hypogées, l'épervier à face humaine[1], s'élève, les ailes déployées, au-dessus de son corps, et semble s'en échapper; emblème curieux, qui sera examiné plus bas. Au-delà, on le voit dans l'action d'ouvrir une porte de monolithe, comme pour laisser le passage libre à ce même oiseau symbolique; et en effet, près de là, cet oiseau s'envole à tire d'aile. Le personnage ouvre encore deux autres portes de monolithes renfermant les images des dieux.

[1] Avant cet endroit de la procession, on la voit elle-même isolée et très en grand.

CH. IX, DESCRIPTION GÉNÉRALE

Faute de place apparemment dans le manuscrit, on a, vers le second tiers de sa longueur, cumulé en un tableau plusieurs scènes qui auraient trop alongé la procession, et ce tableau est consacré en partie à l'agriculture : c'est notre même figure que l'on voit occupée successivement du labourage, des semailles, de la récolte et du battage des grains; ensuite elle fait différentes offrandes, et une entre autres à six dieux réunis; enfin elle passe devant plusieurs portes de temples, et sa dernière station est devant la triple image d'une même divinité : après quoi l'on ne voit plus de figure, et le texte est continu jusqu'au tableau final, où le personnage paraît être jugé. Il faut remarquer encore, dans cette longue procession, le cynocéphale debout, assis et couché; des figures extrêmement bizarres, telles qu'une femme nue qui paraît s'élancer au-dessus d'un scarabée [1], un chat qui a la patte sur un serpent, une tête de femme sortant d'un beau lotus bleu [2]; en outre, des animaux dessinés en grand, tels que deux éperviers avec un riche plumage [3], un lion couché [4], une grande hirondelle noire à ventre blanc [5], un oiseau de rivage avec une aigrette [6], et des signes que j'ai fait reconnaître ailleurs pour des signes numériques [7].

Dans cette description rapide, nous n'avons fait aucune mention des couleurs, de quelque intérêt qu'elles

---

[1] *Voyez* la pl. 75, *A.*, vol. II, au-dessus de la col. 2.

[2] *Voyez* la pl. 74, *A.*, vol. II, col. 3.

[3] *Ibid.*, col. 9, 13.

[4] *Ibid.*, col. 130.

[5] *Voyez* la pl. 73, *A.*, vol. II, col. 117.

[6] *Ibid.*, col. 103.

[7] *Voyez* la pl. 75, *A.*, vol. II, col. 69; *voyez* aussi l'explication de la pl. 38, fig. 26, *A.*, vol. III.

soient, parce que le discours ne peut les exprimer sans confusion, et que les planches peuvent en donner une juste idée, ayant été coloriées avec une imitation scrupuleuse[1]. Il faut seulement confirmer ce qu'on a dit plus haut de la couleur du chacal; savoir, que le noir lui est constamment affecté : car les prêtres et les dieux qui ont son masque sur la figure, non-seulement portent ce masque noir, mais ils sont eux-mêmes peints tout en noir.

§. X. *Des briques imprimées, trouvées dans un hypogée.*

J'ai différé jusqu'ici de parler de briques imprimées que j'ai trouvées dans les catacombes, par la raison qu'elles sont moins remarquables comme matériaux ayant servi aux architectes des hypogées, que parce qu'elles contiennent des inscriptions en hiéroglyphes. D'ailleurs, ce qui précède fera mieux concevoir le peu que l'on se propose d'en dire. En suivant les détours d'un hypogée qui va en serpentant par une descente rapide[2], je fus arrêté par un mur qui fermait toute la largeur de la galerie; ce mur n'était pas entier. Étonné de voir une construction au milieu d'une galerie taillée dans le roc, je voulus m'assurer de la nature des matériaux, et j'en détachai des briques mal cuites. Mais quelle fut ma surprise en trouvant sur chacune d'elles, et sur deux côtés, une empreinte en relief d'hiéroglyphes très-saillans, la même sur toutes, et cette empreinte placée dans

---

[1] *Voyez* les pl. 72, 73, 74 et 75, *A.*, vol. II, et l'explication.

[2] Cet hypogée est le même que celui dont on a parlé au §. V, où il y a un abaissement brusque de près de trois mètres au-dessous du sol : on y voit beaucoup de peintures et aussi de statues assises de petite proportion, mais bien exécutées.

l'épaisseur de la construction, sans qu'on eût eu égard aux hiéroglyphes ! Je ne doutai pas alors que ce ne fût une sorte de cachet, et ce cachet me parut manifestement avoir été appliqué par le moyen d'un moule en bois. En effet, le fond de l'empreinte est tout rempli de petits sillons, qui représentent parfaitement les fibres du bois. Des briques décorées, une empreinte commune, l'usage de l'impression en bois, toutes ces circonstances excitèrent vivement ma curiosité, et j'en emportai trois échantillons pour constater ces différens faits ; ces briques sont gravées dans l'ouvrage[1]. La grandeur de chacune est de trente-trois centimètres (plus de douze pouces) de long sur quinze centimètres (cinq pouces six lignes) de large, et environ sept centimètres (deux pouces six lignes) d'épaisseur. Il y a deux inscriptions placées sur l'épaisseur, la plus grande sur le côté long, et la plus petite sur le côté étroit ou le bout. Le nombre des caractères est de seize dans la première, et de onze dans l'autre ; un filet carré de même saillie que les hiéroglyphes entoure chaque inscription.

Était-ce la marque du fabricant ? était-ce le signe de la consécration religieuse de ces briques ? Leur destination était-elle semblable à celle des briques de Babylone et des briques romaines, également couvertes d'écriture[2] ?

---

[1] *Voyez* la pl. 48, fig. 6, 7, 8, *A.*, vol. II. On trouve une de ces briques dans la collection de M. Coutelle.

[2] Les briques de Thèbes ressemblent beaucoup à celles de Babylone ; c'est un rapprochement qui pourra servir à décider la question de l'antériorité entre les Égyptiens et les Chaldéens. Selon l'opinion de M. Hager (*a Dissertation on the newly discovered Babylonian inscriptions*, pag. 58), les briques babyloniennes ne renferment pas, ainsi qu'on l'a pensé d'après le témoignage de Pline, des observations

C'est ce qu'on ne peut décider. Si ces inscriptions devaient être vues, comment concevoir qu'on en ait imprimé deux sur chaque brique, puisque nécessairement une des deux devait être cachée? Quand même on supposerait que le mur n'est pas l'ouvrage des anciens Égyptiens, mais celui des anachorètes ou des Arabes, qui auront voulu distribuer à leur usage l'intérieur de la catacombe, il faudrait toujours expliquer pourquoi les Égyptiens ont mis des caractères sur deux faces contiguës. Toutefois, en admettant que ce n'est qu'une simple marque, on se rend mieux compte du fait, puisque, dans ce cas, il était indifférent que ces caractères fussent cachés ou en vue. Quant au travail de ces briques, il est assez grossier : elles sont peu solides et inégalement cuites; il est même difficile d'affirmer si elles ont été cuites au feu ou au soleil. La couleur en est rouge-brun; les parties non décorées sont brutes. Comme les faces sont imprimées profondément, les arêtes forment un rebord saillant et arrondi [1].

astronomiques ni rien de semblable, mais, comme les briques romaines, l'indication de l'espèce des briques, le nom du potier qui les a fabriquées, et celui du lieu où on les a faites. Cependant, puisqu'il y a aussi des briques romaines où sont les noms des consuls, et qui, par conséquent, peuvent servir à l'histoire, celles de Babylone qui leur sont assimilées, peuvent donc renfermer aussi quelques événemens historiques. De même, parmi les inscriptions des briques de Thèbes, qui paraissent aussi être une marque de manufacture, on pourra trouver des indications de localités, intéressantes pour l'histoire ou la géographie. On en découvrira sans doute avec différens cachets, ainsi que Beauchamps a constaté à Babylone que les briques de chaque quartier avaient une inscription particulière. Je finirai cette note en observant que les inscriptions des briques sont souvent cachées dans la construction des murailles de Babylone, précisément comme je l'ai remarqué dans l'hypogée dont il s'agit.

[1] M. Saint-Genis en a également rapporté une où la saillie des bords est de huit millimètres.

Cette singularité n'a été observée que dans un seul caveau, et même dans un seul lieu en Égypte, malgré la multitude des anciennes murailles de briques répandues dans le pays. Elle peut donner lieu à beaucoup de suppositions; mais ce qui est incontestable, c'est que les hiéroglyphes ont été appliqués sur ces briques par les anciens Égyptiens, et qu'ils l'ont été par le moyen d'une planche en bois. Ces hiéroglyphes sont absolument de la même espèce que ceux des plus anciens temples : on y voit l'ibis, le signe de l'eau, celui de la lumière, etc. Il faut donc reconnaître que les Égyptiens de la haute antiquité ont fait là un essai, quoique bien imparfait sans doute, de la gravure en bois et de l'impression des caractères d'écriture. On savait déjà que l'idée première de la polygraphie n'est pas une découverte uniquement due aux modernes : l'invention des caractères mobiles est leur véritable titre de gloire. Il n'est pas de mon sujet de comparer cet essai de l'enfance de l'art avec ce que les Chinois ou d'autres peuples ont pratiqué d'analogue; chacun pourra le faire aisément en suivant ses idées particulières : l'important est d'avoir constaté le fait pour les Égyptiens.

TROISIÈME PARTIE.

Remarques et conjectures appuyées sur les monumens.

§. XI. *De l'écriture des papyrus.*

Si l'on ne veut point donner de sens détourné au témoignage des auteurs, on doit regarder comme certain qu'il n'y avait en Égypte que deux écritures, l'une vulgaire et à l'usage du peuple, l'autre secrète et à l'usage des prêtres. Celle-ci était appelée *hiératique* ou *hiéroglyphique*, c'est-à-dire sacrée, parce qu'elle servait pour les choses sacrées; et elle était composée d'un grand nombre de figures et de signes de toute espèce, la plupart imitatifs : c'est ce qu'on appelle proprement les *hiéroglyphes*. Celle-là était formée de traits analogues à ceux des écritures alphabétiques, particulièrement des écritures orientales. Ne voyons-nous pas en effet, dans les manuscrits, ces deux espèces de signes, les uns disposés par colonnes et isolés, tous composés d'animaux, de plantes et de différentes figures plus ou moins reconnaissables; les autres en bandes horizontales, groupés et mêlés ensemble, et le plus souvent sans formes imitatives distinctes? D'un autre côté, le nombre des premiers est très-considérable, et celui des seconds est très-borné. Qu'on lise avec attention Hérodote et Diodore de Sicile sans le secours des commentaires, qu'on regarde ensuite les manuscrits, et l'on sera convaincu qu'il n'y avait réellement que ces deux écritures en Égypte. Les Égyptiens, dit Hérodote, se servent de deux espèces de lettres, les *populaires* et les *sacrées*[1]. Les prêtres, selon Diodore, apprenaient à leurs enfans deux espèces de lettres : les *populaires*, qui étaient enseignées à tout le monde; et les *sacrées*, qui étaient réservées pour la classe sacerdotale. Il ajoute que les unes et les autres sont originaires d'Éthiopie, et il cite des exemples d'*hiéroglyphes* qui sont également à l'usage des deux peuples[2]. Mais quelle preuve plus forte y a-t-il en faveur de cette opinion, que le fameux décret des prêtres de Memphis, authentiquement gravé sur la pierre de Rosette, et dont l'une des dispositions est que ce même décret sera gravé en caractères sacrés, en lettres vulgaires et en grec[3]? Aurait-on omis la troisième espèce d'écriture égyptienne, si elle eût existé? Les passages des anciens sur cette matière ont si souvent été cités, traduits, commentés, qu'on répugne en quelque sorte à les reproduire ici; mais, comme on ne peut passer sous silence l'autorité de Porphyre et de Clément d'Alexandrie, il faut au moins rappeler qu'ils attribuent aux Égyptiens l'usage de trois espèces de lettres. Dans le premier de ces auteurs, ce sont l'épistolographique, l'hiéroglyphique, la symbolique; dans le second, l'épistolographique, l'hiératique et l'hiéroglyphique. Peut-on les concilier tous deux? Je suis porté à le penser, sans adopter toutefois l'opinion de Warburton[4]. D'abord il n'y a aucune dif-

[1] Herod. *Hist.* lib. II, cap. 36.

[2] Diod. Sicul. *Bibl. hist.* lib. I, pag. 91, et lib. III, pag. 176.

[3] Inscription de Rosette, dernière ligne du grec.

[4] Warburton propose de corriger l'un par l'autre ces deux au-

ficulté pour l'épistolographique; c'est la même que l'écriture vulgaire ou alphabétique. Ensuite l'écriture symbolique de Porphyre est citée elle-même par Clément, qui divise l'hiéroglyphique en curiologique et symbolique [1]. « Le sens, dit Porphyre (en parlant à-la-fois de la deuxième et de la troisième espèces de lettres), y est exprimé par des *allégories*, et enveloppé sous des formes *énigmatiques* [2]. » Cela ne peut s'entendre que des hiéroglyphes. Or, c'est précisément ce que rapporte Clément de l'écriture symbolique, laquelle s'exprime, dit-il, *allégoriquement et par énigmes*. Comme il est superflu de citer ici les exemples rapportés par Clément et les autres écrivains, on croit devoir s'en dispenser [3]; on fera seulement remarquer que les caractères en *hiéroglyphes* et en *symboles* de Porphyre, et les *hiéroglyphes* divisés ou subdivisés en cinq autres formes par Clément d'Alexandrie, sont tous des figures imitatives, ainsi qu'il en est des caractères sculptés dans les temples,

---

teurs, en prenant dans celui-ci ce qui manque dans celui-là, c'est-à-dire, dans Clément, l'écriture sacerdotale, dont Porphyre ne dit rien; et dans Porphyre, l'écriture symbolique, oubliée par Clément : d'où il conclut l'existence de quatre espèces d'écritures distinctes (*Essai sur les hiéroglyphes*, §. XVIII, vers la fin). Mais ces quatre espèces doivent se réduire à deux, et l'auteur anglais lui-même l'insinue §. XVI. Au reste, si, après tant de savans hommes qui ont écrit sur cette matière, j'ose proposer mon sentiment, c'est qu'il est fondé sur des preuves qu'ils ont ignorées; savoir, les monumens d'écriture nouvellement découverts.

[1] *Strom.* lib. v.

[2] Porph. *de vita Pythagor.* c. XI et XII.

[3] *Voyez* Zoëga, *de origine et usu obeliscorum*, pag. 424 et suiv. Cet auteur admet trois écritures, et regarde l'hiératique comme analogue à la vulgaire; mais il n'en apporte aucune preuve. Au reste, plusieurs passages de la discussion de Zoëga viennent à l'appui de l'opinion que l'on cherche à établir; et il l'aurait certainement embrassée, s'il eût connu tous les monumens d'écriture égyptienne.

sans qu'on puisse faire, entre les uns et les autres, aucune distinction fondée sur la forme des signes. Ce sont toujours des figures ou des parties d'homme et d'animaux, des instrumens des arts, des ustensiles, des plantes, etc., etc.

Il resterait à dire ce que c'est que la deuxième espèce de lettres de Clément, les *hiératiques* ou sacerdotales, dont usaient, selon lui, les hiérogrammates. Il me semble que le nom presque semblable de $\iota\epsilon\rho\grave{\alpha}$, donné à nos hiéroglyphes par Diodore, par Hérodote, et par les auteurs du décret de Memphis, doit faire juger que cette espèce hiératique n'est encore autre chose que l'hiéroglyphe. Si les prêtres se fussent servis des lettres vulgaires en écrivant sur les choses de la religion, à quel usage aurait-on réservé les caractères sacrés? On demandera encore: Pourquoi les hiéroglyphes forment-ils deux espèces dans Clément et dans Porphyre? C'est, comme nous l'apprennent Clément et Diodore lui-même, parce qu'il y avait plusieurs modes d'exprimer ses idées au moyen de figures. Ces modes, à ce qu'il paraît, n'ont pas été connus de Diodore ni d'Hérodote. On peut ajouter que l'écriture hiératique devait différer des hiéroglyphes, comme des lettres courantes et faites à la main diffèrent des lettres sculptées: mais, au fond, les signes étaient les mêmes; les caractères avaient la même forme, la même disposition; enfin l'écriture était une, et le sens seul changeait.

Je pourrais encore citer Pline et quelques autres, particulièrement Tacite, qui ne mentionnent que deux écritures en Égypte, les hiéroglyphes et les lettres vulgaires; mais leurs passages sont connus de tous les savans, et d'ailleurs Zoëga les a rassemblés avec soin dans son livre sur les obélisques. Le seul que je veuille rapporter ici à cause de son importance, est celui d'Apulée, dont j'ai déjà fait mention. Au livre xie des *Métamorphoses*, où cet auteur décrit son initiation aux mystères d'Isis, il dit qu'un vieillard, après l'avoir introduit dans un temple spacieux, et avoir accompli le sacrifice accoutumé, tira du sanctuaire certains livres écrits en caractères ignorés : dans les uns, le discours était exprimé par des figures d'animaux de toute espèce; dans les autres, par des caractères de forme tortueuse, disposés en nœud ou en spirale, et tellement compliqués et serrés, que la lecture en était interdite aux profanes [1]. Il est évident qu'Apulée avait connaissance des deux espèces de manuscrits que nous avons rapportés d'Égypte, les uns en hiéroglyphes, les autres en caractères cursifs. Le lecteur peut même reconnaître dans les gravures qui représentent ces derniers, la fidélité de sa description. Cette conformité ne surprendra pas ceux qui ont étudié le livre d'Apulée en le comparant aux monumens, et qui savent que ce livre, à travers bien des fables, contient une foule de faits très-exacts. Il semble qu'un tel rapprochement doive lever tous les doutes sur la question actuelle, et autorise à conclure que les lettres hiératiques, hiérogly-

[1] *Injectá dexterá, senex comissimus ducit me ad ipsas fores œdis amplissimæ; rituque solemni apertionis celebrato ministerio, ac matutino peracto sacrificio, de opertis adyti profert quosdam libros, litteris ignorabilibus prænotatos, partim figuris cujuscemodi animalium conceptí sermonis compendiosa verba suggerentes, partim nodosis et in modum rotæ tortuosis capreolatimque condensis apicibus à curiosá profanorum lectione munitos.*

phiques ou symboliques de Clément et de Porphyre, ne sont autre chose que les lettres sacrées de Diodore, d'Hérodote et des autres auteurs, autrement les hiéroglyphes des temples; et que les épistolographiques des deux premiers auteurs sont les mêmes que les lettres populaires ou vulgaires des seconds, et les mêmes aussi que celles de la pierre de Rosette et des papyrus [1]. Qu'on se garde toutefois d'en conclure que ces deux classes de lettres sont de formes entièrement différentes, et n'ont aucun rapport entre elles [2].

Quand cette explication ne serait pas regardée comme rigoureuse, quand il serait en effet impossible de concilier les auteurs (car je n'ignore pas les efforts qu'on a faits jusqu'ici pour en venir à bout), il resterait toujours le témoignage invincible des monumens, où l'on ne voit absolument que deux espèces de caractères, les hiéroglyphes et les lettres courantes. Ces dernières, à la vérité, ne sont pas conformées entièrement de même dans la pierre de Rosette, dans les bandelettes de momie et dans les papyrus; mais on peut en saisir aisément la ressemblance, malgré la diversité des temps et la variété dont une écriture cursive est susceptible. La dissemblance des formes dans ces différentes espèces de monu-

---

[1] Pour arriver à ce résultat, il faut comparer soigneusement les passages d'Hérodote, de Diodore, de Plutarque, de Porphyre et de Clément. Quand on a fait le rapprochement matériel des textes, il ne reste presque aucun doute; et alors les raisons qu'on a données pour appeler *hiératiques* les lettres de la pierre de Rosette, et en faire des caractères particuliers, paraissent très-faibles.

[2] Il existe entre les lettres alphabétiques et les hiéroglyphes une analogie qui sera exposée dans un mémoire particulier : ce mémoire doit être nécessairement accompagné de figures.

mens est de beaucoup moindre que celle qui existe entre notre écriture actuelle et celle des anciens manuscrits français, lesquels pourtant ne remontent guère qu'à dix siècles.

L'invention d'un alphabet s'attribue communément aux Phéniciens, sur la foi de quelques auteurs; mais les Égyptiens peuvent revendiquer leurs droits à la gloire d'une aussi belle découverte. Sans parler des passages connus de plusieurs écrivains, tels que Platon, Tacite, Pline, qui en font honneur à l'Égypte, n'est-ce pas un fait qui dépose pour elle, que l'existence de tant de manuscrits alphabétiques trouvés au fond du Sa'yd et sur les plus anciennes momies des catacombes de Thèbes? Selon Lucain, qui à la vérité, comme poëte, n'était pas tenu à l'exactitude historique, Memphis ignorait encore l'art de préparer le papyrus, quand les Phéniciens, les premiers, osèrent peindre la parole par des caractères [1]. Mais Thèbes, comme capitale, était bien antérieure à Memphis; et les papyrus écrits dans la plus ancienne de ces deux villes ont peut-être devancé autant l'écriture phénicienne que celle-ci, dit-on, a devancé toutes les autres. Pourquoi faut-il que les historiens nous aient laissé si peu de détails sur l'alphabet égyptien? Plutarque nous apprend qu'il était composé de vingt-cinq lettres; mais, si l'on compte les formes que nous présentent les

---

[1] *Phœnices primi, famœ si creditur, ausi*
Mansuram rudibus vocem signare figuris.
Nondum flumineas Memphis contexere biblos
Noverat; et saxis tantùm volucresque ferœque
Sculptaque servabant magicas animalia linguas.
           Pharsal. lib. III, v. 220.

manuscrits, on en trouve davantage, soit que les lettres eussent plusieurs configurations, soit qu'on ne puisse encore les démêler exactement, soit enfin que le nombre des lettres égyptiennes dépassât réellement vingt-cinq. Il ne suffit pas de reconnaître et de classer toutes ces différentes formes ; il faut encore les comparer avec l'inscription intermédiaire de la pierre de Rosette. Le défaut de caractères d'imprimerie propres à représenter les lettres des papyrus ou celles de la pierre ne me permettant pas d'en faire ici un rapprochement commode pour le lecteur, je dois le renvoyer aux planches mêmes [1], et rapporter seulement le résultat que j'ai trouvé. La pierre de Rosette fournit environ soixante à quatre-vingts lettres, en y comprenant, à la vérité, les variantes : or, les soixante-une pages de papyrus gravées dans cet ouvrage en fournissent à peu près le même nombre, sans compter les nombreux hiéroglyphes que ces papyrus renferment, soit isolés, soit mêlés avec les caractères cursifs. La comparaison que j'ai faite entre les caractères de ces deux espèces de monumens, est loin d'être complète et sans erreur ; et cependant elle m'a déjà fourni au moins trente formes, communes à la pierre et aux papyrus. Si l'on y trouve une différence presque insensible, c'est que les unes sont tracées à la plume, et les autres sculptées

---

[1] *Voyez* les pl. 60 à 71, *A.*, vol. II, et la gravure de la pierre de Rosette, dans le cinquième volume des planches d'*Antiquités*. On peut aussi consulter la gravure de cette même pierre publiée à Londres. Dans le travail dont M. Marcel et moi sommes chargés, et qui a pour objet la rédaction et la continuation des recherches de feu M. Raige sur la pierre de Rosette, nous aurons occasion d'employer fréquemment les caractères de cette pierre, et alors le lecteur pourra les comparer avec facilité à ceux des manuscrits.

ou gravées au ciseau. On pourra aisément trouver un plus grand nombre de figures semblables. Au reste, ces vingt-huit formes paraissent les plus importantes, à en juger par leur fréquente répétition.

On a dit plus haut que l'écriture des papyrus doit se lire de droite à gauche. S'il fallait le démontrer, l'on ne serait embarrassé que du choix des preuves. En effet, que le lecteur jette un coup d'œil sur telle page qu'il voudra des manuscrits gravés, et constamment il verra qu'elle s'aligne du côté droit, et non du côté gauche. La dernière ligne de la page se termine, suivant le cas, au tiers, à la moitié ou en bas. Quand une phrase n'est pas terminée en bas, le haut de la colonne qui succède à gauche en renferme la suite ; et il est aisé de s'assurer que cette suite est la véritable, en examinant les colonnes où cette même phrase est comprise toute entière. La direction générale des traits de l'écriture annonce encore le sens où se portait constamment la main qui les a tracées. Ajoutons que le témoignage d'Hérodote est entièrement conforme à cette opinion, et que les langues orientales s'écrivent aujourd'hui de droite à gauche. Enfin on verra bientôt que c'est également le sens de l'écriture hiéroglyphique.

Au commencement des différentes pages de chaque papyrus, on reconnaît les mêmes mots ; et ordinairement ces initiales sont écrites en rouge, comme on le voit dans les manuscrits modernes des Orientaux. Elles annoncent probablement de certaines formules, constamment employées dans ces volumes. Il s'y trouve aussi de légères différences, et ces variétés seront un secours de plus pour l'étude de la langue. On trouve quelquefois les premières lignes des pages totalement pareilles[1]. Comme ces pages sont en même nombre et de même étendue que les stations du personnage principal qui est placé au-dessus et que l'on a précédemment décrit[2], et qu'elles varient suivant les dieux, les cérémonies et les actes d'hommage et d'adoration, il est naturel de penser qu'elles sont relatives à chaque scène, et qu'ainsi elles contiennent des prières : mais cette conséquence serait poussée trop loin, si l'on induisait de là que le reste de l'écriture ne contient pas autre chose.

Quelque ressemblance qu'il y ait entre les manuscrits, chacun présente des circonstances qui lui sont propres ; c'est ce qu'un peu d'attention fera discerner au lecteur qui les examinera sous ce point de vue. Il y en a un, par exemple, qui renferme des lignes très-courtes[3]. Cette particularité ne sera-t-elle pas favorable aux recherches, en fournissant une multitude de phrases ou de portions de phrase distinctes et d'un sens complet ? Dans le même papyrus, le premier signe de ces petites phrases est commun à toutes, et il existe des colonnes où tous les mots sans exception commencent par les deux mêmes signes. Il y a aussi des lignes extrêmement courtes, qui ne renferment probablement que quelques mots ; plusieurs même n'ont qu'un signe ou deux seulement[4]. C'est en faisant les diverses remarques et les rapproche-

---

[1] *Voyez* les pl. 62, 63, 64, *A.*, vol. II.

[2] Dans la pl. 63, *A.*, vol. II, l'écrivain a fait les pages très-étroites, pour se conformer à l'étendue des figures qui leur correspondent dans la bande supérieure.

[3] *Voyez* la pl. 66 et suiv., *A.*, vol. II.

[4] *Voyez* la pl. 68, *A.*, vol. II.

mens que fournissent tous ces différens volumes, en comparant attentivement les caractères avec ceux du monument de Rosette, supposé traduit dans son entier, et surtout en reculant les bornes du dictionnaire égyptien, qu'on arrivera peut-être à l'interprétation de cette écriture des papyrus. Quelque difficulté qu'elle présente, le succès offre bien plus de probabilité, que la possibilité de lire entièrement les inscriptions hiéroglyphiques.

S'il existe un monument égyptien qui puisse jamais servir à déchiffrer les hiéroglyphes, c'est, sans doute, le grand papyrus qu'on a rapporté de Thèbes, et qui est entièrement écrit avec ces caractères ; trente mille signes, presque sans lacunes, fourniront peut-être tous les élémens du langage symbolique, tandis que les scènes nombreuses qui les accompagnent, et dont, sans doute, ils sont le commentaire, apprendront, en les rapprochant ensemble, quelle acception il faut donner aux signes les plus fréquens. A l'égard de la première assertion, comme c'est une question de fait, il n'y a point d'inconvénient à dire que ce papyrus renferme en effet la presque totalité des signes : c'est ce dont je me suis assuré, en me livrant à la composition d'un tableau complet des hiéroglyphes connus[1]. Quant à la seconde, ce n'est pas ici le lieu de mettre aucune hypothèse en avant ; de pareilles applications demandent des développemens, un ensemble de preuves et un concours d'autorités qu'on ne pourra

[1] Je dois renvoyer ici à ce tableau, placé à la fin du vol. v des planches d'*Antiquités*, et qui n'aura toute son utilité que du moment où les signes seront gravés et fondus, et qu'ils pourront s'imprimer comme les caractères typographiques.

trouver que dans un mémoire spécial : ce qui, seulement, peut trouver place dans cette description, ce sont quelques remarques sur l'arrangement des signes, de la même nature que celles qui précèdent au sujet des lettres cursives. Le lecteur judicieux sentira pourquoi l'on se borne à des résultats incontestables.

Toute personne qui sera familiarisée avec les inscriptions hiéroglyphiques, distinguera sans peine certains groupes de signes toujours unis, qui affectent la même place dans les inscriptions; par exemple, les fins de discours, que j'appellerai *finales* ou *phrases finales*. Le papyrus qui nous occupe est d'un grand secours pour confirmer cette observation. Les *alinéa* se terminent souvent au milieu des colonnes; par conséquent, il n'est pas malaisé de faire le relevé des finales : en mettant à part les plus fréquentes, on les reconnaît pour être les mêmes que celles qui sont fournies par les fins de colonne dans les peintures et les bas-reliefs égyptiens.

On voit aussi, dans le cours des inscriptions, des séries qui reviennent fréquemment et qui sont propres à tel monument, à tel tableau. Dans le grand papyrus, on en remarque plusieurs, initiales ou autres, qui sont formées de deux, trois ou quatre signes seulement, mais surtout une certaine phrase médiale, composée de dix signes; cette phrase est répétée un si grand nombre de fois, qu'elle se distinguerait aisément, quand on ne l'aurait pas écrite en rouge, ainsi que l'écrivain a eu soin de le faire. Dans une seule des planches[1], on la trouve plus de trente fois; savoir, col. 13, 20, 22, 25, 26,

---

[1] *Voyez* la pl. 75, *A*., vol. II.

27, 32, 35, 38, 50, 52, 60, 66, 78, 82, 89, 96, 99, 102, 105, 107, 108, 109, 115, 117, 120, 123, 125, 126, 127, 130. Il n'y a donc aucun doute sur la composition de cette phrase et sur l'ordre des signes dont elle est formée. Cette remarque mène à une conséquence nécessaire ; savoir, que les hiéroglyphes s'écrivaient de droite à gauche. En effet, la phrase en question se trouve, dans un endroit, partagée en deux moitiés ; la première, composée de trois signes, est au *bas* d'une colonne, tandis que le reste est au *haut* de la colonne qui suit à gauche [1]. Une preuve aussi claire dispense d'en rechercher d'autres, qui, au reste, ne manqueraient pas [2].

Cette direction commune de l'écriture symbolique et de la vulgaire n'est-elle pas encore un indice de l'origine de celle-ci ? Il y a une foule de caractères qu'on trouve parmi les lettres cursives, et qui sont des hiéroglyphes peu dénaturés et reconnaissables. Ont-ils, dans ces inscriptions, la même valeur que dans la langue hiéroglyphique, ainsi qu'on voit, dans nos livres, des signes typographiques ayant la valeur d'un mot ? ou bien sont-ce de simples lettres qui ont retenu la forme des choses que les hiéroglyphes peignaient, et le son des mots du langage parlé ? C'est ce qu'il serait téméraire de décider : mais on inclinerait plutôt vers la seconde opinion, et

---

[1] *Voyez* la pl. 75, col. 83 et 84.
[2] *Voyez* la Description d'Edfoû (*chap. V des Descriptions*, p. 313), qui renferme un autre fait pareil à l'appui. Je sais que l'on trouve aussi des exemples d'hiéroglyphes qui paraissent écrits de gauche à droite ; mais il s'agit d'inscriptions symétriques, placées dans les décorations d'architecture, à droite et à gauche d'un objet principal.

l'on pourrait citer un exemple à l'appui; c'est l'hiéroglyphe du serpent, que l'écriture vulgaire a conservé ou adopté parmi ses lettres. Ce signe a la valeur de l'*h* aspirée ou *hori* qobte, ⟨⟩, son qui était l'initial et le principal du mot ⟨⟩[1], signifiant encore aujourd'hui *serpent* dans les langues orientales. On voit d'ailleurs aisément l'analogie qu'il y a entre la forme de cet hiéroglyphe ⟨⟩, celle de la lettre correspondante dans les papyrus ⟨⟩, celle de la lettre qobte ⟨⟩, et même celle de la lettre arabe ⟨⟩. Il y a plusieurs mots qobtes qui signifient *serpent*, ou dont le sens est analogue, et qui commencent tous par la même lettre. On conviendra qu'une pareille coïncidence ne peut pas être fortuite.

Horapollon fournit un exemple qui prouve que les hiéroglyphes tiraient quelquefois leur valeur de celle du mot correspondant dans le langage parlé, au lieu que, dans l'exemple précédent, c'est un signe de l'écriture vulgaire qui tire sa valeur de celle d'un hiéroglyphe. Voici le passage d'Horapollon : « L'épervier sert à peindre l'ame, d'après la signification du nom. En effet, chez les Égyptiens, l'épervier se dit *baieth*, qui est composé de deux mots; βαï, *ame*, et ήθ, *cœur* : or, suivant l'opinion des Égyptiens, le cœur est l'enveloppe de l'ame. Ainsi ce nom composé exprime l'ame qui habite dans le cœur, etc. » (*Hierogl.* VII, lib. 1.) Il ne serait pas difficile de pousser plus loin ces rapprochemens; mais c'est dans le *tableau des hiéroglyphes*, étudié comparativement avec les manuscrits, qu'on verra bien la

---

[1] J'écris à dessein ce mot arabe en lettres qobtes.

liaison qui existe entre les différens signes d'écriture usités en Égypte.

L'étude et l'interprétation des manuscrits en langue vulgaire pourront-elles conduire à quelque heureux résultat pour l'intelligence des hiéroglyphes? c'est ce qui n'est pas hors de vraisemblance. En effet, quand on voit dans le papyrus hiéroglyphique et dans tous les autres, des scènes communes, telles que le tableau du jugement des ames, celui de l'agriculture, et une même suite d'hommages, de sacrifices et d'offrandes, ne doit-on pas penser, d'abord, que le texte du premier a un rapport très-marqué avec celui des autres? ensuite les séparations des pages, des *alinéa*, ne doivent-elles pas circonscrire les parties qui sont correspondantes, et qu'il faudra comparer ensemble? enfin le rapprochement des figures en procession, avec les hiéroglyphes inférieurs, ne pourra-t-il pas fournir encore des données? C'est donc une chose hasardée, que de regarder comme perdue toute espérance de lire l'écriture sacrée: il est vrai qu'on suppose ici que les papyrus en lettres cursives peuvent être lus un jour; mais la pierre de Rosette ne donne-t-elle pas une présomption très-fondée en faveur de cette hypothèse?

En terminant ces remarques brièves sur les hiéroglyphes, j'exposerai, pour lever toute incertitude, la différence qu'il y a entre l'écriture hiéroglyphique proprement dite, et les tableaux des bas-reliefs et des peintures. On a long-temps appelé *hiéroglyphes*, les figures de ces tableaux, sans faire attention que ce sont des personnages toujours en scène; qu'ils font, l'un à l'égard de l'autre, tel ou tel geste, telle ou telle action déterminée qui tombe sous les sens, et qu'on peut presque toujours qualifier. De plus, ces figures sont toujours animées; enfin elles ont une proportion très-grande relativement aux colonnes d'écriture. Au contraire, les hiéroglyphes sont ces petits caractères d'une multitude de formes différentes, simples ou complexes, rangées en colonnes horizontales ou verticales, un à un, ou deux à deux, jamais en scène, même quand ils ont la figure d'êtres vivans, enfin constamment isolés. En un mot, des bas-reliefs ou des peintures modernes (au style près) donnent l'idée des tableaux égyptiens; mais rien ne correspond aux hiéroglyphes, parce qu'aucune écriture, même symbolique, n'a été créée dans le même système. C'est dans le papyrus hiéroglyphique que l'on peut bien voir la différence qui fait l'objet de cette remarque.

§. XII. *De quelques symboles remarquables parmi les peintures des hypogées.*

Il faut être sur ses gardes quand on tente d'expliquer, ou du moins de chercher le sens des symboles égyptiens; cependant il ne faut pas croire qu'il est absolument impossible d'arriver à aucun résultat exact (j'entends très-vraisemblable), avant d'avoir la clef générale de tous les hiéroglyphes, et un système si bien lié dans toutes ses parties, qu'aucune scène, aucun symbole, n'échappe à cette clef. Il y a plus, ce serait une prévention défavorable contre un système sur les hiéroglyphes, si l'on en venait, par son aide, à tout expliquer indistinctement. Il serait d'autant plus permis d'attribuer ce résultat à des circonstances fortuites, et non à la vérité du système, que, selon toute apparence, le sens des figures n'est pas resté le même pendant des milliers d'années. Au contraire, une conjecture isolée, mais fondée sur le témoignage d'auteurs graves, sur la nature d'un monument authentique bien étudié, enfin sur les idées généralement attribuées à la nation égyptienne, peut avoir un haut degré de vraisemblance, de manière qu'on ne puisse rien lui opposer d'aussi probable. En voici un exemple appuyé sur des monumens et sur des autorités. La doctrine de la métempsycose paraît être née en Égypte[1]; mais personne n'a encore allégué d'autres preuves que les passages des historiens. Si l'on trouvait des peintures égyptiennes qui donnassent, pour ainsi dire, un corps à cette opinion singulière, c'est-à-dire qui rendissent sensible aux yeux le changement d'état que l'homme, suivant cette doctrine, subit après sa mort, il faudrait convenir que ces peintures seraient expliquées d'une

---

[1] *Voy.* Mercure Trismégiste (*in Pimandro*), Hérodote (l. II, c. 123), Diodore de Sicile (l. I, c. 98), Diogène-Laërce (*proœm.* et lib. VIII), Jamblique, Philostrate (*de Vita Apollon.* l. III, c. 19), etc. C'est de l'Égypte que ce dogme a passé dans presque tout l'Orient. Orphée le transporta en Grèce, et Zoroastre chez les Perses. Pythagore le reçut d'un prêtre égyptien, Platon de l'école de Pythagore, et les Arabes, de ces philosophes. Cette doctrine fut portée chez les Hébreux, les Brachmanes, et les peuples les plus reculés de la Chine et du Japon. Mahomet, enseignant que les animaux terrestres et les oiseaux ont une ame de même nature que celle des hommes, admettait également la palingénésie, ou la transmigration des ames dans le corps des animaux. Il est remarquable que Platon, au Xe livre de *la République*, met dans la bouche d'un certain Arménien appelé *Her*, qu'il suppose ressuscité, toute la doctrine de la métempsycose présentée à sa manière, sans nommer une seule fois les Égyptiens.

manière très-vraisemblable, et de plus, que le rapport des écrivains recevrait par-là une confirmation irrécusable : or, cette image sensible, il me semble l'avoir aperçue clairement dans un sujet des hypogées de Thèbes.

Avant d'exposer cette idée, il est nécessaire de dire quelque chose d'un petit tableau où le scarabée est significatif. Cet insecte fameux a servi à la décoration des monumens en mille occasions : on l'a représenté très en petit et très en grand, tantôt sans ailes, tantôt les ailes déployées, et tantôt avec les ailes de l'épervier au lieu des siennes; il occupe un des premiers rangs parmi les symboles; enfin c'est encore lui qui a donné sa forme et son nom à cette multitude d'amulettes de toutes matières, depuis la terre cuite jusqu'à la pierre précieuse, qui renferment sur le plat une inscription en hiéroglyphes. Le scarabée avait été dédié au Soleil; il en était l'image, selon Clément, Eusèbe, Suidas, etc. C'est pour cela qu'on le voit en tête des obélisques : il était ainsi l'emblème de la divinité régénératrice des Égyptiens. Horapollon explique au long cet hiéroglyphe, et lui donne plusieurs sens qui ont entre eux de l'analogie, la *naissance*, le *père*, le *monde* [1]. On sait que, dans des hymnes chrétiennes, le Christ est invoqué sous le nom de *scarabée*, et que, dans S. Augustin, il est comparé à cet animal symbolique [2]. La régénération des êtres,

---

[1] Horapoll. *Hierogl.* x, lib. 1.

[2] *Voyez* Clément d'Alexandrie et S. Ambroise. Voici le passage de S. Augustin : *Bonus ille scarabæus meus, non eâ tantùm de causâ quòd unigenitus, quòd ipsemet sui auctor mortalium speciem induerit, sed quòd in hac fæce nostra sese volutaverit et ex hac ipsa nasci voluerit.*

la nature animée ne périssant point par la dissolution des parties, ou ne mourant que pour prendre une nouvelle vie sous une autre forme, telle était l'idée fondamentale servant de base à la doctrine de la transmigration des ames, et le scarabée peignait cette faculté génératrice, toujours agissante, survivant toujours à la mort : aussi le scarabée et sa boule président-ils à toutes les cérémonies funéraires des hypogées.

Le tableau que j'ai en vue, est une peinture où trois figures de momies sont debout, et placées de suite : l'une a, au lieu de tête, un grand scarabée ; l'autre a sur la tête une petite figure humaine qui étend les bras ; et la troisième, une boule d'où paraît éclore un embryon [1]. Les scarabées, disent les anciens auteurs, ont l'habitude de déposer leurs œufs au-dedans d'une boule qu'ils traînent avec leurs pattes. De plus, on voit en Égypte, après la retraite du Nil et la fécondation des terres, le limon couvert d'une multitude de scarabées [2]. Un pareil phénomène a dû sembler aux Égyptiens le plus propre à peindre une nouvelle existence. A cette époque, en effet, tout reprenait la vie; la terre allait se couvrir de nouvelles productions, et l'apparition du scarabée paraissait en être le signal. Le globe que porte le scarabée des peintures égyptiennes, tantôt avec les pattes antérieures et devant sa tête, et tantôt avec les pattes postérieures,

[1] *Voyez* la pl. 85, fig. 11, *A.*, vol. II.

[2] Ce n'est pas ici le lieu de déterminer quelles sont les espèces de scarabées que les Égyptiens ont connues et qu'ils ont tracées sur leurs monumens. Les anciens en ont décrit trois : celle qui a deux cornes et qu'on appelle *taurus*; celle qui n'en a qu'une, le *monoceros*; et celle dont on comparait l'éclat à celui des rayons solaires.

peut-il mieux s'expliquer que par la boule où cet insecte enferme ses œufs, et qu'il traîne avec lui?

Ainsi, par une image simple et en quelque sorte populaire, le scarabée pouvait indiquer le changement d'existence d'une ame renvoyée sur la terre, pour l'habiter sous une forme nouvelle. En examinant, d'après cette idée, les trois petites figures de momies, la première, coiffée d'un grand scarabée, nous représentera le premier état de l'homme qui va passer à une nouvelle existence : c'est l'instant de la fécondation, de la conception. Le cercle qui couronne l'autre figure, peindra la boule où sont déposés les œufs du scarabée, et par conséquent le moment de la naissance : en effet, deux œufs sont placés au-devant, et de plus un jeune animal commence à sortir de la boule. Enfin la momie avec un jeune enfant sur la tête sera le dernier état de transformation, et annoncera les premiers instans d'une nouvelle vie sous la forme humaine : on sait que, suivant la doctrine égyptienne, l'ame de l'homme allait animer pendant trois mille ans les corps de différens animaux, et ne rentrait qu'après ce terme dans un corps humain. Ce petit tableau nous montre la fin du voyage [1].

---

[1] « Ces peuples (les Égyptiens) sont aussi les premiers qui aient avancé que l'ame de l'homme est immortelle ; que, lorsque le corps vient à périr, elle entre toujours dans celui de quelque animal, et qu'après avoir passé ainsi successivement dans toutes les espèces d'animaux terrestres, aquatiles, volatiles, elle rentre dans un corps d'homme, et que ces différentes transmigrations se font dans l'espace de trois mille ans. Je sais que quelques Grecs ont adopté cette opinion, les uns plus tôt, les autres plus tard, et qu'ils en ont fait usage comme si elle leur appartenait. Leurs noms ne me sont point inconnus ; mais je les passe sous silence. » (Hérod. liv. II, ch. 123, trad. de Larcher.)

Platon (*in Phædro*) dit que les

Le grand papyrus hiéroglyphique dont on a donné la description, présente plus d'une scène où le scarabée joue le même rôle : il suffira d'en citer deux ou trois. Au commencement du manuscrit, le personnage qui se prépare à une autre existence, passe dans une barque le fleuve des enfers. Il y fait l'offrande d'un lotus à trois divinités : l'une est Osiris; la seconde, Horus; et la troisième, Isis ayant un scarabée sur la tête[1] : c'est l'emblème de la nouvelle vie que la divinité doit accorder au candidat; c'est l'attribut d'Isis *régénératrice*. A la cinquième station, le candidat est à genoux devant une barque dont le centre est occupé par une divinité sans tête; mais la tête est remplacée par un scarabée qui a les ailes ouvertes, et ces ailes sont celles de l'épervier[2]. Voilà le symbole que nous venons de voir dans un autre tableau. Les ailes déployées n'indiqueraient-elles pas le mouvement, le passage d'un lieu dans un autre, tel que serait, dans la métempsycose, le mouvement d'une ame allant animer un nouveau corps? Deux stations plus loin, une figure de femme, qu'on reconnaît pour telle à sa couleur jaune, est penchée en avant, et dans l'action de s'élancer; au-dessous d'elle est un scarabée noir[3]. Ses bras sont excessivement longs, comme pour embrasser et saisir l'insecte, vers lequel elle se précipite. Cette scène singulière, faute de rapprochemens avec d'autres

ames des justes voyageaient pendant l'espace de trois mille ans, avant de rentrer dans le sein des dieux d'où elles étaient sorties; mais il ajoute que les autres prenaient des corps de toute sorte de formes pendant dix mille ans, avant de pouvoir être admises par les dieux.

[1] *Voyez* la pl. 75, *A*., vol. II, au-dessus de la colonne 132.
[2] Voyez *ibid.*, col. 49.
[3] Voyez *ibid.*, col. 2.

sujets pareils, n'offre pas un sens complet : mais le scarabée est encore, dans cet endroit, le symbole de la régénération, de la nouvelle vie que la figure cherche en quelque sorte à *saisir;* comme on voit, dans l'exposition de la métempsycose par Socrate, au xe. livre de la *République* de Platon, les ames se précipiter sur les conditions diverses que le sort leur présente.

Il est tant de tableaux égyptiens, surtout dans les catacombes[1], où le scarabée est en scène de la même manière, qu'on peut regarder comme une chose d'une extrême vraisemblance, qu'il est le signe de la régénération, et en général de la faculté génératrice. Ce fait n'est donné ici que comme une conjecture très-probable; mais on pourrait l'appuyer par les passages de plusieurs auteurs, tels que Plutarque (*de Iside*), Porphyre (*de abstinentia*), Clément d'Alexandrie (*Strom.* lib. v), etc. Un plus grand nombre de citations seraient superflues et hors du sujet : ce qui précède suffit au lecteur pour qu'il puisse porter maintenant son attention sur un tableau intéressant que j'ai copié dans les hypogées des rois, et que je regarde comme la peinture elle-même de la métempsycose[2].

Neuf personnages occupent les degrés d'un escalier;

[1] *Voyez* les pl. 58, 82, 84, 85 et 86, *A.*, vol. II. On voit, dans la pl. 58, un scarabée auprès de deux momies couchées sur le lit funéraire : il annonce le passage des deux individus à une nouvelle existence; et les rayons qui émanent du disque du soleil, semblent exprimer que ces morts vont être rendus à la lumière. *Voyez* aussi les papyrus gravés dans le Voyage de M. Denon, entre autres la pl. 137, où le scarabée sert d'enseigne à la barque où l'on fait passer la momie. On la conduit devant Isis; et la marque de la nouvelle vie qu'Isis lui accorde, est encore un gros scarabée placé près de cette divinité.

[2] *Voyez* la pl. 83, fig. 1, *A.*, vol. II.

ils montent vers l'estrade où siége un dieu assis sur son trône : entre eux et lui est une figure portant sur l'épaule une grande balance. A considérer l'analogie de ce tableau avec la scène principale des papyrus, on doit croire qu'il exprime le même sujet, le jugement des ames. Vers le haut de la peinture, on voit, dans une barque, la figure d'un porc ou d'un hippopotame chassé par un cynocéphale, et précédé par un autre, tous deux armés d'une verge; et ces trois figures se dirigent *en sens inverse* des neuf personnages. Quand j'ai vu pour la première fois cette peinture sur place, il m'a paru que c'était l'image frappante de la transmigration des ames dans les corps des animaux; et quelque étude que j'en aie faite depuis, j'avoue que rien ne s'est offert à mon esprit sous une couleur plus vraisemblable. Je pense qu'elle peut s'interpréter de la manière suivante : le dieu vient de juger une ame, il l'a trouvée coupable, et il l'a condamnée à *retourner* sur la terre pour y habiter dans le corps d'un pourceau ou d'un hippopotame [1].

Autre circonstance marquante : le ministre du roi des dieux, Mercure Ψυχοπομπὸς ou conducteur des ames, qu'Homère nous représente une verge à la main, conduisant les ombres dans les enfers, paraît lui-même ici, exerçant ses fonctions sous la figure du cynocéphale;

---

[1] Comme il y a de la ressemblance, à quelques égards, entre ces deux animaux, il est aisé de confondre l'un avec l'autre. Le pourceau était un animal immonde chez les Égyptiens; l'hippopotame était le symbole de plusieurs vices, tels que l'ingratitude, l'injustice et la violence, et il était pour ce peuple un objet d'aversion. *Voy.* Horapollon, l. I, *Hier.* LVI, et l. II, *Hier.* XXXVII; *voyez* aussi la Description d'Edfoû, *A. D.*, *chap. V*, pag. 333.

car, en Égypte, cet animal était consacré à Mercure ou à Hermès égyptien [1].

> Ἑρμῆς δὲ ψυχὰς Κυλλήνιος ἐξεκαλεῖτο
> Ἀνδρῶν μνηστήρων· ἔχε δὲ ῥάβδον μετὰ χερσὶν
> Καλὴν, χρυσείην...............
> Τῇ ῥ' ἄγε κινήσας...............
> .... ἦρχε δ' ἄρα σφιν
> Ἑρμείας ἀκάκητα κατ' εὐρώεντα κέλευθα.
>
> Odyss. lib. XXIV [2].

Les Latins ont adopté la même fiction, que les Grecs avaient empruntée des Égyptiens; témoin ce que Virgile dit de Mercure :

> *Tum virgam capit; hâc animas ille evocat Orco*
> *Pallentes, alias sub tristia Tartara mittit.*
>
> Æneid. lib. IV.

Si l'on doutait de la source de cette fable, il suffirait, pour dissiper le doute, du passage où Diodore de Sicile fait l'énumération des Grecs qui, à l'exemple d'Orphée, sont allés en Égypte puiser les opinions religieuses et les principes des sciences. Suivant Diodore, Mercure, le conducteur des ames, a son origine dans cette ancienne pratique des Égyptiens, où un homme était

---

[1] Horapoll. *Hierogl.* XIV, lib. I. Diodore (*Bibl. hist.* l. 1) et Plutarque (*Symp.* l. IX, quæst. 3) disent que Mercure inventa en Égypte les lettres et l'écriture : un bas-relief de Philæ représente un cynocéphale tenant un volume d'une main, et prêt à écrire de l'autre. *Voyez* la pl. 13, fig. 3, *A.*, vol. 1.

[2] « Mercure le Cyllénien appelle les ames des amans de Pénélope ; il porte dans les mains une belle verge d'or,... avec laquelle il les conduit et presse leur marche.... ou bien s'avance à leur tête à travers des chemins hideux. »

On a révoqué en doute l'authenticité de ce passage, et même du chant entier, parce que nulle part ailleurs Homère n'a donné à Mercure les noms de *Cyllénien* et de *conducteur des ames*. Ces objections et d'autres pareilles ne font rien quant à l'ancienne origine de cette fable.

chargé de conduire le corps d'Apis, et de le remettre à un autre qui portait le masque de Cerbère. Orphée ayant transmis aux Grecs cette fable égyptienne, Homère, à son imitation, la fit entrer dans son poëme. A l'appui de son opinion, Diodore cite les vers mêmes que j'ai cités plus haut [1].

A ce rapprochement, qui paraît fixer le sens de notre peinture, on peut ajouter des indications accessoires qui confirment le fait principal. Dans les hiéroglyphes du tableau, est une petite figure d'homme, de la tête de laquelle on voit jaillir un jet de sang. Or, on voit une quantité de figures pareilles peintes en grand dans le même hypogée, les mains liées, et à genoux, comme des criminels condamnés à la peine capitale. Ne serait-ce pas un de ces coupables dont le jugement serait représenté dans notre tableau, puisque les ames des méchans devaient passer dans le corps des animaux immondes ou féroces?

Parmi ces hiéroglyphes, on voit encore la forme de l'œuf, que je regarde comme un des emblèmes de la fécondation; c'est encore ici le signe de la nouvelle carrière que ce personnage va parcourir.

L'épervier à face humaine, les ailes déployées, est répété quatre fois dans le haut du tableau : cet oiseau symbolique est, ainsi qu'on l'a vu, l'une des images les plus fréquentes dans les hypogées; et comme les scènes où il joue un rôle sont de la nature de celle qui nous occupe, on ne peut s'empêcher de lui assigner un objet

---

[1] J'évite de transcrire ici le passage de Diodore sur les funérailles des Égyptiens : aucun morceau n'a été cité plus souvent.

relatif à la régénération et à la transformation des corps. Il serait téméraire de prononcer sur le sens précis de cette figure : mais, quand on la voit, dans le papyrus hiéroglyphique, enfermée au-dedans d'un temple monolithe; ensuite sortant de ce temple, les ailes déployées; plus loin, planant au-dessus du corps d'une momie, comme pour y entrer¹, on ne peut se défendre de concevoir une idée peut-être un peu hardie, mais qu'il est presque aussi difficile de combattre que de soutenir. Les Égyptiens, qui croyaient à l'immortalité de l'ame², et qui peignaient tout par des images, n'auraient-ils pas essayé, par cette figure complexe, de peindre le trajet d'une ame humaine, traversant les espaces célestes pour aller animer un nouveau corps? Toujours est-il bien remarquable qu'on voit quatorze de ces mêmes figures dans un tableau bien intéressant d'Hermonthis, que j'ai déjà eu l'occasion de décrire, et qui représente certainement la naissance d'Horus³. Le scarabée qui plane sur le nouveau-né, ne laisse pas d'incertitude. D'un autre côté, Platon (*in Phædro*), parlant de la métempsycose, représente les ames avec des ailes et volant dans l'espace. Mais ce qu'il y a de plus fort à l'appui de cette conjec-

---

¹ *Voyez* la pl. 73, *A.*, vol. II, col. 77, 81, 91, et ci-dessus, p. 129, où l'on a décrit l'épervier à face humaine. Pour ne pas mêler de conjectures à une description, on n'a pas dit qu'il entrait dans le corps; mais on l'a représenté s'élevant au-dessus du corps de la momie, et semblant s'en échapper, parce que c'est en effet la première idée qui vient à l'esprit.

² Selon Hérodote, les Égyptiens ont dit les premiers que l'ame de l'homme est immortelle. Clément d'Alexandrie dit que Platon a emprunté de Pythagore, et celui-ci des Égyptiens, l'opinion de l'immortalité de l'ame.

³ *Voyez* la pl. 96, fig. 1, *A.*, vol. I, et la Description d'Hermonthis, *A.D.*, chap. *VIII*, pag. 426 et suiv.

ture, c'est le passage d'Horapollon, qui nous apprend positivement que l'épervier était le symbole de l'ame (*voyez* ci-dessus p. 148). Maintenant c'est au lecteur à juger s'il y a de la vraisemblance dans cette hypothèse, et si l'épervier à face d'homme peut faire naître une idée qui soit plus probable que celle d'une nouvelle existence sous la figure humaine.

§. XIII. *Ressemblance entre les usages des anciens et des modernes habitans de l'Égypte.*

Parmi les objets variés que nous venons de mettre sous les yeux du lecteur, rien, sans doute, n'est plus digne d'intérêt que le tableau des mœurs des anciens Égyptiens, tableau qu'ils ont peint eux-mêmes dans leurs hypogées, et que nous tenons de leurs mains. Aucune histoire n'a un plus haut degré d'authenticité que de pareilles peintures; et elles ne laisseraient rien à désirer, si elles étaient complètes. Un jour les voyageurs, uniquement occupés de ce genre de recherches, moins distraits par l'étude des grands monumens de Thèbes, essaieront de pénétrer dans d'autres hypogées. Par le secours de moyens mécaniques, ils recueilleront un plus grand nombre de scènes, rapporteront des empreintes, et compléteront cette partie attachante du tableau de l'Égypte ancienne. Personne, plus que les membres de l'expédition française, ne peut désirer qu'un pareil vœu soit accompli, puisqu'ils verront confirmer par-là leurs réflexions et leurs conjectures.

Plus on étudiera les peintures des catacombes égyptiennes, plus on se convaincra de l'influence du climat sur les mœurs et les usages des habitans. La constance de ce climat, le renouvellement périodique des phénomènes naturels à des époques invariables, ont nécessairement amené des habitudes uniformes et ce goût pour la stabilité qui caractérise les Égyptiens. Il en est résulté que les habitans du pays, malgré tant de révolutions successives, malgré les changemens de religion, ont retenu jusqu'à nos jours beaucoup d'anciennes coutumes. Il ne sera pas sans intérêt de faire le parallèle de celles-ci avec les coutumes d'à présent. C'est dans la description qui précède que je puiserai les traits de ce parallèle [1]. Quant à la différence des usages de l'Égypte avec ceux de l'Europe, contraste tant de fois remarqué depuis Hérodote jusqu'à nos jours, je m'abstiendrai d'en faire mention, voulant uniquement montrer ce que les habitans actuels ont conservé des mœurs de leurs ancêtres.

Parmi les pratiques et les idées communes aux uns et aux autres, la plus remarquable est le soin des tombeaux. Ce soin s'est manifesté chez les anciens par des dépenses infinies, par l'érection des pyramides, par l'excavation des montagnes, par l'emploi des sculptures et des peintures les plus riches; en un mot, par un luxe magnifique [2]. C'est encore aujourd'hui le même goût pour la magnificence des tombeaux, et les Égyptiens y mettent plus de richesse que dans leurs habitations. C'est là ce que disait Diodore de leurs aïeux, qu'ils con-

---

[1] On trouve d'intéressantes remarques sur le même sujet, dans le mémoire de M. Costaz sur les grottes d'Eletbyia, etc., *Ant. Mém.* Consultez aussi la Description des hypogées de Beny-hasan, *chap. XVI des Descriptions*.

[2] *Voyez* ci-dessus, pag. 4.

sidéraient leurs maisons comme des hôtelleries, comme des lieux de passage où ils devaient peu s'arrêter; qu'ils prenaient donc peu de soin de les embellir, tandis qu'ils appelaient les tombeaux, des maisons éternelles, et qu'ils employaient à les construire tout le travail et tout l'art dont ils étaient capables. La croyance religieuse est totalement changée, et cependant l'usage est resté le même. Autour des grandes villes, il y a une ville des morts : là, chaque famille un peu aisée a une enceinte qui lui est propre, et chaque tombe est ornée d'inscriptions et de sculptures plus ou moins riches [1].

Comme autrefois, les Égyptiens choisissent pour leurs tombeaux un sol aride, au-dessus du niveau des terres inondées ou cultivables [2] : le terrain susceptible d'être arrosé par le Nil appartient aux vivans. D'un autre côté, la charrue troublerait les cendres des morts, et enfin les eaux du fleuve les disperseraient. A ces motifs se joignait, chez les anciens Égyptiens, l'intention de conserver les corps jusqu'aux temps les plus reculés.

« Quand il meurt un homme de considération, toutes les femmes de sa maison se couvrent de boue la tête et même le visage..., se découvrent le sein, se frappent la poitrine, et parcourent la ville. » Ces paroles tirées textuellement d'Hérodote [3], sont le tableau fidèle de ce qui se passe tous les jours en Égypte.

Ainsi qu'autrefois, les naturels ont l'habitude de porter certains fardeaux sur le plat de la main; le bras est ployé,

---

[1] *Voyez* les pl. 61 à 66, *É. M.*, vol. 1.

[2] *Voyez* ci-dessus, pag. 14.

[3] *Hist.* liv. II, chap. 85, *traduction de Larcher.*

le coude rapproché contre le corps, et les doigts tournés en arrière[1]. Cette attitude donne de la force : l'on voit aujourd'hui les femmes et les jeunes filles porter ainsi des fardeaux qu'elles ne pourraient soutenir long-temps ni commodément d'une autre manière; et ce qui le prouve, c'est qu'ainsi chargées, elles marchent avec aisance et avec grâce. On sent aisément que la main étant dans l'aplomb du coude, le poids ne peut la faire fléchir; elle fléchirait dans toute autre position.

Une autre manière de porter, commune aux anciens et aux modernes, consiste à suspendre les charges considérables à un ou deux leviers soutenus par deux ou par quatre hommes, et à placer ces fardeaux dans des filets[2]. Les porteurs marchent bien d'accord, précédés par un guide qui chante et frappe la mesure; ils répondent par un refrain ou par une exclamation cadencée. Cette allure augmente la force en apparence, en soulageant la fatigue. En général, les Égyptiens sont très-sensibles au rhythme; c'est le fruit de l'éducation qu'on leur donne dans la première enfance.

Quand les eaux de l'inondation parviennent dans les campagnes, les lotus, jusqu'alors ensevelis dans le sein de la terre, se développent, s'élèvent et déploient leurs fleurs magnifiques au bout d'une longue tige. Au retour d'une époque si chère, les Égyptiens se livrent à l'allégresse. Ces hommes, que l'on regarde comme si flegmatiques, s'abandonnent en liberté à tous les mouvemens de la joie, et célèbrent à leur manière l'ancienne fête du Nil. On les voit, comme jadis, cueillir dans les

---

[1] *Voyez* ci-dessus, pag. 46.   [2] *Voyez* ci-dessus, pag. 50.

champs des tiges de lotus, signes du débordement et présages de l'abondance[1] : ils s'enveloppent les bras et le corps avec ces longues tiges fleuries, et parcourent les rues des villes, en chantant et en dansant au son des instrumens de musique. Nous avons vu également, dans les hypogées, des hommes tenant des lotus à la main, ou chargés de faisceaux de cette plante, et marchant au son des instrumens[2].

Tout le monde sait que les Égyptiens, et, en général, les Orientaux, ne s'asseyent pas sur des siéges; ils se tiennent à terre, tantôt les jambes croisées, tantôt accroupis et comme en équilibre. Cette dernière attitude était aussi en usage autrefois[3] : les hommes se tenaient, comme aujourd'hui, moitié assis, moitié à genoux, tantôt sur un talon et tantôt sur deux. On est porté à regarder cette posture en équilibre comme fatigante : mais apparemment l'habitude l'a fait trouver commode, puisqu'elle a été conservée si long-temps.

Pour certains délits, chez les anciens Égyptiens, on appliquait une peine corporelle, dont l'usage est subsistant et même en grande vigueur de nos jours, la peine de la bastonnade. L'attitude du patient était la même qu'aujourd'hui; on le couchait sur le ventre, les bras étendus, et un homme ou deux le frappaient sur les fesses[4].

On a beaucoup disserté sur les causes du respect que

---

[1] *Ketyr el bachnyn, ketyr el Nyl*; Plus il y a de lotus, plus le Nil s'élève. (*Proverbe égyptien.*)

[2] *Voyez* ci-dessus, p. 61; *voyez* aussi la pl. 68, *A.*, vol. IV, consa-

crée aux hypogées de Saouàdeh dans l'Égypte moyenne.

[3] *Voyez* ci-dessus, pag. 61.

[4] *Voyez* ci-dessus, pag. 55.

les Égyptiens professaient pour certains animaux. Parmi tant d'opinions qui ont été avancées par les philosophes anciens et modernes, aucune ne satisfait l'esprit complètement; aucune aussi n'a prévalu. On a voulu faire des Égyptiens des hommes absolument différens des autres, et peut-être est-on allé chercher trop loin l'explication d'un fait, à la vérité, fort étrange. N'est-il pas permis de former quelques doutes sur l'adoration aveugle et superstitieuse des animaux, dont ce peuple est accusé depuis si long-temps? On est déjà sur la voie d'une explication plus raisonnable; un jour, peut-être, on découvrira que toutes ces pratiques étaient fondées sur la connaissance des faits d'histoire naturelle ou de physique générale, et, par conséquent, qu'au lieu d'une ignorance absurde et grossière, elles supposent des observations approfondies sur la nature des animaux. D'après plusieurs exemples, on peut soupçonner qu'une grande partie de leur religion, où les animaux consacrés jouent un rôle principal, a été établie sur ces notions intéressantes. Les facultés des animaux, les propriétés des plantes et des corps inanimés, ont concouru, avec les phénomènes physiques et les phénomènes célestes, à l'édifice de cette religion symbolique; religion d'autant moins accessible aujourd'hui à notre intelligence, que, du temps même de l'ancienne Égypte, elle s'enveloppait dans l'ombre du mystère. Quoi qu'il en soit, il est remarquable que les habitans actuels ont encore une sorte d'affection pour plusieurs animaux qu'honoraient leurs pères, tels que le chien et quelques autres. Bien que les chiens des villes y soient presque des animaux immondes, et qu'ils n'appartiennent à aucun maître, les Égyptiens leur donnent des alimens. Les motifs du culte n'existent plus, la pratique n'est plus la même, mais le fait subsiste encore.

L'Égypte moderne a perdu presque tous les arts de l'antiquité. On ne se sert plus de chars; on va peu à la chasse. Les habitans n'ont qu'une musique très-bornée, et l'on ne voit plus chez eux de ces harpes si magnifiques dont les tombeaux offrent l'image : mais ils ont conservé l'usage de plusieurs instrumens moins compliqués, entre autres une espèce de guitare ou de mandoline ancienne; c'est aujourd'hui le *tanbour* des Arabes [1].

L'usage de l'arc, autrefois si fréquent, est presque abandonné en Égypte. On ne s'en sert plus à la guerre; mais il est encore admis dans les jeux publics. Il est singulier que l'arc ait passé dans les mains des femmes; elles s'amusent dans le harem à cet exercice, qui pourtant demande de la force. On apporte de Perse, pour cette destination, des arcs légers et maniables, travaillés avec art, dont les flèches sont délicates et richement ornées [2]. Ainsi qu'autrefois, les exercices gymnastiques se réduisent en Égypte à un petit nombre.

Il n'est pas étonnant qu'on ait conservé l'usage des productions du sol. Comme jadis, on travaille beaucoup le sycomore, dont le bois est connu par sa faculté de durer si long-temps. Les Égyptiens n'écrivent plus sur le papyrus, mais c'est encore un roseau qui leur sert de

---

[1] *Voyez* ci-dessus, pag. 48.
[2] *Voyez* ci-dessus, pag. 49; *voyez* aussi la collection des vases, meubles et instrumens, pl. DD (*É. M.*, vol. II).

plume. La plume des Arabes est taillée de la même manière que celles qui ont servi à écrire tous les anciens volumes sur papyrus[1] : au reste, cet emploi du *qalam* ou roseau est également commun à presque tous les Orientaux. Le sens de l'écriture est encore, ainsi qu'autrefois, de la droite à la gauche ; et les formes elles-mêmes de l'écriture arabe, la seule usitée en Égypte, ne manquent pas d'analogie avec les lettres des papyrus. Enfin je ferai remarquer que jadis, ainsi qu'on le fait aujourd'hui, l'on écrivait debout, sans table, et que l'on posait sur la main gauche le papier pour écrire[2].

Les gens de la campagne n'étaient habillés que d'une tunique sans manches, finissant au-dessus du genou et attachée avec une ceinture, ou bien d'un simple jupon court qui s'arrête au genou[3] : c'est exactement le costume actuel des paysans.

Autrefois, comme aujourd'hui, les femmes se teignaient en orangé les ongles de la main, à l'aide du henné, poudre verte qui rougit la peau jusqu'au renouvellement de l'épiderme[4] ; et l'on teignait certaines étoffes avec la garance[5]. Les hommes, ainsi que les femmes, s'enveloppaient avec de longues étoffes à franges, semblables aux *milâyeh* qui se fabriquent en Égypte[6]. Par-dessus la tunique de lin, ils portaient un manteau de laine blanche, dont ils s'enveloppaient tout le corps[7]. Voilà le *barnous* des Arabes.

[1] *Voyez* ci-dessus, pag. 116.
[2] *Voyez* ci-dessus, pag. 60.
[3] *Voyez* ci-dessus, pag. 47.
[4] *Voyez* ci-dessus, pag. 69.
[5] *Voyez* ci-dessus, pag. 75.
[6] *Voyez* ci-dessus, pag. 74, et les planches d'Arts et Métiers, de Costumes, etc. (*É. M.*, vol. II).
[7] Herod. *Hist.* lib. II, cap. 81.

Quant à la coiffure, les hommes, ainsi qu'on le voit à présent, avaient la tête rase[1], et les femmes portaient de longues tresses pendantes sur les épaules[2]. Au lieu du turban qui recouvre aujourd'hui la tête, c'était un filet, ou un bonnet prenant la forme du crâne, également propre à défendre une tête nue contre l'ardeur du soleil[3]. Il y avait, à ce qu'il paraît, parmi les Égyptiens ou leurs voisins, des hommes qui laissaient croître leurs cheveux en longs anneaux frisés ; cette chevelure à boucles épaisses est encore celle des Arabes d'une tribu de la haute Égypte[4].

Les anciens Égyptiens avaient coutume de s'épiler tout le corps, et cette pratique était, comme aujourd'hui, commune aux deux sexes. La circoncision était encore, ainsi qu'à présent, une pratique générale.

On trouve, dans le tableau des mœurs des Égyptiens, tracé par Hérodote[5], plusieurs autres coutumes qui subsistent maintenant, comme d'enlever la boue et le fumier avec les mains, de se laver à l'eau froide plusieurs fois chaque jour[6], et de se mettre à couvert des moucherons, soit en dormant sur les toits, soit par le moyen de filets étendus autour de leurs lits[7].

Les ustensiles domestiques d'aujourd'hui ont de l'analogie avec les anciens. Les grandes jarres destinées à renfermer l'eau, le vinaigre, le miel, l'huile et les différentes liqueurs, se retrouvent dans les anciennes peintures avec leurs formes et leurs grandes dimensions[8] :

---

[1] *Voyez* ci-dessus, pag. 47.
[2] *Voyez* ci-dessus, pag. 58.
[3] *Voyez* ci-dessus, pag. 47.
[4] *Voyez Ibid.*
[5] *Hist.* lib. II, cap. 36.
[6] *Ibid* cap. 37.
[7] *Ibid.* cap. 95.
[8] *Voyez* ci-dessus, pag. 51.

on les posait, comme actuellement, sur des pieds en bois [1]. Les formes des différens vases étaient semblables à celles d'aujourd'hui, c'est-à-dire simples et élégantes. Enfin les vases pour contenir l'eau avaient la propriété réfrigérante qui a donné aux bardaques de la célébrité [2]. Remarquons aussi que les anciens potiers se servaient du tour incliné, comme les potiers actuels [3].

Il serait facile, à l'aide des auteurs, de pousser plus loin cette comparaison des anciennes mœurs de l'Égypte avec les mœurs actuelles. Parmi les traits qui leur sont communs, on citerait un des plus singuliers, je veux dire la coutume ou même la loi en vertu de laquelle un homme qui avait été volé, s'adressait au chef des voleurs pour recouvrer son bien : ce chef était un homme publiquement reconnu [4]. Aujourd'hui même, il y a au Kaire un cheykh des voleurs. Pour retrouver un objet dérobé, il suffit d'avertir l'aghâ de la police, qui s'adresse au cheykh; et celui-ci le fait restituer par l'auteur du vol, moyennant une rétribution, ainsi qu'il était d'usage autrefois. Mais il est temps de terminer tous ces rapprochemens. Si, par l'existence de tant de pratiques encore aujourd'hui en vigueur, on n'était pas autorisé à conclure que les Égyptiens modernes sont, au moins en partie, les descendans des anciens, on en trouverait une preuve sûre, en comparant le caractère de la physionomie chez les uns et chez les autres, physionomie qui s'est conservée comme les mœurs des naturels. J'ai

---

[1] *Voyez* ci-dessus, pag. 64.
[2] *Voyez* ci-dessus, pag. 54.
[3] *Voyez* ci-dessus, pag. 53.

[4] Diod. Sic. *Bibl. hist.* lib. 1, pag. 50.

essayé d'établir l'analogie et même la ressemblance des traits du visage que présentent les momies et les figures sculptées ou peintes, d'une part, et, de l'autre, les habitans actuels du Sa'yd et même les anciennes familles du Kaire[1]. Le lecteur ne peut pas en bien juger sur de simples portraits; mais je ne crains pas d'avancer que les voyageurs qui examineront attentivement, dans le pays même, les monumens et les hommes, seront frappés de cette ressemblance et porteront le même jugement.

[1] *Voyez* ci-dessus, pag. 78.

PASSAGES
DES ANCIENS AUTEURS
QUI NE SONT POINT CITÉS TEXTUELLEMENT DANS LA DESCRIPTION DES HYPOGÉES.

HOMERE.

Τῇ ῥ' ἄγε κινήσας· ταὶ δὲ τρίζουσαι ἕποντο.
Ὡς δὲ ὅτε νυκτερίδες μυχῷ ἄντρου θεσπεσίοιο
Τρίζουσαι ποτέονται, ἐπεί κέ τις ἀποπέσῃσιν
Ὁρμαθοῦ ἐκ πέτρης, ἀνά τ' ἀλλήλῃσιν ἔχονται·
Ὡς αἱ τετριγυῖαι ἅμ' ἤισαν.

Hâc ducebat movens; hæ autem stridentes sequebantur.
Sicut autem quando vespertiliones secessu antri sacri
Strepentes volant, postquam aliqua exciderit
Uva ex petrâ, sibique invicem cohærent :
Sic hæ stridentes simul ibant.

(*Odyss.* lib. XXIV.)

HÉRODOTE.

Αἰγύπτιοι δὲ ὑπὸ τοὺς θανάτους ἀνιεῖσι τὰς τρίχας αὔξεσθαι, τάς τε ἐν τῇ κεφαλῇ καὶ τῷ γενείῳ, τέως ἐξυρημένοι... Τὸν δὲ πηλὸν τῇσι χερσὶ καὶ τὴν κόπρον ἀναιρέονται. Τὰ αἰδοῖα ἄλλοι μὲν ἐῶσι ὡς ἐγένοντο, πλὴν ὅσοι ἀπὸ τούτων ἔμαθον· Αἰγύπτιοι δὲ περιτάμνονται..... Γράμματα γράφουσι, καὶ λογίζονται ψήφοισι, Ἕλληνες μὲν, ἀπὸ τῶν ἀριστερῶν ἐπὶ τὰ δεξιὰ φέροντες τὴν χεῖρα, Αἰγύπτιοι δὲ, ἀπὸ τῶν δεξιῶν ἐπὶ τὰ ἀριστερά· καὶ ποιεῦντες ταῦτα, αὐτοὶ μέν φασι ἐπὶ τὰ δεξιὰ ποιέειν, Ἕλληνας δὲ ἐπ'

Ægyptii in funeribus sinunt capitis crines augescere, barbam tamen tondent...... Lutum manibus subigunt, et iisdem stercus accipiunt. Virilia alii talia relinquunt qualia naturâ sunt, præter eos qui ab istis didicerunt : Ægyptii circumcidunt.... Græci litteras scribunt et calculis computant, à sinistro in dextrum manum ferentes, Ægyptii à dextro in sinistrum; et hoc facientes, aiunt se in dextrum, Græcos facere in sinistrum. Litteris bifariis utuntur; quarum unas *sacras*

ἀριστερά. Διφασίοισι δὲ γράμμασι χρέωνται· καὶ τὰ μὲν αὐτῶν, ἱρὰ, τὰ δὲ δημοτικὰ καλέεται.

Εἵματα δὲ λίνεα φορέουσι αἰεὶ νεόπλυτα, ἐπιτηδεύοντες τοῦτο μάλιστα. Τά τε αἰδοῖα περιτάμνονται, καθαριότητος εἵνεκεν, προτιμῶντες καθαροὶ εἶναι ἢ εὐπρεπέστεροι.

Ἐπεὰν δὲ παρέλθωσι αἱ ἑβδομήκοντα, λούσαντες τὸν νεκρόν, κατειλίσσουσι πᾶν αὐτοῦ τὸ σῶμα σινδόνος βυσσίνης τελαμῶσι κατατετμημένοισι, ὑποχρίοντες τῷ κόμμι.

Ἐνδεδύκασι δὲ κιθῶνας λινέους, περὶ τὰ σκέλεα θυσσανωτοὺς, οὓς καλέουσι καλασίρις· ἐπὶ τούτοισι δὲ εἰρίνεα εἵματα λευκὰ ἐπαναβληδὸν φορέουσι· οὐ μέντοι ἔς γε τὰ ἱρὰ ἐσφέρεται εἰρίνεα, οὐδὲ συγκαταθάπτεταί σφι· οὐ γὰρ ὅσιον.

Μετὰ δὲ τοῦτον, κατέλεγον οἱ ἱρέες ἐκ βύβλου ἄλλων βασιλέων τριηκοσίην τε καὶ τριήκοντα οὐνόματα.

Τοῖσι ἂν ἀπογένηται ἐκ τῶν οἰκηίων ἄνθρωπος, τοῦ τις καὶ λόγος ᾖ, τὸ θῆλυ γένος πᾶν τὸ ἐκ τῶν οἰκηίων τούτων κατ' ὧν ἐπλάσατο τὴν κεφαλὴν πηλῷ καὶ τὸ πρόσωπον· κἄπειτα ἐν τοῖσι οἰκηίοισι λιποῦσαι τὸν νεκρὸν, αὐταὶ ἀνὰ τὴν πόλιν στροφώμεναι, τύπτονται ἐπεζωσμέναι, καὶ φαίνουσαι τοὺς μαζούς· σὺν δὲ σφι αἱ προσήκουσαι πᾶσαι.

Πρὸς δὲ τοὺς κώνωπας ἀφθόνους ἐόντας τάδε σφι ἐστὶ μεμηχανημένα. Τοὺς μὲν τὰ ἄνω τῶν ἑλέων οἰκέοντας οἱ πύργοι ὠφελέουσι, ἐς οὓς ἀναβαίνοντες, κοιμέονται· οἱ γὰρ κώνωπες ὑπὸ τῶν ἀνέμων οὐκ οἷοί τε εἰσὶ ὑψοῦ πέτεσθαι. Τοῖσι δὲ περὶ τὰ ἕλεα οἰκέουσι τάδε ἀντὶ τῶν πύργων ἄλλα μεμηχάνηται. πᾶς ἀνὴρ αὐτῶν ἀμφίβληστρον ἔκτηται, τῷ τῆς ἡμέρης μὲν

vocant, *populares* alteras (*Histor.* lib. II, cap. 36.)

Linea ferunt vestimenta semper recens abluta, huic rei praecipuè vacantes. Virilia circumcidunt munditiæ gratiâ, pluris facientes se mundos esse quàm decoros. (Lib. II, cap. 37.)

Exactis septuaginta diebus, cadaver ubi abluerunt, sindone byssinâ totum incisis loris involvunt, gummi illinentes. (Lib. II, c. 86.)

Vestibus amiciuntur lineis, circa crura fimbriatis, quas *calasiris* appellant, super quas candida ferunt amicula lanea superjecta : laneæ tamen vestes neque in aedes sacras gestantur, neque unà cum cadavere sepeliuntur; profanum enim est. (Lib. II, cap. 81.)

Post hunc (*Menem*), recensebant è libro sacerdotes nominatim alios trecentos ac triginta reges. (Lib. II, cap. 100.)

Quibuscumque aliquis ex domesticis decessit, homo alicujus momenti, ibi omnes feminae illius familiæ caput sibi et vultum oblinunt luto; deinde, relicto domi cadavere, ipsæ per urbem vagantes se plangunt, succinctæ, nudatis mammillis, et cum eis proximæ quæque. (Lib. II, cap. 85.)

Sunt autem adversùs culices, quorum magna vis est, hæc ab eis excogitata. Illos quidem qui supra paludes incolunt, juvant turres, quas dormituri ascendunt; nam culices ventus prohibet in altum volare. At qui intra paludes habitant, alia turrium vice sunt machinati, hæc videlicet : singuli sua habent retia, quibus per diem pisces ca-

ἰχθῦς ἀγρεύει, τὴν δὲ νύκτα αὐτῷ χρᾶ-
ται ἐν τῇ ἀναπαύσει κοίτη περὶ ταύτην ἵστησι τὸ ἀμφίβληστρον· καὶ
ἔπειτα ἐνδὺς ὑπ' αὐτῷ, καθεύδει. Οἱ
δὲ κώνωπες, ἢν μὲν ἐν ἱματίῳ ἐλιξά-
μενος εὕδῃ, ἢ σινδόνι, διὰ τούτων
δάκνουσι· διὰ δὲ τοῦ δικτύου ἐδὲ πει-
ρῶνται ἀρχήν.

piunt; nocte vero sic utuntur : cu-
bile in quo quiescunt, reti circum-
dant; deinde operti somnum ca-
piunt. Qui si in vestimento involuti
aut in sindone dormirent, eos per
ipsa indumenta culices morderent :
per retia vero ne tantulum quidem
mordere conantur. (Lib. II, c. 95.)

PLATON.

Πάλαι γὰρ δή ποτε, ὡς ἔοικεν, ἐγ-
νώσθη παρ' αὐτοῖς οὗτος ὁ λόγος, ὃν
τανῦν λέγομεν ἡμεῖς, ὅτι καλὰ μὲν
σχήματα, καλὰ δὲ μέλη δεῖ μεταχει-
ρίζεσθαι ταῖς συνηθείαις τοὺς ἐν ταῖς
πόλεσι νέους... Τοῦτο δὲ θεοῦ ἢ θείου
τινὸς ἂν εἴη· καθάπερ ἐκεῖ φασι τὰ
τὸν πολὺν τοῦτον σεσωσμένα χρόνον
μέλη, τῆς Ἴσιδος ποιήματα γεγονέναι.

Nam id olim, ut mihi videtur,
illi cognoverunt, oportere, quod
nunc nos diximus, in civitatibus
juvenes bonis figuris et bonis can-
tibus assuescere..... Quod quidem
aut dei, aut divini alicujus viri,
opus est : quemadmodum et ibi ferunt, antiquissimos illos apud eos
concentus, Isidis esse poemata. (*De
Legibus*, lib. II, pag. 66 et 67, Bi-
pont. 1785.)

PIERRE DE ROSETTE.

ΣΤΕΡΕΟΥΛΙΟΟΥΤΟΙΣΤΕΙΕΡΟΙΣ
ΚΑΙΕΓΧΩΡΙΟΙΣΚΑΙΕΛΛΗΝΙΚΟΙΣΓ
ΡΑΜΜΑΣΙΝ.

Duri lapidis sacris, et patriis, et
Hellenicis characteribus.... (*Inscription grecque*, ligne 54.)

DIODORE DE SICILE.

Οὐδενὶ γὰρ αὐτῶν ἐξῆν προσενέ-
γκασθαι τροφὴν, εἰ μὴ πρότερον δρά-
μοι σταδίους ἑκατὸν καὶ ὀγδοήκοντα.

Ὁ μὲν ἱερογραμματεὺς παρανεγί-
νωσκε τινὰς συμβουλίας καὶ πράξεις
συμφερούσας ἐκ τῶν ἱερῶν βιβλῶν,
τῶν ἐπιφανεστάτων ἀνδρῶν.

Παιδεύουσι δὲ τοὺς υἱοὺς οἱ μὲν ἱερεῖς γράμματα διτlὰ, τὰ τε ἱερὰ καλούμενα καὶ τὰ κοινοτέραν ἔχοντα τὴν
μάθησιν.

Περὶ δὲ τῶν Αἰθιοπικῶν γραμμάτων
τῶν παρ' Αἰγυπτίοις καλουμένων ἱερο-

Nulli enim cibum sumere, nisi
prius CLXXX stadia percurrisset, li-
cebat. (*Bibl. hist.* lib. I, pag. 34.)

Sacerdos consulta quædam et facta
clarissimorum virorum, ad vitam
conducentia, è commentariis sacris
prælegebat. (Lib. I, p. 45; et alibi
passim, lib. I et XVI.)

Sacerdotes duo litterarum genera,
tum quas sacras vocant, tum quæ
communiorem habent disciplinam,
pueros docent. (Lib. I, pag. 51.)

Atqui de litteris Æthiopicis, et
his quas hieroglyphicas Ægyptii no-

Γλυφικῶν ῥητέον, ἵνα μηδὲν παραλείπωμεν τῶν ἀρχαιολογουμένων. Συμβέβηκε τοίνυν τοὺς μὲν τύπους ὑπάρχειν αὐτῶν ὁμοίοις ζώοις παντοδαποῖς καὶ ἀκρωτηρίοις ἀνθρώπων, ἔτι δ' ὀργάνοις, καὶ μάλιστα τεκτονικοῖς. Οὐ γὰρ ἐκ τῆς τῶν συλλαβῶν συνθέσεως ἡ γραμματικὴ παρ' αὐτοῖς τὸν ὑποκείμενον λόγον ἀποδίδωσιν, ἀλλ' ἐξ ἐμφάσεως τῶν μεταγραφομένων καὶ μεταφορᾶς μνήμῃ συνηθλημένης· γράφουσι γὰρ ἱέρακα καὶ κροκόδειλον, ἔτι δὲ ὄφιν, καὶ τὸν ἐκ τοῦ σώματος τῶν ἀνθρώπων ὀφθαλμὸν, καὶ χεῖρα, καὶ πρόσωπον, καὶ ἕτερα τοιαῦτα. Ὁ μὲν οὖν ἱέραξ αὐτοῖς σημαίνει πάντα ὀξέως γινόμενα, διὰ τὸ ζῶον τοῦτο τῶν πτηνῶν σχεδὸν ὑπάρχειν ὀξύτατον. Μεταφέρεταί τε ὁ λόγος ταῖς οἰκείαις μεταφοραῖς εἰς πάντα τὰ ὀξέα, καὶ τὰ τούτοις οἰκεῖα, παραπλησίως τοῖς εἰρημένοις· ὁ δὲ κροκόδειλος σημαντικός ἐστι πάσης κακίας· ὁ δὲ ὀφθαλμὸς, δίκης τηρητὴς καὶ παντὸς τοῦ σώματος φύλαξ· τῶν δ' ἀκρωτηρίων ἡ μὲν δεξιὰ τοὺς δακτύλους ἐκτεταμένους ἔχουσα σημαίνει βίου πορισμὸν, ἡ δ' εὐώνυμος συνηγμένη τήρησιν καὶ φυλακὴν χρημάτων.

Ὑπὸ γὰρ τούτου πρῶτον μὲν τὴν τε κοινὴν διάλεκτον διαρθρωθῆναι, καὶ πολλὰ τῶν ἀνωνύμων τυχεῖν προσηγορίας, τήν τε εὕρεσιν τῶν γραμμάτων γενέσθαι, καὶ τὰ περὶ τὰς τῶν θεῶν τιμάς καὶ θυσίας διαταχθῆναι· περί τε τῆς τῶν ἄστρων τάξεως καὶ περὶ τῆς τῶν φθόγγων ἁρμονίας καὶ φύσεως τοῦτον πρῶτον γενέσθαι παρατηρητὴν· καὶ παλαίστρας εὑρετὴν ὑπάρξαι, καὶ τῆς εὐρυθμίας καὶ τῆς περὶ τὸ σῶμα πρεπούσης πλάσεως ἐπιμεληθῆναι.

Ὑπῆρχε δὲ καὶ περὶ τῶν κλεπτῶν νόμος παρ' Αἰγυπτίοις ἰδιώτατος. Ἐκέλευε γὰρ τοὺς βουλομένους ἔχειν ταύτην τὴν ἐργασίαν, ἀπογράφεσθαι

minant, aliquid dicendum est, ne quid de priscis rebus omittatur. Primæ istarum variis bestiis et hominum membris, instrumentisque fabrilibus potissimùm, assimiles sunt. Nam ars apud eos litteraria non compositione syllabarum, sed descriptarum imaginum significatu, et translatione per exercitationem memoriæ insculptâ, subjectam orationem exprimit et absolvit : jam enim accipitrem, crocodilum, serpentem ; jam de corpore humano aliquid, putà oculum, manum, faciem et id genus alia, scribunt. Accipiter illis cuncta quæ celeriter fiunt, significat, quòd avis hæc omnes ferè alias velocitate superet. Ratioque congruis metaphoris (translationibus) ad omnia subita et his affinia, perinde ac si dicta forent, applicatur : crocodilus, omnis malitiæ index est; oculus, justitiæ servator, et custos corporis ; inter extrema corporis membra, dextera expassis digitis victûs suppeditationem, sinistra contracta conservationem facultatum et custodiam denotat. (Lib. III, pag. 101.)

Hic enim (*Hermes*) primus, ut ferunt, et communem loquelam articulatim distinxit, et multis rebus nomine destitutis nomen indidit; litteras invenit, deorum cultus et sacrificia ordinavit ; distributam astrorum seriem, vocumque harmonias et naturas princeps observavit ; palæstræ insuper inventor ; numerosæ concinnitatis et corporis decorè effingendi studiosus artifex. (Lib. I, pag. 10.)

De furibus lex quædam Ægyptiis est perquam singularis. Qui furtis operam dare volunt, nomina apud furum principem profitentur, et è

DE THÈBES. SECTION X. 177

προς τον ἀρχιφῶρα, καὶ τὸ κλαπὲν ὁμολόγως ἀναφέρειν παραχρῆμα πρὸς ἐκεῖνον· τοὺς δὲ ἀπολέσαντας, παραπλησίος ἀπογράφειν αὐτῷ καθ᾽ ἕκαστον τῶν ἀπολωλότων, προστιθέντας τόν τε τόπον καὶ τὴν ἡμέραν καὶ τὴν ὥραν καθ᾽ ἣν ἀπέβαλε. Τούτῳ δὲ τῷ τρόπῳ πάντων ἑτοίμως εὑρισκομένων, ἔδει τὸν ἀπολέσαντα, τὸ τέταρτον μέρος τῆς ἀξίας δόντα, κτήσασθαι τὰ ἑαυτοῦ μόνα. Ἀδυνάτου γὰρ ὄντος τοῦ πάντας ἀποστῆσαι τῆς κλοπῆς, εὗρε πόρον ὁ νομοθέτης, δι᾽ οὗ πᾶν τὸ ἀπολόμενον σωθήσεται, μικρῶν διδομένων λύτρων.

vestigio furtum ex pacto ad eum referunt : qui res suas amiserunt, consimiliter unum quodlibet amissorum litteris consignatum exhibent, locumque ac diem et horam quibus jacturam fecerint, adscribunt. Hoc modo cunctis facilè repertis, fraudatus, taxatione rerum factâ, quadrantem horum persolvit, et tum sua recuperat. Cùm enim fieri non possit ut omnes à furto abstineant, viam legislator invenit, quâ tota res sublata, præter exiguum redemptionis pretium, servaretur. (Lib. 1, pag. 50.)

STRABON.

Πλήρεις δὲ καὶ αἱ Περσικαὶ ἐπιστολαὶ τῆς ἁπλότητος ἧς λέγω, καὶ τὰ ὑπὸ τῶν Αἰγυπτίων, καὶ Βαβυλωνίων, καὶ Ἰνδῶν, ἀπομνημονευόμενα.

Quin et Persicæ epistolæ ejus quam dixi simplicitatis sunt plenæ, et quæ Ægyptiorum, Babyloniorum, Indorumque monimentis sunt comprehensa. (*Geogr.* l. VII, p. 301.)

PLINE.

Superior pars Ægypti in Arabiam vergens gignit fruticem quem aliqui *gossipion* vocant, plures *xylon*, et ideo lina inde facta, *xylina*. Parvus est, similemque barbatæ nucis defert fructum, cujus ex interiore bombyce lanugo netur. Nec ulla sunt eis candore mollitiâve præferenda. Vestes inde sacerdotibus Ægypti gratissimæ. (*Hist. nat.* l. XIX, cap. 1.)

Priùs tamen quàm digrediamur ab Ægypto, et papyri natura dicetur, cùm chartæ usu maximè humanitas vitæ constet et memoria. Et hanc Alexandri Magni victoriâ repertam, auctor est M. Varro, conditâ in Ægypto Alexandriâ; antea non fuisse chartarum usum, etc. (L. XIII, c. 11.)

PLUTARQUE.

Ἑρμῆς (ἔφη) λέγεται θεῶν ἐν Αἰγύπτῳ γράμματα πρῶτος εὑρεῖν. Διὸ καὶ τὸ τῶν γραμμάτων Αἰγύπτιοι πρῶτον ἶβιν γράφουσιν, ὡς Ἑρμεῖ προσήκουσαν.

Mercurius, aiebat, primus deorum in Ægypto traditur invenisse litteras. Itaque ibin Ægyptii signum primæ faciunt litteræ, ut Mercurio convenientem. (*Sympos.* l. IX, quæst. 3.)

A. D. III. 12

DIOGÈNE LAERCE.

Τὴν ψυχὴν καὶ ἐπιδιαμένειν, καὶ μετεμβαίνειν· ὑετοὺς κατὰ ἀέρος τροπὴν ἀποτελεῖσθαι· τά τε ἄλλα φυσιολογεῖν, ὡς Ἑκαταῖος τε καὶ Ἀρισταγόρας ἱστοροῦσιν.

Animam et permanere ad tempus, et in aliud corpus transire ; fluvios ex aëris conversionibus fieri, et alia hujusmodi, illos (*Ægyptios*) de rerum naturâ disserere, Hecatæus et Aristagoras tradunt. (Proœmium, n. vii.)

Τὰ δὲ ἀρέσκοντα αὐτῷ ταῦτα ἦν· ἀθάνατον ἔλεγε τὴν ψυχὴν, καὶ πολλὰ μεταμφιεννυμένην σώματα.

Quæ verò illi (*Platoni*) placuerunt, hujusmodi fuerunt : immortalem esse animam, et de corporibus ad corpora perpetuis vicibus migrare. (Lib. iii, n. xl.)

Ὁ δὲ Εὔφορβος ἔλεγεν, ὡς Αἰθαλίδης ποτὲ γεγόνοι· καὶ ὅτι παρ' Ἑρμοῦ τὸ δῶρον λάβοι, καὶ τὴν τῆς ψυχῆς περιπόλησιν, ὡς περιεπολήθη, καὶ εἰς ὅσα φυτὰ καὶ ζῶα περιεγένετο, καὶ ὅσα ἡ ψυχὴ ἐν τῷ ᾅδῃ ἔπαθε, καὶ αἱ λοιπαὶ τίνα ὑπομένουσιν.

Euphorbus autem dixit, se aliquando Æthalidem fuisse, atque à Mercurio pro munere accepisse, ut sciret animæ è corpore in aliud corpus commigrationem, et quomodo circumiisset anima ipsius, et in quot stirpes et animantes commigrasset, et quæ apud inferos anima perpessa esset, ac cæteræ animæ quænam patiantur. (Lib. viii, cap. i, n. iv.)

APULÉE.

Multicolor (vestis), bysso tenui pertexta; nunc albo candore lucida; nunc croceo flore lutea; nunc roseo rubore flammida.

Byssinâ quidem, sed floridè depictâ veste conspicuus. (*Metam.* lib. xi, pag. 240 et 256; Lugduni Batav. 1786.)

PHILOSTRATE.

Ἀναλαβὼν οὖν τὴν ἐρώτησιν, Περὶ ψυχῆς δὲ, εἶπε, πῶς φρονεῖτε ; Ὥς γε, εἶπε, Πυθαγόρας μὲν ὑμῖν, ἡμεῖς δὲ Αἰγυπτίοις παρεδώκαμεν.

Interrogationem verò ille jam antè propositam resumens, De animâ quomodo, inquit, sentitis? Eodem modo, dixit ille, quo vobis à Pythagora, Ægyptiis verò à nobis est traditum. (*De vita Apollon.* lib. iii, c. 19.)

CLÉMENT D'ALEXANDRIE.

Τοῦτον τά τε ἱερογλυφικὰ καλούμενα, περί τε τῆς κοσμογραφίας, καὶ

Hunc (*hierogrammaten*) oportet scire et ea quæ vocantur hierogly-

DE THÈBES. SECTION X.

γεωγραφίας, τῆς τάξεως τοῦ ἡλίου καὶ τῆς σελήνης, καὶ περὶ τῶν πέντε πλανωμένων, χωρογραφίαν τε τῆς Αἰγύπτου, καὶ τῆς τοῦ Νείλου διαγραφῆς· περί τε τῆς καταγραφῆς σκευῆς τῶν ἱερῶν, καὶ τῶν ἀφιερωμένων αὐτοῖς χωρίων· περί τε μέτρων καὶ τῶν ἐν τοῖς ἱεροῖς χρησίμων, εἰδέναι χρή.

phica, et mundi descriptionem, et geographiam, et ordinem solis et lunæ, et quinque errantium, Ægyptique chorographiam et Nili descriptionem, et descriptionem instrumentorum ornamentorumque sacrorum, et locorum eis consecratorum, mensurasque et ea quæ sunt in sacris utilia. (*Strom.* lib. vi, c. 4, p. 757, Oxon. 1715.)

Αὐτίκα οἱ παρ' Αἰγυπτίοις παιδευόμενοι, πρῶτον μὲν πάντων τὴν Αἰγυπτίων γραμμάτων μέθοδον ἐκμανθάνουσι, τὴν ἐπιστολογραφικὴν καλουμένην· δευτέραν δὲ, τὴν ἱερατικὴν, ᾗ χρῶνται οἱ ἱερογραμματεῖς· ὑστάτην δὲ καὶ τελευταίαν, τὴν ἱερογλυφικήν· ἧς ἡ μὲν ἐστι διὰ τῶν πρώτων στοιχείων, κυριολογικὴ· ἡ δὲ, συμβολική· τῆς δὲ συμβολικῆς ἡ μὲν, κυριολογεῖται κατὰ μίμησιν· ἡ δὲ, ὥσπερ τροπικῶς γράφεται· ἡ δὲ, ἄντικρυς ἀλληγορεῖται κατά τινας αἰνιγμούς.

Jam verò qui docentur ab Ægyptiis, primùm quidem discunt Ægyptiarum litterarum viam ac rationem, quæ vocatur epistolographica; secundò autem hieraticam, quâ utuntur hierogrammates; ultimam autem, hieroglyphicam : cujus una quidem species est per prima elementa, cyriologica dicta; altera verò, symbolica : symbolicæ autem, una quidem propriè loquitur per imitationem; alia verò scribitur veluti tropicè; alia verò ferè significat per quædam ænigmata. (L. v, c. 4, p. 657.)

ÉLIEN.

Σύριγγας μὲν Αἰγυπτίας ᾄδουσιν οἱ συγγραφεῖς, ᾄδουσι δὲ καὶ λαβυρίνθους τινὰς Κρητικοὺς ἐκεῖνοί τε αὐτοὶ, καὶ τὸ τῶν ποιητῶν φῦλον. μυρμήκων δὲ ἐν γεωρυχίᾳ ποικίλας τε ἀτραποὺς, καὶ ἑλιγμοὺς, καὶ περιόδους, οὔπω ἴσασι.
Ἐν αὐτοῖς δὲ περιόδους τινὰς, καὶ, ὡς εἰπεῖν, σύριγγας Αἰγυπτίας, ἢ λαβυρίνθους Κρητικοὺς, σοφίᾳ τινὶ ἀποῤῥήτῳ διαλήσαντες οἰκεῖα ἑαυτοῖς ἀπέφηναν, οὐκ εὐθυτενῆ καὶ ῥᾴδια παρελθεῖν ἢ εἰσρεῦσαί τι, ἀλλ' ἑλιγμοῖς καὶ διατρήσεσι λοξά.

Ægyptias fossas historici, et Creticos labyrinthos iidem ac poetarum natio celebrant; verùm fossionum quas formicæ efficiunt, varia diverticula, flexiones, anfractus, nondum sciunt. (*De natura Animalium*, lib. vi, cap. 43.)

In eis ambitus, et, ut ita dicam, fossas Ægyptias, vel Creticos labyrinthos, ineffabili sapientià effodientes domesticas sedes constituunt, non rectas quidem et pervias, aut in quas quippiam influere possit, sed sinuosis foraminibus obliquas. (Lib. xvi, cap. 15.)

PORPHYRE.

Καὶ ἐν Αἰγύπτῳ μὲν τοῖς ἱερεῦσι συνῆν, καὶ τὴν σοφίαν ἐξέμαθε καὶ τὴν Αἰγυπτίων φωνήν· γραμμάτων δὲ τρισσὰς διαφορὰς, ἐπιστολογραφικῶν τε, καὶ ἱερογλυφικῶν, καὶ συμβολικῶν· τῶν μὲν κοινολογουμένων κατὰ μίμησιν, τῶν δὲ ἀλληγορουμένων κατά τινας αἰνιγμούς.

Et in Ægypto quidem cum sacerdotibus vixit, et sapientiam ac linguam Ægyptiorum perdidicit, atque triplex litterarum genus; epistolicum scilicet, hieroglyphicum et symbolicum; quorum illud propriam et communem loquendi consuetudinem imitatur; reliqua per allegorias sub quibusdam ænigmatum involucris sensum exprimunt. (*De vita Pythagoræ*, pag. 8, Rom. 1630.)

HORAPOLLON.

Ἀρχαιογονίαν δὲ γράφοντες, παπύρου ζωγραφοῦσι δέσμην διὰ τούτου δηλοῦντες τὰς πρώτας τροφάς· τροφῶν γὰρ οὐκ ἄν τις εὕροι, ἢ γονῆς, ἀρχήν.

Antiquam originem notantes, papyri fasciculum pingunt, hoc primam indicantes educationem; cujus, sicut et geniturae, non facile quis initium invenerit. (*Hierogl.* l. 1, xxx, Traj. ad Rhen. 1727.)

Μονογενὲς δὲ δηλοῦντες, ἢ γένεσιν, ἢ πατέρα, ἢ κόσμον, ἢ ἄνδρα, κάνθαρον ζωγραφοῦσι.

Unigenitum autem significantes, aut ortum, aut patrem, aut mundum, aut virum, scarabæum pingunt. (*Ibid.* x.)

Ἄδικον δὲ καὶ ἀχάριστον, ἱπποποτάμου ὄνυχας δύο, κάτω βλέποντας, γράφουσιν.

Injustum vero atque ingratum, geminos hippopotami ungues deorsum vergentes pingunt. (*Ibid.* lvi.)

Ὅτε βούλονται ἄνθρωπον ἐξώλη σημῆναι, χοῖρον ζωγραφοῦσι, διὰ τὸ τὴν φύσιν τοῦ χοίρου τοιαύτην εἶναι.

Volentes perniciosum et pestiferum hominem monstrare, porcum pingunt, quòd ejusmodi sit porci natura. (Lib. ii, xxxvii.)

Ἔτι δὲ καὶ τὸ ζῶον ἐπὶ Ἑρμῇ ἐνεμήθη τῷ πάντων μετέχοντι γραμμάτων.

Præterea hoc animal (*cynocephalus*) Mercurio dicatum est, qui litterarum omnium particeps est. (L. 1, xiv.)

SECTION ONZIÈME,

Par M. COSTAZ.

Description des tombeaux des rois.

Le palais de Medynet-abou, le tombeau d'Osymandyas qu'on appelle aussi quelquefois le *Memnonium*, et la suite des monumens qui existent dans la partie occidentale de Thèbes[1], sont placés au pied de la montagne libyque, hors des terres que le Nil peut baigner dans les plus grandes inondations : l'intervalle compris entre ces terres et la montagne est en général fort resserré ; comme il ne participe jamais aux bienfaits du fleuve, il est condamné à une stérilité éternelle et fait partie du désert. Cet espace est chargé d'antiquités sur une longueur qui, depuis l'extrémité méridionale de l'hippodrome jusqu'aux grottes de Qournah, comprend plus de huit kilomètres[2]. La montagne libyque, qui s'élève derrière ces monumens, est composée d'énormes bancs de rochers calcaires coupés à pic, et présentant, du côté du Nil, des paremens escarpés et très-élevés. D'immenses travaux ont été faits dans l'intérieur de la montagne ; et quelque idée que l'on ait conçue de l'activité prodigieuse et de la patience infatigable des Égyptiens, après qu'on a parcouru la multitude de grands édifices qu'ils

---

[1] *Voyez* la pl. 1, *A.*, vol. II.   [2] Deux lieues de poste.

nous ont laissés, on ne peut cependant se défendre d'un étonnement profond, lorsque l'on vient à considérer la multiplicité et la grandeur de leurs ouvrages souterrains.

Quand on est auprès du *Memnonium*, si l'on élève ses regards vers la montagne, on aperçoit de tous les côtés et à toutes les hauteurs une multitude d'ouvertures semblables à des fenêtres, percées dans le rocher, qui en paraît comme criblé. J'eus un jour la curiosité de les compter. Je montai sur le comble du monument; je trouvai que le nombre des ouvertures visibles de cette position était de deux cent cinq : le nombre de celles que je ne pouvais apercevoir, est peut-être plus considérable; c'est du moins l'opinion que j'ai prise après avoir fait, dans les anfractuosités de la montagne, des reconnaissances plus détaillées.

Les ouvertures dont je viens de parler, servent d'entrée à des grottes creusées de main d'homme. Il ne faut pas imaginer que ces grottes soient des excavations grossièrement exécutées, comme celles que l'on peut voir dans quelques carrières : leurs formes sont régulières et symétriques; leur intérieur est orné de sculptures et de peintures; le travail y est presque toujours soigné comme dans les monumens exposés au grand jour. Des quantités innombrables de momies humaines et de momies d'animaux sacrés, déposées dans la plupart de ces grottes, annoncent qu'elles ont servi de sépulture aux habitans de Thèbes. Il paraît certain que la religion des Égyptiens enseignait que les hommes ressusciteraient un jour, et qu'il importait de conserver à leurs corps les formes qu'ils avaient eues pendant leur première vie; c'est sans doute cette idée qui a fait inventer l'art des embaumemens, et creuser dans la profondeur des rochers ces dernières demeures où les momies étaient déposées sous la sauve-garde de la religion et à l'abri de la plupart des causes naturelles de destruction. Parmi tant de sujets d'étonnement, ce n'est pas un des moins frappans que la conservation des restes inanimés de la nation égyptienne, auprès des magnifiques édifices qu'elle a bâtis : les cadavres sont encore entiers ; ils ont conservé leurs formes, comme s'ils étaient vivans ; ils ont duré autant que ces grands monumens qui semblent avoir été construits pour une durée éternelle. On dirait que les Égyptiens se sont fait un jeu de braver le temps en tout, et qu'ils s'étaient orgueilleusement proposé de soustraire à son action destructive et leurs ouvrages et leurs personnes.

DE LA GRANDE GROTTE OU SYRINGE.

Il paraît cependant que toutes les grottes n'ont pas été uniquement creusées pour servir de sépulture : nous en avons vu qui semblent avoir eu une autre destination. La plus remarquable se trouve à la distance d'environ sept cents mètres du tombeau d'Osymandyas, en suivant une direction peu différente de celle du nord-nord-est[1] :

[1] *Voyez* le plan général de la vallée de Thèbes, pl. 1, *A.*, vol. II, et le plan topographique des monumens situés au nord du tombeau d'Osymandyas. Pococke, ce voyageur infatigable et sincère, a eu connaissance de cette grotte; mais le plan qu'il en a donné est incomplet dans ses parties et inexact dans ses dimensions. Voyez *Description of the East*, London, 1743, pag. 100.

l'entrée de cette grotte fait face au Nil; elle est précédée d'un grand espace découvert, qui a été taillé dans le roc, et qui forme le parvis de la grotte : de là on pénètre dans un vestibule qui est aussi à ciel ouvert[1]. Toutes les autres pièces sont souterraines; elles sont au nombre de vingt-huit. Quelques-unes ont seize à dix-sept mètres[2] de longueur : il y a même une galerie de vingt-cinq à vingt-six mètres[3]. Les unes sont de plain-pied; d'autres appartiennent à un étage inférieur, auquel on arrive par un escalier doux et commode, composé de cinquante-six marches et de deux paliers.

Il existe au pied de l'escalier[4] un puits profond de plus de neuf mètres[5] : on y descendit; lorsqu'on fut au milieu de la hauteur, on reconnut avec surprise une ouverture percée dans l'un des murs; c'était une porte qui conduisait dans une petite salle taillée régulièrement comme tout le reste de la grotte[6].

L'entrée d'un autre puits plus intéressant se trouve à l'étage supérieur, dans une galerie que l'on a sur sa droite avant d'arriver à l'escalier[7]. La bouche du puits occupe toute la largeur de la galerie, à l'exception d'une berme étroite qui a été réservée sur la gauche. Il faut que les voyageurs aient toujours présente à l'esprit l'existence de ces puits, et qu'ils se tiennent sur leurs gardes,

---

[1] Il paraît que l'intention primitive était que ce vestibule fût une pièce couverte comme toutes celles qui viennent ensuite; mais que la matière qui composait le plafond s'écroula, parce qu'il y avait trop d'intervalle entre les appuis sur lesquels cette matière portait.

[2] Environ cinquante pieds.
[3] Environ quatre-vingts pieds.
[4] Planche 39, fig. 1, au point d.
[5] Environ vingt-huit pieds.
[6] *Voyez*, pl. 39, fig. 3, le profil de cette salle.
[7] Planche 39, fig. 1, au point f.

lorsqu'ils en approcheront : ils pourraient y trouver la mort, soit par leur imprudence, soit par la trahison de leurs guides. En général, il est peu de grottes qui ne présentent quelque fosse dangereuse : on ne saurait marcher avec trop de précaution, lorsqu'on fait la première reconnaissance.

Au fond du puits dont nous venons de parler, est une galerie faisant retour en équerre; elle conduit à une salle où il y a un second puits : en descendant jusqu'au fond, on trouve la porte d'une chambre qui conduit à deux salles d'une assez grande largeur; de sorte que voilà trois étages de souterrains. Les deux pièces de l'étage inférieur ne sont pas de plain-pied ; le sol de la salle la plus reculée s'élève au-dessus de l'autre d'environ deux mètres [1], sans qu'il y ait cependant un escalier pour y monter [2].

Le lecteur qui voudra avoir une connaissance détaillée de l'étendue de la grotte, de la disposition de ses différentes parties, est invité à consulter les dessins, où tous les détails sont exactement rendus. Je dois me borner à quelques considérations qui ne peuvent se présenter à l'esprit de ceux qui n'ont pas vu les lieux.

Le travail de ce singulier monument est extrêmement soigné; tous les paremens des murs sont exactement dressés et parfaitement verticaux; les galeries s'emmanchent les unes dans les autres exactement en équerre : les ciels sont quelquefois à plafond droit; quelquefois ils sont taillés en berceaux d'une courbure agréable. Dans

[1] Six pieds.
[2] *Voyez*, pl. 39, fig. 4, le profil de ces étages.

certaines pièces, les ouvriers ont épargné sur la matière du rocher des masses façonnées en forme de pilier avec beaucoup de correction. Les portes qui séparent les pièces, sont d'une proportion agréable; leurs chambranles ont été maintenus dans un aplomb parfait, et les linteaux sont coupés avec pureté. Toute la surface, à l'exception des puits et des caveaux, est entièrement couverte d'hiéroglyphes exécutés avec une finesse qui surpasse tout ce que j'ai vu en Égypte : ceux de l'entrée sont en relief et peints; ils l'emportent sur ceux de l'intérieur, qui sont en général creux; mais partout le trait est de la plus grande correction. Il est vrai que la matière du rocher s'y prête admirablement : c'est une pâte calcaire, blanche et douce, qui se coupe et se polit avec facilité; les traits les plus déliés et les plus délicats peuvent y être tracés avec sûreté et sans effort. Cette pâte contient çà et là des masses isolées de matière siliceuse. Lorsque, dans le cours du travail, cette matière étrangère se rencontrait sur le parement, on prenait le parti d'extraire les silex ou de les briser jusqu'à une certaine profondeur; cette extraction produisait un creux; pour le masquer, on y plaquait un morceau de la pierre calcaire, sur laquelle on pouvait continuer la sculpture avec toutes ses délicatesses. Ces pièces de rapport sont encastrées avec beaucoup d'adresse; les joints sont si parfaitement faits, qu'on les aperçoit à peine.

Pendant notre séjour dans la haute Égypte, nous avions, pour en étudier les monumens, des facilités qui ont manqué aux voyageurs qui nous ont précédés : isolés et sans défense, ils étaient en butte à l'avarice et à la jalousie d'une population ignorante, fanatique et cruelle ; leur vie était continuellement menacée ; ils ne pouvaient faire un pas sans être rançonnés : ce n'est qu'à la hâte et en courant qu'ils ont pu voir les monumens. Notre position était plus heureuse : la prévoyance du général sous la protection duquel nous avons fait ce voyage, nous avait mis à l'abri de tout danger et de toute inquiétude. Nous sentions bien le prix de l'occasion unique qui nous était donnée : nous nous regardions comme comptables, envers l'Europe savante, du parti que nous saurions en tirer, et nous mettions au nombre de nos devoirs le soin de distribuer nos occupations de manière à mettre tout notre temps à profit. Les jours étaient employés à l'étude des monumens accessibles à la lumière du soleil ; ce fut la nuit, à la lueur des flambeaux, que je visitai la grotte Syringe, et que je pénétrai dans ce palais souterrain où règnent des ténèbres éternelles. Au milieu de ses galeries mystérieuses, je fus assailli d'une multitude de sensations dont la nouveauté et la vivacité me laissaient à peine la disposition de ma pensée ; à chaque pas, je trouvais un nouveau sujet d'étonnement et de méditation : je me représentais avec stupeur combien il avait fallu de travail pour enlever au rocher la matière qui remplissait autrefois les salles spacieuses que je parcourais ; combien il avait fallu de temps et de patience pour travailler avec tant d'art dans un lieu où la lumière du jour ne pénétra jamais. Quels motifs poussèrent ce peuple à tailler ainsi les rochers, à porter dans le sein des montagnes et à une si grande profondeur les ornemens de l'architecture et le luxe de la sculpture ?

Quel était l'usage de cette grotte? Le nombre et l'étendue de ses galeries, dont quelques-unes rentrent sur elles-mêmes après plusieurs détours, les puits qui conduisent à d'autres galeries, toute cette complication extrêmement favorable pour produire des illusions, des surprises et des terreurs, me font penser que c'est un de ces lieux souterrains appelés *Syringes* chez les anciens, et que cet antre servait à rendre des oracles ou à célébrer des mystères. Un passage de Pausanias favorise singulièrement cette conjecture. « J'ai encore plus admiré, dit-il, le colosse qui se voit à Thèbes en Égypte, au-delà du Nil, non loin du lieu nommé *Syringes*: c'est la statue d'un homme assis; plusieurs lui donnent le nom de *Memnon*[1]. » La statue dont parle Pausanias, est sans doute le colosse qui subsiste encore au milieu de la plaine, et que tous les voyageurs anciens et modernes appellent *Memnon*. Ce colosse, qui représente effectivement un homme assis, est dans le voisinage de la grotte qui nous occupe en ce moment.

Il est vrai que l'on a trouvé, dans quelques parties de la grotte Syringe, des dépouilles de momies; ce qui semblerait annoncer qu'elle a servi de sépulture: mais ce fait n'exclut point l'usage que nous venons d'indiquer; on sait que les anciens Égyptiens vivaient au milieu des momies de leurs ancêtres, qu'ils les conservaient dans leurs maisons, et même qu'ils les faisaient apporter auprès d'eux pendant leurs festins.

[1] Pausanias, *Attica*.

TOMBEAUX DES ROIS.

Les grottes appelées dans le pays *Bybân el-Molouk*, et désignées par tous les voyageurs sous le nom de *tombeaux des rois*, méritent effectivement la dénomination de tombeaux; car plusieurs circonstances prouvent qu'elles étaient destinées à la sépulture de personnages de la plus haute importance.

Pour se rendre aux tombeaux des rois, il faut quitter la plaine du Nil et s'enfoncer dans les gorges de la montagne libyque. Au nord et à cent mètres de distance des ruines du palais de Qournah, sur la limite du désert, vous trouvez un carrefour où quatre chemins viennent aboutir[1]. L'un de ces chemins prend sa direction vers le nord-ouest, et s'engage bientôt dans une gorge étroite entre deux montagnes hautes et escarpées; il suit les sinuosités de cette gorge, et décrit une ligne courbe qui rentre continuellement sur la gauche, de sorte que la route qui, au point de départ, regarde le nord-ouest, finit par se tourner vers le sud-ouest. Après avoir marché pendant quelque temps dans cette dernière direction, vous découvrez une autre gorge, venant de l'ouest, qui s'embranche sur celle que vous avez suivie jusqu'alors; il faut laisser cet embranchement à droite, et continuer votre route dans la gorge principale, qui devient de plus en plus étroite : tout annonce qu'elle se terminait autrefois en cul-de-sac. La dernière portion du chemin, sur une longueur d'environ cent cinquante mètres, a

---

[1] *Voyez* pl. 1, 40 et 77, *A*., vol. II.

été taillée par la main des hommes : les traces de ce travail sont encore apparentes; elles font juger que le rocher a été coupé, et qu'on y a ouvert une tranchée profonde de seize à vingt mètres[1] : au bout de cette tranchée, on voit un passage étranglé, semblable à une porte, donnant entrée dans une enceinte particulière, qui forme ce qu'on appelle *la Vallée des tombeaux des rois*. Depuis le carrefour de Qournah jusqu'à la porte de la vallée, on compte à peu près trois mille six cents mètres de chemin[2].

La vallée des tombeaux se divise en deux rameaux faisant presque l'équerre : l'un regarde le sud-est; l'autre, beaucoup plus considérable et plus riche en antiquités, suit assez généralement la direction du sud-ouest, et se subdivise en quelques autres rameaux secondaires. La porte par laquelle on entre dans la vallée, est la seule ouverture qui existe dans tout son contour; et comme cette ouverture est un ouvrage des hommes, il faut que la vallée ait formé autrefois un bassin isolé, où l'on ne parvenait qu'en gravissant des montagnes escarpées; et peut-être ce fut cet isolement qui donna l'idée d'y placer les sépultures royales pour les mettre de plus en plus à l'abri de ces violations que les anciens Égyptiens paraissent avoir tant redoutées.

Aucune trace de végétation ne se fait apercevoir dans ce lieu solitaire; tout y présente l'aspect aride et désolé des plus affreux déserts. De hautes montagnes, couronnées de rochers, bornent l'horizon de tous côtés, et ne laissent voir qu'une partie du ciel. Vers le milieu du

---

[1] Cinquante à soixante pieds.   [2] Une petite lieue de poste.

jour, quand le soleil a dardé pendant quelques heures ses rayons jusqu'au fond de la vallée, la chaleur s'y concentre et devient excessive; les vents, qui pourraient la tempérer, n'ont aucun accès dans cette enceinte; on est comme dans une fournaise; on respire un air embrasé: toutes les fonctions de la vie languissent et sont au moment de s'éteindre. Deux hommes qui faisaient partie de l'escorte du général Desaix, lorsqu'il visita les tombeaux des rois, le 2 septembre 1799, y moururent d'étouffement. Je ne crois pas qu'il fût possible d'y séjourner vingt-quatre heures, si les catacombes n'offraient un asile contre cette chaleur accablante.

Un sentier frayé sur les flancs de la montagne, au fond du rameau sud-est de la vallée, excita ma curiosité; j'entrepris d'en faire la reconnaissance avec MM. les ingénieurs Corabœuf et Saint-Genis. Nous suivîmes le sentier dans tous ses détours : après avoir monté et descendu plusieurs pentes difficiles, nous arrivâmes au pied de la chaîne de rocs qui est assise sur tout le contour du bassin; un rocher coupé à pic s'élevait devant nous, et formait une barrière qui nous sembla d'abord insurmontable. En approchant, nous reconnûmes, derrière une masse de pierre, un couloir roide et escarpé, qu'il était possible de gravir en s'aidant des mains : nous suivîmes cette route, et nous arrivâmes, non sans peine et sans danger, sur un étroit plateau qui forme dans cet endroit le sommet de la chaîne libyque, et qui domine la vallée de Thèbes. Notre vue embrassait toute la plaine où exista cette grande cité. Le *Memnonium*, dont nous pensions être bien éloignés, se voyait à une petite distance au bas de la montagne; les colosses de Memnon et le palais de Medynet-abou paraissaient plus loin sur la droite; au-delà du fleuve, nous voyions les ruines immenses de Louqsor et de Karnak avec leurs grands obélisques; dans le lointain, tout près de la chaîne arabique, qui borne la plaine du côté de l'orient, nous apercevions Med-a'moud. Le Nil, portant avec lui l'abondance et la vie, divise la vallée en deux parties à peu près égales; les monumens antiques sont répandus de part et d'autre avec profusion. Il est impossible de décider quelle est celle des deux rives qui a le plus de droits à la curiosité des voyageurs. Le soleil, au milieu d'un ciel pur et bleu, étincelant d'une clarté inconnue dans nos climats, embellit cette scène par la chaleur du coloris qu'il répand sur tous les objets et par l'éclat qu'il communique aux eaux du fleuve. Il n'est, sur le globe, aucun autre point où l'on puisse contempler réunies autant de choses qui parlent aussi puissamment à l'ame et qui la remplissent d'aussi grandes pensées. Ce sont les restes de l'antique Thèbes aux cent portes, de cette ville que les plus anciens poëtes citent comme le séjour des dieux et la merveille du monde. Quelle prodigieuse antiquité! Que de générations se sont écoulées depuis que ces grands édifices sont debout! Cette ville était déserte long-temps avant que l'on songeât à bâtir les plus anciennes villes qui existent aujourd'hui sur la terre; et depuis que ces ruines sont l'objet de l'admiration des hommes, on a vu commencer et finir des empires puissans, qui ont rempli pendant plusieurs siècles l'univers du bruit de leur nom.

Sur la position élevée où nous étions, on respire un air frais et agréable, bien différent de l'atmosphère embrasée de la vallée des tombeaux ; nos forces abattues par la fatigue et par l'excessive chaleur se rétablirent promptement, et nous pûmes jouir, avec toute la plénitude de nos facultés, de la richesse et de la variété des tableaux que nous offrait ce point de vue. Il est impossible d'imaginer un contraste plus frappant que celui des deux scènes que nous avions alors sous les yeux : d'un côté, la solitude, l'aridité, la désolation et la mort; de l'autre, des temples, des palais, un beau fleuve, la verdure, les champs cultivés, des troupeaux, des hommes et tout le mouvement de la nature animée.

A l'époque où Strabon visita les tombeaux des rois, on connaissait onze catacombes que l'on voit encore de notre temps ; nous en connaissons aujourd'hui une douzième dont l'existence a été ignorée de Strabon et de tous ceux qui ont écrit sur cette partie des antiquités de l'Égypte. Elle est située dans une autre vallée, à laquelle conduit l'embranchement que nous avons laissé sur la droite avant d'arriver à la vallée principale. Ce douzième tombeau a été découvert par nos compagnons de voyage, MM. Jollois et Devilliers, les deux voyageurs connus qui ont fait le plus long séjour à Thèbes, où ils ont habité pendant plusieurs mois.

Les tombeaux des rois sont faits sur un plan à peu près uniforme, moins compliqué que celui de la grotte Syringe. Il faut se les représenter comme une suite de longues galeries et de salles de différentes grandeurs. Une de ces salles, qui, par ses dimensions et par les soins qu'on a donnés à sa construction, se distingue de toutes les autres, paraît être la pièce principale du souterrain : c'est là que reposait l'ombre royale.

Toutes les catacombes ne sont pas égales en grandeur et en magnificence : leur longueur varie depuis seize mètres jusqu'à cent vingt [1]; il en est qui sont achevées et couvertes d'ornemens, pendant que d'autres, à peine ébauchées, sont entièrement nues : c'est annoncer assez que toutes ne présentent pas le même intérêt. Certainement, si le moins fini et le moins considérable des tombeaux des rois se trouvait loin de cette terre, si riche en antiquités, on le regarderait comme une relique précieuse; il serait l'objet de la vénération et des études des antiquaires : mais le rapprochement d'un si grand nombre de ces monumens, sur un si petit espace, conduit nécessairement à établir entre eux un ordre de préférence. Il a donc fallu se borner et ne parler avec quelques détails que des catacombes qui ont paru les plus remarquables. Quant aux autres, j'engage le lecteur à consulter les planches et leur explication.

CATACOMBE DES HARPES.

Cette catacombe est désignée, dans le plan topographique de la vallée et dans les autres planches, sous le nom de *cinquième tombeau de l'est* : la facilité de son accès, ses grandes dimensions, le nombre de pièces dont elle est composée, la variété des sujets peints sur ses parois, et la belle conservation des peintures, tout

[1] Quarante-neuf pieds jusqu'à trois cent soixante-neuf pieds.

semble se réunir pour piquer la curiosité; aussi c'est celui des tombeaux qui attire le premier l'attention des voyageurs.

Il s'est présenté, dans la confection de cette grotte, un accident assez singulier : l'architecte n'a pas pu continuer le percement du rocher sur la direction qu'il avait d'abord projetée; il rencontra dans la matière des difficultés qui le forcèrent à se détourner vers la droite, et à y faire un coude; là on recommença les travaux, qui furent poussés parallèlement à la direction primitive jusqu'au fond de la catacombe.

L'ensemble de la grotte est composé d'une longue suite de galeries et de salles séparées les unes des autres par d'épaisses cloisons, dont la matière est celle du rocher même, qui a été laissée en place et taillée en forme de mur. Des portes sont percées au milieu de ces murs; et à une exception près, causée par l'accident dont je viens de parler, elles forment enfilade : leurs ouvertures sont d'une proportion agréable; les chambranles et les linteaux sont coupés avec correction et richement décorés.

Les différentes parties de la grotte ne sont pas toujours de plain-pied. Le fond des galeries est assez généralement taillé en pente, et va en descendant à mesure qu'on s'enfonce dans la grotte; mais cette pente ne forme pas une surface continue. Il y a, vers le milieu du souterrain, une pièce plus profonde que les autres : c'est comme un fossé qui occupe toute la largeur de la pièce; il paraît avoir été creusé pour établir une séparation entre les premières salles de la grotte et celles du fond qu'on voulait soustraire plus particulièrement aux regards du vulgaire. On s'exposerait à faire une chute dangereuse, si l'on avançait vers cette pièce sans précaution. Au-delà, le sol du couloir reprend son cours à la hauteur qu'il avait précédemment, et se continue en pente jusqu'au fond de la catacombe.

La salle sépulcrale se fait remarquer par sa grandeur et par son plafond taillé en berceau et soutenu sur huit piliers. Un sarcophage se trouve à l'entrée ; imaginez une grande cuve oblongue de granit rose de Syène, ornée en dehors et en dedans d'hiéroglyphes et de peintures : ses dimensions sont telles, qu'un homme debout dans l'intérieur est à peine aperçu de ceux qui sont au dehors ; un coup de marteau la fait résonner à la manière des cloches, et en tire des sons que les parois de la grotte et ses longues voûtes répètent sur un ton lugubre. Ce sarcophage a dû être fermé autrefois par un couvercle qui a disparu, et dont il ne reste pas un seul fragment. Nous pouvons juger de sa forme d'après un couvercle qui existe dans la seconde catacombe de l'ouest [1] ; il est de la même matière que la cuve, creusé en dedans, et taillé de manière que ses bords peuvent s'ajuster exactement sur ceux de la cuve : sa partie supérieure est ornée d'une figure couchée, semblable à une momie, sculptée avec un relief si fort qu'on la croirait détachée. Ce couvercle formait une masse considérable et difficile à déplacer ; ce qui donnait une assurance de plus que le mort ne serait pas troublé dans son dernier asile. Nous avons remarqué que les Égyptiens attachaient la plus grande importance à la conservation de leurs restes ; nous en

[1] Planche 97, fig. 10, 11 et 12, *A.*, vol. II.

voyons une preuve frappante dans la catacombe des harpes : pour arriver jusqu'à la salle qui recélait le sarcophage, il fallait franchir dix portes, toutes fermées par des battans qui tournaient sur des pivots d'airain, comme le témoigne une rouille verte qu'on aperçoit auprès des trous où ces pivots étaient logés. Mais tous ces soins ont été inutiles : sur douze catacombes, il en est six dont les sarcophages ont entièrement disparu ; d'autres sont réduits en débris, tous ont été violés : l'avarice a cru trouver des trésors dans ces grandes cuves travaillées avec art et mystérieusement déposées au fond d'une grotte creusée dans l'épaisseur des rochers, richement décorée et fermée avec les précautions les plus recherchées. Convenons aussi que la destruction a pu être accélérée par des hommes animés de motifs plus nobles, et qui auront été poussés à briser ces tombeaux, par le désir de surprendre quelques-uns des secrets de cette philosophie occulte des anciens Égyptiens, si vantée dans tous les âges.

La comparaison des dimensions du sarcophage avec celles de la porte d'entrée de la vallée fournit un nouveau sujet de surprise et un nouvel exemple du goût que les Égyptiens avaient pour les choses difficiles ; la porte n'est pas assez large pour qu'on ait pu y faire passer le sarcophage, de sorte que cette grande masse a dû être guindée sur le haut des collines qui circonscrivent la vallée, et redescendue le long de leurs flancs.

A chacun des angles de la salle sépulcrale, est une porte qui conduit à une petite chambre ; on y a trouvé beaucoup de débris de momies : ces quatre pièces étaient sans doute destinées à la sépulture des membres de la famille du monarque, ou à celle de ses plus fidèles serviteurs. La grotte ne se termine pas à la salle sépulcrale, elle se prolonge au-delà par un couloir long de plus de vingt mètres : ce couloir est d'abord très-étroit ; il va en s'élargissant, et se divise en plusieurs compartimens qui ont eu probablement une destination analogue à celle des quatre chambres dont nous venons de parler.

La vue de la grande salle sépulcrale glace d'épouvante : dans tout son pourtour règne une frise couverte de peintures qui représentent une suite d'hommes alternativement rouges et bleus, ayant la tête tranchée ; au-dessus on voit des bourreaux armés de couteaux et coupant des têtes ; les patiens sont liés dans les attitudes les plus pénibles ; le sang jaillit de tous côtés[1] : des serpens coupés par morceaux sont mêlés à toutes ces scènes d'horreur et de dégoût. Dans le voisinage sont des figures qui sans doute paraîtraient moins étranges, si nous pouvions pénétrer le sens caché dont elles sont les emblèmes : l'une d'elles a les bras démesurément longs, étendus et dans une position verticale ; elle porte sur sa tête une femme debout, et un homme sur chaque main[2]. Quelle est la signification de ces tableaux de carnage ? Ne serait-ce pas un reste des temps barbares où l'on croyait honorer les funérailles des rois en immolant des esclaves sur leur tombe ?

Lorsqu'à la faible lueur de quelques bougies on parcourt ces longues enfilades de pièces spacieuses et som-

[1] Figure 10, pl. 85 ; et fig. 7, 8, 10, pl. 85, *A*., vol. II.   [2] Figure 6, pl. 86, *A*., vol. II.

DE THÈBES. SECTION XI.

bres, on ne peut se défendre d'une sorte d'étonnement religieux; on est stupéfait de la quantité prodigieuse de sculptures et de peintures dont on est environné; tout en est couvert, les murs, les plafonds, les piliers, et jusqu'aux moindres réduits : à chaque pas, on découvre des sujets extraordinaires, énigmatiques, et les représentations les plus bizarres. On ne peut réfléchir sans admiration à la longue durée de ces ornemens, qui subsistent encore après l'écoulement de plusieurs milliers d'années, et l'étonnement redouble lorsqu'on observe que les sculptures et les peintures reposent sur un frêle enduit de plâtre. Ce n'est pas ici comme à la grotte Syringe, où tous les ornemens sont taillés et peints sur le roc vif. La partie de la chaîne libyque où sont les tombeaux des rois, est composée d'une matière calcaire feuilletée et tendre; c'est moins une masse compacte qu'un amas de lames disposées par lits horizontaux. Si l'on coupe cette matière en paremens verticaux, on obtient une surface qui n'est pas propre à recevoir des bas-reliefs ou des peintures; c'est pour cela que tout l'intérieur de ces grottes a été couvert d'un enduit sur lequel les sculpteurs et les peintres ont fait leur travail. Cependant, quelque fragile que fût un tel fond, les bas-reliefs et les couleurs s'y sont conservés sans avoir rien perdu de leur finesse ou de leur éclat : des ouvrages faits depuis quelques mois seulement, dans nos contrées européennes, n'auraient ni plus de blancheur dans les fonds, ni plus de vivacité dans les teintes. Mais cette étonnante conservation n'est pas un effet de l'art; elle est due à la constance de la température, à la sécheresse de l'atmosphère, à la beauté du climat, pour lequel une pluie est un phénomène extraordinaire : ajoutez que la lumière solaire, ce grand agent de la destruction des couleurs, ne pénètre jamais dans ces cavités profondes.

Deux tableaux entièrement symboliques se font remarquer dès l'ouverture de la grotte par la beauté de leurs couleurs; ils ornent l'embrasure de la première porte, et sont placés à la droite et à la gauche du spectateur, lorsqu'il met le pied sur le seuil. On peut juger de leur bel effet par la copie de celui de gauche que l'on voit dans les planches [1].

Si, après avoir franchi l'entrée, le spectateur continue sa marche, il trouvera, vers l'extrémité de la première galerie, quatre portes basses ouvertes dans le mur de droite, et faisant face à quatre portes pareilles situées de l'autre côté : ces portes donnent entrée dans huit petites loges dignes de toute l'attention des curieux; elles sont remplies de peintures extrêmement intéressantes : c'est là que l'on voit deux joueurs de harpe dont le voyageur Bruce a parlé le premier, et qu'il a dessinés infidèlement, en leur prêtant des formes grecques. Ce tableau est dans la troisième loge à gauche.

Les joueurs de harpe font partie d'une scène religieuse plus étendue, que l'on a été obligé de diviser en plusieurs parties, à cause du format des planches [2]. Pour rétablir ce tableau dans son ensemble, il faut concevoir que les deux divinités de la pl. 90 occupent le fond de la loge; les harpistes sont placés sur les murs latéraux. Celui qui

[1] Planche 87, fig. 7, *A.*, vol. II.
[2] *Voyez* fig. 1, pl. 90, et fig. 1 et 2, pl. 91, *A.*, vol. II.

porte une tunique noire est à la gauche; il paraît adresser ses chants, non-seulement à la divinité qui est en face sur le même mur que lui, mais encore à celle qui est sur le mur de fond et qui se fait remarquer par une tête d'épervier. Le harpiste vêtu de blanc est sur le mur latéral de la droite; comme l'autre, il fait face à deux divinités. La gravure représente fidèlement et avec leurs couleurs les joueurs de harpe, leurs instrumens et toutes les autres parties du tableau.

Cette scène semble annoncer un art musical très-avancé : une des deux harpes n'a pas moins de vingt-une cordes. Les deux harpistes sont posés avec aisance, et leurs mains parcourent les cordes comme cela est pratiqué de nos jours par les musiciens qui jouent de cet instrument. Les harpes sont décorées avec une richesse et une élégance que nos facteurs modernes les plus renommés ne désavoueraient point, quoique nous soyons dans un temps où cet instrument, devenu à la mode, a été soigné plus encore sous le rapport de la décoration que sous celui de la perfection musicale. Rien dans ce dessin ne montre que les harpes égyptiennes aient eu des pédales : nos harpes modernes sont supérieures en cela; supériorité d'autant plus importante, qu'elle augmente les moyens d'exécution.

En étudiant la scène générale dont les deux harpistes font partie, on reconnaît facilement qu'elle représente un sacrifice offert aux quatre divinités assises en face des musiciens. Chaque divinité a son autel particulier, sur lequel sont déposées des offrandes. Les autels qui appartiennent aux deux divinités du fond, sont plus grands que les autres ; ils sont chargés d'oblations plus abondantes : ces emblèmes semblent caractériser des divinités d'un ordre supérieur ; il est vraisemblable que les deux autres figures sont des dieux inférieurs placés comme intercesseurs entre les mortels et les grandes divinités. Le sacrifice est indiqué dans les peintures par les animaux et par les fruits qui couvrent les autels des divinités : il est aussi caractérisé dans les hiéroglyphes ; les trois haches qui se voient en tête de la colonne placée derrière le harpiste vêtu de noir, sont, ainsi que M. Monge l'a prouvé, l'emblème d'un sacrifice. Il semble probable que la prière chantée par les harpistes est écrite dans la colonne d'hiéroglyphes placée au-dessus des têtes formant le couronnement des bases des harpes. S'il était permis de faire quelques conjectures, je penserais que le harpiste vêtu de noir demande aux dieux une bonne crue du Nil et une moisson abondante : en effet, le trait ondulé, qui désigne l'eau, se trouve trois fois dans sa prière ; on y voit la faucille, qui, comme je l'ai montré dans mon mémoire sur Elethyia[1], est le symbole de la moisson, et une main droite, avec les doigts étendus, qui, au rapport de Diodore, signifiait l'abondance. La petite divinité assise en face du harpiste paraît lui transmettre une réponse favorable ; je le conjecture d'après les hiéroglyphes qui remplissent la colonne placée près de cette divinité : il y a dans la partie supérieure, au-dessus du symbole de l'eau, un vase porté sur des jambes ; il a l'air de marcher et d'apporter les eaux désirées. Au bas de la colonne, on trouve deux disques qui paraissent

[1] *Voyez* les Antiquités-Mémoires.

représenter des œufs; c'est une figure qui se reproduit souvent, et que tout me porte à regarder comme le symbole de la fécondité. La portion de la scène, située du côté du harpiste vêtu de blanc, ne présente pas des indices aussi clairs. Je me borne à faire remarquer que l'on voit une croix parmi les hiéroglyphes placés auprès de la grande divinité qui fait face à droite. Cette divinité a les attributs ordinaires d'Horus.

L'effet du tableau des harpes est agréable; on éprouve, en le voyant, une sensation mêlée de surprise et de douceur; après l'avoir vu, on sent le désir de le revoir, et l'on y revient avec un nouveau plaisir : il est environné de sujets gais et familiers qui vous font oublier ce qu'il y a d'austère dans les sombres demeures où vous êtes descendu. Cette peinture sera toujours un des objets principaux de l'empressement des voyageurs. L'intérêt qu'elle présente m'a fait penser qu'on pourrait y trouver un motif pour imposer un nom à la catacombe qu'elle embellit; c'est ce qui m'a déterminé à adopter la dénomination de *catacombe des harpes*.

Si l'on entre dans la loge qui fait face à celle des harpes [1], on trouve des peintures qui représentent une collection de meubles et d'ustensiles : ici, nous nous trouvons en quelque sorte admis dans l'intimité des anciens Égyptiens, nous sommes initiés au secret de leurs habitudes familières, et nous pouvons saisir quelques détails de leur manière de vivre dans l'intérieur de leurs maisons. Les regards se portent d'abord sur une suite de vases qui se distinguent par la pureté et l'élégance

---

[1] Cette loge est marquée *k*, pl. 78, fig. 5, *A*., vol. II.

de leurs formes, et par la vivacité des couleurs dont ils sont revêtus. Parmi ces vases, on distingue celui qui est encore de nos jours d'un usage général et habituel en Égypte; il est connu sous le nom de *qoulleh* ou *bardaque*[1]. J'ai annoncé ce dessin dans le Mémoire sur les grottes d'Elethyia, où, après avoir parlé de la propriété réfrigérante des bardaques, j'ai prouvé que les anciens Égyptiens l'avaient connue, en avaient fait usage, et avaient même su augmenter son effet par des procédés aujourd'hui tombés en désuétude[2]. Il faut remarquer dans notre dessin une bordure noire placée autour de l'orifice des *qoulleh*. Les Égyptiens modernes mettent une bordure semblable aux *qoulleh* destinés à la classe aisée; ils mêlent à la couleur noire un peu de musc, afin de couvrir, par l'odeur de ce parfum, l'odeur d'argile que conservent toujours ces vases qui n'ont subi qu'une cuisson légère, et pour masquer le goût de limon dont l'eau du Nil ne peut être dépouillée qu'avec des soins qu'on n'a pas toujours le temps de prendre.

C'est dans la même loge que se trouvent les lits de repos, les fauteuils et les trônes représentés dans la pl. 89. On peut remarquer dans ces différens meubles que les formes sont élégantes, la décoration riche, et que tout est bien prévu pour la commodité. Les deux premières figures répondent à la description du trône de Salomon, qui se trouve dans l'Histoire des Rois : *La partie élevée vers le derrière de ce trône était ronde; il y avait des bras de chaque côté du siège, et deux lions*

---

[1] Planche 87, fig. 1, *A.*, vol. II.
[2] *Voyez* les Antiquités-Mémoires.

étaient auprès des bras[1]. Il est dit, au verset précédent, que le trône de Salomon était d'ivoire et revêtu d'un or très-pur : les teintes jaunes et blanches de la première figure représentent probablement ces deux matières. La Bible ajoute que le trône était élevé sur une estrade à six gradins; deux lions étaient placés sur chaque gradin, l'un à droite et l'autre à gauche, de sorte que, pour arriver jusqu'au trône, il fallait passer entre deux lignes de lions. Cette circonstance rappelle les nombreuses avenues de sphinx que nous retrouvons parmi les ruines de Thèbes.

Il ne faut pas s'étonner de cette ressemblance entre les meubles de Salomon et ceux des Égyptiens; le grand commerce qui se faisait sous le règne de Salomon, son alliance avec le Pharaon, dont il avait épousé une fille, le voisinage de l'Égypte et de la Palestine, ont dû établir des relations continuelles entre les deux pays : l'Égypte était alors la puissance prépondérante de cette partie du monde; elle surpassait toutes les autres en gloire, en puissance et en richesses : ses voisins ont dû être empressés d'imiter ses usages et sa magnificence.

Les figures enchaînées, peintes sur les panneaux du second et du troisième trônes, semblent dire que ces trônes ont appartenu à des rois guerriers qui avaient remporté des victoires sur quelque nation ennemie des Égyptiens. Deux figures semblables sont représentées

---

[1] *Summitas rotunda erat solio à parte posteriori, et manus hinc et inde ad locum sessionis, et duo leones stabant apud manus.* (Rois, l. III; ch. 10, vers. 19. *Bible de Vatable,* Paris, 1729.) La version de Sanctès Pagnini, que je viens de citer, est plus littérale que la Vulgate, et présente une description plus claire.

dans une position encore plus humiliante sur les panneaux d'une escabelle[1]. On voit dans un bas-relief du *Memnonium* un héros égyptien assis, dont les pieds reposent sur une escabelle semblable à celle-ci[2] : ce héros foule aux pieds les images de ses ennemis vaincus. Ces peintures nous donnent le motif d'une locution figurée employée dans la Bible : *Je ferai de tes ennemis l'escabelle de tes pieds*[3].

Les figures enchaînées sont vêtues de longues robes; des pièces d'étoffe pendent de leurs épaules et descendent sur leurs bras comme des mantelets : quelques-unes de ces figures sont barbues. Les mêmes costumes se retrouvent dans un bas-relief de Karnak, qui représente une marche de prisonniers[4] : si l'on parvenait à déterminer le pays d'où ces captifs sont originaires, on obtiendrait une donnée qui serait de quelque intérêt pour l'histoire des anciens Égyptiens.

Les bas-reliefs de Persépolis, publiés par Chardin et par Corneille le Bruyn, pourront nous fournir des lumières utiles. Parmi les figures dont ces bas-reliefs sont composés, il en est plusieurs qui portent un habillement semblable à celui de nos captifs. Dans les tableaux de Thèbes, ce costume semble être l'attribut de l'abaissement et de l'humiliation : dans ceux de Persépolis, au contraire, il est réservé aux personnages qui remplissent les fonctions les plus honorables; c'est le costume qui s'y reproduit le plus souvent; il est porté par

---

[1] Planche 89, fig. 6, *A.*, vol. II.

[2] Planche 31, fig. 2, *A.*, vol. II.

[3] *Ponam inimicos tuos scabellum pedum tuorum.* (Ps. 109.)

[4] Figure 2, pl. 33, *A.*, vol. III.

les militaires qui défilent armés de toutes pièces, et par les chefs de cérémonie qui conduisent des hommes que la différence de leurs vêtemens désigne comme étrangers. Les personnages qui font preuve de force et de courage en domptant des animaux à grande stature, en sont revêtus. On voit dans un autre bas-relief un roi assis sur son trône et donnant audience; un homme de guerre fait la garde derrière lui. L'individu admis à l'audience porte un habit particulier; mais le roi et l'homme de guerre ont celui qui fait l'objet de nos recherches. D'après toutes ces circonstances, on peut affirmer que ce costume était celui du peuple qui bâtit Persépolis : comment supposer, en effet, que, dans ses sculptures monumentales, ce peuple ait donné aux étrangers les rôles les plus nobles, et qu'il ait réservé pour lui-même ceux qui annoncent l'infériorité? Une telle abnégation de tout amour-propre national n'est pas vraisemblable. Au surplus, s'il pouvait exister quelque incertitude, elle serait entièrement levée par deux bas-reliefs [1] où l'on voit un homme qui se tient debout et dans une attitude religieuse devant un autel sur lequel un feu est allumé : cette figure représente incontestablement un adorateur du feu, c'est-à-dire un Perse; or, elle porte le costume en question : elle est appuyée sur un arc; les Perses étaient renommés dans l'antiquité par leur habileté à manier l'arc et par l'usage qu'ils faisaient de cette arme à la guerre; et c'est peut-être pour caractériser encore mieux l'origine persane des captifs, que le peintre égyptien a placé la figure

[1] Voyage de Chardin, pl. 67 et 68.

d'un arc auprès d'eux sur les panneaux des escabelles. Ces peintures me semblent donc prouver que, même à l'époque où l'on creusa la catacombe des harpes et où l'on bâtit le palais de Karnak, les Égyptiens avaient eu des guerres contre les Mèdes, dont on sait que les Perses avaient pris l'habit[1]. Ces guerres avaient probablement pour objet la possession de la Syrie, qui, par sa situation entre les deux puissances, a dû tenter également leur cupidité. La vue du théâtre de la guerre, dont quelques parties sont représentées dans les bas-reliefs de Karnak[2], fortifie cette conjecture : les opérations militaires ont lieu dans un pays où il y a des forêts; on y voit des montagnes boisées; circonstance qui ne se rencontre jamais en Égypte, et qui est très-commune en Syrie.

Qu'on imagine quelle dut être la rage de Cambyse, lorsqu'il trouva sur les monumens des Égyptiens, de cette nation qu'il venait de subjuguer et qu'il méprisait, ce grand nombre de tableaux où des hommes portant le même habit que lui étaient représentés, sous toutes les formes, dans les postures de la peur, de l'asservissement et de l'humiliation. Combien cette vue dut exalter la fureur de ce prince colère et ivre d'orgueil! Il ordonna que les monumens égyptiens seraient brisés; et quoique cet ordre insensé n'ait pu obtenir une exécution entière, il a produit plus de destruction dans une courte durée, que la main du temps n'en a opéré pendant des milliers d'années. On attribue ordinairement

---

[1] Hérodote, *Hist.* l. 1, chap. 135.
[2] Figures 5 et 6, pl. 40, *A.*, vol. III.

à l'intolérance religieuse les ravages faits en Égypte par Cambyse; mais cette passion n'était pas dans le génie des peuples anciens. La cause que je viens d'assigner est bien plus naturelle, et paraît plus vraisemblable.

Quant aux batailles navales dont on voit la représentation dans plusieurs bas-reliefs de Thèbes, je suis porté à croire qu'elles ont été données contre les Phéniciens. Lorsque de grandes querelles divisaient les maîtres du Nil et ceux de l'Euphrate, il était difficile aux Phéniciens, placés entre ces deux puissances, de conserver la neutralité. Des circonstances accidentelles ont pu jeter quelquefois ce peuple navigateur dans l'alliance des Égyptiens; mais on sent que son intérêt permanent devait finir par le ramener aux Perses, dont l'agrandissement menaçait moins son indépendance, et qui, par leur position géographique, lui donnaient moins de jalousie sur l'empire de la mer. Les histoires anciennes parlent effectivement assez souvent des alliances des Phéniciens avec les Perses; et nous savons par Hérodote, que, lorsque Cambyse marcha à la conquête de l'Égypte, la flotte des Phéniciens formait la principale partie de son armée navale : cette combinaison de forces pour la destruction de l'empire des Égyptiens fait supposer des relations plus anciennes entre Tyr et Babylone.

Les autres loges sont également très-intéressantes; on y voit une grande variété d'armes offensives et défensives[1], et des scènes agricoles que je me dispenserai de détailler, ne pouvant que répéter sur ce sujet ce que j'ai

---

[1] On en a représenté la collection, pl. 88, *A.*, vol. II.

dit dans le mémoire sur les grottes d'Elethyia. Ces huit loges ne sont pas la partie la plus grande de la catacombe des harpes, mais elles en sont la partie la mieux conservée : en y entrant, on est émerveillé de la fraîcheur des peintures; on est agréablement surpris de la foule des sujets piquans et gracieux qui se présentent aux regards.

Tout ce qu'on voit dans la catacombe des harpes donne une grande idée de la magnificence des costumes chez les anciens Égyptiens. Il y a beaucoup de variété dans les étoffes et dans les ornemens : les broderies sont multipliées et riches; elles ont été peintes d'un ton jaune et brillant qui annonce l'intention d'imiter l'or. De beaux modèles de costumes se présentent à peu de distance de l'entrée, en un réduit pratiqué dans le premier couloir sur la gauche[1]. On en trouve encore dans une pièce dont le plafond est soutenu sur quatre piliers, et qui, après la grande salle sépulcrale, paraît être la partie la plus importante de la catacombe[2].

CATACOMBE DE LA MÉTEMPSYCOSE.

La catacombe de la métempsycose est désignée, dans les planches, sous le nom de *cinquième tombeau de l'ouest* : elle est la seule grotte de la vallée où l'on trouve deux grandes salles sépulcrales semblables à la salle principale du tombeau des harpes; comme celle-ci,

---

[1] Planche 85, fig. 2, 3 et 5, *A*., vol. II. Ces figures sont peintes dans la place marquée *b*, fig. 6, pl. 78, *A*., vol. II.

[2] Planche 86, fig. 2, 3 et 4. Ces figures sont peintes dans la salle *p*, fig. 6, pl. 78, *A*., vol. II.

elles ont un plafond taillé en berceau et soutenu par huit piliers. La première de ces deux salles est au milieu de la catacombe; elle est moins grande que celle du fond : son sol est abaissé au-dessous du sol général de la grotte; on y descend le long d'un plan incliné, dont la pente est assez roide. Une pente pareille existe du côté opposé, et facilite la sortie de ceux qui veulent se rendre au fond de la grotte. Un stylobate sur lequel reposent les bases des huit piliers, règne tout autour de la pièce; on a ménagé, entre les piliers et le mur, un espace libre, de sorte que l'on peut circuler sur le stylobate comme sur un balcon, et faire ainsi le tour de la salle. Le stylobate est décoré d'une corniche égyptienne, et produit un effet agréable; il a été fort ingénieusement imaginé pour racheter les défauts de proportion que l'enfoncement du sol aurait produits entre les parties de cette pièce et celles des pièces voisines.

La grande salle sépulcrale du fond surpasse en grandeur celle du tombeau des harpes, à ne considérer que les dimensions horizontales; mais elle lui est inférieure en élévation. La galerie qui lie entre elles les différentes parties de la grotte de la métempsycose, n'est, à proprement parler, qu'un couloir long et étroit; à la vérité, ce couloir, qui s'étend en ligne droite, depuis l'entrée de la grotte jusqu'à son fond, et qui divise toutes les pièces en deux parties parfaitement symétriques, donne au plan général une élégance particulière: néanmoins la catacombe des harpes produit plus d'effet; elle a quelque chose de plus grandiose dans ses proportions, et de plus imposant dans son style.

CH. IX, DESCRIPTION GÉNÉRALE

Les peintures de la catacombe de la métempsycose sont remarquables par le goût du dessin et par le fini de l'exécution. Le lit de repos, qui a pour accoudoir une figure couchée[1], présente une composition gracieuse. La tête de lion qui sert de chevet, et les pieds dont la forme a été empruntée du même animal, sont ajustés avec goût; les ornemens dont ce meuble est enrichi lui donnent un air de légèreté. Le double sphinx[2] figurerait agréablement dans une frise, et pourrait même être employé avec succès dans la composition de quelques meubles; c'est une figure qui n'a été vue nulle part ailleurs : elle se trouve au plafond de la grotte, ainsi que celle du lit de repos.

Un tableau dans lequel le dogme de la métempsycose est en quelque sorte mis en action[3], se fait apercevoir dès l'entrée de la catacombe.

Une divinité assise sur un trône placé au haut d'une estrade fait peser dans une balance les actions des hommes. Neuf figures qui ont passé le Styx, montent les degrés de l'estrade et s'avancent vers le redoutable tribunal. Le dieu vient de prononcer la sentence fatale contre un méchant; il l'a condamné à recommencer sa vie sous la forme d'un animal immonde : Mercure, conducteur des ames, préside à l'exécution du jugement. L'intervention de ce dieu est figurée par deux singes cynocéphales[4] : le condamné est placé dans une barque qui paraît retourner vers le séjour terrestre; car son

---

[1] Figure 3, pl. 84, *A.*, vol. II.
[2] Figure 2, pl. 84, *A.*, vol. II.
[3] Figure 1, pl. 83, *A.*, vol. II.
[4] Le cynocéphale est l'emblème de Mercure.

mouvement se fait en sens contraire de celui des neuf figures qui sont censées s'éloigner de la vie. M. Jomard a donné, dans son mémoire sur les hypogées, toutes les preuves qui justifient cette explication, et je me dispenserai de les répéter ici[1].

Un autre tableau de la même grotte, quoiqu'il ne présente pas un sens aussi facile à reconnaître[2], paraît se rapporter à la métempsycose. On y reconnaît des traces de ce dogme, malgré le voile dont cette allégorie est enveloppée.

Vers la droite, une main colossale, appartenant à une puissance invisible, entraîne vers la partie inférieure un corps humain qui a déjà la forme de momie. Au-dessous du mort, on voit des larmes et un œil qui pleure. Sur un plan supérieur est une barque tirée par sept éperviers à figure humaine; elle est précédée par une autre barque prête à tomber dans une région inférieure. Une figure costumée d'une manière particulière soutient cette barque, comme si elle voulait en modérer la chute. Vers la gauche, on aperçoit la même barque, qui, après avoir parcouru l'espace inférieur, remonte à la hauteur d'où elle était descendue. Une figure vêtue comme celle qui l'a soutenue dans sa chute, semble l'aider à remonter.

Cette suite d'emblèmes exprime la nécessité de mourir, la douleur qui accompagne une mort récente, la descente au séjour ténébreux que les ames doivent habiter après la mort, et le retour aux régions supérieures.

[1] *Voyez* la description des hypogées, *section* x, pag. 157.
[2] Figure 4, pl. 84, *A.*, vol. ii.

Beaucoup d'autres circonstances viennent à l'appui de cette conjecture. Les barques ont le gouvernail à deux avirons qui caractérise les barques symboliques et mystérieuses [1]. Dans la barque qui descend aux régions inférieures et dans celle qui remonte, se trouvent le scarabée qui est l'emblème de la vie, et l'épervier à figure humaine que l'on croit être le symbole de l'ame. On voit, au milieu du tableau, deux grands bras élevés avec les mains ouvertes. Au-dessus des mains est un disque qui n'a pas été dessiné, mais dont on peut se former une idée en jetant un coup d'œil sur la fig. 6 de la pl. 86. On croit que le disque représente la boule que le scarabée entraîne avec lui, dans laquelle il enferme ses œufs, et que l'on est autorisé par plusieurs circonstances à regarder comme le symbole de la régénération. Ces deux bras sont d'une proportion colossale; ce qui annonce un pouvoir supérieur, capable de ravir à la mort sa proie.

Avant de quitter ce tableau, nous remarquerons qu'il fournit le moyen d'interpréter un signe hiéroglyphique; il est évident que l'œil représenté avec trois traits verticaux, descendant de la paupière inférieure, est l'hiéroglyphe de la douleur accompagnée de larmes.

J'ai cru pouvoir m'autoriser de ce tableau, et surtout du précédent, dont le sens est beaucoup plus déterminé, et dans lequel on ne peut méconnaître le dogme de la transmigration des ames dans différentes vies et sous différentes formes, pour donner à cette grotte le nom de *catacombe de la métempsycose*.

---

[1] *Voyez* le mémoire sur les grottes d'Elethyia, *Antiquités-Mémoires*.

DE THÈBES. SECTION XI.

CATACOMBE ASTRONOMIQUE.

Cette catacombe a son ouverture dans un petit enfoncement que l'on trouve sur la droite, immédiatement après qu'on est entré dans la vallée ; les planches la désignent par le nom de *premier tombeau de l'ouest :* elle est fort intéressante, quoiqu'elle ne soit pas remarquable par ses dimensions. Une fosse creusée dans la roche servait de sarcophage ; elle était recouverte par une cuve de granit posée l'ouverture en bas[1]. Ce sarcophage, fait avec moins de recherche et de luxe que tous ceux que nous avons vus jusqu'ici, semble, par cela même, appartenir à une époque antérieure : la catacombe dans laquelle il se trouve est peut-être la plus ancienne de la vallée. La tombe a été violée, la momie a disparu avec tout ce qui l'accompagnait. Pour y pénétrer, on a fracassé une des parois de la cuve qui fait fonction de couvercle ; il est facile de reconnaître que l'effraction a été faite à dessein.

Au-dessus du sarcophage est un plafond taillé en forme de berceau : il est orné d'une espèce de camaïeu, qui produit un effet agréable. Le fond est bleu parsemé d'étoiles ; les figures sont d'une seule teinte jaune, ou plutôt fauve : cette composition, par son effet général, rappelle les peintures communément désignées sous le nom de *peintures étrusques.* Mais ce tableau[2] présente

---

[1] *Voyez* le plan et le profil de cette tombe, fig. 13 et 14, pl. 79, *A.*, vol. II.

[2] *Voyez* la pl. 82, *A.*, vol. II, et le volume de l'explication des planches.

un autre intérêt qui lui donne plus d'importance : le ciel bleu, parsemé d'étoiles, annonce un sujet puisé dans l'astronomie. Ce premier aperçu se confirme, dès que l'on vient à considérer les scènes qui remplissent les milieux des deux bandes du tableau : on reconnaît dans la scène de la bande inférieure quatre signes du zodiaque, savoir, le *taureau*, le *lion*, le *scorpion*, et l'*amphore*, autrement appelée le *verseau*. Le rapprochement de ces quatre signes est remarquable : considérés dans le zodiaque, ils sont éloignés l'un de l'autre de trois signes, c'est-à-dire qu'ils divisent ce cercle en quatre parties égales, de sorte que, si l'on supposait que l'un de ces signes, le taureau, par exemple, occupât un point équinoxial, le scorpion, qui lui est diamétralement opposé, serait à l'autre équinoxe pendant que le lion et le verseau seraient placés aux solstices. Dans la bande supérieure, on retrouve le signe du lion ; on y retrouve aussi celui du taureau et celui de l'amphore, mais réunis en une seule figure, sous la forme d'un vase terminé par une tête de taureau.

M. Jomard, qui a fait une étude approfondie de ce tableau, pense qu'il représente la position des équinoxes et des solstices à l'époque de l'excavation du tombeau. Le taureau est l'objet le plus en évidence dans la scène qui occupe le milieu de la bande inférieure ; il est placé sur un support dont la figure, semblable au fléau d'une balance, est le symbole de l'égalité des jours et des nuits. On conclut de cette circonstance que la peinture se rapporte à une époque où un des deux équinoxes était dans la constellation du taureau. Si l'on supposait que cet équinoxe fût celui d'automne, on donnerait au monument une antiquité qui pourrait aller jusqu'à 17012 ans avant Jésus-Christ, sans être au-dessous de 14641. Une antiquité aussi reculée n'est pas vraisemblable. Il faut donc admettre qu'il s'agit ici de l'équinoxe du printemps : alors l'antiquité du monument rentre dans des limites beaucoup plus rapprochées de nous ; elle pourrait ne pas excéder 3520 ans, c'est-à-dire que l'origine du monument pourrait ne pas remonter au-delà du xviie siècle avant Jésus-Christ. Il est vrai que, le temps nécessaire à l'équinoxe pour parcourir toute la constellation du taureau étant de plus de vingt-deux siècles, il reste encore un champ considérable d'incertitude ; et tout ce qu'on pourrait conclure, c'est que ce monument a été fait entre le xle et le xviie siècle avant Jésus-Christ : alors l'invraisemblance disparaît. Les autres emblèmes qui font partie de cette scène, semblent tous s'accorder pour faire croire qu'il s'agit d'un printemps, et concourent ainsi à confirmer l'explication. Lorsque l'équinoxe du printemps est dans la constellation du taureau, le solstice d'été arrive dans celle du lion. Cette dernière époque est figurée par les emblèmes rassemblés au milieu de la bande supérieure du tableau. M. Jomard a donné à cette explication tous les développemens nécessaires pour la motiver : on peut en prendre connaissance dans ses observations, que l'on trouvera dans la suite de cette collection [1].

[1] *Voyez* le volume des Mémoires d'antiquités.

un autre intérêt qui lui donne plus d'importance : le ciel bleu, parsemé d'étoiles, annonce un sujet puisé dans l'astronomie. Ce premier aperçu se confirme, dès que l'on vient à considérer les scènes qui remplissent les milieux des deux bandes du tableau : on reconnaît dans la scène de la bande inférieure quatre signes du zodiaque, savoir, le *taureau*, le *lion*, le *scorpion*, et l'*amphore*, autrement appelée le *verseau*. Le rapprochement de ces quatre signes est remarquable : considérés dans le zodiaque, ils sont éloignés l'un de l'autre de trois signes, c'est-à-dire qu'ils divisent ce cercle en quatre parties égales, de sorte que, si l'on supposait que l'un de ces signes, le taureau, par exemple, occupât un point équinoxial, le scorpion, qui lui est diamétralement opposé, serait à l'autre équinoxe pendant que le lion et le verseau seraient placés aux solstices. Dans la bande supérieure, on retrouve le signe du lion; on y retrouve aussi celui du taureau et celui de l'amphore, mais réunis en une seule figure, sous la forme d'un vase terminé par une tête de taureau.

M. Jomard, qui a fait une étude approfondie de ce tableau, pense qu'il représente la position des équinoxes et des solstices à l'époque de l'excavation du tombeau. Le taureau est l'objet le plus en évidence dans la scène qui occupe le milieu de la bande inférieure; il est placé sur un support dont la figure, semblable au fléau d'une balance, est le symbole de l'égalité des jours et des nuits. On conclut de cette circonstance que la peinture se rapporte à une époque où un des deux équinoxes était dans la constellation du taureau. Si l'on supposait que cet équinoxe fût celui d'automne, on donnerait au monument une antiquité qui pourrait aller jusqu'à 17012 ans avant Jésus-Christ, sans être au-dessous de 14641. Une antiquité aussi reculée n'est pas vraisemblable. Il faut donc admettre qu'il s'agit ici de l'équinoxe du printemps : alors l'antiquité du monument rentre dans des limites beaucoup plus rapprochées de nous ; elle pourrait ne pas excéder 3520 ans, c'est-à-dire que l'origine du monument pourrait ne pas remonter au-delà du xviie siècle avant Jésus-Christ. Il est vrai que, le temps nécessaire à l'équinoxe pour parcourir toute la constellation du taureau étant de plus de vingt-deux siècles, il reste encore un champ considérable d'incertitude ; et tout ce qu'on pourrait conclure, c'est que ce monument a été fait entre le xle et le xviie siècle avant Jésus-Christ : alors l'invraisemblance disparaît. Les autres emblèmes qui font partie de cette scène, semblent tous s'accorder pour faire croire qu'il s'agit d'un printemps, et concourent ainsi à confirmer l'explication. Lorsque l'équinoxe du printemps est dans la constellation du taureau, le solstice d'été arrive dans celle du lion. Cette dernière époque est figurée par les emblèmes rassemblés au milieu de la bande supérieure du tableau. M. Jomard a donné à cette explication tous les développemens nécessaires pour la motiver : on peut en prendre connaissance dans ses observations, que l'on trouvera dans la suite de cette collection [1].

[1] *Voyez* le volume des Mémoires d'antiquités.

SUJETS DIVERS.

Avant de finir, je m'arrêterai un moment sur des sujets isolés, copiés dans diverses catacombes. Parmi ces sujets, quelques-uns sont emblématiques, d'autres représentent des choses usuelles qui ne sont pas sans intérêt.

Une collection de vases[1] présente treize modèles qui, à l'exception de trois, sont différens de ceux que nous avons déjà remarqués dans la catacombe des harpes; on ne peut s'empêcher d'être surpris de la variété des formes agréables que les anciens Égyptiens avaient su donner à cet ustensile.

Une figure de femme avec des ailes[2] mérite d'être citée, à cause du soin avec lequel tous les détails de son ajustement ont été traités. C'est la déesse Isis; elle est reconnaissable au globe placé sur sa tête, entre deux cornes de génisse.

La représentation d'un embaumeur en activité de travail, au moment de terminer son opération[3], forme un tableau curieux, qui cependant ajoute peu aux notions que nous avons sur l'art des embaumemens.

Enfin trois compositions étranges sont bien faites pour piquer la curiosité[4]; et je ne puis me dispenser d'en entretenir le lecteur.

Ce serait tout-à-fait méconnaître l'esprit de l'antiquité que de voir dans ces peintures des intentions de lubri-

---

[1] Planche 92, *A.*, vol. II.
[2] Figure 2, pl. 92, *A.*, vol. II.
[3] Figure 3, pl. 92, *A.*, vol. II.
[4] Figure 6, pl. 84; fig. 1, pl. 86; fig. 11, pl. 92, *A.*, vol. II.

cité et des sujets de plaisanterie : il faut se souvenir que, d'après le rapport d'Hérodote, qui en a été témoin oculaire [1], il y avait chez les Égyptiens des cérémonies religieuses dans lesquelles l'organe viril de la génération était porté en procession avec solennité; il semble que les Égyptiens aient voulu par là rendre hommage à la puissance reproductrice des êtres et réparatrice du genre humain. Une figure qui est un emblème énergique de cette puissance [2], est très-multipliée parmi les bas-reliefs des temples, et surtout à Thèbes, dans le grand édifice de Karnak. Il y existe une enceinte qui, par son caractère mystérieux, paraît avoir été vouée, d'une manière particulière, à l'exercice des choses sacrées : nous avions pris l'habitude de la désigner sous le nom de *sanctuaire* [3]. Elle contient deux chambres construites avec une grande recherche. Les murs sont formés de blocs de granit parfaitement équarris et polis, qui sont assez grands pour qu'un seul fasse toute l'épaisseur du mur et toute la longueur de la chambre : ces murs étaient couverts de bas-reliefs peints. Le plafond, également en granit, est semé d'étoiles d'or sur un fond bleu. L'emblème de la génération est répété avec profusion dans toute cette enceinte; deux cippes carrés, placés à l'entrée du sanctuaire, sont ornés de bas-reliefs représentant des hommes et des femmes qui se caressent. Dans l'intérieur de la première pièce, soixante-quatre tableaux sont encore visibles; la figure en question est dans trente-un : elle

---

[1] Liv. II, chap. 48 et 49.   *A.*, vol. III, pl. 14, 32, 46 et 47;
    A., vol. IV, pl. 24 et 27.
[2] Voyez *A.*, vol. II, pl. 8 et 11;   [3] *Voyez* pl. 16, *A.*, vol. III.

est prodigieusement multipliée dans le propylée ; on l'y voit sur les murs d'enceinte et sur toutes les colonnes ; elle est encore très-nombreuse sur la porte de granit située au sud du palais vers l'avenue de sphinx à tête de belier et à corps de lion. Partout cette figure est adorée avec les démonstrations de la crainte et du respect ; on se prosterne devant elle : attitude extrêmement rare, et dont je n'ai vu d'autre exemple que dans un bas-relief d'Esné, où le crocodile est représenté recevant cet hommage. Les anciens Égyptiens avaient donc sur la pudeur des idées différentes des nôtres : les Égyptiens modernes, et en général tous les Orientaux, semblent avoir conservé à cet égard les habitudes antiques ; ils attachent peu d'importance à la nudité des organes de la génération ; lorsqu'ils sont dans le cas de les nommer, ils le font sans détour et avec une naïveté de langage qui rappelle la chaste simplicité de celui de la Bible.

Revenons aux peintures des tombeaux des rois qui nous ont donné occasion de faire ces réflexions. Le tableau gravé dans la pl. 84 nous montre un homme dont la taille est colossale, relativement à toutes les figures qui l'environnent ; il est représenté avec le membre viril en érection, lançant un jet de liqueur séminale : un petit homme ou embryon tombe avec une portion de la liqueur, et paraît lui devoir sa naissance. Un autre individu, placé au-dessous d'une rangée de six petites momies, paraît recevoir la vie d'un jet de liqueur séminale lancé plus loin que le premier. Ces deux individus, nés de la même semence, sont deux frères. Celui qui est debout a été produit par l'émission séminale la plus forte : sa taille est plus grande; ce qui, dans les peintures égyptiennes, marque toujours une supériorité : il est sans doute l'aîné. Il est bien difficile d'établir des conjectures plausibles sur les figures de momies disposées de chaque côté le long de plans inclinés. Si j'osais en hasarder une, je dirais que cette peinture est le tableau généalogique de la dynastie qui avait ses sépultures dans la catacombe; la figure principale serait le fondateur de la dynastie. Sa taille colossale annonce quelque chose de divin. Les familles puissantes de l'antiquité se plaisaient à attribuer ce caractère aux auteurs de leur race. Des lignes ponctuées partent de la figure principale, et se dirigent sur les figures placées derrière elle. Ces lignes expriment la trace de petits globes qui sont le symbole de la vie, de sorte que toutes les figures de la gauche paraissent avoir puisé la vie dans une source commune; il en est quatre qui semblent recevoir directement l'existence de la figure principale : dans les petites momies de la droite, au contraire, rien ne marque une origine commune. D'après ces données, on peut supposer que les figures placées à gauche représentent la ligne masculine dont tous les individus ont dû appartenir à une même race, pendant que les autres représentent les femmes qui ont pu être prises dans autant de familles différentes : la différence de sexe que je suppose ici, n'est pas indiquée par le costume; mais il est à remarquer que les figures de la gauche sont toutes d'une proportion plus forte que celles de la droite.

Quant aux astérismes que l'on voit dans le champ du tableau, il est bien difficile, pour ne pas dire impossible, d'en assigner la signification. Peut-être sont-ils l'expression d'idées astrologiques, et ont-ils pour objet de faire connaître les dieux ou les astres qui présidaient aux destinées de cette famille.

Le tableau de la pl. 92 (fig. 11) a une très-grande analogie avec celui que je viens d'examiner; il y a cependant des différences à remarquer. Les étoiles y sont plus nombreuses, et l'on n'y voit point de lignes ponctuées qui lient la figure principale aux petites figures : mais il n'est pas certain que ces lignes ne se trouvent pas dans l'original. La liqueur séminale ne donne naissance qu'à un seul embryon. Les petites figures disposées le long des plans inclinés, sur la droite et sur la gauche, sont alternativement des hommes et des femmes; il y a trois couples de chaque côté : si c'était là un tableau généalogique, il comprendrait six générations. Le tableau de la pl. 84 indique également six générations : je dois avouer que cette concordance, loin de confirmer l'explication que j'ai hasardée, me paraît former contre elle une véritable objection, à moins que les deux tableaux ne se rapportent à la même famille ou aux mêmes faits; ce que je n'ai aucun moyen de décider. Je prie le lecteur de se souvenir que ce n'est qu'avec la plus extrême défiance que je me suis risqué à proposer quelques conjectures sur le sens de ces peintures mystérieuses.

Le tableau gravé dans la pl. 86 (fig. 1) me semble présenter un sens plus déterminé. Il est composé de trois scènes qui ne diffèrent entre elles que par quelques signes hiéroglyphiques. La figure principale est un homme dont le corps est ployé à la hauteur des hanches et renversé en arrière : l'organe génital lance un jet de semence qui produit un petit homme. La ligne que décrit la liqueur séminale, est figurée par une suite de globules rouges; des globules semblables partent de la patte d'un scarabée, et vont se rendre dans la bouche de la grande figure humaine. Comme la naissance du petit homme rouge est, sans nul doute, le dernier résultat de toute cette opération, il est constant qu'elle a son commencement dans le scarabée. Ce tableau exprime donc que le scarabée est la source première de l'existence que reçoit l'embryon, et que la grande figure à laquelle cet embryon paraît devoir la vie, n'est qu'un intermédiaire par le moyen duquel elle lui a été transmise.

D'après plusieurs témoignages historiques, on était autorisé à regarder le scarabée comme l'emblème de la vie et de la régénération[1]. Voilà un monument qui confirme cette opinion : on y voit la peinture vivante des fonctions attribuées à la figure du scarabée dans l'écriture hiéroglyphique; on ne pouvait pas les représenter d'une manière plus expressive.

Nous devons regretter que le temps n'ait pas permis de copier une plus grande portion des peintures qui ornent les tombeaux des rois, et d'en faire des recueils méthodiques. C'est une riche moisson que nous avons laissée à nos successeurs : si l'on réussit un jour à percer le voile qui couvre les sciences et les institutions des anciens Égyptiens, ce sera sans doute en étudiant les peintures qui ornent les catacombes, qu'on y parviendra.

[1] *Voyez* la description des hypogées, par M. Jomard, §. XII, pag. 152 et suiv.

On trouve des grottes dans toutes les parties de l'Égypte; il n'en est aucune qui ne présente de l'intérêt et qui ne puisse fournir quelque notion importante : cependant les tombeaux des rois tiennent le premier rang parmi ces monumens; c'est là que le génie mystérieux des anciens Égyptiens se montre dans toute sa force; c'est là que sont le plus fortement empreintes les traces des croyances extraordinaires sous l'empire desquelles ce peuple incompréhensible a vécu.

Lorsque je visitai les tombeaux des rois, j'étais déjà familiarisé avec les antiquités égyptiennes; j'avais parcouru les deux rives du Nil, depuis Philæ jusqu'à Thèbes, et j'en avais étudié tous les monumens; j'avais passé vingt-quatre jours auprès des ruines de Thèbes, ardemment empressé et sans relâche occupé de rechercher tout ce qui méritait d'être connu : la multitude de choses extraordinaires et grandes que je rencontrais tous les jours, en exaltant continuellement mon enthousiasme, finit par l'épuiser; la vue de tant de merveilles m'avait comme blasé; j'en étais rassasié, je me sentais las d'admirer. Lorsque nous levâmes nos tentes pour les transporter à la vallée des tombeaux, je n'imaginais pas qu'il fût possible de rencontrer encore des objets capables de me donner des sensations nouvelles. Le premier coup d'œil que je jetai sur les tombeaux des rois, suffit pour me détromper : j'éprouvai une sorte de saisissement; mon ame fut vivement ébranlée; ma curiosité, prête à s'éteindre, se ranima et reprit son ardeur première.

DISSERTATION
SUR LA POSITION GÉOGRAPHIQUE ET L'ÉTENDUE
DE THÈBES,
ET
RECHERCHES HISTORIQUES
RELATIVES A CETTE ANCIENNE CAPITALE,

Par MM. JOLLOIS et DEVILLIERS,

Ingénieurs des Ponts et Chaussées.

§. I. *Détermination de la position géographique de Thèbes, résultant de la comparaison des observations modernes avec les témoignages de l'antiquité.*

Cinq lieux principaux conservent, comme nous l'avons vu dans les sections précédentes, des restes de la splendeur de Thèbes : ce sont Karnak, Louqsor, le tombeau d'Osymandyas ou palais de Memnon, Medynet-abou et Qournah. Les longitudes et les latitudes des quatre premiers ont été déterminées par les observations de M. Nouet. Le tableau suivant en offre les résultats :

	LONGITUDES.	LATITUDES.
Karnak..................	30° 19′ 34″	25° 42′ 57″
Louqsor...............	30 19 38.	25 41 . 57.
Tombeau d'Osymandyas...	30 18 6.	25 43 27.
Medynet-abou...........	30 17 32.	25 42 58.

CH. IX, DESCRIPTION GÉNÉRALE

Le même astronome a lié par des triangles les palais de Karnak et de Louqsor, les édifices de Medynet-abou, le tombeau d'Osymandyas ou palais de Memnon, la statue colossale de Memnon et le palais de Qournah. Il a rapporté toute cette opération trigonométrique à une méridienne et à une perpendiculaire passant par l'angle sud-ouest[1] de la façade du premier pylône du tombeau d'Osymandyas. Voici le résultat de son travail :

	DISTANCES	
	à la PERPENDICULAIRE.	à la MÉRIDIENNE.
Le milieu de la porte du premier pylône de l'ouest du palais de Karnak..................	892^m,10, à l'est de la méridienne.	4596^m,80, au sud de la perpendiculaire.
Le petit obélisque ou obélisque occidental de Louqsor...........	2728^m,00, à l'est de la méridienne.	2650^m,40, au sud de la perpendiculaire.
La colonne nord-est des propylées de Medynet-abou............	890^m,50, à l'ouest de la méridienne.	893^m,30, au sud de la perpendiculaire.
La tête de la statue colossale de Memnon..................	686^m,20, à l'ouest de la méridienne.	70^m,00, au sud de la perpendiculaire.
Le point du palais de Qournah marqué en *a* sur le plan particulier (*voyez* la pl. 41, *A.*, vol. 11)..	631^m,00, à l'est de la méridienne.	1714^m,00, au nord de la perpendiculaire.

Les distances calculées en ligne droite entre les points dont nous venons de donner les positions, sont, savoir :

De Karnak à Louqsor......................... 2675^{m}60.
De Karnak à Qournah........................ 3260, 20.

[1] *Voyez* le plan général de Thèbes, pl. 1, *A.*, vol. 11.

De Qournah au tombeau d'Osymandyas.......... 1826^{m}60.
Du tombeau d'Osymandyas à Medynet-abou...... 1261, 30.
De Medynet-abou à Louqsor.................... 3991, 10.
Du tombeau d'Osymandyas à Louqsor............ 3803, 50.
Du tombeau d'Osymandyas à Karnak............ 4682, 50.
De Louqsor à Qournah........................ 3487, 00.
De Karnak à Medynet-abou.................... 5490, 10.

En considérant l'ensemble des ruines dont nous venons d'assigner les positions, on ne peut douter qu'elles n'appartiennent toutes à l'ancienne capitale de l'Égypte: des restes de temples magnifiques et de vastes palais, des hippodromes, des statues colossales et des obélisques l'annoncent assez. Mais nous allons voir les témoignages de l'antiquité se réunir pour donner à cette opinion tout le caractère de la certitude.

Le plus ancien des historiens voyageurs dont les ouvrages nous sont parvenus, Hérodote[1], fixe la position de la première capitale de l'Égypte par ses distances à la mer et à Éléphantine. Il avait donné précédemment la distance d'Héliopolis à la mer, évaluée à quinze cents stades[2]. Dans le cours de sa narration, il indique positivement qu'il fait usage du stade égyptien. C'est une mesure astronomique que l'on s'accorde généralement à considérer comme contenue quatre cent mille fois dans la circonférence de la terre[3]. Les derniers travaux de M. Gossellin mettent cette vérité dans tout son jour. Comme, dans notre nouveau système métrique, nous divisons la circonférence du cercle en quatre cents de-

---

[1] *Voyez* la citation n°. 1, à la fin de cette dissertation.
[2] *Voy.* les citations n°^{s}. II et III.
[3] *Voyez* la Géographie des Grecs analysée, et les Observations préliminaires et générales mises en tête de la traduction de Strabon, par M. Gossellin.

grés, la longueur d'un degré décimal du méridien terrestre, qui est de cent mille mètres, correspond exactement à mille stades égyptiens : d'où il suit que la longueur du stade astronomique égyptien est de cent mètres. Évalué d'après les résultats des dernières opérations faites en France pour déterminer la longueur du méridien terrestre, il équivaut, en anciennes mesures françaises, à 51ᵗ 1ᵈ 5° 1ˡ,421. Nous avons eu déjà plusieurs fois occasion de remarquer l'emploi du stade de cent mètres dans les monumens de l'Égypte[1] : ce que nous allons dire va confirmer encore le fréquent usage que les Égyptiens en ont fait.

Après avoir donné la distance de quinze cents stades d'Héliopolis à la mer, Hérodote rapporte que, *d'Héliopolis à Thèbes, on remonte le fleuve pendant neuf jours; ce qui fait quatre mille huit cent soixante stades, ou quatre-vingt-un schœnes.* Ici l'auteur, par une sorte de récapitulation, fait connaître le nombre de stades qui entre dans l'étendue de l'Égypte; il rappelle que ce pays a trois mille six cents stades le long de la mer, ainsi qu'il l'a dit auparavant[2]. Il annonce qu'il va donner la distance de Thèbes à la mer à travers les terres ($\mu\epsilon\sigma\acute{o}\gamma\alpha\iota\alpha$), c'est-à-dire en ligne droite, et il la fixe en effet à six mille cent vingt stades : il donne également la distance de Thèbes à Éléphantine, qu'il évalue à dix-huit cents stades. Il résulte donc de l'examen attentif du texte, que les distances de la mer à Héliopolis, de la mer à

---

[1] *Voyez* la description de l'hippodrome de Medynet-abou, *section* I, pag. 140, et la description de Karnak, *section* VIII, pag. 564.
[2] Herodot. *Hist*. lib. II, cap. 6.

Thèbes, et de Thèbes à Éléphantine, sont comptées en ligne droite. Or, si l'on prend, sur la grande carte d'Égypte levée par les ingénieurs de l'armée d'Orient, l'intervalle qu'il y a du milieu des ruines de Louqsor, Karnak, Medynet-abou et Qournah, à l'emplacement de l'ancienne ville d'Éléphantine, sur lequel il ne peut y avoir aucune incertitude, on trouve une longueur de cent quatre-vingt mille mètres, mathématiquement égale aux dix-huit cents stades d'Hérodote. La distance de la mer à Thèbes ne peut se vérifier tout-à-fait avec la même exactitude, attendu que l'auteur n'indique pas d'une manière précise le point de départ vers la mer : elle coïncide toutefois fort bien avec celle qu'on prendrait en ligne droite sur la carte d'Égypte, entre la bouche d'Omm-fâreg, près de Péluse, et les ruines maintenant occupées par les villages de Louqsor, Karnak, Medynet-abou et Qournah. Quant aux quinze cents stades comptés par Hérodote, d'Héliopolis à la mer, bien qu'ils ne se rattachent point immédiatement à l'objet que nous avons en vue, nous ferons cependant remarquer qu'ils s'accordent avec la distance qui se trouve sur la carte entre Héliopolis et la bouche d'Omm-fâreg, à une différence près de quelques centaines de mètres, qui peut provenir de l'accroissement qu'a pris le Delta.

Quelques savans [1] ont pensé qu'il y avait dans le passage d'Hérodote une erreur de calcul, et que le texte devrait indiquer six mille trois cents, et non pas six mille cent vingt stades de la mer à Thèbes : ils se fondent sur

---

[1] *Voyez* la note 27 du livre II de la traduction d'Hérodote, par M. Larcher, deuxième édition, t. II, p. 181.

ce que l'auteur aurait eu l'intention de composer la distance de Thèbes à la mer, de celle de quatre mille huit cent soixante stades, résultant de l'évaluation des neuf journées de navigation comptées pour le trajet d'Héliopolis à Thèbes, et de la distance d'Héliopolis à la mer, déterminée précédemment à quinze cents stades. Nous ne croyons pas qu'on puisse interpréter ainsi le texte d'Hérodote, dont l'examen approfondi nous semble annoncer seulement l'intention de faire une sorte de récapitulation des stades qui entrent dans les principales dimensions de l'Égypte, mais non pas d'indiquer une addition de mesures partielles pour en former une mesure totale. Nous sommes d'autant mieux fondés à nous en tenir à cette opinion, que, d'après l'interprétation que nous avons donnée du texte d'Hérodote, la coïncidence des mesures anciennes et des mesures modernes est plus frappante.

Avant de quitter cette discussion, nous ferons observer qu'Hérodote a fait de la journée de navigation une évaluation qui paraîtra certainement trop faible à ceux qui ont parcouru l'Égypte : en effet, il ne la porte qu'à cinq cent quarante stades ou cinquante-quatre mille mètres[1]. En suivant les contours du fleuve sur la carte d'Égypte, on trouve que la distance d'Héliopolis à Thèbes est de six cent quatre-vingt mille mètres environ, ou six mille huit cents stades; ce qui ferait, pour la journée de navigation, sept cent cinquante-cinq stades, ou soixante-quinze mille mètres. Cette évaluation n'est certainement pas trop forte; car nous avons éprouvé

[1] Environ quatorze lieues de deux mille toises.

nous-mêmes que, dans la saison favorable, on parcourt jusqu'à dix myriamètres[1] par jour : mais il s'agit ici d'un terme moyen, qui présente toujours un certain vague. Aussi ne croyons-nous pas devoir faire usage de cette mesure de quatre mille huit cent soixante stades pour retrouver la position de Thèbes, qui d'ailleurs est fixée avec une exactitude parfaite, par les rapprochemens que nous avons faits précédemment.

Il résulte donc de ce qui précède, que le témoignage d'Hérodote donne le droit de conclure que l'emplacement occupé par les ruines de Karnak, Louqsor, Medynet-abou et Qournah, est bien celui de Thèbes.

Strabon[2], sans donner la distance absolue de Thèbes à quelque point connu, détermine cependant bien la position de cette première capitale de l'Égypte par l'ordre dans lequel il nomme les différentes villes qui bordent l'une et l'autre rive du fleuve. Il place *Abydus* au-dessus de *Ptolemaïs*. Après *Abydus* viennent *Diospolis parva*, aujourd'hui Hoû, ensuite *Tentyra, Coptos, Apollinopolis parva*, et enfin la ville de Thèbes, connue, au temps de Strabon, sous le nom de *Diospolis magna*. La position de Thèbes, relativement aux villes voisines, est ici trop bien indiquée pour qu'on puisse s'y méprendre; et l'ordre dans lequel se suivent Qous, qui renferme quelques vestiges d'antiquité, et Karnak, qui montre d'immenses débris, est bien le même que celui d'*Apollinopolis parva* et de *Diospolis magna*.

Diodore de Sicile ne détermine point la position

---

[1] Environ vingt-cinq lieues de deux mille toises.

[2] *Voyez* la citation n°. IV, à la fin de cette dissertation.

géographique de Thèbes; mais les divers rapprochemens déjà faits ne permettent pas de douter que ce qu'il rapporte de cette ville célèbre ne convienne aux ruines de Karnak, Louqsor, Medynet-abou et Qournah [1].

Ptolémée [2] place le nome de Thèbes et sa métropole, la grande cité de Jupiter ou *Diospolis*, sous le 62e degré de longitude, compté du méridien de l'île de Fer, et le 25e degré 30 minutes de latitude. On sait quelle source d'erreurs renferme la détermination des points fixés par Ptolémée, à cause de la fausse évaluation qu'il a faite du degré de longitude, en le fixant à cinq cents stades, au lieu de sept cents qu'il aurait dû lui conserver. On peut consulter à ce sujet les savans ouvrages de M. Gossellin [3]. Il ne nous est donc pas possible de conclure rien de précis de la comparaison des longitudes données par Ptolémée, et de celles qui ont été déterminées par les observations les plus récentes; mais on peut remarquer que la latitude de 25° 30' assignée à *Diospolis* par Ptolémée ne diffère que de douze minutes de la latitude observée à Karnak par M. Nouet. D'ailleurs, l'ordre dans lequel Ptolémée cite les villes qui se trouvent dans les régions élevées de l'Égypte, s'accorde parfaitement avec les ruines que l'on y voit encore; et leur identité ne peut laisser aucune incertitude, si l'on reconnaît dans les villages modernes d'Erment et de Qous les restes des antiques cités d'*Hermonthis* et d'*Apollinopolis parva*.

---

[1] *Voy.* la description de Karnak, section VIII *de ce chapitre*, p. 563.
[2] Ptolem. *Geogr.* lib. IV, p. 108, edit. Francofurt. 1605.
[3] *Voyez* la Géographie des Grecs analysée, et les Observations préliminaires et générales qui sont en tête de la nouvelle traduction de Strabon, par M. Gossellin.

L'Itinéraire d'Antonin[1] donne la distance de *Contra-Lato* à Thèbes. Nous la rapporterions ici, et nous ferions voir qu'elle diffère peu de celle que l'on prendrait sur la grande carte d'Égypte, s'il ne nous paraissait plus convenable de déterminer la position de *Contra-Lato*, en partant de celle de Thèbes une fois bien établie.

S. Clément d'Alexandrie, Étienne de Byzance, Eusèbe, Ammien-Marcellin, parlent de la ville de Thèbes sans donner aucun détail sur sa position géographique : ils semblent s'être bornés à ce qu'en ont dit les écrivains qui les ont précédés. Mais nous avons rapproché assez d'autorités pour justifier l'opinion que nous avons avancée, et qui se présentera d'elle-même à tous les voyageurs, que les antiquités renfermées dans Karnak, Louqsor, Medynet-abou, le *Memnonium* et Qournah, sont les restes de la splendeur de Thèbes : cherchons maintenant quelle a pu être l'étendue de cette ville célèbre.

§. II. *De l'étendue de Thèbes, et de la nature de ses constructions.*

Les écrivains de l'antiquité nous laissent dans quelque incertitude sur l'étendue de Thèbes, par la contradic-

---

[1] L'Itinéraire d'Antonin marque de Contra-Lato à Thèbes quarante mille pas ; ce qui donne 59240 mètres, en évaluant, comme le fait M. Gossellin, le pas romain à $1^m,481$ ($4^{ds},561$), ou, ce qui est la même chose, le mille romain de huit stades olympiques, ou de six cents au degré, à 1481 mètres ($760^t,107$). Si l'on mesure sur la grande carte d'Égypte la distance qui se trouve entre la position de Contra-Lato, en face d'Esné, et les ruines de Karnak, en suivant les contours du fleuve, on trouve, à peu de chose près, la même distance de 59240 mètres.

tion apparente des faits qu'ils avancent. Nous allons tâcher de répandre quelque lumière sur cette question.

Diodore de Sicile[1] donne à la ville de Thèbes un circuit de cent quarante stades. Nous avons eu déjà beaucoup d'occasions[2] de faire remarquer que ses récits sont tirés des annales des prêtres de l'Égypte, ou des écrits de voyageurs plus anciens que lui, qui paraissent avoir puisé à la même source. Ainsi il n'y a point de doute qu'il ne fasse mention de stades égyptiens qui doivent être évalués à cent mètres, d'après les raisons que nous en avons apportées. Il résulte de là que le circuit donné par Diodore à la ville de Thèbes serait de quatorze mille mètres[3]. Cette mesure convient très-bien au contour d'une ligne qui envelopperait Karnak, Louqsor, Medynet-abou, le *Memnonium*, le tombeau d'Osymandyas, ou palais de Memnon, et Qournah, sans y comprendre Med-a'moud et l'hippodrome de Medynet-abou, qui n'étaient probablement que des dépendances de la ville. Mesuré effectivement sur le plan général de Thèbes[4], ce contour est plus grand que quatorze et moindre que quinze mille mètres, en y comprenant la largeur du fleuve : mais on sent bien qu'après tous les ravages dont Thèbes a été le théâtre depuis tant de siècles, il est difficile maintenant d'en retrouver les limites; et, dans l'état actuel des choses, le résultat auquel nous parvenons, approche trop près de la vérité, pour que nous ne le considérions pas comme entièrement exact.

[1] *Voyez* la citation n°. v.
[2] *Voyez* principalement la description du tombeau d'Osymandyas, *section* III *de ce chapitre*
[3] Sept mille cent quatre-vingt-trois toises : un peu plus de trois lieues et demie de deux mille toises.
[4] *Voyez* la pl. 1, *A.*, vol. II.

DE THÈBES. DISSERTATION.

Strabon[1] rapporte que, de son temps, on retrouvait des vestiges de la grandeur de Thèbes dans une étendue en longueur (τὸ μῆκος) d'environ quatre-vingts stades. On sait que le stade dont Strabon fait le plus fréquemment usage, est celui qui est contenu deux cent cinquante-deux mille fois dans la circonférence de la terre, et qui, d'après les dernières évaluations faites en France, est de cent cinquante-huit mètres soixante-treize centièmes[2]. Les quatre-vingts stades forment donc une longueur de douze mille six cent quatre-vingt-dix-huit mètres[3]. C'est en effet là, à peu près, l'étendue qu'occupent, le long des bords du fleuve, toutes les ruines que l'on peut considérer comme appartenant à Thèbes, depuis Med-a'moud jusqu'au petit temple situé au sud de l'hippodrome de Medynet-abou[4]; car, bien que ces deux points extrêmes ne soient pas compris dans l'enceinte proprement dite, cependant il est hors de doute qu'ils étaient des dépendances de la ville.

Étienne de Byzance[5] rapporte, d'après Caton, qu'avant que la ville de *Diospolis,* appelée *Hécatompyle,* eût été ruinée par les Perses, elle avait quatre cents stades de longueur (τὸ μῆκος).

---

[1] *Voyez* la citation n°. vi.
[2] Quatre-vingt-une toises deux pieds sept pouces huit lignes.
[3] Six mille cinq cent quinze toises : trois lieues et un cinquième à peu près.
[4] *Voyez* pl. 1, *A.*, vol. ii. Il est difficile de vérifier cette mesure avec une exactitude mathématique, l'auteur ne fixant pas avec précision les points entre lesquels la distance est comptée. Strabon, en indiquant quatre-vingts stades environ, ne paraît point avoir voulu donner une mesure rigoureuse. D'ailleurs, comme nous l'avons déjà fait observer, l'incertitude actuelle des limites de Thèbes s'opposerait toujours à une vérification d'une exactitude parfaite.
[5] *Voyez* la citation n°. vii, à la fin de cette dissertation.

Eustathe, dans ses Commentaires sur Denys le Périégète[1], dit que la ville occupait un espace de quatre cent vingt stades, sans déterminer si cette étendue doit être considérée comme une longueur ou un contour.

D'Anville[2], pour concilier à-la-fois ces quatre autorités, qui semblent si peu d'accord, propose de substituer, dans Diodore, au mot περίϐολον, celui de μῆκος, et au mot μῆκος dans la citation de Caton, celui de περίϐολον. Par ces transpositions, qui, suivant le géographe français, seraient nécessaires pour rétablir les textes altérés, les cent quarante stades de Diodore, considérés comme le diamètre d'une circonférence, étant triplés, donneraient un circuit de quatre cent vingt stades, qui coïnciderait exactement avec la mesure d'Eustathe, et qui ne différerait que de vingt stades de celle de Caton. Cette explication est ingénieuse, sans doute; mais elle n'est guère probable. Comment supposer, en effet, qu'une altération de texte, de la nature de celle qu'il faut admettre, ait pu avoir lieu dans trois écrivains différens? Quant à nous, nous conviendrons de la difficulté de concilier ces quatre autorités : mais il nous suffit d'avoir montré que les témoignages de Diodore de Sicile et de Strabon n'impliquent point contradiction, et que même ils sont vérifiés par les restes encore subsistans de la splendeur de Thèbes; car il s'agit ici des deux plus anciens écrivains qui parlent de l'ancienne capitale de l'Égypte, qu'ils avaient vue, ou dont

---

[1] *Voyez* la citation n°. VIII, à la fin de cette dissertation.

[2] *Voy.* les Mémoires sur l'Égypte ancienne et moderne.

ils font mention d'après des voyageurs et des historiens qui l'avaient aussi visitée. Ceux-là seuls peuvent donner des notions exactes sur les lieux dont il nous importe de reconnaître l'état dans la plus haute antiquité. Nous ne voyons pas comment on pourrait faire accorder Caton et Eustathe avec Strabon et Diodore, en admettant même une évaluation différente pour les stades qu'ils emploient; car le plus petit de tous ceux dont on ait fait usage dans l'antiquité, est le stade égyptien de cent mètres. Évalués d'après ce module, les quatre cents stades de Caton et les quatre cent vingt stades d'Eustathe donneraient quarante à quarante-deux mille mètres (près de onze lieues de deux mille toises); ce qui excède de beaucoup le contour effectif des ruines de Thèbes, et passe toutes les bornes de la vraisemblance. C'est cependant là l'opinion à laquelle s'est arrêté d'Anville, et qui a été vivement combattue par M. de Pauw [1].

Nous manquerions le but que nous nous sommes proposé, de bien faire connaître l'étendue de la ville de Thèbes, si nous négligions de la comparer, non-seulement aux capitales qui lui ont succédé en Égypte, mais encore à quelques-unes des villes de l'Europe les plus renommées par leur étendue.

Memphis avait, au rapport de Diodore [2], un contour de cent cinquante stades; ce qui fait quinze mille mètres. Il n'est plus possible maintenant de vérifier cette mesure; car cette ville est, de toutes les capitales de

---

[1] *Recherches philosophiques sur les Égyptiens et les Chinois*, t. II, pag. 55 et suiv.

[2] *Voyez* la citation n°. IX, à la fin de cette dissertation.

l'Égypte, celle qui a le plus éprouvé les ravages des hommes et du temps. Les débris de ses temples, de ses palais et de tous ses édifices publics, ont servi aux embellissemens d'Alexandrie et du Kaire. Ses décombres ont été même tellement fouillés, que ce serait en vain que l'on rechercherait ses anciennes limites. Si l'on s'en tient donc au témoignage de Diodore, Memphis était un peu plus étendue que Thèbes : mais il faut faire attention que les cent quarante stades de contour assignés par Diodore à la ville de Thèbes ne comprennent ni Med-a'moud, ni le temple situé au sud de l'hippodrome de Medynet-abou, qui sont incontestablement des dépendances de cette ancienne capitale.

Le contour présumé de la ville d'Alexandrie [1], au temps des Ptolémées, est de quatorze mille mètres [2], ou cent quarante stades égyptiens.

Le circuit de la ville du Kaire, capitale actuelle de l'Égypte, est de treize mille cinq cents mètres [3], pris sur une ligne qui envelopperait toutes les sinuosités [4].

Il résulte de ces rapprochemens, que les villes qui ont tenu successivement le premier rang en Égypte, offrent peu de différence dans l'étendue de leurs contours, et nous sommes portés à croire que Thèbes l'emportait sur toutes; mais il en est bien autrement, si on la compare à la capitale de la France et à celle de l'Angleterre.

[1] *Voy.* la carte générale des côtes, rades, ports, villes et environs d'Alexandrie, pl. 31, *A.*, vol. v.

[2] Sept mille cent quatre-vingt-trois toises.

[3] Six mille six cent soixante-dix toises.

[4] *Voyez* le plan du Kaire, pl. 26, *É. M.*, vol. I.

En effet, la circonférence de la nouvelle enceinte de Paris, en y comprenant la largeur de la Seine et des routes et chemins, est de vingt-quatre mille six cent seize mètres[1]; et les auteurs anglais portent à vingt-trois milles[2] la circonférence de Londres, comprenant Westminster, Southwark, et les accroissemens qu'a reçus cette vaste cité[3].

La surface renfermée dans la ligne qui envelopperait Louqsor, Karnak, Medynet-abou, le *Memnonium* de Strabon, le tombeau d'Osymandyas et Qournah, est de dix-sept cent vingt-six hectares[4]. En considérant les cent quarante stades, ou quatorze mille mètres, assignés par Diodore au contour de Thèbes, comme une circonférence de cercle, on trouve que la surface qui y serait comprise est de seize cent trente-deux hectares, peu différens de l'aire que nous venons d'indiquer.

Étienne de Byzance[5] rapporte, d'après Caton, que la ville de *Diospolis* occupait en surface trois mille sept cents aroures. S'il faut ajouter foi au témoignage d'Hérodote[6], l'aroure est une mesure carrée qui contient cent coudées d'Égypte en tout sens, ou dix mille coudées

---

[1] Douze mille six cent trente toises.

[2] Dix-huit mille neuf cent quatre-vingt-dix-huit toises.

[3] Cette ville immense est maintenant formée de la réunion de plus de quarante-cinq villages, autrefois dispersés autour de la capitale, à des distances très-inégales; et il est très-probable que sa circonférence actuelle, en comprenant quelques terrains vagues, qui tous les jours se couvrent de nouvelles maisons, peut être portée à douze lieues de deux mille toises.

[4] Si l'on retranche de cette surface deux cent cinquante-six hectares occupés par le Nil, il restera encore quatorze cent soixante-dix hectares.

[5] *Voyez* le passage cité à la fin de cette dissertation, n°. vii.

[6] *Hist.* lib. ii, cap. 168, pag. 155, ed. 1618.

carrées. Les trois mille sept cents aroures font donc trente-sept millions de coudées carrées, qui, évaluées d'après le module retrouvé à Éléphantine, équivalent à mille vingt-huit hectares [1] à peu près, superficie bien inférieure à celle où sont actuellement éparses les ruines de Thèbes.

La surface de la ville du Kaire est de sept cent quatre-vingt-treize hectares [2]. Celle de Paris, comprise dans l'enceinte des nouveaux boulevarts, est de trois mille quatre cent quatorze hectares. Quant à celle de Londres, il est difficile de l'évaluer avec quelque exactitude, à cause de l'incertitude de ses limites; mais elle est immense.

Ainsi Thèbes a une superficie plus que double de celle du Kaire, et deux fois moindre que Paris.

Thèbes occupait-elle les deux rives du fleuve? et tout l'espace renfermé dans le contour qui envelopperait Karnak, Louqsor, Medynet-abou, le *Memnonium* de Strabon, le tombeau d'Osymandyas et Qournah, était-il rempli d'habitations particulières? De quels matériaux ces habitations étaient-elles construites, et quelles étaient les formes que présentait leur architecture? Voilà les questions que l'on cherche à résoudre, après avoir examiné avec détail toute la partie de la plaine de Thèbes où se trouvent des ruines. Si l'on doit s'en rapporter aux témoignages de Strabon, de Diodore et de Juvénal, on ne peut douter que Thèbes n'existât sur les deux

---

[1] Quatre-vingt-deux arpens.
[2] Dix-huit cent quatre-vingt-trois arpens et soixante-dix-huit perches, à raison de vingt pieds pour la perche et de cent perches pour l'arpent. Nous devons ce résultat à M. Jacotin, qui a bien voulu nous le communiquer.

rives du fleuve. Il paraît extrêmement probable aussi, quoiqu'on ne puisse pas l'affirmer d'une manière positive, que tout l'espace compris entre les ruines actuelles et les deux rives du Nil renfermait des habitations. L'énorme quantité de décombres et de débris de terres amoncelés à Karnak, à Louqsor, à Medynet-abou et à Qournah, ne permet point de douter qu'il ne faille voir ici le résultat de la destruction des maisons particulières. A la vérité, l'espace intermédiaire, celui surtout qui, du côté de la Libye, avoisine la rive du fleuve, n'offre point de semblables monticules, et par conséquent aucune trace d'habitations. Mais n'avons-nous pas fait voir que, dans une portion de cette même plaine, dont la surface est maintenant tout-à-fait unie, il a existé un monument considérable[1] qui a été presque entièrement détruit, ou dont les fondations sont actuellement recouvertes par les dépôts du Nil? Quatre ou cinq mètres de hauteur de limon, depuis l'érection des colosses de la plaine de Thèbes, ne sont-ils pas suffisans pour avoir fait disparaître les débris des habitations particulières qui ont pu exister sur les bords du fleuve? Si la même cause n'a point produit en apparence le même effet dans l'emplacement de Karnak, de Louqsor, de Medynet-abou et de Qournah, c'est que, Thèbes étant successivement déchue de son ancienne splendeur, les habitations n'ont pas été entretenues ou renouvelées dans toute l'étendue de sa surface; elles ont été restreintes dans des limites moins considérables, où se voient entassés main-

[1] *Voyez* la description des colosses de la plaine de Thèbes, section II de ce chapitre, pag. 183.

tenant les débris des maisons de tous les siècles. Ainsi les restes des constructions faites au temps des anciens Égyptiens ont servi de fondations à celles qui ont été élevées sous le gouvernement des Perses, des Grecs et des Romains, et celles-ci ont, à leur tour, cédé la place aux maisons bâties sous le gouvernement des Arabes et dans des temps encore plus modernes. On sait que les Égyptiens actuels ne réparent point leurs habitations lorsqu'elles tombent en ruine : il leur est plus commode et plus avantageux d'en construire de nouvelles. Si les anciens Égyptiens en faisaient autant, il n'y a plus de quoi s'étonner de l'accumulation des décombres que l'on voit sur l'emplacement des villes anciennes.

Dans tout ce que nous venons de dire, nous avons supposé que les matériaux employés dans la construction des maisons particulières étaient formés du limon du Nil, et que c'étaient des briques séchées au soleil. C'est en effet là l'opinion qui paraît la plus vraisemblable à quiconque a parcouru le pays. Probablement il y avait un petit nombre d'habitations particulières bâties en pierres ; quelques-unes subsistent encore[1], ainsi que les palais et les temples : mais la plus grande partie était indubitablement construite en briques.

Quant à l'architecture de ces maisons, il est difficile de rien établir, puisque tous les documens manquent à-la-fois. Nous n'avons, pour nous guider, que le seul témoignage de Diodore de Sicile[2], qui rapporte que les

---

[1] *Voyez* la description des ruines de Karnak, *section* VIII *de ce chapitre*, et la pl. 16, A., vol. III.

[2] Ὁμοίως δὲ καὶ τὰς τῶν ἰδιωτῶν οἰκίας, ἃς μὲν τετρωρόφους, ἃς δὲ πεντωρόφους κατασκευάσαι.

Hunc etiam privatorum domos, alias ad quartam, alias ad quintam

maisons de Thèbes s'élevaient jusqu'à quatre et cinq étages : nous ne pensons pas toutefois qu'il faille se représenter ces étages comme ceux de nos habitations modernes ; ils avaient sûrement peu d'élévation. Si les maisons de Thèbes avaient quelque ressemblance avec celles de la capitale actuelle de l'Égypte, on pourrait dire véritablement qu'elles avaient plusieurs étages, sans cependant être très-élevées. En effet, les bâtimens du Kaire se composent d'un rez-de-chaussée, au-dessus duquel sont de vastes pièces dont les plafonds s'élèvent jusqu'au sommet de l'édifice ; mais plusieurs étages de petites chambres sont presque toujours contigus à ces grands appartemens : d'ailleurs, il y a lieu de croire que les anciens Égyptiens n'avaient pas de maisons très-vastes ; et si l'on juge des habitations des particuliers par les palais des rois, on peut hasarder, sur leurs distributions, quelques conjectures plus ou moins probables. Nous avons dit [1] qu'à Louqsor et à Karnak les souverains occupaient les immenses salles hypostyles, qu'ils y passaient la plus grande partie du jour, et qu'ils avaient en outre de petits appartemens, construits en granit, où ils pouvaient se retirer. Il nous semble que les habitations particulières devaient offrir des dispositions analogues : elles devaient renfermer principalement une grande pièce où l'air circulait avec facilité, où l'on était à l'abri de la chaleur du jour, et où l'on traitait les affaires ; elles devaient avoir aussi de petits appartemens

contignationem, eduxisse. (Diodor. Sic. *Biblioth. hist.* lib. 1, pag. 54, tom. 1, edit. 1746.)

[1] *Voyez* les descriptions des ruines de Louqsor et de Karnak, sections VII et VIII *de ce chapitre.*

où l'on se retirait pendant la nuit. Voilà les convenances générales auxquelles il a toujours fallu satisfaire en Égypte; elles sont commandées par le climat; nous les voyons observées dans les anciens palais encore subsistans; elles le sont dans les maisons modernes : pourquoi ne l'auraient-elles point été dans les habitations particulières des anciens Égyptiens, à une époque où la civilisation et les arts étaient parvenus à un grand degré de perfection? Nous sommes loin toutefois de pouvoir rien dire de précis sur les formes qui ont été choisies pour satisfaire à ces convenances : il est très-vraisemblable que les maisons étaient terminées par des terrasses où les habitans de Thèbes passaient les nuits d'été, comme cela se pratique encore aujourd'hui dans tout le pays.

La mosaïque de Palestrine[1] offre la représentation de quelques maisons égyptiennes au temps des Romains; mais peut-on en tirer avec confiance des conséquences sur la forme des maisons égyptiennes dans des temps plus éloignés?

Quant à la disposition des habitations les unes par rapport aux autres, il est probable qu'elles étaient contiguës et qu'elles formaient des rues étroites. Cette dernière condition est indispensable dans un climat aussi ardent que celui de l'Égypte, surtout à la latitude de Thèbes; on s'y est au moins conformé dans toutes les villes modernes.

Une opinion qui n'est point opposée à celle que nous venons d'avancer sur la composition de la ville de

[1] *Voyez* l'Explication de la mosaïque de Palestrine par l'abbé Barthélemy, 1760, in-4°.

Thèbes, et qui se présente d'elle-même à ceux qui ont parcouru l'Égypte, consisterait à supposer que Karnak, Louqsor, Medynet-abou, le *Memnonium* de Strabon, le tombeau d'Osymandyas et Qournah, étaient des monumens isolés, autour desquels étaient groupées des maisons particulières, dans une étendue plus ou moins considérable. C'étaient peut-être autant de petites villes dont l'ensemble formait la grande cité de Thèbes. De nos jours même, on donne encore, dans ce pays, à la réunion de plusieurs villages, un seul nom générique. C'est ainsi, pour nous en tenir à un seul exemple particulier, que, dans la haute Égypte, on donne le nom de *Daráoueh* à la réunion de plusieurs villages situés dans le même canton. Nous avons eu tant de fois occasion de remarquer en Égypte la conservation des anciens usages, que l'opinion que nous venons d'avancer peut être soutenue avec quelque vraisemblance.

Nous ne quitterons point ce sujet, sans rappeler que c'est du côté de la Libye que se trouve située la *Necropolis*[1] des anciens habitans de Thèbes. Quelques monumens dont il subsiste encore de magnifiques restes, tels que le tombeau d'Osymandyas[2], semblent avoir été communs aux vivans et aux morts. Toutes les autres sépultures encore existantes sont creusées dans la montagne libyque.

[1] *Voyez* l'Introduction, pag. 29.
[2] *Voyez* la *section* III *de ce chapitre.*

§. III. *De l'étymologie du nom de* Thèbes, *et des différentes dénominations que la première capitale de l'Égypte a portées dans l'antiquité.*

Plusieurs écrivains ont cherché à découvrir l'étymologie du nom de *Thèbes*. On sait que cette dénomination a été commune à plusieurs villes de l'antiquité. Selon Varron (*de Re rustica*), le mot de *Tebes*, écrit sans aspiration, désignait, chez les Béotiens, une colline, un lieu élevé; et d'Anville[1] pense, d'après cela, que la ville de Thèbes, située dans la partie la plus élevée de l'Égypte, a pu tirer son nom de cette position: d'autres croient que le nom de *Thèbes* n'était autre chose, dans l'ancienne langue des Égyptiens, que celui de *Thbaki* (la ville), donné par métonymie à la capitale de l'empire[2]; et l'on ne peut nier, en effet, que Thèbes n'ait eu assez d'importance pour porter par excellence le nom de *ville*.

Quelques auteurs ont proposé de faire dériver le nom de *Thèbes* de l'hébreu *teybah*[3], qui veut dire une arche, un vaisseau. On sait que les habitans de Thèbes étaient adonnés au culte du soleil: les Égyptiens supposaient que, dans leur cours, le soleil et les astres étaient transportés sur des barques; et c'est ce qu'ils ont exprimé dans tous leurs monumens, et particulièrement dans

---

[1] *Voyez* les Mémoires de d'Anville sur l'Égypte, pag. 200.

[2] M. Marcel a avancé la même opinion dans une des notes de son Mémoire sur les inscriptions koufiques, *É. M.*, tom. I.

[3] תיבה, *arca, navis.*

leurs tableaux astronomiques [1]. Cette étymologie nous paraît d'autant plus raisonnable, que, d'après les relations que les Hébreux ont eues en Égypte, ce mot peut avoir été emprunté par eux de la langue égyptienne.

Un voyageur moderne, M. Bruce, a cru reconnaître dans la dénomination de *Medynet-abou*, qu'il écrit *Medynet-tabou*, la conservation du nom de la ville de Thèbes, le mot de *Medynet* signifiant *ville*. Cette remarque serait précieuse, si l'orthographe du nom était telle que le voyageur l'indique : mais on doit écrire *Medynet-abou*; et ce nom, en prenant le second mot dans un sens qui lui est souvent donné, veut dire *ville du saint* : c'est là très-probablement un reste de l'ancienne dénomination de cette partie de la ville de Thèbes que l'Itinéraire d'Antonin fait connaître sous le nom de *Papa*. La correspondance du mot latin *papa* et du mot arabe *abou* nous paraît toutefois certaine. Quelques personnes écrivent *Medynet-habou*. D'autres, en lisant *Medynet-abou*, et en restreignant ce nom à la signification de *ville du père*, ont avancé que Sésostris a fait bâtir, en mémoire de son père, la partie de la ville de Thèbes où se trouvent les magnifiques monumens [2] que nous avons décrits. C'est aux orientalistes à apprécier toutes ces conjectures; toujours est-il certain que les édifices de Medynet-abou ont rapport aux vastes conquêtes de Sésostris [3].

---

[1] *Voy.* les dessins que nous avons recueillis de ces monumens, *A.*, vol. I et IV.

[2] *Voyez* la description des monumens de Medynet-abou, *section* 1re de ce chapitre.

[3] *Voyez* la même description, pag. 118 et suiv.

Les Hébreux paraissent nous avoir conservé le nom que portait la ville de Thèbes; ils la désignent en effet sous le nom de *No-ammoun*, qui veut dire mot à mot, dans l'ancienne langue des Égyptiens, *ville d'Ammon*, ville adonnée au culte du soleil, considéré dans le belier, le chef des signes du zodiaque. Les *Septante* ont rendu ce mot par μερίδα Ἀμμών, *portion* ou *possession d'Ammon*. C'est le nom que les Grecs ont traduit par *Diospolis*, ou *ville de Jupiter* : cependant il paraît qu'au temps des Romains cette dénomination de *Diospolis* n'était plus donnée à tout ce qui, dans la haute antiquité, avait porté le nom de *Thèbes*; mais qu'elle devait être plus particulièrement appliquée à la partie de l'ancienne ville qui comprend Karnak et Louqsor, et à tout l'espace qui existe entre ces deux endroits sur la rive orientale du fleuve. En effet, Strabon[1] dit positivement que c'était là qu'était la ville à l'époque où il voyageait en Égypte, et il a soin d'observer que, sur la rive opposée, il existait une autre partie de Thèbes où se trouvait le *Memnonium*. Nous ne rappellerons point ce que nous avons dit à ce sujet[2]; mais nous ferons seulement remarquer que le *Memnonium* de Strabon est indiqué dans Ptolémée[3] sous le nom de *Memnon*. Ce géographe y place, un peu loin du fleuve, un bourg qu'il appelle *Tatyris*. La ressemblance de ce nom avec celui de *Phaturites* donné par Pline[4] à l'un des nomes situés dans la

---

[1] *Voyez* la citation du passage de Strabon, dans la description des colosses de la plaine de Thèbes, *section II de ce chapitre*, pag. 230.

[2] *Voyez* la description des colosses de la plaine de Thèbes, *section II de ce chapitre*.

[3] Ptolem. *Geogr.* l. IV, p. 107, edit. Francofurt. 1605.

[4] *Natur. Hist.* lib. V, cap. 9.

même partie de l'Égypte, a fait penser à d'Anville[1] que le *Memnon* de Ptolémée est le même lieu que le *Phaturites* de Pline, et nous sommes entièrement de cette opinion. Ainsi le *Memnonium* de Strabon, le *Memnon* de Ptolémée, et le chef-lieu du nome *Phaturites* de Pline, sont un seul et même endroit qui n'offre plus maintenant la moindre trace d'habitation.

Il résulte donc de tout ce que nous venons de dire, que Thèbes, lorsqu'elle eut perdu son ancienne splendeur, fut partagée en différentes villes ou bourgs, qui ont pris divers noms et ont été même des chefs-lieux de nomes particuliers. Peut-être cet état n'était-il que la continuation de ce qui avait existé plus anciennement; et nous trouverions, jusqu'à un certain point, dans ce rapprochement, de quoi justifier la conjecture que nous avons hasardée[2] sur la composition de la ville de Thèbes.

§. IV. *Examen d'un passage d'Homère sur la ville de Thèbes.*

Thèbes est trop connue sous le nom d'*Hécatompyle*[3], ou ville aux cent portes, pour que nous ne cherchions point à découvrir quel a pu être le motif de cette dénomination fastueuse. C'est Homère qui l'a employée le premier. Ses vers ont rendu Thèbes célèbre dans l'antiquité, et ont fait à cette ville une renommée qui s'est

---

[1] *Voyez* ses Mém. sur l'Égypte, pag. 206.
[2] *Voyez* pag. 244.
[3] Juvenal. sat. xv; Dion. *Orbis descriptio*, vers. 250; Nonnus, *Dionys.* lib. iv; Diod. Sic. *Bibl. hist.* lib. i; Strab. *Geograph.* lib. xvii, pag. 815, etc.

soutenue jusqu'à ces temps modernes, où les merveilles qu'elle renferme étaient encore ignorées. On sait qu'en général le prince des poëtes imprime aux objets dont il parle, un cachet ineffaçable; ce qui est particulièrement fondé sur les connoissances très-étendues et très-variées qu'il avait acquises dans ses voyages. En effet, on ne cite pas seulement les ouvrages d'Homère comme des chefs-d'œuvre de poésie, mais tout le monde s'accorde encore à les regarder comme des recueils précieux où l'histoire des temps anciens et la peinture des mœurs sont retracées avec fidélité, et qui offrent des descriptions géographiques très-exactes des lieux que le poëte avait lui-même parcourus. Quoique, depuis ces temps éloignés, l'aspect du sol ait changé, que la mer ait envahi des terrains où l'on voyait autrefois des champs cultivés, tandis qu'il s'est formé des attérissemens dans des lieux jadis couverts par les eaux, on reconnaît cependant encore, dans l'état actuel des choses, la vérité des descriptions dont les poëmes d'Homère sont remplis. Est-il donc surprenant qu'on les consulte dans beaucoup de circonstances étrangères à la poésie, et qu'on les regarde en quelque sorte comme le *compendium* des connaissances humaines, à l'époque éloignée dont ils retracent le souvenir? Ainsi la réputation de grandeur et de magnificence qu'Homère a faite à Thèbes, a été confirmée par tous les écrivains anciens et modernes, d'après ce que le poëte rapporte de cette antique cité au livre IX de l'Iliade. On y voit en effet qu'Agamemnon voulant forcer les Grecs à prendre la fuite, Diomède et Nestor s'y opposent. A la persuasion de Nestor, on envoie des députés à Achille pour l'engager à reprendre les armes. Celui-ci refuse de céder à leur prière : il se plaint avec amertume d'avoir été trompé et offensé par Agamemnon; et pour prouver que rien au monde ne peut le fléchir, il dit que, quand Agamemnon lui donnerait dix fois et vingt fois autant de richesses qu'il lui en promet, quand il y ajouterait encore toutes celles qui arrivent à Orchomène, toutes celles que renferme Thèbes d'Égypte, dans laquelle il y a beaucoup de trésors cachés, qui a cent portes par chacune desquelles sortent deux cents hommes avec des chevaux et des chars, on ne le déterminerait point à reprendre les armes.

Οὐδ' εἴ μοι δεκάκις τε καὶ εἰκοσάκις τόσα δοίη,
Ὅσσα τέ οἱ νῦν ἐστι, καὶ εἴ ποθεν ἄλλα γένοιτο,
Οὐδ' ὅσ' ἐς Ὀρχομενὸν ποτινίσσεται, οὐδ' ὅσα Θήβας
Αἰγυπτίας, ὅθι πλεῖστα δόμοις ἐν κτήματα κεῖται,
Αἵ θ' ἑκατόμπυλοί εἰσι, διηκόσιοι δ' ἀν' ἑκάστην
Ἀνέρες ἐξοιχνεῦσι σὺν ἵπποισι καὶ ὄχεσφιν.

Iliad, lib. ιx, v. 379.

Ce texte, mal interprété, a donné lieu à des opinions outrées sur la force militaire et sur l'étendue de Thèbes; mais il est cependant évident qu'il ne suppose pas l'existence de plus de vingt mille chariots armés en guerre. Comme nous savons, d'après les scènes militaires sculptées sur les murs des palais égyptiens [1], que presque toujours un seul guerrier est monté dans un char et suffit à le conduire en même temps qu'il lance des flèches et combat son ennemi, il n'y a vraiment rien d'extraordinaire dans la force militaire que le poëte suppose à une

[1] *Voyez* les sections i, iii, vii et viii *de ce chapitre.*

ville qui offre encore aujourd'hui d'immenses vestiges de grandeur et de magnificence. Homère ne peut donc être même taxé d'une sorte d'exagération permise dans la poésie. Voyons s'il en est ainsi pour les cent portes qu'il attribue à l'ancienne capitale de l'Égypte.

Dans tout l'emplacement des ruines de Thèbes, on ne rencontre que des enceintes particulières destinées à isoler et à renfermer les monumens publics : nulle part on n'aperçoit de traces d'une enceinte générale qui aurait enveloppé toute la ville, et par conséquent nul vestige des cent portes indiquées par Homère, s'il faut se représenter des portes telles que celles qui donnent entrée dans nos cités modernes. D'ailleurs la saine raison se refuse à admettre une ville aussi immense que le supposerait l'existence de ces cent portes. Paris, dont la circonférence est presque double[1] de celle de Thèbes, n'a que cinquante-deux issues. Les anciens eux-mêmes, en citant le passage d'Homère, ont cherché à en donner une interprétation sous ce rapport. C'est ainsi que Diodore de Sicile[2] pense que Thèbes n'a jamais eu cent portes, mais que le surnom d'*Hécatompyle* lui vient des grands et nombreux vestibules de temples et de palais dont elle est remplie. C'est, à notre avis, l'opinion la plus raisonnable que l'on puisse se former à ce sujet. A l'autorité de Diodore de Sicile se joint l'habitude que

---

[1] *Voyez* ce que nous avons rapporté pag. 238.

[2] Ἔνιοι δὲ φασιν οὐ πύλας ἑκατὸν ἐσχηκέναι τὴν πόλιν, ἀλλὰ πολλὰ καὶ μεγάλα προπύλαια τῶν ἱερῶν, ἀφ' ὧν Ἑκατόμπυλον ὀνομασθαι, καθαπερεὶ πολύπυλον.

Tametsi sunt qui non centum portas habuisse urbem asserant, sed multa et ingentia templorum vestibula; unde Hecatompylus à centum, hoc est, multis portis cognominata sit. (Diod. Sic. *Bibl. hist.* lib. 1, tom. 1, pag. 55, edit. 1746.)

l'on a de temps immémorial dans l'Orient, d'appeler du nom de *portes* les palais et les maisons des grands. Nous en retrouvons à Thèbes même la conservation dans la dénomination de *Bybân el-Molouk*, c'est-à-dire portes des rois, donnée aux magnifiques tombeaux creusés dans la vallée voisine de Qournah. Actuellement encore, dans les pays orientaux, le principal luxe des habitations consiste dans la porte unique qui y donne entrée; c'est là que l'on fait la conversation, et que l'on donne une espèce d'audience et d'hospitalité. C'est ainsi probablement que l'on a fait de tout temps en Égypte. Homère a voulu peindre ces usages à grands traits; et tout le merveilleux qu'on a vu dans ses vers, vient des lecteurs, et non du poëte.

Plusieurs voyageurs, prenant le passage d'Homère au pied de la lettre, ont recherché les vestiges des cent portes de Thèbes. L'un d'eux[1] a cru les voir dans les cent montagnes qui avoisinent la ville, et où sont creusés les tombeaux des rois. Il serait aussi difficile d'assigner sur les lieux les cent montagnes dont parle le voyageur, que les cent portes dont parle le poëte.

S'il fallait s'écarter de l'interprétation que nous venons de donner du passage d'Homère, nous serions plutôt portés, comme nous l'avons déjà insinué, à voir les cent portes de Thèbes dans les nombreuses ouvertures du vaste hippodrome[2] de Medynet-abou, et dans celles qui ont dû probablement exister dans l'enceinte

---

[1] M. Bruce, dans son Voyage aux sources du Nil. *Voyez* t. 1, p. 149, traduction de M. Castera.

[2] *Voyez* les sections Ire et VII de ce chapitre.

située au sud-est de Louqsor. C'est en effet par ces portes que sortaient les troupes nombreuses que l'on réunissait très-probablement dans ces hippodromes, à des époques et dans des circonstances déterminées.

Le passage d'Homère, interprété et analysé comme nous venons de le faire, ne présente rien d'incroyable; mais il a été l'origine et la source première de toutes les exagérations que se sont permises sur la ville de Thèbes les écrivains qui sont venus après le poëte, et surtout ses commentateurs. Strabon, Diodore de Sicile, Juvénal et Pomponius Mela, ont fait usage du passage d'Homère en enchérissant encore sur le merveilleux qu'ils ont cru y apercevoir; mais parmi ces écrivains on doit plus particulièrement distinguer Pomponius Mela [1]. En effet, il ne se contente pas de dire d'après Homère que la ville avait cent portes; mais il ajoute, sur des rapports vagues et incertains, que Thèbes renfermait cent palais, de chacun desquels il sortait dix mille hommes armés, ce qui porterait la milice de Thèbes à un million d'hommes. Cette exagération paraîtra toutefois peu de chose, si on la compare à celle d'un commentateur d'Homère [2], qui prétend que la ville renfermait trente-trois mille rues, qu'elle occupait une surface de trois mille sept cents aroures, qu'elle avait cent

[1] *Viginti millia urbium Amasi regnante habitarunt, et nunc multas habitant. Earum clarissimæ, procul à mari, Saïs, Memphis, Syene, Bubastis, Elephantis, et Thebæ; uti quæ (ut Homero dictum est) centum portas, sive (ut alii aiunt) centum aulas habent, totidem olim principum domos; solitasque singulas, ubi negotium exegerat, dena armatorum millia effundere.* (Pomp. Mel. *de situ orbis libri tres*, lib. I, c. IX, p. 65, ex edit. Abrahami Gronovii, 1782, in-8º.)

[2] *Voyez* la citation nº. x, à la fin de cette dissertation.

portes, sept millions d'habitans, et que de chacune de ses portes il sortait dix mille soldats, mille cavaliers et deux cents chariots armés en guerre. On ne peut renfermer en moins de lignes plus de contradictions et d'absurdités : car comment admettre que, dans un espace de trois mille sept cents aroures, qui présente une surface[1] bien moindre que celle qui est occupée par l'emplacement des ruines encore subsistantes, il ait pu exister une ville qui aurait renfermé trente-trois mille rues? Paris n'en renferme pas deux mille; et cependant, d'après toutes les probabilités, sa surface est beaucoup plus considérable[2] que ne l'a jamais été celle de Thèbes. On ne porte qu'à six mille le nombre des rues de Londres, la plus grande ville qui ait jamais existé. Que penser aussi du nombre prodigieux d'un million d'hommes armés, ou de sept millions d'habitans renfermés dans une seule et même cité? La note du commentateur paraît être un rapprochement fait sans critique et sans discernement de tout ce que les anciens ont pu dire, non pas seulement de la ville de Thèbes, mais bien de toute l'Égypte; car Hérodote et Aristote[3] nous apprennent positivement que ce pays était appelé autrefois du nom de *Thèbes*, qui était celui de sa capitale. C'est ainsi qu'encore aujourd'hui l'Égypte s'appelle *Messir*, du nom de *Mesr* que porte le Kaire, sa capitale actuelle. Les sept millions d'habitans que le commentateur donne à la ville de Thèbes, ne sont autre chose

---

[1] *Voyez* ce que nous avons dit pag. 239.
[2] Voyez *ibid.*
[3] Πάλαι αἱ Θῆβαι Αἴγυπτος ἐκαλεῖτο. (Herod. *Hist.* lib. II, p. 96, edit. 1618.) — Τὸ ἀρχαῖον ἡ Αἴγυπτος Θῆβαι καλούμεναι. (Arist. *Meteor.* I, cap. 14.)

que la population que Diodore accorde à l'Égypte à l'époque où elle a été le plus peuplée [1]; car l'historien convient que de son temps cette population ne s'élevait pas à plus de trois millions d'hommes. Il est probable aussi que le mot de κώμας doit être traduit par *villes* ou *villages*, et que le commentateur que nous avons cité aura eu l'intention de rappeler, non pas le nombre des rues de Thèbes, mais bien les trente-trois mille villes qui, selon Théocrite [2], existaient en Égypte sous le règne de Ptolémée Philadelphe.

A la vérité, Diodore de Sicile, en répétant de semblables assertions, semble leur donner quelque crédit. On conçoit pourtant que la vanité des prêtres de l'Égypte a pu mettre en avant de pareils faits; mais il est très-difficile d'y ajouter foi, lorsqu'on sait que le pays ne renferme pas actuellement plus de deux mille cinq cents villes ou villages, que sa population ne s'élève pas à plus de deux millions trois cent mille habitans, et que la surface du terrain cultivable est à peu près de dix-huit cents lieues carrées. Quelque bien gouvernée qu'ait pu être l'Égypte dans l'antiquité, on n'attribuera jamais à l'excellence de ses lois des résultats aussi exagérés que ceux que nous avons cités.

Strabon [3] et Tacite [4], d'après les interprétations des monumens égyptiens, portent la milice de Thèbes, l'un à un million d'hommes, et l'autre à sept cent mille.

---

[1] *Voyez* la citation n°. xi, à la fin de cette dissertation.

[2] *Idylle* xvii.

[3] *Voyez* la citation n°. xii, à la fin de cette dissertation.

[4] *Voy.* la citation que nous avons faite de cet historien, p. 486, note [1], *A.*, vol. ii.

Mais tous ces renseignemens ont une origine commune : c'est le produit de la vanité des prêtres de l'Égypte. Il faut savoir les réduire à leur juste valeur.

Quoique le texte d'Homère, sur la force militaire de Thèbes, ne présente rien de trop exagéré, cependant il y a quelque raison de croire que les vingt mille chariots armés en guerre dont le poëte fait mention, étaient ce que fournissait dans cette arme l'Égypte toute entière; car Diodore de Sicile [1] rapporte que, de son temps, on montrait encore, depuis Memphis jusqu'à Thèbes, sur la rive occidentale du fleuve, les fondations de cent écuries qui pouvaient contenir chacune deux cents chevaux. Ainsi la portion des forces militaires de l'Égypte qui consistait dans les chars armés en guerre, ne restait pas seulement à Thèbes, mais elle était répandue sur toute la surface du pays. Elle se réunissait probablement dans la capitale, à de certaines époques et dans des circonstances extraordinaires, telles que la célébration de quelques fêtes solennelles, ou le départ pour quelques expéditions lointaines; car, malgré l'autorité de l'un des plus grands hommes du siècle dernier, on ne peut nier que les Égyptiens n'aient été conquérans. « Jamais, dit Voltaire [2], dans les temps connus, les Égyptiens ne furent redoutables; jamais ennemi n'entra chez eux qu'il ne les subjuguât. Les Scythes commencèrent, puis Nabuchodonosor, Cyrus, Cambyse, Ochus, Alexandre, César, Auguste, le calife Omar, les Mamlouks de Colchos, et enfin Sélim. Il est vrai, continue

---

[1] *Voyez* la citation n°. XIII, à la fin de cette dissertation, p. 279.

[2] *Voyez* l'Essai sur les mœurs.

l'historien, qu'un peuple humilié peut avoir été autrefois conquérant; témoin les Grecs et les Romains. Mais nous sommes plus sûrs de l'ancienne grandeur des Romains que de celle de Sésostris. » Au temps de Voltaire, où l'Égypte n'était pas connue, on pouvait s'exprimer ainsi : mais, maintenant que l'expédition française a fait découvrir des monumens encore subsistans, qui attestent les conquêtes et les actions glorieuses d'Osymandyas[1], de Sésostris[2], et d'autres rois guerriers dont les noms ne sont point parvenus jusqu'à nous, mais dont les traits sont encore gravés sur la pierre, est-il possible de douter des expéditions militaires des anciens Égyptiens? et peut-on refuser de se rendre à la conviction qui doit nécessairement résulter de la conformité des documens épars de l'histoire avec la série non interrompue des faits transmis dans les bas-reliefs historiques des palais de Thèbes, où l'on voit des représentations de batailles[3], des passages de fleuves, des siéges de forteresses, des combats sur des chars? Il faut donc admettre que l'état d'humiliation dans lequel les Égyptiens sont depuis si long-temps, a été précédé d'un période éclatant de victoires et de conquêtes.

---

[1] *Voyez* la description du palais de Memnon ou tombeau d'Osymandyas, *section* III *de ce chapitre*, p. 237.

[2] *Voyez* la description de Medynet-abou, *section* I*re de ce chapitre*, pag. 41.

[3] *Voyez* les descriptions de Medynet-abou, du palais de Memnon ou tombeau d'Osymandyas, de Louqsor et de Karnak.

§. V. *Origine et fondation de Thèbes.*

Il est difficile de rien dire de satisfaisant sur l'origine de Thèbes : les écrivains les plus recommandables nous laissent à ce sujet dans la plus grande incertitude. Les uns, en attribuant aux dieux la fondation de cette ville, semblent indiquer par-là qu'elle se perd dans la nuit des temps ; d'autres la font dater du temps des plus anciens rois d'Égypte dont l'histoire nous ait conservé le souvenir. Diodore de Sicile convient que non-seulement les écrivains, mais encore les prêtres de l'Égypte eux-mêmes, ne sont pas, sur ce point, du même sentiment [1]. Il s'accorde avec Hérodote pour reporter très-haut dans l'antiquité l'époque des premiers rois égyptiens ; et ces deux auteurs ne font pas mention de moins de douze à quatorze mille ans avant notre ère [2]. Platon [3], qui avait fréquenté les colléges des prêtres, et qui avait séjourné à Thèbes, rapporte que, dix mille ans avant lui, les Égyptiens sculptaient et dessinaient ; ce qui a dû nécessairement avoir lieu à Thèbes, qui remonte à l'origine de l'empire égyptien. Les monumens astronomiques que nous avons découverts dans plusieurs temples du Sa'yd et dans les tombeaux des rois de Thèbes, annoncent des connaissances qui ne peuvent être que le résultat d'observations faites pendant une longue suite de siècles. Il

---

[1] *Voyez* les citations nᵒˢ v et xiv.
[2] *Voyez* le canon chronologique des rois d'Égypte, selon les systèmes de Diodore et d'Hérodote, tom. viii de la nouvelle édition de la traduction de M. Larcher, p. 73 et 125.
[3] *De Legibus*, lib. ii. *Voyez* la citation nᵒ. 1, pag. 599, *A.*, vol. ii.

n'est point hors de propos de remarquer aussi le concours unanime de tous les témoignages des historiens et des philosophes grecs et romains, pour reconnaître dans les Égyptiens un des plus anciens peuples. Tout semble donc prouver qu'il faut reporter bien au-delà des temps historiques de la Grèce l'époque où l'on a jeté les premiers fondemens d'une ville qui devait attester à jamais la puissance des Égyptiens. Ajoutons à toutes ces considérations, que la plupart des édifices de Thèbes portent des marques incontestables d'une grande vétusté. C'est un fait qui n'est pas de nature à produire une forte impression sur ceux qui n'ont point vu les monumens; mais il porte la conviction dans l'esprit de ceux qui ont pu, sur les lieux mêmes, comparer entre eux les édifices de l'ancienne Égypte. En effet, dans un pays où il n'existe, pour ainsi dire, aucune cause de destruction, où le ciel n'est jamais couvert de ces nuages qui, dans nos climats, versent ces pluies si destructives de nos édifices, où l'on n'éprouve point l'alternative de la sécheresse et de l'humidité, de la chaleur et du froid, des traces d'antiquités telles que celles qu'on observe sur les monumens de Thèbes [1], ne peuvent être que le résultat d'une cause qui a dû exercer son action d'autant plus de temps, qu'elle est de nature à produire des effets moins sensibles. Il faut remarquer encore que la plupart de ces vieux édifices de Thèbes sont construits avec des débris d'autres monumens qui étaient peut-être eux-mêmes tombés de vétusté [2].

---

[1] *Voy.* la description de Karnak, section VIII, pag. 537.

[2] *Voy.* la description de Karnak, section VIII *de ce chapitre.*

§. VI. *Thèbes a été la capitale d'un empire qui ne se bornait pas seulement à l'Égypte.*

Plusieurs critiques [1] ont avancé, d'après des autorités plus ou moins fondées, que Thèbes a été la capitale d'un empire qui n'était pas borné à la dernière cataracte du Nil, mais qui s'étendait bien avant dans la Nubie et l'Abyssinie. Cette opinion est presque entièrement confirmée par les faits que nous avons recueillis. Ce n'est pas toutefois que nous voulions établir que l'Égypte et l'Éthiopie n'ont jamais formé qu'un seul royaume; mais il paraît certain, d'après les témoignages des historiens et les observations des voyageurs, qu'à diverses époques l'Égypte a tenu l'Éthiopie sous sa domination [2]. En effet, nous voyons cette contrée comptée par les historiens [3] au nombre des conquêtes de Sésostris. Tout ce que nous avons pu apprendre à Philæ, nous porte à croire qu'il existe au-dessus de la dernière cataracte, sur les bords du Nil, des temples et des édifices du même style que ceux qui décorent la Thébaïde. L'infatigable voyageur Norden a vu une partie de ces monu-

---

[1] Consultez M. de Pauw et les Mémoires de l'Académie des inscriptions et belles-lettres.

[2] Nous ne voulons point parler ici d'une époque plus récente à laquelle il est constant que des colonies mêlées d'Égyptiens et de Grecs se sont répandues jusqu'au fond de l'Abyssinie. Les ruines de la ville royale d'Axum, qui offrent encore des monumens de style grec mêlé d'égyptien, et des inscriptions où l'on fait mention de Ptolémée Évergète, annoncent, d'une manière non équivoque, que cette ancienne cité a été soumise au gouvernement de l'Égypte, vers le temps des Ptolémées.

[3] Herod. *Hist.* lib. II, cap. 110, pag. 129, edit. 1618; et Diod. Sic. *Bibl. hist.* lib. 1, pag. 64, tom. 1, edit. 1746.

mens dont il a publié des dessins; et le général Béliard, poursuivant les Mamlouks à plusieurs lieues au-dessus de Syène, a pu vérifier, avec quelques-uns des membres de la Commission des sciences et arts[1], plusieurs faits avancés par Norden, et les renseignemens qui nous ont été donnés. Il paraît assez constant que tous ces monumens ont un air de fraîcheur qui ne permet pas de leur assigner la même antiquité qu'aux édifices de Thèbes. C'est au moins là l'opinion qu'a fait naître en nous la vue des constructions de Philæ, qui déjà ne sont plus en Égypte. Il y a donc quelque raison de croire que ces monumens ne sont, pour ainsi dire, que le résultat de l'extension de la puissance égyptienne; qu'ils ont été bâtis à une époque où l'empire, depuis long-temps établi et constitué, avait Thèbes pour sa capitale. Ce qui autorise encore cette opinion, ce sont les rapports des voyageurs, qui n'indiquent point dans l'intérieur de l'Abyssinie des traces de l'existence d'un peuple civilisé à une époque antérieure aux Égyptiens. Il ne faudrait pas cependant conclure de là que l'Égypte n'ait pas reçu très-anciennement des colonies éthiopiennes. Le témoignage de Diodore de Sicile[2] est trop positif pour qu'on puisse douter de ce fait; et d'ailleurs, quelques rapprochemens qui se présentent naturellement, semblent indiquer des rapports entre l'Égypte et l'Éthiopie. En effet, si l'on remarque parmi les hiéroglyphes beaucoup d'animaux propres à l'Égypte, il en est d'autres

[1] M. Nectoux, l'un de nos collègues, était de ce nombre, et a publié ses observations dans un ouvrage ayant pour titre, *Voyage dans la haute Égypte.*

[2] Diod. Sic. *Bibl. hist.* lib. III, pag. 175, tom. 1, edit. 1746.

aussi qui ne lui appartiennent point ; de ce nombre est le lion. Les déserts de l'intérieur de l'Afrique[1] sont le séjour de cet animal ; et les voyageurs[2] racontent que, sur le chemin de Gondar à Sennar, on le rencontre fréquemment. La girafe, quadrupède très-grand, très-gros, et fort remarquable par sa forme singulière, la hauteur de sa taille, la longueur de son cou et de ses jambes de devant, habite surtout l'Éthiopie : elle ne s'est jamais répandue au-delà du tropique, et cependant on la trouve sculptée sur les monumens de la Thébaïde, particulièrement à Erment. Il nous semble que ces faits confirment les témoignages des historiens, dans ce qu'ils rapportent des relations qui ont subsisté entre l'Égypte et l'Éthiopie. C'est d'ailleurs là l'opinion de tous ceux qui ont écrit sur l'Égypte. Mais que ces relations aient été telles, que les Éthiopiens civilisés aient apporté en Égypte les sciences et les arts ; qu'en descendant successivement le Nil, ils aient marqué leur passage par les monumens qui se voient encore aujourd'hui dans la Nubie ; qu'arrivés sur l'emplacement de Thèbes, ils aient jeté les fondemens de cette ancienne capitale, et l'aient décorée des monumens des arts qui en font encore aujourd'hui l'ornement, c'est ce que nous ne pensons pas que l'on puisse démontrer, quoique ce soit là l'opinion la plus généralement répandue. Le style de l'architecture égyptienne, la nature de ses ornemens, qui offrent l'imitation d'arbres et de plantes croissant sur les bords du Nil, tout nous porte, au contraire, à

---

[1] *Voyez* l'Histoire naturelle de Buffon, *Quadrupèdes*, t. VIII, in-12.

[2] *Voyez* le Voyage de Poncet.

penser que le centre de la civilisation et des arts de l'Égypte doit être placé à Thèbes; que c'est de là qu'ils sont sortis, comme d'une source commune, pour se répandre au nord et au sud, et que c'est sous leur influence que se sont successivement élevés les monumens de la basse Égypte, et ceux qui se voient encore aujourd'hui dans la Nubie.

Si l'on admet notre opinion, il faudra bien cesser d'ajouter foi à ceux qui, faisant refluer les peuples du sud de l'Afrique vers le nord, veulent que les anciens Égyptiens aient été de race nègre[1]; ce qui, dans tous les cas, nous paraît dépourvu de fondement : car, indépendamment de ce que toutes les sculptures des monumens, toutes les statues égyptiennes, depuis les plus grands colosses de Thèbes jusqu'aux plus petites idoles, ne rappellent en aucune manière les traits de la figure des Nègres; outre que les têtes des momies des catacombes de Thèbes[2] présentent des profils droits, les habitans de la Nubie et de l'Abyssinie, au rapport des voyageurs portugais et du chevalier Bruce, n'ont nullement les traits ni les cheveux des Nègres. C'est un fait que nous avons pu vérifier nous-mêmes à Philæ et au Kaire, où nous avons vu beaucoup d'hommes de ces pays. Ils ont le profil droit, les lèvres un peu épaisses, les cheveux longs et frisés, et non pas crépus ou laineux. Ils ont, à la vérité, le teint noir; mais ce n'est pas là un des caractères exclusifs des Nègres. A tous ces faits, qui

---

[1] *Voyez* les Ruines, par M. de Volney, pag. 29, et la note qui se rapporte à cette page.

[2] *Voyez* les pl. 49 et 50, *A.*, vol. II.

établissent d'une manière incontestable que les Égyptiens n'étaient point de race nègre, on oppose le sphinx des pyramides de Memphis. Mais cette figure ne nous paraît point rappeler les traits des Nègres; elle se rapproche davantage du caractère de la figure des Qobtes, qui, dans l'opinion de beaucoup de personnes, passent pour être les descendans des Égyptiens. Et d'ailleurs, cette tête fût-elle celle d'un Nègre, quelle conséquence pourrait-on tirer d'un fait isolé? A notre avis, on ne pourrait pas plus en conclure que les Égyptiens étaient de race nègre, que l'on ne conclura qu'il y avait chez ce peuple des hommes à tête de chacal, d'épervier et d'ibis, parce que l'on voit de ces espèces de figures sculptées sur les monumens. Ne connaît-on pas le goût des Égyptiens pour les figures emblématiques? Pourquoi le sphinx des pyramides n'en serait-il pas une?

§. VII. *Quelles ont été les causes de la splendeur de Thèbes.*

La beauté, la magnificence, qui éclatent dans les ruines de Thèbes, nous conduisent naturellement à rechercher quelles ont été les causes de sa splendeur. Il faut bien se garder de penser, comme quelques-uns l'ont prétendu, que l'Égypte, isolée et livrée à elle-même, n'a eu aucun rapport avec les pays qui l'environnent; que les magnifiques et immenses monumens qu'elle renferme ne sont que le résultat de la surabondance de sa population, et des richesses provenant de l'échange, de province à province, des productions d'un sol dont rien, il est vrai, n'égale la fertilité. S'il est constant que les anciens Égyptiens ont tenu pendant long-temps les Grecs éloignés de leur pays, il n'est pas moins certain qu'ils ont entretenu, dès la plus haute antiquité, des relations avec l'Inde, et qu'ils ont porté leurs armes non-seulement dans ce pays, mais encore dans la Perse; ce qui résulte plus particulièrement du témoignage de Tacite[1]. Ainsi l'on ne peut douter que Thèbes n'ait été pendant long-temps l'entrepôt du commerce de ces riches contrées avec la Phénicie, et que les rois conquérans qui ont occupé le trône d'Égypte n'y aient accumulé les dépouilles des peuples vaincus. Les objets précieux dont, au rapport des historiens[2], les temples et les palais de Thèbes étaient remplis, les bas-reliefs historiques sculptés sur les murs des édifices[3], ne laissent aucun doute sur les relations de l'Égypte avec l'Inde. D'ailleurs, Homère[4], en parlant de Thèbes, ne dit-il pas d'une manière précise qu'on y apportait d'immenses richesses, ainsi qu'à Orchomène, l'une des villes les plus célèbres de la Grèce, à l'époque où vivait le poëte? Mais rappelons rapidement les causes qui ont rendu l'Égypte si florissante dans les temps dont l'histoire nous a conservé le souvenir, et nous en conclurons, par des inductions probables, l'état de ce pays dans les temps les plus éloignés. Placée entre deux

---

[1] *Voyez* la note [1], pag. 486, *A.*, vol. II.

[2] *Voy.* un passage que nous avons cité de Diodore de Sicile, dans la description de Karnak, *section* VIII de ce chapitre, pag. 562 et 599.

[3] *Voyez* la description des monumens de Medynet-abou, *section* Ire de ce chapitre.

[4] *Voyez* le passage cité pag. 251.

mers, dont l'une baigne les rivages de l'Inde, qui alimente depuis si long-temps l'Occident des produits de son sol et de son industrie; arrosée par un fleuve navigable dans la plus grande partie de son cours, l'Égypte est dans la position la plus favorable pour s'adonner au commerce. Aussi voyons-nous Alexandre, frappé de sa situation avantageuse, et témoin de l'activité de ses habitans, concevoir, dès son arrivée, les plus grands projets sur ce pays, et jeter les fondemens d'une ville qui devait devenir le centre des relations commerciales de l'univers. En effet, les premiers rois lagides leur imprimèrent un mouvement qui s'est soutenu jusqu'aux derniers princes de leur dynastie. Un canal fameux rétabli pour faire communiquer la mer Rouge au Nil, de nouvelles routes ouvertes à travers les déserts de la haute Égypte, sont les grands résultats qui ont signalé leurs efforts. Alexandrie devint, sous leur empire, la ville la plus opulente du monde, où l'on étalait, dans des pompes magnifiques, les productions les plus rares de tous les pays connus. Mais, avant ce période éclatant, les habitans de l'Égypte n'avaient point négligé de s'appliquer au commerce : comprimés sous le gouvernement tyrannique des Perses, ils s'y livraient encore, et on les voit, sous Darius fils d'Hystaspe, développer de grands moyens maritimes; on voit ce prince lui-même continuer les travaux entrepris pour l'extension et la prospérité de la navigation.

Sous les derniers Pharaons, le commerce jouissait encore d'un assez grand éclat. Amasis, Apriès son prédécesseur, et Nécao, surtout, paraissent avoir fait les plus grands efforts pour le favoriser. Si, sous leurs règnes, Memphis est parvenue au plus haut degré de puissance et de richesse, elle le doit, ainsi qu'Alexandrie qui lui a succédé, aux entreprises de ses nombreux habitans. C'est Nécao qui fit creuser le canal de jonction des deux mers, dont la première pensée est due, suivant les historiens, à Sésostris. Ce dernier prince, le plus célèbre héros qui ait occupé le trône d'Égypte, paraît être de tous les Pharaons celui qui a le plus fait pour la gloire et pour l'accroissement des relations commerciales de son pays. Les immenses conquêtes et les hauts faits que les historiens [1] s'accordent à lui attribuer, les grands travaux qu'il a entrepris pour l'amélioration de l'Égypte, et les nombreux édifices publics qu'il a fait élever, ont toujours paru tenir du prodige et de la fable. Cependant on ne peut plus douter maintenant de l'expédition de ce conquérant dans l'Inde [2]; et Diodore de Sicile [3], en nous apprenant que Sésostris fit construire un vaisseau de bois de cèdre d'une très-grande dimension, revêtu d'argent dans l'intérieur, et d'or à l'extérieur, pour l'offrir au dieu qu'on adorait à Thèbes, nous fait assez connaître combien, sous ce prince, la navigation était en honneur. Il faut donc rapporter à son règne un autre période éclatant du commerce de l'Égypte, sur lequel on avait élevé des doutes qui ne peuvent plus subsister maintenant. Les faits nous manquent pour remonter

---

[1] *Voyez* les passages que nous avons cités d'Hérodote et de Diodore, dans la description des monumens de Medynet-abou, *section* 1re *de ce chapitre*, pag. 147 et suiv.

[2] *Voyez* la description des monumens de Medynet-abou, *section* 1re *de ce chapitre*, pag. 118 et suiv.

[3] *Voyez* la citation n°. xv.

au-delà; mais il est infiniment probable que l'art de la navigation n'a pas été inventé tout-à-coup, et que les Égyptiens n'ont point pris subitement le goût du commerce. Il est à peu près certain, au contraire, que le génie de Sésostris n'a fait que donner une impulsion nouvelle à une industrie qui existait déjà; et son expédition dans l'Inde a dû sans doute être déterminée par les avantages qu'il se promettait de la possession d'un pays déjà connu, que des relations habituelles avaient mis les Égyptiens à portée d'apprécier. S'il entrait dans notre sujet de faire tous les rapprochemens tendant à prouver les communications de l'Égypte avec l'Inde, nous pourrions citer un assez grand nombre de faits pour établir une opinion qui n'a trouvé que quelques contradicteurs; mais nous nous bornerons à rappeler le rapport remarquable qui existe dans l'astronomie des deux peuples. Nous sommes donc conduits à conclure que les Égyptiens, dès l'antiquité la plus reculée, ont trafiqué avec l'Inde; que Thèbes est le premier comme le plus beau résultat connu de la puissance et des richesses que procure le commerce aux peuples qui s'y adonnent. Nous observerons enfin [1] que cette capitale paraît avoir été le centre d'une religion qui étendait au loin son influence, et attirait, à des époques déterminées, une foule de pélerins : il devait en résulter nécessairement une grande activité dans les relations, et les offrandes des pélerins ont pu contribuer à augmenter la splendeur des édifices. C'est ainsi que Rome moderne a vu le magnifique dôme de Saint-Pierre s'éle-

---

[1] *Voyez* les descriptions de Medynet-abou et de Louqsor.

ver avec le produit de toutes les richesses de la chrétienté.

§. VIII. *Des catastrophes que Thèbes a successivement éprouvées.*

A travers les obscurités que présente l'histoire des premiers temps de la monarchie égyptienne, au milieu de toutes les contradictions des chronologistes, dont aucun ne s'accorde avec un autre, ni pour les noms des rois, ni pour leur nombre, ni pour l'ordre dans lequel ils se sont succédés, on découvre cependant que de grands changemens se sont opérés à diverses époques dans l'empire égyptien. Il est certain que les peuples nomades, dont les descendans habitent encore actuellement les déserts du sud et de l'est de l'Égypte, y ont fait des irruptions subites, d'où sont résultés le pillage et l'incendie des villes, et toutes les horreurs que des peuples errans et vagabonds, accoutumés à vivre de vols et de rapines, peuvent exercer chez une nation livrée aux jouissances que procurent la civilisation et la perfection des arts. Il y a même quelque raison de croire que des hordes sorties de l'Arabie ne sont point étrangères à ces invasions. Quoi qu'il en soit, Manéthon[1] indique positivement une des irruptions de ces peuples pasteurs qui s'emparèrent du trône d'Égypte. Il est probable que, dans cette invasion, Thèbes ne fut point épargnée; et peut-être faut-il placer vers ce temps une des plus grandes catastrophes que cette ville ait éprou-

---

[1] *Voyez* Flavius Joseph, liv. 1er, chap. 5, de la Réponse à Apion.

vées. Mais, sous les rois égyptiens qui succédèrent à ces bergers oppresseurs, elle brilla d'un nouvel éclat. C'est alors que Sésostris embellit par de nouveaux édifices la capitale de l'Égypte, que les Osymandyas et les Memnon avaient antérieurement décorée de palais magnifiques dont on retrouve encore les restes. Il serait curieux de pouvoir fixer le temps où ces princes ont vécu; mais les incertitudes de la chronologie et de l'histoire ne permettront probablement jamais d'y parvenir. Il paraît que la splendeur de Thèbes ne cessa de s'accroître que lorsque Memphis devint la résidence des rois d'Égypte; et il est à croire que ce fut bien postérieurement à la guerre de Troie. Les partisans de cette opinion s'autorisent du silence d'Homère au sujet de Memphis. Il est assez vraisemblable, en effet, que, si cette ville eût occupé le premier rang à l'époque où le poëte voyageait en Égypte, il n'aurait point négligé d'en parler. Quoique Thèbes ait cessé d'être la résidence des rois, elle n'a point cependant perdu tout-à-coup son ancien éclat. Il est même constant que, pendant tous les règnes qui se sont succédés jusqu'à la catastrophe qui a fait passer l'Égypte sous la domination des Perses, elle s'est soutenue l'égale de Memphis. Avant cette époque, l'histoire fait mention d'une invasion de l'Égypte par Nabuchodonosor[1]. Ce conquérant ravagea et pilla le pays. Des richesses immenses, qu'on enleva sans doute à Thèbes, devinrent la proie du monarque babylonien, qui se retira en emmenant un grand nombre de captifs.

Amasis fut un des derniers rois sous lesquels l'Égypte

---

[1] Jerem. *Prophet.* cap. XLVI.

fut libre et indépendante. C'est sous son règne que se préparèrent les grands événemens qui la conduisirent à sa ruine. Cambyse en méditait alors la conquête. Excité par la haine et la vengeance, il fond sur ce pays avec la férocité d'un lion. Une bataille gagnée lui en assure la possession entière. Memphis, étroitement assiégée, est obligée de se rendre au vainqueur; elle éprouve toutes les horreurs de la guerre : ses temples sont brûlés et saccagés, tous les objets de son culte livrés au mépris, ses prêtres ignominieusement traités; la famille royale est avilie, et le roi Psammenit lui-même est mis à mort par le vainqueur. Cambyse, poursuivant dans la haute Égypte une facile conquête, pénètre jusqu'à Thèbes, où il ne respecte rien. L'or, l'argent, l'ivoire et les pierres précieuses qui ornent les édifices publics, deviennent la proie de ce conquérant [1]. Tous les temples et les palais sont ravagés par le fer et la flamme; les statues colossales, les obélisques, sont brisés et renversés de dessus leurs bases. La fureur de détruire est portée à un tel point, que l'on retrouve encore actuellement, c'est-à-dire plus de vingt-trois siècles après cette horrible catastrophe, des traces de la frénésie du vainqueur.

Cambyse a eu principalement pour objet de détruire la religion des Égyptiens, ou plutôt le gouvernement sacerdotal, qui, par la sagesse de ses institutions, avait placé l'Égypte à un rang si élevé, et qui, habile à profiter de la position avantageuse du pays, l'avait rendu le centre d'un commerce immense. En effet, ce prince paraît avoir eu le goût des arts. Le transport qu'il fit

[1] Diod. Sic. *Biblioth. hist.* lib. 1, pag. 55, tom. 1, edit. 1746.

faire en Perse de sculptures que la matière et le travail contribuaient à rendre précieuses, et le soin qu'il eut d'emmener avec lui un grand nombre d'artistes égyptiens pour élever les palais encore subsistans de Persépolis, où l'on reconnaît avec évidence l'empreinte d'une origine égyptienne, sont de très-fortes preuves en faveur de notre assertion.

Malgré l'horrible catastrophe à laquelle la ville de Thèbes a été en proie lors de l'expédition de Cambyse, cette capitale ne fut cependant pas ruinée de fond en comble, et les indestructibles monumens élevés par les Égyptiens ont lassé le génie destructeur de ce conquérant. Thèbes conserva encore assez de richesses pour que, suivant Pausanias [1], Ptolémée Philomator s'occupât de l'en dépouiller, dans le but de la punir d'avoir suivi un parti contraire au sien dans les démêlés qu'il avait eus avec sa mère. C'est à tort qu'Ammien-Marcellin [2] fait détruire la ville de Thèbes par les Carthaginois, dans une irruption subite. Cet historien paraît avoir parlé d'après Diodore de Sicile [3], qui fait effectivement ruiner par les Carthaginois une ville du nom d'*Hécatompyle*, située dans la Libye : mais cette ville ne doit point être confondue avec Thèbes d'Égypte, quoiqu'il soit assez difficile d'en fixer la position.

Sous le règne d'Auguste, Gallus sévit contre Thèbes pour cause de rébellion; et depuis cette époque, les anciens historiens ne font plus guère mention de cette

---

[1] Pausan. *Attic.* lib. 1, pag. 15, edit. 1613.
[2] Ammian. Marcellin. lib. xvii, cap. 4.
[3] Diod. Sic. *Bibl. hist.* lib. iv, pag. 263, tom. 1, edit. 1746.

capitale, qui se trouva réduite à quelques misérables villages répandus çà et là autour de ses antiques monumens. Cependant la portion de cette cité qui se trouve sur la rive droite du fleuve, formait encore une ville qui a plus particulièrement conservé le nom de *Diospolis* que les Grecs ont donné à Thèbes. Sous les empereurs romains, c'était le chef-lieu du nome diospolite. Elle conservait encore quelque importance, puisqu'elle avait le droit de frapper monnaie ; ce qui est attesté par des médailles aux effigies d'Adrien et d'Antonin, que l'on trouve dans les cabinets des numismates.

Tel est le résumé des révolutions que Thèbes a éprouvées. Elle est encore grande et magnifique au milieu de ses débris; et l'on peut prédire avec certitude qu'elle attestera la puissance du peuple égyptien, long-temps encore après que nos villes européennes les plus somptueuses auront cessé d'exister. Ses édifices étaient restés jusqu'alors ignorés, et Thèbes n'était connue que par la renommée que lui ont faite les poëtes, les historiens de l'antiquité, et le petit nombre de voyageurs modernes qui l'ont visitée : mais l'expédition à jamais célèbre des Français, un gouvernement éminemment protecteur de ce qui est utile et grand, les moyens donnés par un siècle éclairé pour éterniser les monumens des arts, assureront à jamais la réputation de Thèbes, et perpétueront au-delà du calcul et de toutes les espérances des Égyptiens les magnifiques et imposantes constructions de leur antique capitale.

TEXTES
DES AUTEURS CITÉS.

I.

Ἀπὸ δὲ Ἡλιουπόλιος ἐς Θήβας ἐστὶ ἀνάπλοος ἐννέα ἡμερέων· στάδιοι δὲ τῆς ὁδοῦ ἑξήκοντα καὶ ὀκτακόσιοι καὶ τετρακισχίλιοι, σχοίνων ἑνὸς καὶ ὀγδώκοντα ἐόντων· οὗτοι συντεθειμένοι στάδιοι Αἰγύπτου, τὸ μὲν παρὰ θάλασσαν, ἤδη μοι καὶ πρότερον δεδήλωται ὅτι ἑξακοσίων τέ ἐστι σταδίων καὶ τρισχιλίων· ὅσον δέ τι ἀπὸ θαλάσσης μέχρι Θηβαίων μεσόγαιά ἐστι σημανέω. Στάδιοι γάρ εἰσι εἴκοσι καὶ ἑκατὸν καὶ ἑξακισχίλιοι. Τὸ δὲ ἀπὸ Θηβαίων ἐς Ἐλεφαντίνην καλεομένην πόλιν, στάδιοι εἴκοσι καὶ ὀκτακόσιοί εἰσι.

Ab Heliopoli autem ad Thebas novem diebus navigatur, spatio quatuor millium octingentorum et sexaginta stadiorum, hoc est, unius et octoginta schœnorum : quæ Ægyptia stadia collecta, secundùm quidem mare, sunt, prout à me superiùs indicatum est, tria millia sexcenta; quantum verò à mari ad Thebas mediterraneum sit, indicabo. Sunt enim sex millia ac centum viginti stadia : à Thebis autem ad urbem nomine Elephantinam, octingenta et viginti. (*Herod. Hist.* lib. II, pag. 93, edit. 1618.)

II.

Ἔστι δὲ ὁδὸς ἐς τὴν Ἡλιούπολιν ἀπὸ θαλάσσης ἄνω ἰόντι, παραπλησίη τὸ μῆκος τῇ ἐξ Ἀθηναίων ὁδῷ, τῇ ἀπὸ τῶν δυώδεκα θεῶν τοῦ βωμοῦ φερούσῃ ἔς τε Πίσσαν καὶ ἐπὶ τὸν νηὸν τοῦ Διὸς τοῦ Ὀλυμπίου. Σμικρόν τι διαφέρον εὕροι ἄν τις λογιζόμενος τῶν οὐδῶν τουτέων τὸ μὴ ἴσας εἶναι, οὐ πλέον πεντεκαίδεκα σταδίων· ἡ μὲν γὰρ ἐς Πίσσαν ἐξ Ἀθηνέων, καταδεῖ πεντεκαίδεκα σταδίων, ὡς μὴ εἶναι πεντακοσίων καὶ χιλίων· ἡ δὲ ἐς Ἡλιούπολιν ἀπὸ θαλάσσης, πληροῖ ἐς τὸν ἀριθμὸν τοῦτον.

A mari ad Heliopolin eundo per superiora, iter est ejusdem spatii cujus id quod ab Athenis ab ara duodecim deorum fert Pisam, et ad delubrum Jovis Olympii. Quæ itinera si quis computet, inveniet parum quiddam differre quominus paria sint, ac non ampliùs quindecim stadiis : nam viæ quæ ex Athenis Pisam fert, quindecim stadia desunt quominus sit mille et quingentorum stadiorum; at ea quæ à mari ad Heliopolin ducit, hunc stadiorum numerum complet. (*Ibid.* pag. 92.)

III.

Ἐτείχισε δὲ καὶ τὴν πρὸς ἀνατολὰς νεύουσαν πλευρὰν τῆς Αἰγύπτου πρὸς τὰς ἀπὸ τῆς Συρίας καὶ τῆς Ἀραβίας ἐμβολὰς, ἀπὸ Πηλουσίου μέχρις Ἡλιουπόλεως, διὰ τῆς ἐρήμου, τὸ μῆκος ἐπὶ σταδίους χιλίους καὶ πεντακοσίους.

Muro etiam orientale Ægypti latus contra Syrorum et Arabum irruptiones à Pelusio per desertum Heliopolim usque, ad cɪɔ et ɪɔ stadiorum longitudinem vallavit. (Diodor. Sic. *Biblioth. hist.* l. 1, p. 67, tom. 1, edit. 1746.)

IV.

Ὑπὲρ δὲ ταύτης (Πτολεμαϊκῆς πόλεως) ἡ Ἄβυδος...... Μετὰ δὲ τὴν Ἄβυδον Διόσπολις ἡ μικρά· εἶτα Τέντυρα πόλις...... Τιμῶσι δὲ Ἀφροδίτην· ὄπισθεν δὲ τοῦ νεὼ τῆς Ἀφροδίτης, Ἴσιδός ἐστιν ἱερόν· εἶτα Τυφώνεια καλούμενα, καὶ ἡ εἰς Κοπτὸν διῶρυξ, πόλιν κοινὴν Αἰγυπτίων τε καὶ Ἀράβων......

Καὶ τῆς Κοπτοῦ οὐ πολὺ ἀφέστηκεν ἡ καλουμένη Ἀπόλλωνος πόλις.......
Μετὰ δὲ τὴν Ἀπόλλωνος πόλιν, αἱ Θῆβαι· καλεῖται δὲ νῦν Διὸς πόλις.

Supra hanc (Ptolemaïdem civitatem) est Abydus... Post Abydum est parva Diospolis, inde Tentyra urbs..... Colunt autem Venerem. Post Veneris templum est Isidis fanum; deinceps sunt ea quæ Typhonia vocantur, et fossa quæ Coptum defert communem Ægyptiorum et Arabum urbem......

A Copto quoque non multùm abest Apollinis civitas...... Post Apollinis urbem sunt Thebæ, quæ nunc Diospolis vocatur. (Str. *Geograph.* l. xvii, p. 813, 814 et 815, edit. 1620.)

V.

Μετὰ δὲ ταῦτα καταστάθεντος βασιλέως Βουσίριδος, καὶ τῶν τούτου πάλιν ἐκγόνων ὀκτώ, τὸν τελευταῖον ὁμώνυμον ὄντα τῷ πρώτῳ φασὶ κτίσαι τὴν ὑπὸ μὲν Αἰγυπτίων καλουμένην Διὸς πόλιν τὴν μεγάλην, ὑπὸ δὲ τῶν Ἑλλήνων Θήβας· τὸν μὲν οὖν περίβολον αὐτὸν ὑποστήσασθαι σταδίων ἑκατὸν καὶ τεσσαράκοντα, οἰκοδομήμασι δὲ μεγάλοις καὶ ναοῖς εὐπρεπέσι καὶ τοῖς ἄλλοις ἀναθήμασι κοσμῆσαι θαυμαστῶς.

Exinde Busiridem in regno successisse, et progenitos ab hoc octo, quorum postremus, primum (id est, tritavum) nomine referens, magnam illam urbem exstruxerit, quam Ægyptii Solis civitatem, Græci Thebas nuncupant; ambituque mœnium cxl stadia complexus, ædificiorum mole, et templorum magnificentiâ, et donariorum copiâ, mirum in modum exornarit. (Diodor. Sic. *Biblioth. hist.* lib. 1, pag. 54, tom. 1.)

VI.

Καὶ ἄλλοι δὲ τοιαῦτα λέγουσι, μητρόπολιν τιθέντες τῆς Αἰγύπτου ταύτην· καὶ νῦν δείκνυται δ᾽ ἴχνη τοῦ μεγέθους αὐτῆς ἐπὶ ὀγδοήκοντα σταδίους τὸ μῆκος.

Sunt et alii qui eadem dicant, hanc Ægypti metropolim ponentes: nunc vestigia magnitudinis ejus supersunt longitudine xxc ferè stadiorum. (Strab. *Geogr.* lib. XVII, pag. 816.)

VII.

Διὸς πόλις, ἡ μεγάλη πόλις τῆς Αἰγυπτίας Θηβαίδος, ἡ λεγομένη Ἑκατόμπυλος, κτίσμα Ὀσίριδος καὶ Ἴσιδος. Πρὶν δὲ ὑπὸ Περσῶν ἀφανισθῆναί φησι Κάτων, ὅτι μυρίας τρισχιλίας κώμας εἶχε, καὶ τριάκοντα, ἀνθρώπων δὲ μυριάδας ἑπτακοσίας· ἀρουρῶν δὲ τόπον μεμετρημένον τρισχιλίων καὶ ἑπτακοσίων, ἑκατὸν δὲ πύλαι διακεκοσμημέναι, τετρακόσια στάδια τὸ μῆκος.

Diospolis, Jovis urbs, magna civitas Ægyptiæ Thebaïdis, quæ *Hecatompylos* dicebatur, opus Osiridis et Isidis. Antequam à Persis destrueretur, ait Cato habuisse terdecies millia et triginta vicos, hominum verò septuagies centena millia, agri autem dimensi jugera tria millia et septingenta, centum portas egregiè adornatas, quadringenta stadia longitudine. (Stephan. Byzant. *de Urbibus et Populis*, p. 240, ed. 1678.)

VIII.

Φασὶ δὲ τὰς Θήβας ταύτας καὶ Διὸς πόλιν ποτὲ κληθῆναι· ἐξαίρει δὲ αὐτὰς τῷ λόγῳ καὶ ὁ Ποιητὴς ἐν τῇ Ἰλιάδι. Ἐννέα δὲ ἱστοροῦνται Θῆβαι, ὧν μία καὶ αὕτη ἡ περὶ Αἴγυπτον, μεγίστη μέν ποτε οὖσα, ὡς καὶ εἰς ἑκατὸν πύλας ἀνοίγεσθαι, καὶ εἰς σταδίους Κ΄. καὶ τετρακοσίους ἐκτείνεσθαι· νῦν δὲ ἐν ὀνόματι μόνον κειμένη, διὰ τὸ κατεσκάφθαι καὶ ἀνεστατῶσθαι τέλεον. Φασὶ γὰρ ὅτι Καμβύσης αὐτὰς ὁ Περσῶν βασιλεὺς εἰς ἔδαφος κατέστρεψεν.

Porrò aiunt Thebas olim Jovis civitatem fuisse vocatas, quarum etiam Poeta in Iliade meminit. Cæterùm novem feruntur esse Thebæ; quarum etiam una est Ægyptia, quæ olim omnium maxima fuit, ita ut centum portas haberet, et ad 420 stadia protenderetur: nunc verò nomen solum habet; nam funditus eversa atque diruta est. Aiunt enim Cambysem, Persarum regem, illam evertisse. (Eust. *Comment. in Dionysium Periegetem*, v. 250.)

IX.

Τοῦ δὲ τούτου τοῦ βασιλέως ἀπογόνων ὄγδοος ὁ ἀπὸ τοῦ πατρὸς προσ-

Ex progenie hujus regis octavus, patris nomen adeptus Uchoreus, ἀγορευθεὶς Οὐχορεὺς ἔκτισε πόλιν Μέμφιν, ἐπιφανεστάτην τῶν κατ' Αἴγυπτον........

Τὸν μὲν οὖν περίβολον τῆς πόλεως ἐποίησε σταδίαν ἑκατὸν καὶ πεντήκοντα, τήν τε ὀχυρότητα καὶ τὴν εὐχρηστίαν θαυμαστὴν τοιῷ δέ τινι τρόπῳ κατασκευάσας.

Memphin condidit, urbium Ægypti clarissimam.....

Ambitum fecit stadiorum CL, et mirificam ei firmitatem usumque conciliavit hoc modo. (Diod. Sic. *Biblioth. hist.* lib. 1, pag. 59 et 60, tom. 1.)

X.

Ἐν ταύτῃ δὲ ἦν πρότερον τὰ βασίλεια τῆς Αἰγύπτου, εἰς ἃ πολλοὺς ἔφερον φόρους Λίβυες, Αἰγύπτιοι, Αἰθίοπες. Νῦν δὲ Διόσπολις ὀνομάζεται· εἶχε δὲ κώμας μὲν τρισμυρίας τρισχιλίας τριάκοντα. Τὸ δὲ ἄστυ εἶχεν ἀρούρας γψ' καὶ πύλας ἑκατὸν, ἀνδρῶν δὲ μυριάδας ψ'. Ταύτην ἐτείχισεν ὁ βασιλεὺς Ὄσιρις. Ἐξ ἑκάστης δὲ πύλης ἐστράτευον ὁπλῖται μὲν μύριοι, ἱππεῖς δὲ χίλιοι, ἁρματηλάται δὲ διακόσιοι. (Isaac. Voss. *Observationes ad Pomponium Melam*, l. 1, cap. 9, pag. 613, edit. 1782, *Lugduni Batavorum*, in-8°.)

XI.

Ἐπὶ μὲν γὰρ τῶν ἀρχαίων χρόνων ἔσχε κώμας ἀξιολόγους, καὶ πόλεις πλείους τῶν μυρίων καὶ ὀκτακισχιλίων, ὡς ἐν ταῖς ἀναγραφαῖς ὁρᾶν ἐστι κατακεχωρισμένον· ἐπὶ δὲ Πτολεμαίου τοῦ Λάγου πλείους τῶν τρισμυρίων ἠριθμήθησαν, ὧν τὸ πλῆθος διαμεμένηκεν ἕως τῶν καθ' ἡμᾶς χρόνων. Τοῦ δὲ σύμπαντος λαοῦ τὸ μὲν παλαιὸν φασὶ γεγονέναι περὶ ἑπτακοσίας μυριάδας, καὶ καθ' ἡμᾶς δὲ οὐκ ἐλάττους εἶναι τριακοσίων.

Memorabiles quondam vicos habuit, et urbes ultra XIIX. M., ut in commentariis sacris suo notatum loco videre est. Ptolemæo Lagi regnante, plures XXX. M. recensitæ sunt : quæ frequentia adhuc constat. In populi quondam universi censu, septuagies centena millia fuisse numerata dicunt, nec adhuc infra tricies centena millia censeri. (Diod. Sic. *Biblioth. hist.* lib. 1, pag. 36, tom. 1.)

XII.

Ἐν δὲ ταῖς θήκαις ἐπί τινων ὀβελίσκων ἀναγραφαὶ δηλοῦσαι τὸν πλοῦτον τῶν τότε βασιλέων, καὶ τὴν ἐπικράτειαν, ὡς μέχρι Σκυθῶν, καὶ Βακτρίων, καὶ Ἰνδῶν, καὶ τῆς νῦν Ἰωνίας διατείνασαν· καὶ φόρων πλῆθος, καὶ στρατιᾶς περὶ ἑκατὸν μυριάδας.

Juxta hos in obeliscis quibusdam inscriptiones sunt, quæ regum illorum divitias ac potentiam declarant, atque imperium usque in Scythiam, et Bactrianam, et Indiam, et quæ nunc Ionia dicitur, propagatum; item tributorum magnitudinem, et exercitûs circiter mille millia. (Strab. *Geogr.* lib. XVII, pag. 816.)

XIII.

Τοὺς γὰρ ἱππῶνας ἑκατὸν γεγονέναι κατὰ τὴν παραποταμίαν τὴν ἀπὸ Μέμφεως ἄχρι Θηβῶν τῶν κατὰ Λιβύην, ἑκάστου δεχομένου ἀνὰ διακοσίους ἵππους, ὧν ἔτι νῦν τὰ θεμέλια δείκνυσθαι.

Nam centum fuisse equilia in regione amni finitima à Memphi Thebas Libycas usque, unoquoque ducenos equos capiente, quorum fundamenta etiamnum ostendantur. (Diod. Sic. *Biblioth. hist.* lib. 1, pag. 55, tom. 1.)

XIV.

Κτίσαι δέ φασι τοὺς περὶ τὸν Ὄσιριν πόλιν ἐν τῇ Θηβαΐδι τῇ κατ' Αἴγυπτον ἑκατόμπυλον· ἣν ἐκείνους μὲν ἐπώνυμον ποιῆσαι τῆς μητρὸς, τοὺς δὲ μεταγενεστέρους αὐτὴν ὀνομάζειν Διὸς πόλιν, ἐνίους δὲ Θήβας. ἀμφισβητεῖται δ' ἡ κτίσις τῆς πόλεως ταύτης, οὐ μόνον παρὰ τοῖς συγγραφεῦσιν, ἀλλὰ καὶ παρ' αὐτοῖς τοῖς κατ' Αἴγυπτον ἱερεῦσι. Πολλοὶ γὰρ ἱστοροῦσιν οὐχ ὑπὸ τῶν περὶ τὸν Ὄσιριν κτισθῆναι τὰς Θήβας, ἀλλὰ πολλοῖς ὕστερον ὑπό τινος βασιλέως, περὶ οὗ τὰ κατὰ μέρος ἐν τοῖς οἰκείοις χρόνοις ἀναγράψομεν.

Conditam porrò ab Osiride urbem in Thebaïde Ægypti centum portarum, quam matris cognomento insignierit, sed à posteris Diospolin (id est, Jovis urbem) et Thebas nominari: de cujus conditore non solùm auctores, verùm ipsi in Ægypto sacerdotes, disceptant. Multi enim tradunt non ab Osiride, sed, multis annis pòst, conditam esse à rege quodam, cujus res particulatim suo loco describemus. (Diod. Sic. *Biblioth. hist.* lib. 1, p. 18, tom. 1.)

XV.

Ἐναυπηγήσατο δὲ καὶ πλοῖον κέδρινον, τὸ μὲν μῆκος πηχῶν διακοσίων καὶ ὀγδοήκοντα, τὴν δ' ἐπιφάνειαν ἔχον τὴν μὲν ἔξωθεν ἐπίχρυσον, τὴν δ' ἔνδοθεν κατηργυρωμένην, καὶ τοῦτο μὲν ἀνέθηκε τῷ θεῷ τῷ μάλιστα ἐν Θήβαις τιμωμένῳ.

Navigium præterea cedrinum, CCLXXX cubitos longum, compaginavit, extrinsecus auro, intrinsecus argento obductum. Hoc deo quem Thebæi religiosissimè colunt, dedicavit. (*Ibid.* pag. 67.)

CHAPITRE DIXIÈME.

DESCRIPTION

DES

ANTIQUITÉS DE DENDERAH,

Par MM. JOLLOIS et DEVILLIERS,

INGÉNIEURS DES PONTS ET CHAUSSÉES, CHEVALIERS DE L'ORDRE ROYAL DE LA LÉGION D'HONNEUR.

§. I. *Observations générales.*

Lorsqu'on remonte du Kaire dans la haute Égypte, les premiers monumens considérables et bien conservés que l'on rencontre sur sa route, sont ceux de Denderah. Il n'est presque point de voyageurs qui, s'étant avancés vers les régions supérieures de l'Égypte, n'aient visité ces édifices, et n'aient transmis dans leurs écrits les diverses impressions qu'ils ont éprouvées à leur aspect. Nous connaissions tout ce que ces voyageurs avaient publié; et leurs descriptions, tout incomplètes qu'elles sont, avaient vivement excité le désir que nous avions déjà de voir de nos propres yeux les antiquités si vantées de l'ancienne *Tentyris*. Comme nous avions entrepris de parcourir le pays dans le temps des basses eaux du Nil, et à une époque où le général Desaix en avait à peine achevé la conquête, nous ne pûmes, la plupart du temps, voyager que par terre, et nous fûmes obligés d'abandonner à Syout la barque qui nous y avait amenés du vieux Kaire. Nous profitâmes avec empressement du départ des premiers détachemens de troupes françaises qui se rendirent dans la Thébaïde, et nous sortîmes de Syout le 29 floréal de l'an 7. Nous passâmes successivement à Aboutyg et à Deyr. Notre seconde journée se termina à Tahtah, bourg assez considérable, situé à une demi-lieue des bords du Nil, et qui renferme un bazar garni d'un assez grand nombre de boutiques. Le troisième jour, nous arrivâmes à Souây, presque en face d'Akhmym : nous traversâmes ensuite les ruines de *Ptolemaïs* à el-Menchyet el-Neydeh, où nous trouvâmes, sur le bord du fleuve, les restes d'un quai antique avec un escalier, et dans les buttes de décombres qui annoncent l'ancienne ville, des débris nombreux de colonnes en granit. Pendant ce trajet, nous faillîmes être enveloppés dans une trombe qui se forma à une distance assez peu considérable de nous. Vers la fin de la quatrième journée de marche, nous vînmes coucher à Girgeh, ville considérable, située tout-à-fait sur le fleuve. Nous y séjournâmes le lendemain. De Girgeh, nous nous rendîmes à Farchyout, qui ne se fait point remarquer par des débris d'antiquités, mais qui est importante par ses fabriques de sucre. Cette ville fut la résidence du cheykh Hammâm, fameux dans la contrée par ses démêlés avec les beys du Kaire, et long-temps possesseur tranquille de tout le pays compris entre Syout et les cataractes. Le septième jour, nous passâmes près de Hoû, village où l'on s'accorde à placer les ruines de *Diospolis parva*, et nous traversâmes le Nil pour aller coucher à Qasr el-Sayâd, qui se trouve presque en face sur la rive opposée. Nous avons reconnu dans cet emplacement des débris antiques et les restes d'un quai : à cet endroit, le Nil coule du côté de l'Arabie sur un fond de rocher. C'est là que d'Anville place les ruines de *Chenoboscion*. Enfin, le huitième jour après notre départ de Syout, ayant parcouru pendant sept journées une distance moyenne de huit lieues, nous arrivâmes à Qené : cette ville est renommée par la grande quantité de vases propres à rafraîchir l'eau, que l'on y fabrique, et qui sont remarquables par l'élégance et la variété de leurs formes. En les considérant avec attention, on est porté à croire que les dessins en ont été pris sur les monumens de l'ancienne Égypte. Qené était le chef-lieu du gouvernement supérieur du Sa'yd. Le général Belliard, à qui le commandement en était confié, s'y trouvait alors, tout occupé des préparatifs de son expédition contre Qoçeyr. Nous fûmes très-bien accueillis par cet ami des arts, dont le nom sera toujours prononcé avec reconnaissance par les membres de la Commission d'Égypte, et nous en obtînmes toutes les facilités possibles pour nous livrer à l'étude des antiquités du pays.

Quelques jours après notre arrivée à Qené, nous eûmes une escorte pour nous rendre à Denderah, et nous pûmes enfin espérer de contempler pour la première fois avec sécurité des monumens que nous étions venus chercher si loin, en faisant à travers le pays, à l'approche du solstice d'été, de longues et de pénibles marches.

Nous traversâmes le Nil au-dessous de Qené, précisément en face des ruines. Le village de Denderah est sur la droite, à un quart de lieue environ des bords du fleuve : il n'offre rien de remarquable que la grande quantité de dattiers dont il est environné, et parmi lesquels se trouve le doum. On ne commence à voir fréquemment cette dernière espèce de palmier qu'à la hauteur de Girgeh, en remontant vers les cataractes. Ces plantations donnent à Denderah un aspect assez agréable; c'est, au reste, un village très-peu considérable, et formé seulement de misérables cahutes construites en terre. Il est impossible de ne point reconnaître dans sa dénomination l'ancien nom de *Tentyra* ou *Tentyris*, dont les magnifiques restes subsistent à trois mille mètres de là, vers l'ouest. Cette seule analogie de nom suffirait pour indiquer l'emplacement de la ville égyptienne, quand d'ailleurs toutes les incertitudes ne seraient pas entièrement levées par l'existence des monumens que nous allons décrire. Nous nous bornerons seulement à dire que toutes les indications données par Strabon, Pline et d'autres anciens auteurs, concourent à placer *Tentyris* près du village moderne de Denderah. Les cinquante milles romains assignés par l'Itinéraire entre *Tentyra* et *Hermonthis*, dont la position au-dessus de Thèbes est bien connue, s'accordent parfaitement avec la distance de trente-sept mille deux cents toises, mesurée sur la grande carte d'Égypte entre Denderah et Erment. La position de *Tentyris* étant bien déterminée, on peut s'en servir pour fixer celle de *Diospolis parva*, dont nous avons indiqué l'emplacement à Hoû.

Or, les vingt-sept milles romains assignés par l'Itinéraire entre ces deux villes coïncident avec la distance mesurée sur la carte entre Denderah et Hoû. Les observations de M. Nouet placent le temple de Denderah sous le 30° 20′ 42″ de longitude et sous le 26° 8′ 36″ de latitude. Ptolémée assigne à *Tentyra* une latitude de 26° 10′, peu différente de celle-là. Nous ne parlerons point de la longitude que cet auteur lui donne : on sait quelles erreurs existent dans les élémens de ces mesures employées par cet ancien géographe.

Au temps d'Adrien, *Tentyris* conservait encore quelque importance, et les numismates possèdent des médailles frappées à l'effigie de cet empereur au nom de cette ancienne ville.

Les décombres de *Tentyris* occupent un espace de dix-sept cents mètres dans leur plus grande longueur, et de huit cents mètres dans leur plus grande largeur : leur contour peut être évalué à quatre mille mètres environ [1]. Ils offrent à l'est, du côté du terrain cultivable, la forme d'une espèce de fer-à-cheval. Au sud, ils confinent au désert, et touchent à des monticules de sable qui limitent en quelque sorte le pied de la chaîne libyque, et où l'on trouve beaucoup de cailloux roulés en jaspe et en porphyre variés. Au nord, ces décombres forment une espèce de cap avancé dans les terres cultivées : c'est par là que nous sommes arrivés la première fois. On remarque d'abord des monticules fort élevés, que l'on exploite aujourd'hui pour la culture des terres qui produisent le dourah, et où l'on trouve des mé-

---

[1] Deux mille cinquante-deux toises.

dailles, des vases, des amulettes et des lampes antiques. Les gens du pays qui se livrent à ce travail, passent les terres au tamis, et retirent ainsi jusqu'aux plus petits objets précieux que l'on puisse rencontrer. A l'époque de notre séjour à Denderah, on trouva une soixantaine de grands vases en terre brune de diverses formes, dont quelques-uns, terminés en pointe très-alongée, et garnis de deux anses, présentaient une forme élégante. On nous apporta aussi une assez grande quantité de lampes antiques et de monnaies romaines du temps de Constantin.

Tout près de ces fouilles est un temple qui a plutôt l'air de n'avoir point été achevé que de tomber en ruine : il est maintenant à jour, et paraît n'avoir jamais été couvert. Dans l'axe de ce monument, et à environ cent pas de distance, une porte de l'effet le plus imposant se présente à l'admiration des voyageurs : elle est enfouie en partie sous les décombres, et construite avec des matériaux d'une grande dimension. Au travers de cette porte, on découvre le grand temple, qui forme le fond du plus magnifique tableau [1]. Il serait difficile d'exprimer tout ce que fait éprouver de sensations diverses l'aspect de ces figures colossales d'Isis qui portent l'entablement du portique. Il semble que l'on ait été tout-à-coup transporté dans un lieu de féerie et d'enchantement : on est tout-à-la-fois saisi d'étonnement et d'admiration. Ce que l'on aperçoit n'a aucun rapport avec les monumens de l'architecture des Grecs, ni avec ceux que le goût des arts de l'Europe a enfantés; et cependant, en considérant un spectacle si nouveau, l'on éprouve d'abord un

[1] *Voyez* la pl. 4, *A.*, vol. IV.

sentiment de satisfaction, et l'on contemple avec avidité un édifice qui se présente sous les dehors de la magnificence la plus imposante. La seule vue des monumens de Denderah suffirait pour dédommager des peines et des fatigues du plus pénible voyage, quand bien même on n'aurait pas l'espoir de visiter tout ce que renferme de curieux le reste de la Thébaïde. Elle a excité l'admiration de l'armée qui a conquis le Sa'yd; et c'était une chose vraiment remarquable, de voir chaque soldat se détourner spontanément de sa route pour accourir à *Tentyris* et en contempler les magnifiques édifices. Ces braves guerriers en parlaient encore long-temps après avec enthousiasme, et, quelque part que la fortune les ait conduits, ils ne les ont jamais oubliés : car les impressions que laissent dans l'ame du voyageur les monumens de Denderah, ne sont pas seulement passagères et momentanées; nous avons acquis la conviction que les idées de grandeur et de magnificence qu'elles avaient fait naître en nous, étaient de nature à résister à toutes les épreuves. En effet, après avoir parcouru les antiquités de la Thébaïde, après avoir admiré tout ce que la première capitale de l'Égypte renferme de merveilles, nous avons revu les temples de Denderah avec un nouveau plaisir : non-seulement la haute opinion que nous en avions conçue d'abord, s'est confirmée, mais nous sommes restés convaincus qu'ils sont les plus parfaits sous le rapport de l'exécution, et qu'ils ont été construits à l'époque la plus florissante des sciences et des arts de l'Égypte.

Le grand temple de Denderah est encombré à l'est

presque jusqu'à la hauteur des frises. Des monticules de débris, où l'on aperçoit encore des pans de murailles de briques tombant en ruine, semblent menacer de l'envahir tout entier. Mais ce qui présente surtout un effet très-pittoresque et un contraste bien frappant, ce sont ces restes de maisons modernes qui sont comme suspendus en l'air sur les terrasses du temple. Un village arabe, composé de misérables cahutes en terre, domine le monument le plus magnifique de l'architecture égyptienne, et semble placé là pour attester le triomphe de l'ignorance et de la barbarie sur les siècles de lumières qui ont élevé en Égypte les arts au plus haut degré de splendeur. A l'ouest, le grand temple est moins encombré : mais, à quelque distance de l'édifice, le terrain est tourmenté en mille manières, et les débris des anciennes maisons de *Tentyris* se trouvent mêlés et confondus avec les débris plus récens de masures arabes actuellement inhabitées ; les décombres sont même tellement accumulés dans l'emplacement de l'ancienne ville, qu'ils menacent d'envahir entièrement et de faire disparaître pour toujours le petit temple ou *Typhonium*, situé à l'ouest et à peu de distance de la porte triomphale dont nous avons parlé.

Derrière le grand temple, un petit édifice dont les murs ont été détruits en partie, semble se perdre au milieu des pans de murailles en briques crues qui attestent l'existence de la ville arabe. A cent cinquante mètres environ vers l'est, et en face de ce monument, est une porte à peu près semblable à celle du nord, mais tellement enveloppée sous les décombres, qu'il n'y a de visible que le tiers tout au plus de sa hauteur totale ; l'une et l'autre porte se trouvent comprises dans une grande enceinte qui entoure tous les édifices sacrés de l'ancienne *Tentyris*, à l'exception toutefois de ceux situés à l'est. Cette enceinte est à peu près carrée, puisqu'elle a deux cent quatre-vingt-quatorze mètres dans un sens, et deux cent quatre-vingt-deux mètres dans l'autre ; son épaisseur est de cinq à six mètres : elle est construite en grosses briques séchées au soleil. Le parement de ses murs ne s'aperçoit plus maintenant que par intervalles, tant il est recouvert par les débris provenant de la destruction des habitations anciennes et modernes : les briques ont $0^m,39$ de long, $0^m,20$ de large, et $0^m,12$ d'épaisseur. L'enceinte est ouverte en trois endroits ; savoir, dans l'emplacement des portes du nord et de l'est, et vis-à-vis la partie postérieure du grand temple : cette dernière ouverture est fort étroite, et pourrait bien avoir été pratiquée après coup.

En passant sous la porte de l'est, et en marchant à peu près parallèlement à la chaîne libyque, on arrive, à travers des monticules de décombres et des débris antiques, à une petite enceinte qui, sans doute, a renfermé quelque édifice public : mais c'est en vain qu'on en recherche les traces ; le seul monument qui soit debout est un propylée enchâssé, pour ainsi dire, dans le mur d'enceinte. Il est semblable à ceux du nord et de l'est, et non moins remarquable qu'eux par la richesse des sculptures dont il est orné.

Nous aurions voulu pousser une reconnaissance jusque dans la montagne libyque, pour y chercher les tombeaux des Tentyrites. Il est probable, en effet, que là, comme dans toute autre partie de cette chaîne voisine des lieux anciennement habités, on trouverait des hypogées. Quelques indications données par les habitans du pays ne nous ont même laissé à cet égard que peu d'incertitude ; mais l'impossibilité absolue de traverser une contrée découverte et fréquentée par les Arabes, qui y rôdaient en grand nombre à l'époque de notre voyage, a seule arrêté notre zèle.

Le plaisir que l'on éprouve à contempler les magnifiques antiquités de *Tentyris* est tel, que, lorsqu'on les a quittées, on sent un besoin plus vif de les revoir et de les étudier encore. Combien de fois ne nous est-il pas arrivé, pour satisfaire nos impatiens désirs, de quitter furtivement [1] le lieu de notre résidence pour aller recueillir les nombreux dessins que nous publions aujour-

[1] Les premiers voyages que nous avions faits à *Tentyris*, loin de satisfaire notre curiosité, n'avaient fait au contraire que l'irriter davantage. Comme il y aurait eu plus que de l'indiscrétion à demander des escortes autant de fois que nous éprouvions le désir et le besoin de visiter les ruines, nous prîmes le parti de faire nos excursions seuls et à l'insu du commandant de Qené. Le général Belliard, qui savait tout ce que l'on pouvait courir de danger de la part des Bédouins, ou des *fellâh* malintentionnés, nous avait expressément défendu de nous rendre à Denderah sans escorte.

Nous ne pouvons nous refuser au plaisir de citer ici un extrait du journal de voyage de notre ami M. du Bois-Aymé, sur le voyage qu'il a fait à Denderah, dès les premiers jours de notre arrivée à Qené :

« Le 10 prairial, à la pointe du jour, je suis parti seul de Qené pour aller visiter les ruines de Denderah. Je ne fis part à personne de mon projet, dans la crainte que l'on ne s'y opposât. Une petite barque montée de deux Égyptiens m'attendait au-dessous de la ville, et la hauteur des rives du fleuve me permit de m'embarquer sans être aperçu. Le village de Denderah, où je descendis, est à une lieue au-dessous de Qené, et sur l'autre rive. A peine eus-je mis pied à terre, que je fus entouré des habitans. Je leur dis que je venais voir leur cheykh. Ils me pressaient avec une curiosité souvent importune, mais presque toujours accompagnée de quelques mard'hui! Seuls et sans escorte, au risque d'être assassinés par les Arabes qui fréquentent la contrée, nous partions de Qené tous les jours à la même heure, et nous arrivions sur le bord du Nil en face des ruines. Là, nous trouvions un batelier qui nous faisait passer le fleuve, et qui, toujours exact et fidèle, nous attendait jusqu'au

ques de bienveillance; je caressais les petits enfans, auxquels je donnai quelques parats, et j'entendais leur mère faire l'éloge de l'étranger; je répondais à tout le monde avec l'air de la plus entière confiance, sans cesser pour cela de me tenir sur mes gardes. J'étais bien armé, et décidé, en cas d'agression, à vendre chèrement ma vie. J'arrivai, avec mon nombreux cortége, à la maison du cheykh. Cet homme jouissait d'un certain crédit dans la province. Il avait le titre d'émyr, c'est-à-dire de prince. Je lui dis qui j'étais, et le but de mon voyage. Il me reçut très-bien, et me promit de me donner des guides pour me conduire sur les ruines du temple. Il fit étendre une natte dans la rue devant sa maison, m'y fit asseoir avec lui, et m'engagea à manger des dattes et des pastèques qu'il avait fait apporter. Nous prîmes le café ensemble. Lorsque les habitans nous serraient de trop près, et que les bâtonniers de l'émyr voulaient les éloigner, je priais qu'on les laissât s'approcher librement : cela me mit très-bien avec toute la population. J'achetai quelques idoles égyptiennes que des femmes portaient à leur cou.

« Je partis du village, accompagné de deux *qaouás* ou bâtonniers du cheykh. Arrivé à trois quarts de lieue de là, au pied des buttes de décombres qui entourent le temple, je commençai à faire des réflexions sur les exagérations des voyageurs. Ici, comme dans plusieurs lieux célèbres, me disais-je, on ne voit que des décombres; cela ne valait pas la peine de quitter Qené. Plein de cette idée, j'avançais lentement, lorsqu'au moment d'atteindre le haut d'une colline, je lève les yeux et j'aperçois rangées près de moi six têtes de femme d'une grandeur colossale. Mon imagination frappée ne me permit pas de voir autre chose, et je restai un instant immobile d'étonnement. Je savais cependant que je trouverais un temple en ce lieu : mais c'est là seulement ce que ma mémoire pouvait me rappeler; je ne m'attendais nullement aux dimensions et aux formes qui frappaient mes regards. Revenu de la première surprise, j'aperçus, en m'avançant davantage, la majestueuse façade du temple et les ornemens sans nombre qui la décorent. Je ne sais comment rendre ce que j'éprouvai. Je disais tout haut, *Que c'est beau!* je le répétais à mes *qaouás*, comme s'ils eussent pu m'entendre. Je parcourus toutes les salles avec la joie que fait naître l'admiration. J'étais bien loin de regretter mon voyage, et je songeais au plaisir que j'allais faire à mes camarades en leur parlant de tout ce que je voyais. »

soir. Chaque jour il pouvait être pour nous le nocher fatal : mais nous n'avons jamais eu qu'à nous louer de sa fidélité et de son empressement à nous servir ; nous avons même eu la preuve du vif intérêt qu'il prenait à notre conservation. Dans l'une de nos excursions, nous nous étions laissé emporter par notre zèle, et nous avions tardé plus que de coutume à revenir au port. Déjà le jour baissait rapidement, et la nuit presque close ne laissait plus la faculté de distinguer les objets dans le lointain. Notre fidèle batelier, ne nous voyant point revenir, avait conçu les plus vives alarmes sur notre sort : il croyait sans doute que nous étions tombés sous les coups des Arabes. Monté sur les points les plus élevés des berges du fleuve, il avait promené dans la campagne sa vue inquiète aussi long-temps que le jour le lui avait permis. De temps à autre il avait risqué, pour nous avertir, quelques éclats de voix qu'étouffait la crainte d'être entendu des Arabes. Mais c'était en vain ; aucun indice n'avait pu le rassurer et calmer ses vives inquiétudes. Nous arrivâmes enfin, et nous le trouvâmes tout en larmes, la face contre terre et priant avec ferveur. Il serait difficile de peindre la joie que ce brave homme eut de nous revoir. Nous le payions toujours très-bien : mais cette fois nous triplâmes son salaire ; et quoiqu'il aimât l'argent, comme tous les Égyptiens, cette générosité nous parut lui faire éprouver moins de contentement que notre retour inespéré.

Nous allons, dans les paragraphes suivans, examiner en détail chacun des édifices de Denderah, et justifier par nos récits la haute opinion que nous en avons conçue.

§. II. *De l'édifice du nord.*

Le premier monument que l'on rencontre en arrivant sur les ruines de *Tentyris*, du côté du nord, est un petit édifice de forme rectangulaire, dont l'axe se trouve à peu près dans la direction nord et sud. Il a seize mètres de longueur et onze mètres et demi de largeur. Il est construit sur le même plan que le temple de l'est à *Philœ*, et que l'enceinte qui précède le temple d'*Hermonthis*. Il est composé de quatorze colonnes, dont six subsistent dans leur entier ; les autres n'existent que jusqu'à la hauteur des murs d'entre-colonnement. Cette construction n'a point été achevée, et elle paraît être une des dernières qui aient été élevées dans l'intérieur de la ville. Le fût des colonnes est lisse et sans aucune espèce d'ornement. Les chapiteaux, qui ont la forme d'une campane dont la courbure est interrompue par des filets saillans, ne sont en quelque sorte que dégrossis[1] et préparés pour recevoir les sculptures dont ils devaient être ornés : ils ne sont surmontés ni de ces dés ni de cet entablement toujours couronnés d'une élégante corniche. Les murs d'entre-colonnement eux-mêmes ne sont composés que de masses de pierres qui n'ont encore reçu aucun des ornemens que nous avons observés partout ailleurs. Deux portes, l'une au nord et l'autre au sud, donnaient entrée dans l'édifice. Les deux colonnes contre lesquelles celle du nord est appuyée,

---

[1] Les galeries qui forment l'avenue du grand temple de *Philœ* offrent des chapiteaux pareils. *Voyez* pl. 6, fig. 2 et 3, *A*., vol. 1.

sont entières : mais il ne reste qu'une seule des deux colonnes qui ornaient la porte du sud ; l'autre est abattue, et ses débris sont épars sur les décombres. Cet édifice devait-il être couvert ? On peut assurer au moins qu'on ne voit actuellement sur les lieux les restes d'aucune des pierres du plafond. Dans cette supposition, d'ailleurs, il y aurait eu probablement deux rangées de colonnes intérieures pour diminuer la portée de ces pierres, dont la longueur n'aurait pas dû être de moins de onze mètres, et l'on ne trouve aucune trace de ces colonnes. Tout porte à penser qu'il ne faut voir ici, comme à *Philæ* et à *Hermonthis*, qu'un hypèthre destiné à précéder un de ces petits temples égyptiens, où l'image de Typhon se trouve fréquemment répétée. Les murs d'entre-colonnement ne s'élèvent, dans leur état actuel, que jusqu'à un mètre au-dessus du sol, et il est à présumer qu'ils n'avaient pas moins de $3^m,80$ de hauteur. La pl. 31 [1] offre la restauration de ce monument d'après l'analogie donnée par les autres édifices semblables que nous avons vus en Égypte.

§. III. *De la porte du nord.*

En avançant d'environ cent mètres dans la direction nord et sud, on se trouve sous la porte du nord. Tout l'intervalle que l'on a parcouru, est parsemé de débris de granit qui paraissent avoir appartenu à des statues. Nous y avons remarqué aussi des morceaux de brèche et de porphyre variés, et, entre autres fragmens tra-

---

[1] *Voyez* fig. 10 et 11, *A.*, vol. IV.

vaillés, les pieds d'une statue en porphyre noirâtre. C'est dans cet endroit que les gens du pays font, ainsi que nous l'avons déjà dit, des fouilles d'où ils tirent des médailles, des pierres gravées, des vases et d'autres antiquités. La porte du nord est remarquable par la beauté de ses proportions et la richesse des sculptures dont elle est ornée. On ne peut rien voir de plus gracieux que sa corniche. Dans aucune autre porte, sans en excepter même celles de Karnak, ce membre d'architecture n'a une aussi grande proportion, ni un plus beau galbe. La face nord a éprouvé de grandes dégradations, et elle est privée de la plus grande partie de son couronnement : mais la face sud est parfaitement conservée, et la restauration n'a rien ajouté à l'image qu'en offre la pl. 6, *A.*, vol. IV; il n'a fallu que dégager cette porte des décombres sous lesquels elle était en partie enfouie, pour la rendre à son premier état. Au travers de ce superbe édifice, on aperçoit le grand temple, qui offre la plus riche et la plus magnifique perspective.

On pourrait croire, au premier abord, que la porte du nord devait être accompagnée de masses pyramidales avec lesquelles elle aurait formé un pylône. Cependant un examen attentif, et les fouilles que nous avons fait exécuter, nous ont convaincus que l'enceinte en briques venait s'appuyer sur les flancs de cet édifice, bien que leurs parois, mal dressées, ne paraissent point avoir été terminées. Les portes comprises dans les grandes enceintes de Thèbes offrent des circonstances analogues et confirment notre opinion [1].

---

[1] *Voyez* notre Description générale de Thèbes, *A. D.*, chap. IX.

La porte du nord, ainsi que tous les autres édifices dont nous avons encore à parler, est construite en grès d'un grain très-fin, assez compacte pour se prêter aux plus petits détails de la sculpture, et d'une couleur jaunâtre, qui, modifiée par le vif éclat du soleil, donne aux monumens un ton chaud et brillant, dont il est difficile de se faire une idée exacte, si on ne l'a point soi-même observé. Elle est décorée de sculptures d'un luxe et d'une perfection de travail qu'on ne remarque nulle part ailleurs, si ce n'est dans les autres édifices de Denderah. Le système de décoration de ses deux faces intérieures n'est point le même : la face de l'enfoncement exposée à l'est est ornée de croix à anse et de sceptres à tête de lévrier; celle de l'enfoncement exposée à l'ouest est décorée de bas-reliefs représentant des offrandes principalement à Isis, et à Osiris à tête d'épervier. A la partie supérieure est une frise composée de quinze masques d'Isis. Les parois des deux corps avancés, dans l'une et l'autre face, présentent des sculptures où Isis à tête humaine et à tête de lion, ainsi qu'Osiris à tête d'épervier, reçoivent des offrandes. Tous ces bas-reliefs sont séparés par des lignes d'étoiles et des hiéroglyphes. Ils sont composés d'un nombre de figures proportionné à l'étendue que laissent entre elles les arêtes saillantes de la construction. Les personnages sculptés sur l'enfoncement n'ont que des costumes simples et sans ornement; les parties saillantes offrent, au contraire, des costumes et des coiffures d'une grande richesse. Mais c'est surtout en considérant la face sud de la porte, que l'on peut prendre une haute idée du luxe que les Égyptiens mettaient dans l'embellissement de ces sortes d'édifices. La corniche, dont la courbure est de la plus élégante proportion, est décorée, comme partout ailleurs, d'un globe ailé qui se détache sur un fond de cannelures. L'architrave est ornée de deux bas-reliefs, composés chacun de six figures symétriquement placées par rapport à un masque d'Isis qui en occupe le milieu. Les dieux auxquels on fait des offrandes, sont tous assis sur des trônes richement décorés, où les fleurs du lotus, dans divers états, sont agencées avec goût. L'estrade sur laquelle ils sont élevés, est ornée d'une frise composée d'oiseaux dont les ailes sont déployées, de fleurs de lotus couronnant des vases, de petites figures accroupies, d'arcs détendus et de prisonniers enchaînés. Les divinités ont, les unes, des têtes humaines, et les autres, des masques d'épervier et de serpent. Rien n'égale la richesse de leur costume et de leurs coiffures. Les prêtres ou faiseurs d'offrandes ne se font pas moins remarquer par la variété de leurs vêtemens. L'effet de ces sculptures est encore augmenté par les inscriptions hiéroglyphiques dont chaque personnage est accompagné. Les montans de la porte renferment cinq bas-reliefs séparés par des lignes d'étoiles et d'hiéroglyphes, et composés chacun de trois figures. Ces sculptures, qui sont enrichies d'inscriptions hiéroglyphiques, représentent des offrandes à Isis et à Osiris. La composition de ces différentes scènes est la même sur l'un et l'autre montant de la porte : il n'y a de diversité que dans la nature des offrandes, ainsi que dans les coiffures et le costume des personnages. De petites figures d'Horus, élevées sur des estrades, font partie de ces bas-reliefs, qui ne sont pas tous dans l'état de conservation où les représente la pl. 6, *A.*, vol. IV : quelques-uns ont été dégradés à coups de marteau, soit par les chrétiens, soit par les musulmans, et d'autres ont été recouverts en partie avec une espèce d'enduit grossier.

§. IV. *Du petit temple ou* Typhonium.

A trente mètres à l'ouest de la porte du nord, on aperçoit la sommité d'un édifice qui paraît presque entièrement enfoui sous les décombres ; ce qui empêche de pouvoir se rendre compte, au premier abord, de la forme de son plan et de ses dimensions. C'est un temple périptère, à peu près semblable au *Typhonium* d'Edfoû, sinon qu'il est plus étendu et qu'il offre dans sa distribution un plus grand nombre de pièces. Quoique la partie antérieure de cet édifice n'existe plus, cependant il subsiste encore en avant une colonne qui ne permet pas de douter que la façade ne fût composée, comme celle du *Typhonium* d'Edfoû, de deux colonnes avec des antes surmontés d'un entablement. Les intervalles étaient remplis par une porte et des murs d'entre-colonnement[1]. Le *Typhonium* de Denderah a trente-quatre mètres de longueur et dix-huit mètres de largeur. Il est entouré d'une galerie ornée, sur chacun des côtés, de neuf colonnes, et sur la face postérieure, de quatre, toutes réunies entre elles et avec les antes des angles par des murs d'entre-colonnement[2]. La largeur de cette galerie

[1] *Voy.* pl. 32, fig. 2, *A.*, vol. IV.   [2] *Voy.* pl. 32, fig. 4, *A.*, vol. IV.

est de deux mètres ; mais elle devait être plus considérable du côté de l'entrée du temple, ainsi que cela existe au *Typhonium* d'Edfoû. Les colonnes ont, comme partout ailleurs, la forme légèrement conique ; elles sont couronnées de chapiteaux ornés de tiges de lotus et de feuilles de plantes indigènes. Au-dessus des chapiteaux sont des dés d'un mètre de hauteur, qui offrent sur chacune de leurs faces un Typhon enveloppé de fleurs de lotus. Ces sculptures ont ici plus de saillie qu'elles n'en ont ordinairement dans les autres temples, et le lotus y est exprimé, jusque dans les plus petits détails, avec une netteté et une précision remarquables. La divinité typhonienne est vue de face [1]. Elle a le visage vieux et ridé, et une barbe qui s'étend depuis les oreilles jusqu'au menton, et tombe en mèche frisée sur la poitrine. Sa coiffure paraît formée de feuilles de plantes ; ses membres sont gras et charnus ; sa taille est grosse et courte ; tout son corps a la forme de celui d'un enfant ; il a une queue aussi longue que ses jambes, et qui va en grossissant depuis son origine jusqu'à son extrémité. Au-dessus des dés règne un entablement formé d'une architrave et d'une corniche. L'architrave est décorée d'un ornement composé d'éperviers dont les ailes sont déployées, et qui enveloppent deux figures typhoniennes, placées de chaque côté d'Horus assis sur une fleur de lotus [2]. C'est le triomphe d'Horus ou du génie du bien sur le génie du mal ; c'est l'emblème du soleil victorieux

---

[1] *Voy.* pl. 33, fig. 2, *A.*, vol. IV.
[2] *Voyez* dans la pl. 33, fig. 2, *A.*, vol. IV, une frise tout-à-fait pareille à celle dont il est ici question.

de toutes les influences malignes qui, durant une saison de l'année, assiégent le climat de l'Égypte. On trouve souvent parmi les amulettes[1] des figures semblables à celles que nous indiquons ici, et nous avons déjà eu de fréquentes occasions de les faire connaître aux lecteurs. Des légendes hiéroglyphiques, placées derrière chacune des figures typhoniennes, font partie de cette frise, qui se répète neuf fois sur les faces latérales du temple, et cinq fois sur la face postérieure. L'espace qui sépare ces ornemens, est rempli par des espèces de balustres surmontés de disques.

La corniche de l'entablement est décorée d'un ornement très-remarquable, et qui correspond à celui que nous venons de décrire[2]. Un scarabée avec des ailes emblématiques s'élève au-dessus de cinq personnages : l'un d'eux est un homme à tête d'épervier, symbole d'Osiris; il est debout et a les bras étendus; il tient dans chacune de ses mains un bâton augural : de chaque côté de lui, deux figures d'Horus debout font des offrandes à des Isis accroupies et élevées sur des estrades. Des légendes hiéroglyphiques, et des figures isiaques richement habillées, complètent l'ornement.

Si l'on pénètre sous la galerie à travers les décombres, on y remarque une frise absolument pareille à celle de l'architrave[3], mais au-dessus de laquelle il règne une suite de masques de Typhon posés sur des coupes, et surmontés de ces représentations de temple qui entrent

---

[1] *Voyez* la collection des antiques à la fin du cinquième volume de l'Atlas des Antiquités.

[2] *Voy*. pl. 33, fig. 1, *A*., vol. IV.
[3] *Voy*. pl. 33, fig. 2, *A*., vol. IV.

dans la composition du chapiteau à tête d'Isis. Ces masques ont un air tout-à-fait grotesque; ils expriment le rire, qui prend un caractère varié dans chacun d'eux, probablement à cause de la difficulté de les sculpter tous exactement de la même manière. On conçoit, en effet, qu'un léger mouvement dans la bouche, l'œil et le nez, et l'exhaussement plus ou moins considérable des joues, des sourcils et des tempes, donnent un aspect différent à chaque figure.

Il paraît que les murs extérieurs du temple, à l'exception de la corniche et de la frise dont nous venons de parler, ne présentent aucune trace de peinture et de sculpture [1]. Le plafond de la galerie est aussi entièrement nu. Toutes ces circonstances doivent faire présumer qu'ici, comme dans d'autres lieux de l'Égypte, l'édifice n'a point été entièrement terminé. D'autres faits viendront bientôt à l'appui de cette assertion.

On entre actuellement dans le temple par une porte de deux mètres d'ouverture, couronnée d'une corniche au milieu de laquelle est un globe ailé. La première pièce est aujourd'hui découverte : cependant on ne peut douter qu'elle n'ait eu un plafond, quoiqu'il n'en reste plus de vestiges; l'analogie des autres monumens semblables ne laisse à cet égard aucune incertitude. A droite de cette première pièce se trouve un escalier à cage rectangulaire, dont les marches sont très-douces à monter : il est éclairé par des soupiraux qui débouchent

---

[1] Ce fait a été observé par M. Villoteau, notre collègue, qui l'a spécialement consigné dans son journal. Quant à nous, nous ne l'avons point particulièrement remarqué.

sous la galerie. A gauche, deux petites pièces obscures, communiquant l'une à l'autre, paraissent n'avoir point été terminées, puisqu'elles sont entièrement dépourvues de peintures et de sculptures. On passe de là dans une salle oblongue, de dix mètres de long et de cinq mètres de large; c'est en quelque sorte le vestibule du sanctuaire, où l'on entre immédiatement après. Les parois des murs sont couvertes de sculptures représentant des sacrifices et des offrandes, comme on en voit dans tous les temples de l'Égypte; seulement, nous avons remarqué, à la partie voisine du plafond, des frises composées de figures typhoniennes presque entièrement semblables à celles qui sont sculptées sur les dés des colonnes, sinon qu'elles ont les mains appuyées sur les hanches. On y observe une autre frise composée de têtes d'Isis accompagnées de serpens avec des bonnets symboliques. Ces têtes ont la face large, la bouche de moyenne grandeur, des oreilles de génisse, des yeux tirés vers les tempes, et le nez un peu écrasé; elles sont surmontées d'une espèce d'autel sur lequel on a sculpté une coiffure formée d'un disque et de cornes de génisse; elles sont posées sur des espèces de vases [1].

Aux angles du fond du vestibule sont pratiquées deux portes qui conduisent dans des couloirs environnant le sanctuaire. Il nous est difficile d'indiquer le but d'une pareille distribution, à moins qu'elle n'eût pour objet de dérober aux regards les opérations mystérieuses qui se faisaient dans le temple. Peut-être était-ce par-là que s'introduisaient les prêtres qui faisaient entendre dans le

---

[1] La fig. 1 de la pl. 4, *A.*, vol. IV, présente un ornement analogue.

sanctuaire les oracles des dieux. Nous avons trouvé ces couloirs remplis, jusqu'au plafond, de décombres, parmi lesquels on distingue des débris de langes et de momies. Doit-on en conclure qu'ils étaient destinés aux sépultures ? Nous avons déjà fait observer ailleurs qu'une pareille opinion pouvait être soutenue avec beaucoup de vraisemblance[1].

Au-dessus de l'une des portes du corridor, on remarque une sculpture digne de fixer l'attention[2]. C'est un bœuf sacré, Apis sans doute, enfermé dans une châsse enveloppée de lotus et placée sur une barque; il a un disque entre ses cornes : un homme qui marche en avant paraît le conduire; un autre personnage agenouillé est placé sous son ventre. A la poupe de la barque est attachée une rame faisant fonction de gouvernail : elle est surmontée d'une tête d'épervier, et fixée à un piquet vertical couronné de la même manière. On voit à la proue une enseigne surmontée d'un lion. En avant de la barque marche un Égyptien faisant l'offrande d'une rame et d'un fléau[3]. A-t-on voulu représenter ici le voyage d'Apis sur le Nil ? Si l'on en croit le témoignage de Diodore[4], dès qu'on avait trouvé le nouvel Apis, on

---

[1] *Voyez* ce que nous avons dit à ce sujet dans la Description générale de Thèbes, section IV.

[2] Une partie de ce bas-relief est représentée pl. 26, fig. 9, *A.*, vol. IV.

[3] *Voy.* pl. 26, fig. 4, *A.*, vol. IV.

[4] Προσθετέον δὲ τοῖς εἰρημένοις τὰ λειπόμενα τῶν γινομένων περὶ τὸν ἱερὸν ταῦρον, τὸν ὀνομαζόμενον Ἄπιν· ὅταν γὰρ τελευτήσας ταφῇ μεγαλοπρεπῶς, ζητοῦσιν οἱ περὶ ταῦτ᾽ ὄντες ἱερεῖς μόσχον ἔχοντα κατὰ τὸ σῶμα παράσημα τὰ παραπλήσια τῷ προϋπάρξαντι· ὅταν δ᾽ εὑρεθῇ, τὰ μὲν πλήθη τοῦ πένθους ἀπολύεται· τῶν δὲ ἱερέων οἷς ἐστιν ἐπιμελὲς, ἄγουσι τὸν μόσχον τὸ μὲν πρῶτον εἰς Νείλου πόλιν, ἐν ᾗ τρέφουσιν αὐτὸν ἐφ᾽ ἡμέρας τετταράκοντα· ἔπειτα εἰς θαλαμηγὸν ναῦν οἴκημα κεχρυσωμένον ἔχουσαν ἐμβιβάσαντες, ὡς θεὸν ἀνάγουσιν εἰς Μέμφιν, εἰς τὸ τοῦ Ἡφαίστου τέμενος.

le menait à *Nilopolis*, où on le nourrissait pendant quarante jours; on l'embarquait ensuite sur une espèce de gondole appelée *thalamegos*, où il était enfermé dans une chambre dorée; et on le conduisait comme un dieu dans le temple de Vulcain à Memphis.

La porte par laquelle on entre dans le sanctuaire, a 2^m,68 de largeur. Nous avons remarqué, aux deux angles de son plafond, des entailles destinées à recevoir des morceaux de métal ou de pierre dure dans lesquels tournaient les gonds; ce qui nous a fait juger qu'elle était à deux vantaux. Le sanctuaire a neuf mètres de profondeur et un peu plus de quatre mètres de largeur. La décoration du plafond se compose, sur les côtés, d'étoiles[1] d'un jaune d'or qui se détachent sur un fond bleu, et, dans le milieu, de vautours avec leurs ailes déployées, alternativement séparés par des légendes hiéroglyphiques. Le fond du sanctuaire est remarquable par la niche que l'on y a pratiquée, et dans laquelle on avait sans doute placé les statues des dieux adorés dans le temple. Deux colonnes imitant la tige du lotus, avec des dés à tête d'Isis, sont posées en saillie sur le nu du mur, et portent un entablement formé d'un couronnement d'aspics ou d'*ubœus*, et d'une corniche ornée d'un

---

His etiam reliqua, circa sacrum bovem, quem Apim nominant, usitata, adjungantur. Post magnificam defuncti sepulturam, destinati huic negotio sacerdotes vitulum, eâdem præditum notâ quâ superior fuit, investigant; quo invento, plebi à luctu vacatio datur. Sacerdotes autem, quibus hoc curæ est, vitulum primùm in urbem Nili perductum ad dies XL *pascunt; in navigium deinde thalamegum (cubiculatum), in quo domus aurata, collocatum, uti deum Memphim, in Vulcani lucum, transportant.* (Diod. Sic. Bibl. hist. l. 1, pag. 95 et 97, edit. 1746.)

[1] *Voy.* pl. 34, fig. 2, *A.*, vol. IV.

globe ailé. Les montans de la niche, ou ce que l'on peut appeler son chambranle, sont décorés de bas-reliefs. Sur le bandeau et sur la corniche qui les surmontent, on a sculpté des globes ailés. Au-dessus de la niche, dans une rainure verticale qui s'étend jusqu'au plafond, on remarque trois figures presque de ronde-bosse. La première est une statue en pied; elle est mutilée, et représentait sans doute Isis ou Horus. Les deux autres n'offrent que des masques d'Isis surmontés d'un temple : l'un d'eux repose sur une colonne dont la forme imite la tige du lotus et de sa fleur.

Les parois latérales du sanctuaire sont divisées, indépendamment de la frise dont elles sont ornées à leur partie supérieure, en cinq compartimens de bas-reliefs, tous d'égale hauteur. Au rang le plus élevé, et à droite, on distingue plusieurs femmes allaitant chacune un enfant. L'une d'entre elles a une tête de lion; et une autre, une tête de génisse.

Sur le mur à gauche, ce sont des représentations analogues. A la suite de quatre Isis donnant chacune le sein à un enfant, on voit Horus assis sur un fauteuil porté par un lion : une femme placée derrière lui semble le couvrir de ses ailes.

Le deuxième rang de bas-reliefs, à droite, présente Harpocrate debout avec les marques de la virilité : il est accompagné d'étendards et d'enseignes où l'on distingue un belier et un chacal. Derrière lui, sont Osiris à tête d'épervier, la déesse Isis, et le dieu à tête de belier, l'*Amun* des Égyptiens. Osiris tient un sceptre à tige de lotus; et Amun, une croix à anse. Ensuite on voit Isis debout en face de Thoth, personnage à tête d'ibis, qui semble lui adresser la parole et lui présenter une offrande. Plus loin, Horus, élevé sur une estrade, est placé entre Amun et Isis, tous deux assis, et qui lui portent chacun une croix à anse au-devant du front. Un prêtre, entre deux personnages à tête de bélier, vient à la suite : ce groupe paraît prendre part à la scène qui se passe devant lui, et où l'on remarque Osiris assis sur un banc recouvert de la dépouille d'un lion; ce dieu présente une croix à anse à Isis, qui est assise comme lui, et derrière laquelle est une femme.

A la même hauteur, à gauche, deux divinités à figure humaine, suivies de deux personnages à tête de grenouille, conduisent deux enfans à Isis, qui est assise : cette déesse allaite son fils Horus, et Thoth écrit devant elle. Derrière Thoth, un personnage à tête de chacal paraît frapper sur une espèce de tambour de basque posé à terre. Ensuite on voit encore Isis allaitant Horus : deux figures d'Harpocrate debout la précèdent; et derrière elle, douze femmes, distribuées sur trois rangs, tiennent chacune un enfant qu'elles semblent vouloir préserver de maléfices.

Dans la troisième rangée de bas-reliefs, une figure assise, nue et la tête rasée, offre un stylet à Harpocrate, qui porte un doigt sur sa bouche. Derrière Harpocrate sont sept Isis allaitant chacune un enfant. Deux prêtresses offrent des victuailles à Osiris à tête d'épervier. Ce dieu est assis sur un petit banc recouvert de la dépouille d'un lion, et tient un enfant dans ses bras. Derrière lui, sur un banc plus long, Isis allaite Horus : elle est entre deux femmes qui la soutiennent. Ensuite, sur un même socle, Osiris à tête d'épervier considère, en présence d'Isis, une colonne hermétique. Derrière la déesse, six femmes, placées deux à deux sur trois rangs, tiennent chacune un enfant dans les bras.

Sur le côté gauche du sanctuaire, et à la même hauteur que les bas-reliefs que nous venons de décrire, deux Osiris à tête d'épervier et un à tête humaine sont assis, et tiennent chacun un enfant debout sur leurs genoux : derrière ces personnages et sur un banc, deux Isis allaitent Horus ; l'une a un masque d'épervier, et l'autre un masque de génisse. Isis avec une figure humaine est vis-à-vis d'elles, dans l'attitude de la souffrance, et pose une main sous son sein : elle est soutenue par une femme assise derrière elle. Plusieurs figures typhoniennes à tête de crocodile, et une femme recevant Harpocrate des mains d'une divinité, font partie de cette scène, qui paraît être relative à l'accouchement d'Isis.

La quatrième rangée de bas-reliefs représente Harpocrate debout sur un socle, entre Isis et Osiris : au-devant de ces divinités, on en voit seize autres parmi lesquelles sont répétés, chacun trois fois, Osiris à tête d'épervier, et Isis avec une coiffure formée d'un disque posé dans un croissant. On remarque aussi au nombre de ces dernières un personnage à tête de lion, coiffé d'un vase ; un autre à tête de serpent, et une femme qui a un trône au-dessus de la tête.

Les bas-reliefs semblablement placés sur le côté opposé présentent Isis debout, tenant Harpocrate sur sa main; Osiris à tête d'épervier, aussi debout en face d'elle, et suivi de Thoth dans l'action d'écrire : sept dieux et sept déesses viennent lui présenter chacun un enfant. La marche est terminée par Amun, représenté avec un masque de belier.

Enfin la cinquième rangée de tableaux à droite se compose de femmes, de prêtresses d'Isis sans doute : elles sont d'une très-jolie forme, et ont pour coiffure la dépouille d'un vautour. Elles tiennent de la main gauche des disques sur lesquels elles semblent frapper : ce sont probablement des tambours antiques vus de face; ils ont à peu près la forme de nos tambours de basque.

Au côté opposé du temple et à la même hauteur, on remarque aussi des figures d'Isis, dont on aperçoit toutes les formes sous leur vêtement long et étroit. Elles tiennent à la main droite la colonne hermétique ou le bâton à crans : dans la main gauche, elles portent une petite relique d'Isis, renfermée dans une espèce de châsse elliptique ajustée au bout d'un bâton.

Il résulte de la description succincte que nous venons de faire des bas-reliefs du *Typhonium* de Denderah, que toutes ces sculptures sont relatives à la naissance et à l'éducation d'Harpocrate ou d'Horus : on y voit en effet ce dieu dans tous les états depuis sa naissance jusqu'à l'époque où il a acquis son entier développement. Il est représenté d'abord dans le premier état de l'enfance, et sortant, pour ainsi dire, du ventre de sa mère[1]. On le

---

[1] Διὸ καὶ λέγεσθαι, τὴν Ἶσιν αἰσθομένην, ὅτι κύει, περιάψασθαι φυλακτήριον, ἕκτῃ μηνὸς ἱσταμένου Φαωφί· τίκτεσθαι δὲ τὸν Ἁρποκράτην

ANTIQUITÉS DE DENDERAH. 309

voit ensuite plus grand sur les genoux d'Isis, qui lui donne le sein; quelquefois il est debout, et allaité par cette divinité. Ailleurs, Harpocrate paraît sortir d'un lotus; il a les cheveux tressés, et un fléau sur l'épaule : il porte son doigt sur la bouche comme pour indiquer le silence. Dans un autre endroit, le dieu est représenté dans toute sa force avec des marques non équivoques de la virilité : il a les deux jambes, pour ainsi dire, collées l'une contre l'autre, sans doute pour désigner qu'il ne marche plus, qu'il est stationnaire. Sa barbe, rassemblée en une seule mèche pointue, tombe de son menton jusque sur sa poitrine. C'est sous cette forme qu'il était adoré à Thèbes, où on l'a représenté en mille endroits sur les murs des palais et des temples. Si l'on ne savait déjà, par les témoignages de l'antiquité, que[1], dans la peinture de ces divers âges d'Harpocrate, les Égyptiens ont voulu faire allusion à la marche du soleil dans le zodiaque, la récapitulation que nous venons de présenter

περὶ τροπὰς χειμερινὰς, ἀτελῆ καὶ νεαρὸν ἐν τοῖς προανθοῦσι καὶ προβλαστάνουσι. Διὸ καὶ Φακῶν αὐτῷ φυομένων ἀπαρχὰς ἐπιφέρουσι, τὰς δὲ λοχείους ἡμέρας ἑορτάζειν μετὰ τὴν ἐαρινὴν ἰσημερίαν.

Ideòque dici, Isim, cùm se sentiret esse gravidam, appendisse sibi amuletum sextá die mensis Phaophi, et peperisse Harpocratem sub solstitium hibernum imperfectum ac recentem, quòd tum prævii flores et germina prima enascuntur. Ideòque ei fabarum nascentium primitias offerunt : dies autem puerperii post æquinoctium vernum solennes agunt. (Plut. de Iside et Osiride, pag. 377, edit. Francof. 1599.)

[1] Hæ autem ætatum diversitates ad solem referuntur, ut parvulus videatur hiemali solstitio, qualem Ægyptii proferunt ex adyto die certá; quòd tunc, brevissimo die, veluti parvus et infans videatur: exinde autem, procedentibus augmentis, æquinoctio vernali similiter atque adolescentis adipiscitur vires, figuráque juvenis ornatur; postea statuitur ejus ætas plenissima effigie barbæ, solstitio æstivo, quo tempore summum sui consequitur augmentum; exinde per diminutiones dierum, veluti senescenti, quartá formá deus figuratur. (Macrob. Saturn. lib. 1, cap. 18.)

des divers sujets sculptés dans le *Typhonium* de Denderah, conduirait à le conclure. En effet, pour ne nous arrêter qu'à la dernière figure que nous venons d'indiquer, quelle forme emblématique pouvait mieux exprimer l'état du soleil arrivé au plus haut degré de sa course vers le tropique d'été, où il est pendant quelque temps stationnaire, et dans toute la plénitude de sa force et de sa vigueur? Le membre viril en érection[1] désigne, comme l'on sait, la vertu génératrice et productive; et c'est effectivement au solstice d'été que l'action du soleil se fait sentir avec le plus d'efficacité. Alors la chaleur extrême de cet astre, tempérée par les vents de nord-ouest, ramène en Égypte la végétation et la vie; alors les germes confiés à la terre se développent, et arrivent bientôt après à leur entier développement. Les deux jambes rapprochées, et en quelque sorte collées l'une contre l'autre, n'indiquent pas d'une manière moins expressive l'état stationnaire du soleil; et l'on sait que la barbe est un des attributs donnés par les an-

---

[1] Τὸ ἄγαλμα τοῦ Πριάπου, τοῦ Ὥρου παρ' Αἰγυπτίοις κεκλημένου, ἀνθρωποειδὲς ποιοῦσιν, ἐν τῇ δεξιᾷ σκῆπτρον κατέχον, ὡσανεί παρ' αὐτοῦ φανεῖσαν τὴν ξηρὰν καὶ τὴν θάλασσαν· ἐν δὲ τῇ εὐωνύμῳ κρατοῦν τὸ αἰδοῖον αὐτοῦ ἐντεταμένον, διότι τὰ κεκρυμμένα ἐν τῇ γῇ σπέρματα φανερὰ καθίστησι· τὰ δὲ πτερὰ τὴν ταχυτῆτα τῆς κινήσεως δηλοῖ..... Ταυτὸν γὰρ τῷ ἡλίῳ δοξάζουσι.

Simulacrum Priapi, quem Horum Ægyptii vocant, humaná formá fingunt, dextrá sceptrum tenens, propterea quòd ab eo tum siccum sive tellus, tum mare, sit in lucem productum; lævá verò tenens veretrum suum intentum, propterea quòd semina quæ in terra occultabantur, educat in apertum ac manifesta reddat : alæ verò additæ celeritatem motús indicant. Eumdem enim ac solem esse arbitrantur. (Suidas, in voce Πρίαπος.)

Πανταχοῦ δὲ καὶ ἀνθρωπόμορφον Ὀσίριδος ἄγαλμα δεικνύουσιν, ἐξορθιάζον τῷ αἰδοίῳ, διὰ τὸ γόνιμον καὶ τὸ τρόφιμον.

Ubique porrò ostenditur simulacrum Osiridis, humaná specie, recto pene, ob vim gignendi et alendi. (Plut. de *Iside et Osiride*, p. 371.)

ciens auteurs à Horus ou au Soleil arrivé au solstice d'été.

Les sculptures qui ornent le temple d'*Hermonthis* ont beaucoup d'analogie avec celles du *Typhonium* de Denderah, et il y a tout lieu de croire qu'elles ont pour objet la représentation des mêmes symboles. Nous venons de voir que celles-ci se rapportent aux phénomènes astronomiques: par contre-coup, elles font aussi allusion aux phénomènes terrestres qui ont avec eux une liaison intime, tels que la production des germes dans le sein de la terre, leur fécondation par l'action bienfaisante et toujours croissante du soleil depuis le solstice d'hiver jusqu'au solstice d'été; les effets résultant des inondations périodiques du Nil; les envahissemens des sables du désert sur le sol cultivable; les vents brûlans du midi, qui portent avec eux la désolation et la mort. Ce sont là tous les faits naturels que les Égyptiens, dans leur mythologie ingénieuse, ont peints aux yeux sous les personnages allégoriques d'Harpocrate et d'Horus, d'Isis, d'Osiris et de Typhon.

En sortant du *Typhonium*, et en traversant dans la direction de son axe l'espace renfermé dans l'enceinte de briques, on trouve, à peu de distance du temple, des restes de constructions qui appartiennent à un autre monument: ce qui subsiste encore de ce dernier édifice, fait présumer qu'il devait avoir une assez grande étendue, et qu'il était formé de pilastres et de colonnes. Peut-être était-ce un monument élevé du temps des Romains ou des Sarrasins. Nous y avons remarqué une portion de frise formée de grappes de raisin et de pampres de vigne, sculptures entièrement analogues à celles qui existent à Medynet-abou[1].

§. V. *Du grand temple.*

ARTICLE PREMIER.

De la forme générale du grand temple, et de son aspect extérieur.

A cent mètres de la porte du nord, on trouve le grand temple, qui présente l'aspect le plus imposant et le plus magnifique. Le portique ou *pronaos* attire d'abord l'attention des voyageurs : de loin, on est frappé de la noble simplicité de ses formes, ainsi que des grandes et belles lignes de son architecture. Il se compose de six colonnes placées de front sur une même ligne, et engagées dans des murs d'entre-colonnement; de deux supports extrêmes, à peu près semblables aux antes des édifices grecs; d'une architrave surmontée d'une élégante corniche, et enfin du tore égyptien, qui encadre, pour ainsi dire, la façade entière au-dessous de la corniche. Tous ces membres d'architecture sont d'une sévérité de forme remarquable, et excitent un vif sentiment d'admiration. On examine avec curiosité ces chapiteaux singuliers, formés de la réunion de quatre masques d'Isis et surmontés d'un dé dont chaque face représente une espèce de temple. L'espacement des colonnes du milieu, qui est double de

[1] *Voyez* pl. 9, fig. 3, *A.*, vol. II, et le *chapitre IX* des Descriptions d'antiquités, *section* 1, pag. 47.

celui des autres, donne à la façade du portique un air de grandeur et de majesté auquel on ne s'attend point. Si l'on en jugeait d'après notre système d'architecture, on serait même porté à considérer ces espacemens inégaux comme une irrégularité choquante. Mais ici tout est le résultat nécessaire des convenances auxquelles il fallait satisfaire : en effet, les autres entre-colonnemens étant fermés par des murs à hauteur d'appui, il était naturel de donner à celui du milieu une largeur telle, qu'elle pût laisser un accès facile à la foule des prêtres et des initiés.

A mesure que l'on approche davantage du portique, toutes les sculptures dont la façade est ornée se distinguent, et l'on est agréablement surpris, après avoir admiré l'ensemble de l'architecture, de retrouver une multiplicité de détails de sculpture disposés avec une grande symétrie, et qui intéressent vivement la curiosité, soit par la nature des sujets représentés, soit par la richesse des costumes et des coiffures des personnages en action. La façade du temple est encombrée, à l'angle nord-ouest, de deux mètres et demi; et cet encombrement va toujours en augmentant vers l'angle nord-est, où il est du tiers environ de la hauteur totale[1]. Dans cet état de choses, on ne peut point juger de tout l'effet de cette belle façade; mais la pl. 29, *A.*, vol. IV, où l'édifice est rétabli dans son aspect primitif, peut en donner une idée très-exacte.

La masse générale du temple offre la forme d'un T. Elle se compose de deux parties bien distinctes, qui sont

---

[1] *Voyez* la vue pittoresque dessinée par M. Cécile, pl. 7, *A.*, vol. IV.

enchâssées, pour ainsi dire, l'une dans l'autre; savoir, le portique ou *pronaos*, et le temple proprement dit. La longueur totale de l'édifice est de quatre-vingt-un mètres [1] : sa façade a quarante-deux mètres de largeur. De part et d'autre, le portique est en saillie de trois mètres et demi sur les faces latérales du temple proprement dit; ce qui donne au plan la forme de T que nous avons indiquée. La hauteur totale du portique est de dix-huit mètres; celle du reste du temple est moindre de cinq mètres environ. Les faces latérales et postérieures du temple sont parfaitement dressées, suivant un talus qui donne à tout l'édifice l'apparence de la solidité et de la stabilité : elles sont, en outre, couvertes de sculptures d'une exécution et d'un fini si précieux, que l'on peut avancer, sans exagération, que l'art égyptien y est porté au plus haut point de perfection. Nous reviendrons bientôt sur les sujets indiqués dans les basreliefs et dans les frises.

De chacune des faces latérales du temple semblent sortir trois figures de lion, dont on ne voit que la tête et une partie du corps : elles reposent sur deux socles qui sont en saillie l'un sur l'autre, et ornés de sculptures. Entre leurs pattes étendues en avant, on a pratiqué, dans l'épaisseur de la muraille, un petit conduit ou goulot par où s'écoulaient sans doute les eaux de pluie, et, plus souvent encore, les eaux purificatoires dont on faisait probablement usage sur la terrasse du

---

[1] Nous devons prévenir le lecteur que, dans le cours de cette description, nous n'indiquerons point les mesures avec une précision géométrique. Pour les connaître avec exactitude, il faut consulter les planches de l'Atlas où elles sont consignées.

temple. Ces lions offrent un beau galbe, et sont sculptés avec une fermeté et une netteté que nous avons plus d'une fois remarquées dans la représentation des animaux qui font partie des bas-reliefs égyptiens. Deux lions pareils à ceux que nous venons de décrire ornent la face postérieure du temple.

Après avoir jeté un premier coup d'œil sur l'ensemble de ce bel édifice, on revient bientôt à la façade de son portique, dont on ne se lasse point d'admirer l'effet imposant, et l'on se hâte de pénétrer dans l'intérieur d'un monument qui s'annonce à l'extérieur avec tant de magnificence. Nous ne nous attacherons point ici à décrire minutieusement toutes les sculptures de la façade, dont les planches de l'ouvrage offrent l'ensemble et les plus petits détails; il nous suffira de dire que les antes sont ornés de quatre rangées de bas-reliefs, représentant des offrandes à Isis, et à Osiris tantôt à tête d'épervier, et tantôt à tête humaine. Mais il n'est pas inutile de remarquer que, dans toutes ces scènes, la déesse Isis est en première ligne, et que c'est à elle qu'on adresse particulièrement les offrandes. Nous verrons d'ailleurs bientôt que son image se trouve en évidence dans tous les lieux apparens du temple que nous décrivons, et où l'on ne peut douter qu'elle ne fût honorée d'un culte particulier. Dans les bas-reliefs inférieurs des antes, les personnages sont de grandeur colossale; ils ont trois mètres et demi de hauteur. Le soubassement est orné de tableaux où l'on voit de petites figures de divinités égyptiennes: des fleurs de lotus épanouies et des boutons de la même plante se trouvent tout-à-fait à sa partie inférieure. Le plus grand nombre des scupltures a été martelé et mutilé, à l'exception toutefois de celles qui, se trouvant dans les parties supérieures de l'édifice, étaient hors d'atteinte.

Les murs d'entre-colonnement sont ornés d'un bas-relief composé de trois personnages, et dont le sujet est une offrande à Isis. Rien n'égale la pureté d'exécution et la richesse de la frise qui est au-dessus de ce bas-relief : elle est formée de onze masques d'Isis surmontés d'espèces de temple et accompagnés d'*ubœus*. Le soubassement offre un agencement plein de goût et très-heureux de tiges, de fleurs et de bouquets de lotus, au-dessus desquels sont des oiseaux chimériques, dont les ailes sont déployées, et qui reposent sur des coupes. Une étoile est placée en avant de chacun de ces oiseaux, qui semblent tenir de l'aigle par la forme de leur bec. Toutes ces sculptures sont encadrées sur les côtés et à la partie supérieure par un tore orné d'enroulemens, et le tout est surmonté d'une corniche avec un globe ailé, et d'un couronnement d'aspics. Des serpens qui portent sur la tête des coiffures symboliques, et dont les corps s'enveloppent autour d'une tige de lotus, sont ajustés avec goût sous la saillie de la corniche. La richesse de ces détails n'est surpassée que par la décoration des colonnes qui est formée, par anneaux, de frises où l'on remarque des légendes hiéroglyphiques accompagnées de serpens, des *ubœus* avec des ailes, des figures de femmes accroupies et tenant dans leurs mains des bâtons à crans, des masques d'Isis, des offrandes à des divinités égyptiennes, des images d'Isis, de Typhon et d'Horus, des croix à anse avec des bâtons auguraux à tête de lévrier, posés sur des coupes; des figures d'Horus assises et placées au-dessus de bouquets de lotus. Toutes ces frises sont séparées alternativement par des lignes d'hiéroglyphes et des étoiles. Les quatre masques d'Isis qui forment le chapiteau, sont d'une grandeur colossale. Ils sont enveloppés d'une espèce de draperie qui couvre une partie du front, passe derrière les oreilles, qu'elle laisse entièrement à découvert, et retombe le long du cou. Cette draperie est ornée de peintures représentant des étoffes rayées avec des broderies transversales de lotus et de perles. Mais, dans beaucoup d'endroits, la peinture a été enlevée, et il en résulte que cet entourage paraît un peu lourd. Les figures portent au cou un large collier de sept rangs de perles, auxquelles sont mêlés d'autres ornemens : leurs oreilles ressemblent à celles d'une génisse. Toutes ces figures ont éprouvé des dégradations plus ou moins notables, et presque aucune n'est restée intacte. Les sujets représentés sur les dés sont des offrandes à Isis allaitant Horus. On y voit aussi deux prêtresses étendant les mains au-dessus d'une petite niche où est renfermé un *ubœus*.

L'entablement du temple ne le cède en rien, pour la richesse des sculptures, aux autres parties de la façade[1]. On voit au milieu de l'architrave un masque colossal d'Isis : il repose sur une coupe élégamment décorée. La tête de la divinité est surmontée d'un temple, au milieu duquel se trouve un bonnet symbolique, formé d'un disque enveloppé par des cornes. De chaque côté de ce

---

[1] *Voyez* pl. 9, *A*., vol. IV.

masque sont Osiris à tête d'épervier, et Isis, divinités assises toutes deux sur des trônes richement sculptés et posés sur une estrade. Trente-une figures debout s'avancent vers elles; les unes portent diverses offrandes, les autres sont dans l'attitude du respect et de l'adoration. Nous n'entreprendrons point de décrire tous ces personnages, dont les dessins font bien connaître l'action, le costume, et la nature des offrandes qu'ils présentent[1]. Nous ferons seulement observer que dans la frise on voit la répétition fréquente de femmes, tantôt coiffées de la dépouille d'un vautour surmontée de disques entourés de cornes, tantôt ayant la tête enveloppée dans une sorte de bonnet plissé qui retombe sur les épaules, et au-dessus duquel sont des bouquets de lotus. On y remarque aussi des personnages avec des masques de lion, d'ibis, de grenouille et de couleuvres aquatiques. L'une des femmes pince une harpe à dix cordes, qui a la forme d'un C, et dont la partie supérieure est couronnée d'une tête d'Isis. Le corps sonore de cet instrument est plus volumineux par le bas que vers le haut, et va en diminuant graduellement. Dans presque toutes les offrandes on remarque des masques d'Isis ou des bonnets symboliques, attributs de cette divinité, ou bien encore des amulettes représentant de petits temples, dont sa tête est très-souvent surmontée. Des vases, renfermant sans doute les prémices des eaux de l'inondation, sont aussi au nombre des offrandes. La disposition de cette frise, où les personnages placés symétriquement de chaque côté du masque d'Isis se répètent dans des atti-

[1] *Voyez* pl. 15, *A.*, vol. IV.

tudes pareilles, à la variation près de quelques coiffures, semble indiquer une procession isiaque, dans laquelle les porteurs d'offrandes étaient rangés deux par deux, et s'avançaient ainsi jusque dans le sanctuaire qui renfermait les statues des dieux. On conçoit, en effet, que les Égyptiens peuvent avoir ainsi suppléé à la perspective, dont ils paraissent avoir entièrement ignoré les règles.

Au-dessus de l'architrave est une corniche décorée dans son milieu d'un globe ailé, qui se détache sur un fond de cannelures[1]. Sur le reste de ce membre d'architecture se répète un ornement formé, à ses extrémités, de deux *ubœus* avec des ailes et des bonnets symboliques. Ces serpens semblent envelopper l'image du Soleil, représenté par un disque auquel sont adaptées de grandes ailes, symbole de la rapidité de la marche de cet astre. Il lance des rayons de lumière sur une figure d'Isis, qui n'est sans doute ici qu'une représentation emblématique de la terre. De part et d'autre du disque sont suspendus des *ubœus*. A droite et à gauche de l'image d'Isis, on voit cette divinité elle-même accroupie sur une estrade, et, dans la même position, Osiris à tête d'épervier, à qui Horus fait des offrandes. Enfin, sur le listel de la corniche, la seule partie lisse qui existe dans toute la façade, on aperçoit, avec beaucoup de difficulté, et seulement lorsque le soleil l'éclaire d'une manière convenable, une inscription grecque en trois lignes, qui constate une dédicace du portique ou *pronaos* à Aphro-

[1] *Voy.* pl. 22, fig. 1, *A.*, vol. IV, une décoration tout-à-fait semblable, et qui a été prise sur la face latérale du temple exposée à l'est.

dite et aux dieux honorés dans le temple, sous le règne de l'empereur Tibère. Nous reviendrons sur cette inscription dans le §. x de ce mémoire.

ARTICLE II.

De l'intérieur du portique.

On entre dans le portique par une porte de cinq mètres d'ouverture, dont les chambranles sont appuyés sur chacune des colonnes qui forment l'entre-colonnement du milieu. La porte en bois ou en bronze qui fermait la baie, s'élevait jusqu'au niveau de la partie supérieure des murs d'entre-colonnement, de manière à clore le portique à la même hauteur, dans toute son étendue. Elle devait avoir deux vantaux; c'est au moins ce que font supposer deux trous pratiqués dans les pierres supérieures du chambranle, et destinés à recevoir les tourillons. Le portique, ainsi que tout le reste du temple, est bâti en pierres de grès. Cependant, comme ces matériaux n'eussent point été assez durs pour résister au frottement des gonds, les Égyptiens ont eu l'attention de former le couronnement de la porte avec une assise de beau granit gris, sur lequel les sculptures sont exécutées avec plus de finesse et de soin encore que sur le grès.

L'intérieur du portique a la forme d'un rectangle de trente-sept mètres et demi sur vingt mètres. Vingt-quatre colonnes distribuées sur six rangées de quatre de profondeur, y compris celles de la façade, portent les architraves sur lesquelles reposent les pierres du plafond. L'entre-colonnement du milieu, le seul par lequel on pouvait s'introduire dans le portique, est, comme nous l'avons dit, double des autres entre-colonnemens. Sa largeur est de $5^m,81$; celle des autres n'est que de $2^m,73$. Pour connaître exactement les dimensions et la forme des colonnes, nous avons fait fouiller jusqu'au pavé du portique. Leur fût est légèrement conique; le diamètre inférieur ayant deux mètres et un tiers, et le diamètre supérieur deux mètres et un dixième seulement. Il a $8^m,36$ de haut. Il s'élève sur une base cylindrique, qui excède la partie intérieure de la colonne, et qui n'a que $0^m,62$ de hauteur. Celle-ci repose elle-même sur deux socles ronds, chacun de $0^m,13$ d'épaisseur, et en saillie l'un sur l'autre et sur la base cylindrique. Le chapiteau, composé, ainsi que nous l'avons exposé précédemment, de quatre masques d'Isis, du dé qui les surmonte, et de l'espèce de tailloir ou coussinet sur lequel repose immédiatement l'architrave, a cinq mètres de hauteur, en sorte que la colonne, depuis le pavé jusqu'au-dessous de l'architrave, a $14^m,31$ d'élévation. Il résulte de ces dimensions qu'en prenant pour module le demi-diamètre supérieur de la colonne, on trouvera que le fût contient huit modules, et le chapiteau cinq.

Le mur du fond présente la façade du temple proprement dit, autour de laquelle le portique ne paraît être en quelque sorte qu'appliqué : elle a une saillie de $0^m,65$ sur le reste du mur. Cette façade a la même apparence que celle de tous les édifices sacrés des Égyptiens, c'est-à-dire qu'elle présente un talus, et qu'elle est comme encadrée par un tore qui court tout le long des angles : elle est couronnée d'une élégante corniche; mais, la hauteur du temple étant moindre de 4^m,86 que celle du portique, le mur de fond s'élève de toute cette hauteur au-dessus de la corniche, pour fournir un appui aux architraves et aux pierres du plafond[1].

Dans l'une et l'autre face latérale du portique, sont pratiquées des portes qui servaient d'issue au dehors. Celle de l'ouest correspond au second entre-colonnement, et celle de l'est au troisième. Toutes deux sont encombrées maintenant jusqu'à la hauteur du linteau.

L'intérieur du portique est couvert de sculptures représentant des offrandes à Osiris à tête d'épervier, et à Isis, qui est presque toujours en première ligne. La pl. 17[2] peut donner une idée très-exacte des sujets des bas-reliefs. A la partie supérieure des murs sont de riches frises composées d'ornemens, au milieu desquels le masque d'Isis paraît avoir été mis exprès en évidence. Dans les parties inférieures des murailles sont des lotus diversement agencés et combinés avec des figures d'hommes et d'animaux. Les colonnes de l'intérieur du portique sont décorées de la même manière que celles de la façade, à cela près de quelques variétés dans les grands bas-reliefs du milieu, où l'on voit le plus souvent Horus tenant le sistre antique d'une main et la croix à anse de l'autre. Ailleurs, c'est un prêtre qui plante un arbre, et devant lui Horus, ayant dans une main un vo-

---

[1] *Voy.* la coupe générale du temple, pl. 10, fig. 1, *A.*, vol. IV.   [2] *Voyez* l'Atlas, *A.*, vol. IV.

lume, et dans l'autre un serpent. Toutes ces sculptures étaient peintes. C'est particulièrement sur les colonnes que des restes de peinture se font remarquer encore. En jetant un coup d'œil sur la pl. 12[1], on se fera une idée très-exacte de la manière dont les couleurs sont appliquées, ainsi que de leur variété et de leur éclat. Le rouge s'y trouve dans différentes nuances, mais surtout avec une teinte sombre et foncée; le bleu céleste est éclatant, et le jaune très-brillant. On y voit aussi différentes nuances de vert. Toutes ces couleurs étaient étendues sur un léger enduit, à peu près pareil à celui dont nos décorateurs en bois font usage; mais il fallait qu'il n'offrît qu'une couche extrêmement mince pour conserver, comme cela a lieu, tous les plus petits détails de sculpture, et particulièrement ceux des costumes et des siéges.

Les peintures sont très-multipliées dans l'intérieur du portique; mais elles ont presque entièrement disparu à l'extérieur. On ne peut douter cependant que toute la façade n'ait été peinte, ainsi que le reste du temple; car, indépendamment des preuves directes que nous en avons recueillies sur les lieux mêmes, on aurait peine, si cela n'avait point eu lieu ainsi, à expliquer la bizarrerie résultant d'un si grand défaut d'uniformité dans la décoration intérieure et extérieure du portique.

Il nous reste à parler maintenant des ornemens du plafond, qui ne le cèdent en rien, ni pour l'exécution, ni pour l'intérêt des sujets, à toutes les sculptures dont nous nous sommes occupés jusqu'à présent, et qui achè-

---

[1] *Voyez* l'Atlas, *A.*, vol. IV.

vent de donner du grand temple de Denderah la plus haute idée. Les architraves qui reposent sur les colonnes ont toutes leurs faces visibles chargées de décorations. Le dessous est couvert de grands hiéroglyphes sculptés et peints, et sur les faces latérales on a distribué une longue suite de femmes couronnées de lotus, et tenant à la main des bouquets de la même plante, qu'elles offrent à Isis et à Osiris. Les soffites sont ornés de sculptures qui se détachent sur un fond bleu parsemé d'étoiles d'un jaune d'or. Ils ont éprouvé des dégradations notables : de grandes portions de peintures en ont été détachées, soit par l'effet du temps, soit par les coups de fusil que des Mamlouks s'étaient exercés récemment à tirer dans le portique, et dont il subsiste des traces évidentes en beaucoup d'endroits. Presque tout le reste du plafond est noirci probablement par la fumée des flambeaux qu'on allumait dans le temple. Pour peu que l'on ait considéré les sculptures des soffites, on ne tarde point à y reconnaître quelques figures et quelques emblèmes relatifs à l'astronomie; et bientôt on voit dans les deux soffites extrêmes la réunion de tous les signes du zodiaque. La pl. 18[1] offre l'ensemble et la position respective de toutes les sculptures du plafond. Si on la prend par ses deux extrémités latérales, qu'on la pose verticalement devant soi, et qu'on l'élève ensuite au-dessus de sa tête, tous les objets qui y sont représentés se verront dans la même position où ils sont au plafond du portique. Dans la Description des monumens astronomiques[2], nous avons parlé succinctement du zo-

[1] *Voyez* l'Atlas, *A*., vol. IV. [2] *Voyez* la description des mo-

diaque du portique de Denderah. Nous nous sommes étendus particulièrement sur les soins que nous avons pris pour obtenir des dessins exacts et dignes d'inspirer la plus grande confiance; nous nous bornerons à ajouter ici quelques détails qui serviront à attirer plus spécialement encore l'attention sur ces bas-reliefs très-remarquables.

Les deux soffites extrêmes sont divisés en trois parties[1]. Dans toute la longueur de la première, qui est contiguë à la muraille latérale, se trouve le corps d'une grande figure sans aucune proportion régulière, dont les jambes et les bras s'étendent dans la largeur totale du soffite. Des ondes indiquées par des zigzags, et des fleurs de lotus, forment son vêtement. Un disque avec une aile d'épervier est placé au-devant de sa bouche; et à la hauteur du sein, sa robe est ornée d'un scarabée, emblème de la génération. Cette figure singulière n'est sans doute autre chose qu'une représentation symbolique de la nature ou d'Isis. Dans la seconde partie des soffites, on a sculpté dix-neuf barques où se trouvent des divinités debout et dans l'action de marcher, ainsi que d'autres symboles égyptiens. Deux de ces barques ont presque entièrement disparu par suite des dégradations que nous avons signalées; mais il est facile d'en reconnaître la place. Dans le soffite de gauche, on distingue en outre une petite barque renfermant un lotus d'où s'élève un serpent. On sait, d'après les témoignages des anciens auteurs, que les Égyptiens exprimaient par

numens astronomiques, *Appendice*, n°. II.

[1] *Voyez* la pl. 20, *A.*, vol. IV.

des barques le mouvement des astres : il y a donc quelque raison de croire que tous ces emblèmes sont relatifs à la marche et à la position respective des constellations dans le ciel[1]. Osiris à tête d'épervier et à tête humaine, Horus debout, Harpocrate accroupi ou assis sur une fleur de lotus, des personnages avec des masques d'ibis et de chacal, une femme à tête de lion, un cynocéphale accroupi au milieu d'un disque, une espèce d'autel au-dessus duquel un bras est étendu, sont les représentations emblématiques que l'on remarque plus particulièrement dans ces barques, et dont plusieurs sont répétées avec quelques variétés seulement dans leurs attributs.

La troisième partie des soffites offre les signes du zodiaque. Le *lion* est le premier de tous dans le soffite de droite. Sa marche paraît indiquer qu'il va sortir du temple, et il semble entraîner tous les autres personnages qui viennent à sa suite, en s'avançant dans le même sens que lui. Une femme armée d'un fouet saisit sa queue; elle est suivie d'une autre femme dont le plafond tout dégradé n'offre plus que la tête et les épaules, et qui paraît porter sur ses mains un enfant. Dans un cadre rectangulaire est enfermé un serpent dont les replis tortueux forment quatre anneaux. Six femmes viennent à la suite, et l'une d'elles tient à la main un épi de blé : c'est la *vierge* céleste. Tous ces personnages ont des têtes humaines, à l'exception d'un seul qui a un masque de taureau et qui suit immédiatement la vierge.

---

[1] Voyez, *A. M.*, le mémoire qui a pour titre, *Recherches sur les bas-reliefs astronomiques des Égyptiens*, par MM. Jollois et Devilliers.

La *balance* occupe à peu près le milieu de la longueur du soffite. Entre les deux plateaux se trouve un disque posé sur une échancrure, et au milieu duquel on voit Harpocrate, dieu du silence, qui semble caractériser ici l'astre de la nuit. A côté du plateau de gauche, un autre disque renferme un homme debout dans l'action de marcher; c'était sans doute un symbole relatif au cours du soleil. Il est à croire que ce n'est pas fortuitement que se trouvent ici réunis ces deux emblèmes du soleil et de la lune. Le *scorpion* est posé un peu obliquement sur la largeur du soffite. Il est précédé de deux femmes dont l'une a un masque d'épervier, et d'une figure de Nephté portant dans ses mains deux vases fermés, qui ne sont sans doute autre chose qu'un emblème du fleuve resserré dans son lit avant l'heureuse époque de l'inondation. Derrière ce signe sont un chacal posé sur une houe, et un épervier à tête humaine. Après le scorpion, on voit deux femmes debout en avant du centaure ou *sagittaire*. Celui-ci est moitié homme et moitié cheval : il a deux têtes, l'une de lion et l'autre d'homme; il est dans l'action de lancer une flèche. Deux ailes sont adaptées au corps du cheval, au-dessus duquel est perché un épervier dont la tête est surmontée d'un bonnet symbolique. Le *capricorne*, à tête de chevreau et à corps de poisson, occupe l'extrémité de la bande zodiacale, qui est terminée par une femme portant à la main un sceptre à tête de lévrier. Entre le capricorne et le sagittaire, on voit un groupe de quatre figures, où l'on remarque un bœuf qui n'a pas de jambes de devant, et dont les deux de derrière sont tenues enchaînées par une figure typhonienne. Un personnage à tête d'épervier, placé au-devant du bœuf, est armé d'une pique qu'il est prêt à enfoncer dans la tête de l'animal. Une femme près de laquelle on voit un oiseau à tête de bœuf, est le quatrième personnage de cette scène remarquable.

Nous avons fait jusqu'à présent l'énumération de six des signes du zodiaque, en commençant par le lion. Les six autres signes se trouvent sur le soffite extrême à gauche. Comme ils doivent tous les douze faire partie de la même scène, il était naturel que ces derniers suivissent les figures du soffite extrême de droite; et c'est ce que les sculpteurs égyptiens ont en effet très-bien exprimé, en disposant les personnages de manière qu'ils se dirigent vers le fond du temple pour marcher à la suite des figures du soffite extrême de droite, et ne faire en quelque sorte avec elles qu'une seule et même procession. Le signe le plus près du fond du portique est le *verseau*. Il est représenté par un homme couronné de lotus, et tenant dans ses mains des vases d'où s'échappe de l'eau figurée par des zigzags. Il est précédé de sept figures, parmi lesquelles on remarque une femme avec une étoile au-dessus de la tête, un homme à tête de taureau, et un personnage à tête d'épervier qui se tient debout sur un cygne. Un autre personnage, armé d'un couteau, se dispose à faire le sacrifice d'une gazelle; et un homme décapité qui se trouve derrière lui, s'incline et paraît tendre les bras pour recevoir la tête de la gazelle. Deux femmes avec une étoile au-dessus de leur coiffure terminent ce groupe. On remarque ensuite les *poissons*, placés de chaque côté d'un bassin rectangulaire où l'on a figuré de l'eau. Ce signe n'est séparé du verseau que par deux figures, l'une d'homme avec un masque d'épervier, et l'autre de femme, qui ont chacune une étoile au-dessus de la tête. Il est suivi d'un grand disque renfermant un personnage vêtu d'une tunique courte et étroite, et tenant dans l'une de ses mains un cochon par les deux pieds de derrière. D'un côté de ce disque est une femme, et de l'autre Osiris à tête d'épervier. Le troisième signe de la bande zodiacale qui nous occupe, est le *belier* dans l'action de courir et de s'élancer. Il est, comme presque tous les autres signes, précédé de deux femmes qui ont une étoile au-dessus de la tête. On peut se rappeler que, dans le monument astronomique du grand temple d'Esné[1], les signes du zodiaque ne sont pas seulement distingués par leur nature et leurs formes, mais qu'ils le sont encore par les étoiles que l'on a rassemblées autour d'eux. Il paraît que, dans le zodiaque de *Tentyris*, on a voulu distinguer ces mêmes signes, non plus par des groupes d'étoiles, mais par ces femmes avec des étoiles sur la tête dont nous venons de parler. Le belier a la tête tournée en arrière; mais il marche dans le même sens que les autres signes. Il est suivi d'un homme avec un masque de lion, d'une femme portant un sceptre à tête de lévrier, d'un cynocéphale accroupi qui a au-dessus de sa tête un épervier mitré, et auquel est adossé un chevreau ou une gazelle. On remarque encore un personnage à deux têtes, l'une

---

[1] *Voyez* la description des monumens astronomiques, *Appendice*, n°. II.

d'épervier et l'autre d'homme, chacune surmontée de coiffures symboliques. Deux femmes avec des étoiles au-dessus de leur coiffure annoncent le signe qui doit suivre le belier. C'est le *taureau*, animal furieux, qui court tête baissée et semble vouloir menacer de ses cornes. Sa queue frappe l'air, et est redressée au-dessus de sa croupe; il a sur le dos un gros disque bordé, à sa partie inférieure, d'une espèce de croissant. Il est suivi de deux personnages dont l'un tient un serpent, et l'autre un sceptre à tête de lévrier. Les *gémeaux* sont représentés par un homme et une femme qui se regardent et se donnent la main : la femme a un masque de lion, et au-dessus de sa tête un disque en avant duquel est un *ubœus*; l'homme est vêtu d'un habit court et serré, et sa coiffure est surmontée d'une plume. Ce signe est précédé de ces deux femmes ayant une étoile au-dessus de la tête, et que nous avons déjà signalées. Viennent ensuite une femme dans la même attitude que celles-là; un bateau où se trouve un homme debout, et regardant en arrière un épervier perché sur une colonne en forme de tige de lotus; un second bateau où l'on voit une génisse accroupie, avec une étoile entre les cornes; enfin un troisième bateau où l'on remarque deux figures dont la tête est ornée de coiffures symboliques. L'une d'elles tient un sceptre à tige de lotus et une croix à anse; l'autre a dans chacune de ses mains élevées en l'air des vases d'où découle de l'eau, figurée par des zigzags : elle semble placée ici pour rappeler le phénomène de l'inondation. Un soleil lançant des rayons sur une figure d'Isis placée au-dessus d'un temple occupe ensuite presque toute la largeur du soffite. Les rayons sont représentés par une suite de cônes tronqués qui s'emboîtent les uns dans les autres, et dont les dimensions augmentent à mesure qu'ils s'éloignent davantage du centre du disque. Derrière cet emblème qui indique un lever héliaque de Sirius [1], et sur les jambes de la grande figure dont nous avons d'abord parlé, se trouve le *cancer*, le dernier des douze signes du zodiaque [2].

---

[1] M. Fourier est le premier qui ait ainsi interprété cet emblème égyptien. *Voyez*, dans la collection des Mémoires d'antiquités, ses *Recherches sur les monumens astronomiques des Égyptiens*.

[2] La description que nous venons de donner du zodiaque du portique de Denderah, a été faite sur les lieux par nous, en même temps que nous mettions le plus grand soin et l'exactitude la plus scrupuleuse à recueillir les dessins de ce tableau astronomique. Elle se trouve confirmée par les observations écrites de quelques-uns de nos collègues, et, entre autres, de M. Villoteau, qui a bien voulu nous communiquer les extraits de son journal. Une coïncidence parfaite existe entre tous ces renseignemens écrits et dessinés, que nous ne nous sommes point communiqués en Égypte, et qui n'ont été comparés ensemble qu'à Paris, lorsque le gouvernement a réuni les matériaux de l'ouvrage. Tous les documens établissent, d'une manière incontestable, la marche et la disposition des signes du zodiaque et des figures qui les accompagnent, telles que nous venons de les indiquer. Cependant, si l'on consulte les dessins du monument astronomique du portique de Denderah, publiés avant ceux que nous donnons aujourd'hui, on y remarquera des différences très-essentielles sous ces rapports; ce qui entraînerait nécessairement dans des erreurs considérables les personnes qui, partant de l'exactitude de ces dessins, se livreraient à des interprétations des monumens astronomiques fondées sur la marche et la disposition des figures dont ils se composent. Nous devons parler d'abord des gravures de M. Denon, qui ont fait connaître pour la première fois à l'Europe savante le zodiaque du portique de Denderah. Dans notre description des monumens astronomiques, *Appendice*, n°. II, nous avons indiqué combien il était difficile, en copiant ces bas-reliefs, de ne pas changer l'ordre des figures, et à quelles méprises presque inévitables on était exposé. Nous avions en vue une transposition de figures que nous avions remarquée depuis long-temps dans le dessin de M. Denon. Nous n'insisterions pas aujourd'hui sur ce que nous n'avions voulu qu'insinuer alors à cet égard, si nous n'avions pas craint de voir l'erreur commise par M. Denon s'accréditer par la publication de l'ouvrage de M. Hamilton, qui en offre une à

CH. X, DESCRIPTION DES

Les autres soffites du plafond du portique sont décorés de bas-reliefs qui ont un rapport plus ou moins immédiat avec l'astronomie, et au sujet desquels nous allons entrer dans quelques détails. Nous ferons auparavant remarquer l'analogie qui existe dans la marche des

peu près semblable. Ce que par nos soins extrêmes nous avons su éviter, est précisément arrivé à M. Denon. Si l'on jette les yeux sur la pl. 132 de son Voyage dans la haute et basse Égypte, il sera facile de s'assurer que toutes les figures de la bande zodiacale où se trouve le cancer ont été retournées, ou qu'elles sont transposées lorsque plusieurs de ces figures forment des groupes. M. Denon a sûrement commencé par dessiner la bande zodiacale qui renferme le lion. Toutes les figures qui la composent occupent bien dans son dessin la même place que dans le monument, et leur position relative n'a rien de contraire à la vérité. Le lion sort du portique, et entraîne après lui les autres signes de la première bande zodiacale et les figures qui s'y trouvent mêlées. Mais il paraît que M. Denon, pour dessiner le dernier soffite à gauche du plafond du portique, ne s'est point mis dans la même position qu'il avait prise pour dessiner le premier soffite à droite, c'est-à-dire qu'il n'a point regardé les deux soffites extrêmes du même côté. Il a donc suffi qu'il se trompât dans la position de la première figure considérée indépendamment de la bande zodiacale où se trouve le lion, pour déterminer une erreur semblable à l'égard de toutes les autres figures de la bande zodiacale terminée par le cancer. Ainsi, dans la gravure de

M. Denon, les six derniers signes du zodiaque, au lieu d'entrer dans le temple, en sortent immédiatement comme les six premiers. Or, il est incontestable, par nos propres observations et par celles de nos collègues qui, sur les lieux, ont scrupuleusement examiné les faits, que les signes de la deuxième bande zodiacale entrent dans le temple pour former la suite de la procession dont le lion ouvre la marche. Nous avons remarqué d'ailleurs cet ordre, non-seulement dans les soffites extrêmes, mais encore dans les soffites intermédiaires, ainsi que cela est développé dans le présent mémoire.

Après l'ouvrage de M. Denon a paru celui de M. Hamilton, dont nous avons parlé ci-dessus. Ce dernier renferme aussi les dessins du monument astronomique du portique de Denderah : ils se trouvent dans la pl. 12 de l'atlas du voyage ayant pour titre, *Remarks on several parts of Turkey, part I, Ægyptiaca, or some account of the ancient and modern state of Egypt, as obtained in the years* 1801 *and* 1802. Toutes les figures de la bande zodiacale qui renferme le lion, occupent bien la même position relative que dans le temple. Cela est aussi généralement vrai pour la deuxième bande zodiacale qui se termine par le cancer, où cependant, par une erreur difficile à concevoir, les figures comprises entre le taureau et les

figures des soffites correspondans : nous appelons ainsi ceux qui sont symétriquement placés par rapport à l'entre-colonnement du milieu, et nous les distinguerons par les dénominations de *premier* et de *second*, d'après leur position à partir de l'axe de l'édifice. Il résulte de la description que nous venons de donner, que la marche des figures du soffite extrême de gauche est en quelque sorte déterminée par celle des personnages du soffite extrême de droite, où le lion, le premier de tous les signes du zodiaque, semble sortir du temple, et entraîner après lui tous les autres signes. Mais ce qui a lieu pour les soffites extrêmes, se remarque aussi dans la disposition des figures sculptées sur les soffites intermédiaires correspondans. En effet, dans ceux de droite, les per-

gémeaux sont retournées ainsi que ces deux signes eux-mêmes, comme cela a lieu dans le dessin de M. Denon. Il en est ainsi de tous les personnages montés sur des barques, qui composent la rangée inférieure de cette deuxième bande zodiacale. Mais une remarque très-importante, et que nous devons faire ici pour l'exactitude des faits, c'est que M. Charles Hayes, qui a fourni les dessins de l'atlas de M. Hamilton, n'a copié du monument astronomique du portique de Denderah que les rangées supérieures où se trouvent les signes du zodiaque : quant aux rangées inférieures, qui se composent de personnages montés sur des barques, elles ont été calquées sur les planches de l'atlas de M. Denon. Ce qui le prouve, c'est que les figures y ont absolument en hauteur et en largeur les mêmes dimensions. Il n'y a que les barques où elles se trouvent que l'on a un peu allongées, parce qu'il l'a fallu ainsi pour les faire coïncider avec le dessin de M. Hayes, qui était sur une échelle plus grande. Ces figures sont dessinées dans la même manière que celles de M. Denon ; et cette manière est différente de celle de M. Hayes, comme il est facile de s'en assurer par la seule inspection de la planche. Ainsi donc les dessins de M. Hamilton, loin de servir d'autorité, comme on pourrait le croire d'abord, concurremment avec ceux de M. Denon, pour établir la marche des signes du zodiaque, prouvent au contraire, d'une manière incontestable, que toutes les figures se suivent dans l'ordre que nous avons décrit, puisque la seule portion dessinée sur les lieux par M. Hayes est, pour la plus grande partie, conforme à nos dessins.

sonnages s'avancent pour sortir du temple ; et dans ceux de gauche, ils entrent dans le temple pour venir à la suite des premiers : en sorte qu'il faut se représenter que le plafond tout entier du portique est occupé par trois processions sortant du temple par les entre-colonnemens de droite, et entraînant après elles les figures qui pénètrent par les entre-colonnemens de gauche.

Le second soffite à droite, celui qui vient immédiatement après le zodiaque, est divisé en deux parties encadrées, pour ainsi dire, par des bandes longitudinales d'hiéroglyphes, trop nombreux pour que nous ayons eu le temps de les copier[1]. La partie qui se voit au bas du dessin, et qui, dans le plafond, se trouve la plus voisine du mur latéral du portique, se compose de personnages, hommes et femmes, debout et groupés deux à deux, au-devant desquels sont des espèces de coffres surmontés de deux rangées d'étoiles. Osiris, tantôt avec une tête humaine, et tantôt avec un masque d'épervier ou de belier, se fait remarquer parmi les figures d'hommes : il tient dans ses mains un sceptre à tête de lévrier. Les femmes ont une étoile au-dessus de la tête, et portent dans la main droite une croix à anse : la marche de ces personnages est ouverte par une femme isolée. On voit d'abord six groupes de figures pareils à ceux que nous venons d'indiquer ; puis un épervier, emblème du soleil, élevé sur une estrade : cinq autres groupes de deux figures, précédés par une femme, sont placés derrière l'épervier, et l'on peut y distinguer un homme avec un

[1] *Voyez* pl. 19, fig. 4, *A.*, vol. IV.

masque de taureau, dont la tête est surmontée d'un croissant, au-dessus duquel sont deux scarabées. On aperçoit ensuite un personnage tout-à-fait semblable à celui-là, sinon que les deux scarabées sont remplacés par un soleil lançant des rayons de lumière : cette procession de figures marche en avant de trois barques, dans la première desquelles est Osiris à tête de belier, enfermé dans une châsse; la seconde barque porte au milieu d'un disque un œil, qui est, comme on sait, l'emblême du Soleil ou d'Osiris [1]; la troisième barque contient un personnage assis avec tous les attributs de la divinité. La marche est fermée par un groupe de trois figures, composé d'un homme à tête de couleuvre aquatique, armé du sceptre à tige de lotus et de la croix à anse, d'une femme et d'Horus avec les emblêmes de la divinité. Derrière ce groupe, on a sculpté une femme debout, mais dans une position renversée : ses bras élevés en l'air portent un croissant, au milieu duquel est un scarabée, emblême de la génération. La première des barques est traînée par trois prêtres, au moyen d'une corde terminée en forme d'*ubœus*. Trois figures debout sont dans l'attitude du respect devant la divinité.

La seconde partie du deuxième soffite de droite renferme trente-trois figures que nous ne nous attacherons point à décrire une à une, et que le dessin fait suffisamment connaître. Nous nous bornerons à faire remarquer que plusieurs d'entre elles se retrouvent dans les zodiaques de Latopolis [2] et du petit temple situé au

---

[1] *Voyez* le *Traité d'Isis et d'Osiris* de Plutarque.

[2] *Voyez* pl. 79, *A.*, vol. 1.

nord d'Esné[1]. Ce sont principalement des serpens dressés sur leurs corps; des *ubœus* groupés avec des cérastes, ou ajustés sur des corps humains, et présentant des vases; enfin, des sphinx à corps de lion et à tête de femme. La plupart des personnages ont des masques de lion : ils sont assis ou debout avec les attributs des dieux; savoir, la croix à anse, le fléau, et la tige de lotus. L'un d'entre eux présente des vases, emblèmes des prémices de l'inondation; un autre offre un œil, symbole d'Osiris. Il faut distinguer une figure dans l'attitude d'un homme assis, dont les bras sont étendus, et dont la tête est remplacée par une plume : elle se retrouve à peu de chose près la même dans le zodiaque de Latopolis[2]. La comparaison de toutes ces sculptures avec celles des autres monumens astronomiques de l'Égypte fera nécessairement apercevoir d'autres ressemblances : ainsi un personnage debout avec un masque de lion, qui paraît étendre ses mains protectrices sur deux cynocéphales accroupis, n'échappera pas à l'attention de ceux que ces matières intéressent. Une figure presque tout-à-fait pareille se voit dans le zodiaque d'Esné[3]. Au commencement et à la fin du bas-relief curieux dont nous venons de donner une description succincte, on remarque deux personnages debout, qui ont chacun deux têtes de couleuvre aquatique surmontées de plumes; ils ont un double rang d'ailes adaptées au corps, et leurs bras étendus sont armés d'une croix à anse et d'une voile carrée.

[1] *Voyez* pl. 87, *A.*, vol. 1.
[2] *Voyez* pl. 79, *A.*, vol. 1.
[3] *Voyez* pl. 79, *A.*, vol. 1.

ANTIQUITÉS DE DENDERAH.

Le soffite correspondant à gauche renferme des sculptures analogues à celles que nous venons de décrire[1] : il est aussi divisé en deux rangées de figures formant une procession qui entre dans le temple pour venir à la suite des personnages du soffite de droite; chaque rangée est séparée par des lignes longitudinales d'hiéroglyphes, et terminée à ses deux extrémités, l'une par des hommes avec des masques de belier, et l'autre par des femmes dans la même attitude que celle que nous avons déjà décrite, mais qui, au lieu d'un croissant, portent un globe ailé, lançant des rayons de lumière, et accompagné d'*ubœus*. La bande inférieure, celle qui est le plus près du mur latéral à gauche, est formée d'abord de vingt-deux figures et de deux *ubœus* dressés sur des dés, d'où ils font jaillir par leur bouche trois filets d'eau figurés par des zigzags. Le premier groupe se compose de neuf personnages, dont trois seulement sont des hommes; les six autres sont des femmes : ils ont tous, deux hommes exceptés, des disques sur la tête. Le second groupe renferme six personnages, parmi lesquels trois femmes ont des disques sur la tête, et trois hommes des masques d'épervier et d'ibis. Les deux *ubœus* dont nous avons parlé sont séparés par une femme. Enfin, le dernier groupe est composé de trois femmes avec des disques sur la tête, et de trois hommes ayant une coiffure surmontée de plumes et de serpens. Ces figures sont suivies de sept barques. Dans les quatre premières, on remarque Osiris à tête humaine, à qui un prêtre ayant un masque d'ibis fait une offrande; Isis portant un

[1] *Voyez* pl. 19, fig. 1, *A*., vol. IV.

sceptre à tige de lotus, Harpocrate avec un fléau sur l'épaule, et Osiris à tête d'épervier : chacune de ces divinités est accompagnée d'une figure plus petite, ayant un masque d'épervier et tous les attributs des dieux. Sur la cinquième barque, on voit Osiris à tête d'épervier, enfermé dans une châsse, et accompagné de personnages qui sont devant lui dans l'attitude du respect : elle est traînée par trois prêtres, au moyen d'un cordon terminé en forme d'*ubæus*, et elle est dirigée par un homme qui a un masque d'épervier. A la proue de la barque et sur la fleur de lotus qui la termine, est accroupi un cynocéphale, espèce de génie protecteur; la poupe est occupée par un homme à tête d'ibis, symbole de l'inondation. La sixième barque porte encore Osiris renfermé dans une châsse; mais ici il a une tête humaine : cette barque est précédée d'une espèce de cippe surmonté de la statue d'Harpocrate accroupi, que trois chacals enchaînés paraissent traîner; au-devant d'eux sont en adoration quatre cynocéphales avec des bras et des pieds humains. Enfin, la septième barque porte une grande châsse où sont renfermées deux statues d'Osiris assis, l'une à tête d'homme, et l'autre avec une tête d'épervier. La châsse est précédée par une espèce d'enseigne surmontée d'un sphinx à corps de lion et à tête de femme.

La seconde bande du soffite renferme trente-trois figures diverses et deux barques. Parmi ces représentations, on remarque cinq serpens dressés sur leurs queues, dont un seul a des ailes; et quatre autres serpens à bras et à pieds humains, faisant chacun l'offrande de deux

ANTIQUITÉS DE DENDERAH. 339

vases, emblèmes de l'inondation. Un dernier serpent qui, par son étendue et les replis de son corps, paraît être une couleuvre aquatique, se trouve placé au-dessus d'un temple. Treize figures ont des masques de lion : les unes sont assises et portent les attributs des dieux; les autres, qui sont debout, ont les mêmes emblèmes, ou bien font des offrandes de vases. Deux personnages, dont l'un a une tête d'ibis, et l'autre une tête de couleuvre aquatique, présentent aussi des vases; et l'on ne manquera point de remarquer encore une femme dont le corps se termine en queue de poisson, et qui ressemble beaucoup à une configuration analogue dans le zodiaque de Latopolis[1]. Les autres personnages sont Isis coiffée de la dépouille d'un vautour, et Osiris à tête d'épervier et à tête humaine : ils ont les attributs des dieux; savoir, la croix à anse et le sceptre à tige de lotus ou à tête de lévrier. L'une des deux barques dont nous avons parlé, renferme dans une châsse Osiris avec un masque d'épervier, et Isis; elle est précédée d'une enseigne formée d'un sphinx à corps de lion et à tête de femme : l'autre barque porte une châsse où l'on voit les mêmes divinités, si ce n'est qu'Osiris a une tête humaine; elle est précédée d'une enseigne surmontée d'un chacal. Nous ne quitterons point l'examen de cette rangée de figures, sans faire observer que beaucoup d'entre elles se retrouvent presque absolument les mêmes dans la frise astronomique d'Edfoû[2]. Le serpent ailé, la couleuvre aquatique placée sur un autel, les serpens à bras et à pieds humains offrant des vases, le personnage dont

[1] *Voyez* pl. 79, *A*., vol. I.   [2] *Voy.* pl. 58, fig. 2, *A*., vol. I.

le corps se termine en queue de poisson, les divinités avec des masques de lion, et notamment celle qui est assise et tient dans ses mains une relique d'Isis, sont tout-à-fait semblables, et se succèdent presque dans le même ordre : d'où l'on doit conclure que la signification de ces emblèmes dans l'un et l'autre bas-relief doit avoir une grande analogie.

Le premier soffite à droite, contigu à l'entre-colonnement du milieu, est partagé en quatre scènes qui occupent toute sa largeur [1]. Dans la première, un disque au milieu duquel est un œil, emblème du Soleil ou d'Osiris, repose sur une barque. Sept figures accroupies et ayant à la main la croix à anse sont au-dessus de cet œil; il y en a un pareil nombre au-dessous [2]. Quatre hommes avec des masques de chacal d'un côté, et quatre éperviers à tête et à bras humains de l'autre côté, sont en adoration devant la barque. Derrière les hommes, on voit élevés sur des estrades un oiseau dont la tête est mutilée, et une chimère ailée à corps de cheval et à tête d'épervier, surmontée de deux cornes de belier et d'un disque. La seconde scène renferme cinq éperviers rangés par étages, et au-devant desquels une femme et un homme à tête d'ibis sont en adoration. La troisième consiste en un grand disque posé sur un croissant, et au milieu duquel est un œil; le tout est porté sur une fleur de lotus : un homme à tête d'ibis est à la droite; et, à la gauche, on voit quatorze personnages avec tous

---

[1] *Voy.* pl. 19, fig. 3, *A.*, vol. IV.
[2] Un disque absolument semblable se trouve parmi les sculptures du temple d'Edfoû. *Voyez* pl. 58, fig. 1, *A.*, vol. I.

les attributs des dieux, placés sur quatorze marches, dont la plus élevée arrive au niveau de la fleur de lotus; parmi eux, sept sont des femmes, dont une seule a un masque de lion, et les sept autres sont des hommes, dont trois ont des masques d'épervier. Toute cette scène est encadrée, pour ainsi dire, par des lignes d'hiéroglyphes que leur trop grand nombre et la difficulté de les distinguer ne nous ont point permis de dessiner. Il est difficile de ne point reconnaître dans ce bas-relief la représentation de la néoménie du solstice d'été. En effet, le lotus, qui indique la crue du Nil; le personnage à tête d'ibis, qui est le signe de l'inondation, caractérisent le premier mois de l'année égyptienne; enfin, le croissant dont les pointes sont tournées en haut, marque la nouvelle lune, suivant Horapollon; et d'ailleurs ce disque au milieu duquel est l'œil d'Osiris, ne semble-t-il pas indiquer d'une manière frappante la lune en conjonction avec l'astre du jour? La quatrième et dernière scène semble être la représentation de l'exaltation ou du triomphe d'Osiris, lorsqu'au solstice d'été le soleil est arrivé au plus haut point de sa course : elle consiste en une grande barque qui repose sur une espèce de brancard porté par quatre femmes; la barque renferme trois divinités assises, parmi lesquelles se trouve Osiris à tête humaine, placé au milieu. Le scarabée, emblème de la vie renouvelée, plane au-dessus de lui entre deux vautours tenant dans leurs serres une croix à anse. Sur la fleur de lotus qui forme la proue de la barque, on voit un cynocéphale accroupi. A la poupe, est un personnage d'une stature plus petite, qui tient une croix à anse et un *ubœus*. Ce bas-relief est entouré sur les côtés par six personnages rangés par étages, et dans l'attitude de l'adoration : trois sont à droite, et ont des masques d'épervier; les trois autres sont à gauche, et ont des têtes de chacal. Si l'on en croit d'anciens témoignages, c'était ainsi qu'on représentait le peuple en adoration devant l'astre qui, arrivé au plus haut point de sa course, paraissait être, pour ainsi dire, la cause immédiate des débordemens du Nil, et répandre la fécondité sur la terre d'Égypte. On voit ensuite deux groupes de quatre figures chacun, placés l'un au-dessus de l'autre, et composés de deux hommes avec des masques de grenouille, et de deux femmes à tête de couleuvre aquatique. Tous ces personnages ont les attributs des dieux; savoir, la croix à anse et le sceptre à tête de lévrier. Un belier ailé à quatre têtes, et un oiseau à tête de belier, terminent cette scène remarquable. Toutes ces sculptures nous paraissent, comme nous l'avons dit, relatives au solstice d'été. Nous avons déjà hasardé ailleurs quelques conjectures sur le sens que peuvent présenter ces personnages à tête de couleuvre aquatique et à tête de grenouille dans un bas-relief analogue[1], où la peinture de ce qui se passe en Égypte à l'époque de l'inondation, ne laisse presque aucune incertitude sur la valeur des symboles que l'on a employés.

Le premier soffite de gauche, correspondant à celui dont nous venons de décrire les sculptures, est partagé en trois rangées de figures séparées par des lignes lon-

---

[1] *Voyez* la pl. 64, *A.*, vol. III, Thèbes, *chapitre IX*, *section* VIII, et notre Description générale de pag. 545 et suiv.

gitudinales d'hiéroglyphes[1]. La bande supérieure, celle qui est contiguë à l'entre-colonnement du milieu, est composée de quarante-huit figures groupées trois à trois ou quatre à quatre : ce sont des éperviers à tête et à bras humains, dans l'attitude de l'adoration; des hommes debout et les bras pendans, avec des masques d'ibis et de chacal; des serpens et des cynocéphales à pieds et à bras humains; des figures accroupies à tête de lion, portant à la main la croix à anse; des chacals; des hommes debout, appuyés de leurs deux mains sur un bâton; d'autres qui n'ont qu'une seule jambe, et qui portent sur les épaules le crochet et le fléau. La bande inférieure, celle qui est la plus voisine du mur latéral de gauche, se compose de figures absolument pareilles et groupées de la même manière, sinon toutefois que leur ordre est différent, et que l'on remarque parmi elles des éperviers à tête de chacal qui ne se voient point dans la rangée supérieure. La bande intermédiaire renferme douze barques précédées chacune d'une figure de femme dans l'attitude de l'adoration et avec un disque sur la tête. Dans les trois premières barques et dans les trois dernières, des personnages avec des masques d'animaux divers paraissent adresser des supplications à Osiris à tête humaine, ou à tête d'épervier, de chacal ou de chien. Un cynocéphale lançant une flèche est aussi l'objet de leurs adorations. Les six autres barques contiennent des disques où l'on remarque un belier à quatre têtes, et Osiris debout dans les uns, et assis dans les autres, avec les attributs de la divinité. Il est remar-

[1] *Voyez* pl. 19, fig. 2, *A.*, vol. IV.

quable que le personnage à tête d'ibis se trouve, dans toutes les barques, parmi ceux qui présentent des supplications aux dieux. A la proue de chacune d'elles, sur une espèce de piédestal, on voit, soit un cynocéphale accroupi, soit Harpocrate, dieu du silence, ou bien un sphinx à corps de lion et à tête de femme, un bœuf, un épervier à tête humaine, un chacal ou une momie.

La décoration du soffite de l'entre-colonnement du milieu, dont il nous reste à parler, consiste en vautours dont les ailes sont déployées et dont les serres sont armées d'espèces d'étendards [1], et en globes ailés, accompagnés de serpens et surmontés d'une coiffure symbolique. Ces emblèmes occupent le milieu du soffite sur une grande largeur, et se répètent alternativement. De chaque côté de cet ornement sont disposées des lignes longitudinales d'hiéroglyphes, et le reste du plafond est couvert, de part et d'autre, d'un grand nombre d'étoiles sculptées et peintes, qui se détachent sur un fond de couleur bleue.

Le dessous des architraves sur lesquelles reposent les pierres du plafond est orné, comme nous l'avons déjà dit, de trois lignes de grands hiéroglyphes sculptés et peints, qui sont en rapport parfait avec la richesse incroyable des ornemens du plafond.

[1] *Voyez* pl. 14, fig. 4, *A.*, vol. IV.

ARTICLE III.

De l'intérieur du temple proprement dit.

Nous allons actuellement pénétrer plus avant dans l'intérieur du temple, pour en faire connaître la distribution et pour décrire les sculptures les plus importantes qu'il renferme.

On sait déjà que le mur du fond du portique forme la façade du temple proprement dit, de telle sorte que le *pronaos* paraît, pour ainsi dire, y avoir été ajouté après coup. Au milieu de cette façade est une porte couronnée d'une corniche : elle donne entrée dans une salle hypostyle, dont le plafond repose sur deux rangées de trois colonnes chacune. Cette sorte de second portique est encombrée jusqu'à la hauteur des chapiteaux; et ce n'est qu'en se baissant, et en se mettant presque à plat ventre, que l'on peut passer de là dans la pièce suivante. Aussi toutes les portes qui établissent la communication avec les salles latérales sont à peine visibles, et l'on n'aperçoit plus même les chambranles, qui se font ordinairement distinguer par une légère saillie sur le nu des murs. Le second portique a la forme d'un carré d'environ quatorze mètres de côté. Les chapiteaux des colonnes qui en supportent le plafond ne diffèrent de ceux du premier portique que par une campane placée au-dessous des quatre figures d'Isis. Celle-ci est ornée de fleurs de lotus, qui, à mesure qu'elles approchent de l'extrémité inférieure du chapiteau, augmentent en nombre et diminuent de grandeur, jusqu'à ce qu'enfin elles correspondent une à une à des cannelures dont la partie supérieure du fût est décorée sur une hauteur de cinquante centimètres. Nous avons déjà fait remarquer ces espèces de triples chapiteaux à Philæ, à Esné et à Thèbes. Ici, la réunion des trois membres d'architecture forme une hauteur presque égale au fût de la colonne. Sur chacune des faces des dés on a sculpté Isis allaitant Horus, et à qui diverses offrandes sont présentées. Des prêtres tiennent des sistres à trois cordes, qu'ils semblent offrir à cette déesse. Immédiatement au-dessous du plafond, une frise formée de masques d'Isis surmontés de temples règne tout au pourtour du second portique, et les faces des architraves sont décorées de figures pareilles. L'encombrement n'a point permis de juger du reste des ornemens; mais il est probable que ce sont des tableaux analogues à ceux qui décorent les murs latéraux du portique. La salle hypostyle ne reçoit d'autre lumière que celle qui arrive par la porte. A droite et à gauche sont distribuées six pièces, dont les portes de communication sont maintenant, ainsi que nous l'avons dit, entièrement obstruées par les décombres. Nous avons pu cependant en visiter quelques-unes, et nous avons pénétré dans la pièce du milieu à droite par la porte extérieure, dont l'encombrement était peu considérable. Les parois de cette salle sont couvertes de tableaux analogues à ceux du portique.

Nous sommes entrés dans la pièce contiguë, vers le sud, par les chambres intérieures qui avoisinent l'escalier[1]. Nous l'avons trouvée couverte de sculptures représentant Osiris à tête d'épervier, et Isis à qui l'on fait des offrandes. L'obscurité qui y règne favorise sans doute le séjour des chauve-souris, que l'on y trouve en quantité innombrable. On a vraiment peine à se figurer tout ce que la présence des voyageurs produit d'agitation et de désordre au milieu des sombres retraites de ces animaux. Nous avons été forcés d'abandonner à plusieurs reprises le projet de nous y maintenir, à cause de la difficulté de conserver nos flambeaux allumés.

Nous n'avons pu pénétrer dans la salle du milieu à gauche par la porte extérieure, attendu que, de ce côté, l'encombrement est si considérable, qu'il s'élève presque jusqu'à la hauteur du cordon de la corniche; ce n'est que par un très-petit soupirail carré, de quarante centimètres de côté environ, que l'on a pu descendre dans cette pièce, placée précisément au-dessous de l'appartement du zodiaque, dont nous parlerons bientôt avec détail[2]. Ce soupirail est percé au milieu du plafond, qu'il traverse dans toute son épaisseur. Il fallait être très-mince pour passer par un trou aussi étroit; et ce fut M. Moret, notre collègue, qui se chargea de cette pénible commission. Nous le suspendîmes, en conséquence, à une corde, et, après qu'il se fut muni d'un flambeau, nous le descendîmes avec la plus grande précaution, jusqu'à ce qu'il eût atteint les décombres dont la pièce était en partie remplie. Mais quelle est la surprise de notre collègue, lorsqu'au lieu de se reposer sur

---

[1] *Voyez* le plan, pl. 8, fig. 1, *A*., vol. IV.

[2] *Voyez* le plan, pl. 8, fig. 2, *A*., vol. IV.

le sol, il s'aperçoit qu'il foule aux pieds un cadavre! Il reconnaît bientôt un homme dont on avait lié les mains derrière le dos, et qui avait été étranglé. L'instrument du supplice de cet infortuné était encore passé autour de son cou. A l'inspection du cadavre, nous avons jugé qu'il était là depuis trois ou quatre années. C'est peut-être quelque malheureux voyageur que des Arabes auront dépouillé, et qu'ils auront ensuite assassiné et précipité dans ce lieu obscur pour dérober jusqu'à la trace de leur forfait. Entraîné par son admiration pour le beau monument qu'il était venu chercher, cet infortuné a péri sur une terre étrangère, victime de son zèle pour les arts. Sans doute sa famille désolée n'a point eu la consolation de connaître l'endroit où il avait cessé de vivre. Combien cet événement fit naître en nous de tristes réflexions! Nous fûmes naturellement conduits à faire un retour sur nous-mêmes, qui, quelques mois auparavant, venions presque tous les jours, furtivement et sans escorte, dessiner avec tant d'imprudence et d'ardeur les belles choses que nous avions admirées. Emportés par un zèle que pourront seuls concevoir les amateurs des antiquités, nous nous étions exposés cent fois au sort du malheureux dont le cadavre était sous nos yeux, et dont nous déplorions la perte, comme si sa mort eût été récente et qu'il eût été le compagnon de nos travaux.

Les recherches de notre collègue ne nous apprirent rien de particulier sur la distribution intérieure de la pièce où il était descendu. Elles nous confirmèrent l'existence des portes de communication avec l'extérieur et avec la salle hypostyle, telles que nous les avons figurées dans le plan¹. Nous acquîmes, en outre, la certitude que les parois des murs sont couvertes de sculptures et de tableaux analogues à ceux qui ornent le portique. Il ne nous a point été possible de pénétrer dans les salles contiguës à celle-là; mais leur étendue était déterminée par la longueur du deuxième portique, dont nous avons pu prendre la mesure avec exactitude. Il en est de même de la première pièce à droite, dont nous n'avons pas encore parlé.

On sort de la salle hypostyle, ou deuxième portique, par une porte d'environ trois mètres de largeur, pour pénétrer plus avant dans le temple, et l'on se trouve au milieu d'un premier vestibule de cinq mètres un tiers de long et de quatorze mètres de large, qui n'offre, sous le rapport des sculptures, rien que l'on n'ait déjà fait remarquer ailleurs. Ce vestibule est éclairé par des soupiraux pratiqués à la partie supérieure du plafond, dans les angles sud-est et sud-ouest, et au milieu de la face latérale à gauche : ils forment une petite ouverture carrée à l'extérieur; mais, à l'intérieur, ils s'ouvrent graduellement pour favoriser la dispersion de la lumière : ils ont cela de remarquable, que leur paroi inférieure est ornée d'un disque d'où partent des rayons divergens de cônes tronqués, implantés, pour ainsi dire, les uns dans les autres. Les divers rapprochemens² que nous avons déjà faits nous ont démontré que les Égyptiens ont voulu représenter par cet emblème la lumière du soleil pénétrant dans le temple. Ces ouver-

¹ *Voyez* pl. 8, fig. 1, *A*., vol. IV. de Thèbes, *chap* IX, *section* IV,
² *Voyez* la Description générale. pag. 320.

tures pouvaient se fermer, au besoin, avec des espèces de volets ou de bouchons de pierre, comme nous avons reconnu qu'il en a indubitablement existé dans le pylône d'Edfoû[1]. Le vestibule n'est pas moins rempli de débris que la salle hypostyle qui le précède; et l'on voit, à l'angle de droite, une porte communiquant à un escalier et à des chambres qui sont situées au rez-de-chaussée, mais qui paraissent maintenant souterraines, à en juger du sommet des décombres dont cette pièce est remplie. Deux portes pratiquées dans le mur latéral à gauche conduisent à deux salles obscures de deux mètres et un tiers de largeur, et qui n'ont rien de remarquable sous le rapport des sculptures dont leurs parois sont ornées.

Du premier vestibule on entre dans un second par une porte de $2^m,74$ de largeur, ornée, comme la précédente, d'un encadrement et d'une corniche où se trouve un globe ailé. Ce second vestibule a la même largeur que le premier, et une longueur de six mètres; son état d'encombrement est aussi à peu près le même : il est éclairé par des soupiraux semblables à ceux dont nous avons déjà parlé. Deux portes pratiquées dans les murs latéraux, à l'est et à l'ouest, donnent entrée dans deux pièces obscures, qui n'offrent aucune particularité digne d'être mentionnée.

Le mur du fond est percé de trois portes, dont l'une, grande et surmontée d'une élégante corniche, conduit dans le sanctuaire du temple; les deux autres sont plus petites, et n'ont ni encadrement ni corniche : elles étaient

---

[1] *Voyez* l'explication de la pl. 61, *A.*, vol. I.

encombrées jusqu'au linteau. Nous avons fait exécuter quelques fouilles pour les rendre praticables, et nous avons reconnu qu'elles conduisent à un corridor servant d'issue à un assez grand nombre de petits cabinets obscurs, distribués tout autour du sanctuaire[1]; ce corridor est chargé d'ornemens. M. Dutertre, notre collègue, a dessiné un sujet sculpté au-dessus de l'une des portes et près du plafond : on peut le voir dans la pl. 26[2]. On y remarque particulièrement un personnage debout avec un masque de belier : il a des ailes d'épervier attachées au-dessous de ses bras étendus; il tient dans la main gauche une croix à anse, et dans la main droite un mât où est suspendue une voile carrée. Deux figures accroupies sont de part et d'autre; en avant, on voit un épervier à tête de belier. Les petits cabinets obscurs ne sont pas moins ornés de sculptures que le corridor. Mais quel pouvait en être l'usage? Étaient-ils destinés à l'habitation des prêtres qui desservaient le temple? ou bien étaient-ils consacrés chacun à l'une des nombreuses divinités que révérait le peuple égyptien? C'est ce qu'il n'est pas aisé de déterminer. Peut-être avaient-ils un tout autre objet, que nous ne pouvons pas même entrevoir à cause de l'ignorance où les anciens nous ont laissés sur ce qui se pratiquait dans les réduits les plus secrets des temples de l'Égypte. Ces pièces ne recevaient de lumière que par le corridor, qui n'était lui-même éclairé qu'au moyen de quelques soupiraux pratiqués dans l'épaisseur de son plafond.

[1] *Voyez* le plan, pl. 8, fig. 1, *A.*, vol. IV.   [2] *Voyez A.*, vol. IV.

Nous avons avancé, dans plusieurs circonstances, que les différentes parties des monumens égyptiens s'enchevêtraient, pour ainsi dire, les unes dans les autres : nous trouvons ici de quoi justifier cette assertion. En effet, le mur du fond du second vestibule présente la façade du sanctuaire en avant-corps[1], comme si cette portion du temple formait un édifice isolé : une corniche décorée d'un globe ailé couronne cette façade, encadrée, en quelque sorte, toute entière par le tore égyptien. La richesse des sculptures dont cette entrée du sanctuaire est ornée ajoute à la beauté mâle de son architecture, et offre un ensemble tel, que nulle part ailleurs nous n'avons rien vu de plus grand, de plus sagement conçu et de plus magnifique.

Le sanctuaire a $10^m,62$ de long, $5^m,67$ de large, et $8^m,43$ de haut; ses parois offrent des sculptures où l'on remarque principalement des châsses portées sur des barques[2] : son sol a été en partie creusé, et l'on aperçoit, près du mur du fond, une ouverture par laquelle on peut se glisser dans une sorte de cave qui nous a paru occuper toute l'étendue du sanctuaire. Des conduits secrets pratiqués dans les murs latéraux du temple, et où nous n'avons pu pénétrer, communiquaient sans doute avec ce souterrain; c'est au moins ce que nous sommes conduits à conclure de la comparaison de la profondeur des pièces obscures qui entourent le sanctuaire, avec la largeur totale de l'édifice et l'épaisseur des murs du temple, dont nous avons pris exacte-

---

[1] *Voyez* pl. 8, fig. 1 et 5, *A.*, vol. IV.

[2] Une de ces châsses se voit dans la pl. 22, fig. 10, *A.*, vol. IV.

ment la mesure[1] : ces conduits secrets venaient sans doute aboutir à la terrasse, où ils étaient fermés par des pierres mobiles que l'on enlevait à volonté, et qui étaient si bien jointes, qu'elles ne pouvaient être aperçues que de ceux qui en connaissaient l'existence. Nous avons déjà fait remarquer de semblables pierres à Karnak[2]. C'est probablement par ces couloirs que s'introduisaient les prêtres qui faisaient entendre les oracles des dieux dans le sanctuaire du grand temple de *Tentyris*. Nous ne quitterons point cette pièce mystérieuse sans faire observer que toutes les baies de portes placées sur l'axe du temple diminuent de largeur et de hauteur à partir du portique : il semblerait que les Égyptiens ont eu l'intention de forcer un effet de perspective qu'ils avaient observé. D'ailleurs, d'autres faits et d'autres circonstances démontrent, jusqu'à l'évidence, qu'ils ont ignoré les premiers principes d'un art dont on fait de si heureuses applications aujourd'hui dans la représentation des objets qu'offre la nature.

Après avoir fait connaître tout le rez-de-chaussée du temple de Denderah, il nous reste à parcourir les étages supérieurs et les terrasses. On y arrive au moyen d'un escalier qui communique avec le premier vestibule par une porte située en face des premières marches. La cage de l'escalier est de forme rectangulaire : ses marches sont établies autour d'un noyau solide de 3^{m}90 de long et de 3^m,10 de large; elles ont un mètre de longueur,

---

[1] *Voyez* la pl. 8, fig. 1 et 5, *A.*, vol. IV.
[2] *Voyez* la Description générale de Thèbes, *chap. IX, section* VIII, pag. 552.

trente-deux centimètres de largeur, et une hauteur seulement de cinq centimètres, ce qui les rend très-commodes à monter. Il faut franchir onze marches pour arriver au premier palier, et dix, en retournant à angle droit, pour parvenir au second. A chacun de ces paliers, et à ceux qui leur correspondent aux étages supérieurs, on a pratiqué des soupiraux en forme d'entonnoir renversé, par où arrive la lumière. L'escalier fait deux révolutions et demie, au bout desquelles on parvient sur la terrasse; tout son noyau est couvert de sculptures exécutées avec un soin extrême et un fini précieux. On y remarque des étendards surmontés les uns d'éperviers et d'*ubæus*, les autres d'un bœuf et de deux serpens en croix. On ne se lasse point d'admirer la manière franche et vraie dont ces animaux sont sculptés, et l'on ne peut s'empêcher de rendre une entière justice à l'art égyptien au sujet de ces représentations, que les artistes les plus habiles de nos jours ne désavoueraient point. Au pied de l'escalier on voit une figure de femme accroupie et sans bras, avec un masque de lion; elle repose sur un dé assez élevé. Des personnages en costumes militaires et civils tout-à-fait semblables à ceux dont nous avons donné la description à Medynet-abou[1], viennent ensuite : ils sont vêtus d'une tunique large, qui, descendant des reins jusqu'aux pieds, est retenue par des bretelles. La ceinture, qui paraît être en métal ciselé, renferme un poignard dont le fourreau est brodé en relief. Ces personnages ont pour coiffure une calotte ronde qui

---

[1] *Voyez* la description générale de Thèbes, *chapitre* IX, *section* 1, pag. 94 et suiv.

prend juste la forme de la tête et se découpe autour des oreilles : l'un d'eux porte dans ses mains une espèce de châsse retenue en outre par un ruban passé derrière son cou. Au-dessus de ces bas-reliefs et près du plafond règne une frise composée de scarabées. Au deuxième détour de l'escalier, des figures semblables à celles que nous venons de décrire, portent en triomphe un épervier renfermé dans une châsse, et près duquel sont des cornes de génisse, attribut d'Isis, une lyre à quatre cordes et deux poissons. Plus loin, un chacal est étendu sur les quatre pattes; il a devant lui une tige de lotus, et un fléau est suspendu au-dessus de son corps. On voit encore près de là un homme accroupi à tête de chacal, et un œuf posé verticalement sur un étendard. Deux taureaux se font ensuite remarquer par la netteté de leur exécution et la vérité de leurs contours. Sur le reste des parois de la cage et du noyau de l'escalier sont sculptés des porteurs d'offrandes variées, telles que des chapiteaux et des plinthes isiaques, des fruits, des fleurs et des réchauds à feu. Tous ces personnages, qui montent d'un côté et descendent de l'autre, semblent être la représentation d'une seule et même procession occupée à pratiquer quelques cérémonies sacrées. Le plafond de l'escalier est orné d'étoiles.

Lorsqu'on est arrivé au sixième palier, on se trouve en face de la porte d'une salle de six mètres de long sur 3^m,29 de large. Cette pièce est maintenant dans l'obscurité la plus profonde[1]. Sa face latérale à droite offre une espèce de niche de 1^m,38 de largeur et de 1^m,68

---

[1] *Voyez* pl. 8, fig. 3, *A*., vol. IV.

de hauteur. Ses parois sont couvertes de bas-reliefs qui ne sont point tous également bien conservés. Des sels dont la formation a sans doute été favorisée par la présence des décombres, ont fait disparaître les sculptures en plusieurs endroits. Au fond de la salle on remarque trois ouvertures qui paraissent avoir une issue au dehors; et en effet, de dessus les terrasses on aperçoit une salle découverte[1], à laquelle elles aboutissent, et qui est elle-même remplie de décombres jusqu'à la corniche. Il est probable, quoique nous n'ayons pu nous en assurer directement par des fouilles, que la baie du milieu, qui est la plus grande, servait d'entrée, et que les deux autres baies ne sont que des espèces de fenêtres, comme on en voit dans l'appartement du zodiaque, dont nous allons bientôt parler.

Le dernier palier de l'escalier est éclairé par un soupirail semblable à ceux que nous avons indiqués; il reçoit aussi de la lumière par une porte pratiquée à l'endroit où l'on débouche sur la terrasse. En montant les dernières marches, on trouve à sa gauche la porte d'une petite salle éclairée par un soupirail : cette pièce est la seule de tout le temple qui n'ait aucune sculpture.

La partie de la terrasse qui fait face à la cage de l'escalier est remplie de décombres provenant des ruines des habitations modernes qui formaient un village au-dessus du temple. Des pans entiers de murailles encore debout attestent les temps de barbarie qui ont vu s'élever ces misérables constructions. Au fond de la terrasse, un péristyle rectangulaire de 7^m,69 de longueur et

---

[1] *Voyez* pl. 8, fig. 2, en *i*, *A.*, vol. IV.

de 6^m,20 de largeur semble sortir de ces débris. Ce petit édifice, qui n'a pas de plafond, est composé de douze colonnes engagées dans des portes et des murs d'entre-colonnement; il ressemble au temple de l'est dans l'île de Philæ, et à l'édifice du nord à Denderah même : ses colonnes sont également espacées, à l'exception de celles qui correspondent aux portes, dont l'entre-colonnement est plus considérable; elles n'ont guère que cinquante centimètres de diamètre : leur fût est couronné de chapiteaux à tête d'Isis, surmontés de dés sur chacune des faces desquels sont figurées des espèces de temples où l'on voit, au milieu, un *ubæus* renfermé dans une niche. La partie supérieure de l'entablement de ce petit portique arrive au niveau du mur extérieur du temple. Toutes les surfaces apparentes, les fûts mêmes des colonnes, sont couverts d'hiéroglyphes et de bas-reliefs. Ce péristyle n'est pas toutefois également bien conservé dans toutes ses parties; deux de ses colonnes, vers le sud-ouest, ont été renversées.

Si l'on revient à l'escalier, et que l'on descende jusqu'au premier palier, on a en face une porte qui conduit à un appartement composé de trois pièces[1]. La première est une salle découverte de 4^m,40 de longueur et de six mètres de largeur : il règne dans tout son pourtour une corniche remarquable par la variété et la richesse de ses ornemens; toutes ses parois sont couvertes de sculptures et de tableaux curieux. Le mur du fond est percé de deux ouvertures en forme de croisées, et d'une porte par laquelle on entre dans la seconde pièce. Celle-ci diffère

---

[1] *Voyez* pl. 8, fig. 3, en *p*, *q* et *r*, *A.*, vol. IV.

peu en étendue de la première : dans chacune de ses faces latérales sont pratiquées des niches d'un mètre de profondeur et de deux mètres de hauteur ; l'intérieur est rempli d'hiéroglyphes. Toute cette pièce est d'ailleurs enrichie de sculptures et d'une grande quantité de caractères hiéroglyphiques très-petits. Les ornemens du plafond méritaient d'être recueillis : ils consistent en deux grandes figures qui occupent toute l'étendue de la pièce. L'une d'elles embrasse les trois côtés du plafond : sur ses bras et son corps on a sculpté un globe avec des jambes humaines, devant lequel un personnage paraît être en adoration, et des disques auxquels plusieurs hommes agenouillés semblent rendre des hommages. L'autre figure a ses bras étendus le long du quatrième côté de la salle ; son corps est replié sur lui-même de manière que les pieds viennent passer au-dessus de la tête : elle porte dans chacune de ses mains un disque ou globe au milieu duquel est une figure vêtue d'une tunique courte et étroite, et de toutes les parties de son corps partent, en rayons divergens, des lignes d'hiéroglyphes. Il serait précieux d'avoir une copie très-exacte de ce grand bas-relief, qui, sur les lieux, nous a paru avoir trait à l'astronomie ; mais le temps nous a manqué pour nous la procurer. La dernière pièce de l'appartement a trois mètres et demi de longueur et la même largeur que les salles précédentes ; elle est aussi couverte de sculptures que nous aurions toutes recueillies si nous en eussions eu le loisir. Mais le temple de Denderah est si riche en ornemens de tout genre, que nous avons dû nécessairement nous borner et faire un choix entre tous les sujets intéressans et curieux dont nous aurions voulu donner l'idée; car il ne faudrait pas moins que des années entières pour pouvoir dessiner tout ce qui mérite de fixer l'attention.

Il existe à gauche, sur la plate-forme du temple, un appartement pareil à celui que nous venons de décrire, de la même étendue, et placé dans la même situation par rapport aux murs extérieurs du portique[1]. On ne pouvait y arriver autrefois que par l'escalier qui nous a conduits sur la terrasse; mais aujourd'hui une ouverture évidemment forcée à travers l'entablement, dans la face latérale du temple exposée à l'est, en facilite plus promptement l'accès : elle se trouve au niveau des monticules de décombres qui, de ce côté, enveloppent l'édifice jusqu'à la hauteur de la frise; et c'est là le passage qui s'offre le plus naturellement aux voyageurs pour visiter les parties supérieures du temple. La salle découverte dans laquelle on entre d'abord, a tous ses murs décorés de sculptures parfaitement exécutées. On distingue surtout l'ornement de la corniche[2] : il se compose de deux éperviers à tête humaine et à bras d'homme, en adoration devant un disque d'où part un faisceau de lumière qui se dirige sur un autre disque placé dans une échancrure. Il semble que l'on ait voulu représenter ici le soleil éclairant la lune de ses rayons. Les oiseaux chimériques sont élevés sur des estrades richement ornées. Derrière eux sont des fléaux, et trois de ces faisceaux ressemblant à des balustres que nous avons déjà eu plus d'une fois occasion de remarquer ailleurs. Cet or-

[1] *Voyez* pl. 8, fig. 3, en *l*, *m* et *n*.   [2] *Voy.* pl. 23, fig. 2, *A*., vol. IV.

nement se répète dans toute l'étendue de la corniche, avec quelques variations seulement dans les hiéroglyphes qui l'accompagnent. Sous la porte d'entrée de la salle découverte sont sculptés trois personnages fort extraordinaires[1] : ils tiennent à la main leur membre viril en érection, et sur leur bras gauche élevé en l'air ils portent un fléau. Le premier a un masque à deux têtes, l'une d'épervier et l'autre de taureau; le second a une figure humaine, et le troisième a la tête recouverte de la dépouille entière d'un épervier, qui retombe le long de son corps. Ces trois personnages ont des coiffures symboliques. Ils sont suivis d'une femme qui porte aussi au-dessus de son bras gauche un fléau, et qui paraît tenir dans la main droite une cuisse de gazelle. Ailleurs, on voit une génisse[2] élevée sur un dé, et représentée de face : deux femmes la tiennent enchaînée. On remarque aussi des offrandes à Osiris avec un masque d'épervier[3] : des colombes s'envolent devant lui; il a dans ses mains les marques de la divinité, la croix à anse et le bâton augural. Ailleurs, le même Osiris[4], avec une tête humaine, est assis sur un trône, et porte dans ses mains le crochet et le fléau; une femme paraît lui présenter Horus à tête d'épervier. Au-dessus de la porte qui conduit dans la pièce suivante, on voit un homme agenouillé sur deux crocodiles[5] qu'il semble écraser; il a la tête recouverte de la dépouille d'un épervier qu'il saisit de la main droite, et dans la

---

[1] *Voyez* pl. 27, fig. 10.
[2] *Voyez* pl. 26, fig. 6.
[3] *Voyez* pl. 26, fig. 11.
[4] *Voyez* même planche, fig. 12.
[5] *Voyez* pl. 24, fig. 1.

main gauche il tient une espèce de poisson. Sans doute on doit reconnaître ici le triomphe d'Osiris, ou du génie du bien, sur Typhon, ou le génie du mal, représenté par le crocodile. On aperçoit encore, dans un autre endroit de la salle découverte[1], un homme à tête et à queue de singe, appuyé contre un socle, et tenant un couteau dans la main droite et trois flèches dans la main gauche. Sur le mur latéral de droite est une figure d'Osiris[2], couchée la face contre terre : elle a dans ses mains le crochet et le fléau. A ses pieds, une femme agenouillée est dans l'action de prendre de la main gauche son bras droit étendu en avant. Peut-être a-t-on voulu représenter ici le sommeil d'Osiris terrestre, ou la stagnation du Nil avant le solstice d'été. Cette même pièce offre encore la représentation symbolique d'un sacrifice humain. Un homme est à genoux attaché à un arbre, et les mains liées derrière le dos ; il a des couteaux enfoncés dans diverses parties du corps : cinq prêtres, armés chacun d'un couteau, s'avancent vers lui ; le premier d'entre eux paraît être celui qui doit exécuter le sacrifice en présence d'une divinité portant dans ses mains la crosse et le fouet.

La pièce qui suit la salle découverte a les mêmes dimensions que celle qui est semblablement placée dans l'appartement que nous avons décrit, seulement ses murs latéraux ne renferment point de niches. Elle est couverte de sculptures d'un travail extrêmement soigné : les bas-reliefs sont entourés d'une quantité innombrable

---

[1] *Voyez* pl. 24, fig. 3.   [2] *Voyez* pl. 24, fig. 8.

de petits hiéroglyphes, qui sont tous exécutés avec une netteté extrême. Nous avons particulièrement remarqué l'encadrement de la porte pratiquée dans le mur du fond, pour arriver à la dernière pièce de l'appartement: il est orné d'oiseaux chimériques [1], dont les ailes sont déployées, et qui semblent embrasser des espèces d'étendards surmontés de têtes de lévriers, de croix à anse et de plumes. Les uns ont des têtes d'homme et de femme; les autres, des têtes d'aigle, de serpent, de chacal et d'épervier. Mais ce qui attire plus particulièrement l'attention, ce sont les sculptures dont le plafond est orné. Nous en avons déjà parlé dans la description qui accompagne la collection des dessins des monumens astronomiques [2]. Le plafond est partagé en deux portions égales par une grande figure d'Isis, sculptée en ronde-bosse, et placée dans une niche cylindrique : ses formes sont d'une grande beauté, et ont mérité l'approbation de tous ceux qui les ont étudiées. La portion du plafond située à la gauche de cette Isis est en partie occupée par le corps, les bras, et les jambes d'une grande figure semblable à celles qui enveloppent les bandes zodiacales du portique. Dans l'espace qu'elle enferme sont distribuées quatorze barques posées deux à deux sur la même ligne, et au milieu de chacune desquelles se trouve un disque. Nous ferons observer que nous avons déjà vu dans le plafond du portique la répétition assez fréquente de certains emblèmes au nombre de quatorze. Le zo-

[1] *Voyez* pl. 22, fig. 3, 4, 5, *A*., vol. IV.
[2] *Voyez* l'*Appendice* n°. II, à la fin de ce volume.

diaque circulaire se trouve au plafond, à droite de la figure d'Isis[1]. Ce monument astronomique a été découvert, lors de la conquête du Sa'yd, par le général Desaix; et ce fut cet illustre guerrier qui le fit remarquer le premier aux officiers de son armée. On y distingue, à la première vue, les douze signes du zodiaque distribués sur une spirale dans l'ordre suivant : le *lion*, la *vierge*, la *balance*, le *scorpion*, le *sagittaire*, le *capricorne*, le *verseau*, les *poissons*, le *belier*, le *taureau*, les *gémeaux* et le *cancer*. Tous ces signes marchent les uns à la suite des autres dans le même sens. S'ils eussent été distribués sur la circonférence d'un cercle, il n'aurait pas été possible de reconnaître quel était celui qu'on devait considérer comme ouvrant la marche et entraînant tous les autres après lui; mais leur disposition sur une spirale ôte toute espèce d'incertitude, et l'on voit qu'ici l'on a voulu indiquer le lion comme le chef des signes du zodiaque, quand bien même la comparaison du monument astronomique qui nous occupe avec celui qui décore les soffites extrêmes du plafond du portique, ne porterait pas déjà à le croire. L'espace circonscrit par les signes du zodiaque contient un grand nombre de figures que leur position seule devait faire croire relatives aux constellations : il en devait être de même de celles qui enveloppent les signes du zodiaque, et dont une portion est distribuée circulairement, au nombre de trente-sept, sur la bordure du médaillon. Nos premières conjectures à ce sujet ont été pleinement confirmées, et nous avons fait voir dans un mémoire spécial [2]

---

[1] *Voyez* la pl. 21, *A*., vol. IV.   [2] *Voyez*, parmi les Mémoires sur

qu'effectivement la plus grande partie, si ce n'est la totalité de ces figures, représente des constellations extrazodiacales. Celles qui sont enfermées par la spirale des signes du zodiaque, se rapportent aux constellations de la partie septentrionale du ciel, et les autres aux constellations méridionales, en sorte que le monument qui nous occupe est un véritable planisphère céleste. Parmi le grand nombre de figures qui remplissent ce planisphère, on en trouve beaucoup d'analogues, ou même de tout-à-fait semblables à celles des frises astronomiques du temple d'Edfoû [1], des zodiaques d'Esné [2], et surtout du zodiaque [3] du portique de Denderah. C'est la comparaison que nous en avons faite, qui nous a conduits aux résultats consignés dans le mémoire cité ci-dessus. Le planisphère est porté par quatre groupes de deux hommes à tête d'épervier et par quatre figures de femmes debout, qui se succèdent alternativement. Ces groupes sont agencés avec goût, et le génie allégorique des Égyptiens ne pouvait faire un choix plus heureux pour nous montrer l'univers porté, pour ainsi dire, par les deux plus puissantes divinités de leur théogonie, Osiris et Isis. A côté de chacune des figures d'Isis sont des lignes d'hiéroglyphes, que nous avons copiées avec le plus grand soin et la plus scrupuleuse exactitude. Une bande circulaire de grands hiéroglyphes entoure le médaillon. Dans l'espace qui les sépare, on voit deux légendes hiéroglyphiques opposées l'une à

---

les antiquités, nos *Recherches sur les bas-reliefs astronomiques des Égyptiens*.

[1] *Voyez* pl. 58, fig. 2, *A.*, vol. I.
[2] *Voyez* pl. 79 et 87, *A.*, vol. I.
[3] *Voyez* pl. 20, *A.*, vol. IV.

l'autre, et qui se trouvent sur un même diamètre avec le cancer et le capricorne. Deux hiéroglyphes, représentant probablement la feuille et le fruit de quelque plante, se trouvent dans le même espace; ils sont aussi opposés l'un à l'autre, et sont placés sur un même diamètre avec le taureau et le scorpion. Deux côtés seulement du planisphère sont bordés de lignes de zigzags, qui offrent, comme l'on sait, la configuration de l'eau. Toutes les parois de la pièce qui renferme ces sculptures précieuses, et notamment le plafond, sont noircis par la fumée des flambeaux, en sorte que l'on n'aperçoit plus nulle part les couleurs dont elles ont sans doute été recouvertes.

La dernière pièce de l'appartement du zodiaque ne le cède en rien aux autres, ni pour la multiplicité et la variété des sculptures, ni pour l'intérêt qu'elles offrent à la curiosité du voyageur. Elle est aujourd'hui dans une obscurité profonde, puisqu'elle ne reçoit que le peu de lumière qui pénètre par la porte et les fenêtres de la salle précédente. Autrefois elle était éclairée par un soupirail pratiqué dans le milieu du plafond; mais cette ouverture est maintenant bouchée par les débris des constructions modernes qui avaient été élevées sur les terrasses. Les sculptures dont cette pièce est ornée, paraissent avoir trait à la mort et à la résurrection d'Osiris, ou font allusion à différens phénomènes que l'on observe en Égypte avant et durant l'inondation du Nil, l'Osiris terrestre des Égyptiens[1]. Les détails dans les-

[1] *Voyez* le *Traité d'Isis et d'Osiris*, pag. 85, 87 et 97 de la traduction de Ricard.

quels nous allons entrer, vont confirmer ce que nous avançons. Dans l'un de ces bas-reliefs, on remarque une figure emmaillottée à l'instar des momies : elle est étendue sur un lit de repos recouvert de la dépouille d'un lion. Les quatre vases qu'on retrouve dans toutes les scènes d'embaumement, sont ici rangés le long du lit : ils ont pour couvercle des têtes de femme, de cynocéphale, de chacal et d'épervier. La figure est placée dans un sarcophage terminé en sphère à sa partie supérieure. Des éperviers perchés aux deux extrémités de la tombe semblent en être les gardiens. Une femme debout près de la momie est dans l'attitude de l'étonnement. Un épervier plane au-dessus de la tête du mort[1]. La même figure se retrouve ailleurs[2] dans une attitude pareille, si ce n'est toutefois qu'elle n'est point emmaillottée, que son membre viril est en érection, et qu'elle est couchée dans un sarcophage placé sur un lit de repos qui est recouvert de la dépouille d'un lion. Le couvercle de ce sarcophage a, comme l'autre, la forme sphérique; mais à son sommet on remarque un membre viril avec des ailes. Aux angles du sarcophage sont des éperviers; à droite et à gauche, deux femmes paraissent veiller auprès du tombeau. Osiris, couché sur un lit de repos pareil à celui que nous venons d'indiquer, se retrouve encore dans deux autres bas-reliefs[3]; mais il n'est plus du tout emmaillotté : il a les deux jambes détachées; son bras gauche est étendu le long de son corps, et son

---

[1] Ce bas-relief n'a été dessiné par aucun de nous : on peut le voir dans l'ouvrage de M. Denon, pl. 126, n°. 9.

[2] *Voy.* pl. 24, fig. 10, *A.*, vol. IV.

[3] *Voyez* pl. 27, fig. 9 et 5, *A.*, vol. IV.

bras droit, élevé en l'air, est replié en avant près du visage. Dans l'un des bas-reliefs, il a le membre viril en érection : un oiseau chimérique à tête de femme, plane au-dessus de lui. A la tête et aux pieds du lit sur lequel il repose, sont des personnages qui paraissent être dans l'attente de ce qui va se passer. On ne voit point les parties naturelles d'Osiris dans le second bas-relief. Quatre vases, avec des couvercles à tête de cynocéphale, sont rangés le long de son lit, et un épervier tenant dans ses serres une espèce d'étendard, fait partie de la scène ici représentée : une femme est à la tête du lit, dans l'attitude de l'étonnement. Ailleurs, Osiris, couché, paraît être sorti de sa léthargie[1] : il tient à la main son membre viril en érection, et deux éperviers accourent et planent au-dessus de lui. D'un côté, l'on voit sur un socle une chimère à tête d'épervier et à corps de truie; de l'autre, une femme accroupie paraît s'incliner et s'avancer pour protéger Osiris : le long du lit, un personnage avec un masque d'ibis tient dans ses mains un vase qu'il paraît offrir. On sait que l'ibis est l'emblème de l'inondation, et les eaux renfermées dans le vase étaient sans doute les prémices de l'accroissement du Nil. Deux serpens et une figure typhonienne viennent à la suite de ce personnage. Dans deux autres bas-reliefs[2], Osiris est étendu sur le ventre et a la tête levée : on lui offre même des membres de victimes, et tout le long du lit sont rangées diverses coiffures symboliques, dont, sans doute, il doit orner sa tête à mesure qu'il prendra

---

[1] *Voy.* pl. 27, fig. 4, *A.*, vol. IV. et la pl. 126, fig. 10, de l'atlas du
[2] *Voy.* pl. 24, fig. 9, *A.*, vol. IV, Voyage de M. Denon.

plus de force et de vigueur. Dans l'une de ces scènes, on voit cette divinité enfermée dans une espèce de châsse surmontée d'aspics, et aux deux extrémités de laquelle sont perchés des éperviers. Un autre bas-relief[1] présente Osiris tout éveillé, et prêt à se lever de dessus son lit de repos; il tient dans ses mains les signes du pouvoir, le crochet et le fléau : sa tête est surmontée d'un bonnet, que nous avons reconnu dans mille circonstances pour être un attribut de la puissance; et un homme avec un masque d'épervier lui présente la croix à anse.

Nous avons dit que toutes ces sculptures sont relatives à la mort et à la résurrection d'Osiris, ou aux phénomènes qui se passent en Égypte avant et durant l'inondation. Nous avons déjà fait à Thèbes[2] des rapprochemens qui nous conduisent à cette interprétation des sculptures que nous venons de décrire; mais il suffira, pour ainsi dire, ici de citer un seul passage tiré du précieux Traité d'Isis et d'Osiris de Plutarque, pour confirmer ce que nous avons avancé : « Le corps d'Osiris enfermé dans un coffre ne désigne autre chose que l'affaiblissement et la disparition des eaux du Nil : aussi les Égyptiens disent-ils qu'Osiris disparut au mois d'athyr, où les vents étésiëns ne soufflant pas, le Nil coule dans un lit étroit, et laisse à découvert la terre d'Égypte[3]. »

---

[1] *Voyez* la pl. 126, fig. 9, de l'atlas du Voyage de M. Denon.
[2] *Voy.* la Description générale de Thèbes, *chap. IX*, pag. 547 et suiv.
[3] Ἡ γὰρ λεγομένη κάθειρξις εἰς τὴν σορὸν Ὀσίριδος, οὐδὲν ἔοικεν ἀλλ' ἢ κρύψιν ὕδατος καὶ ἀφανισμὸν αἰνίττεσθαι· διὸ μηνὸς Ἀθὺρ ἀφανισθῆναι τὸν Ὄσιριν λέγουσιν, ὅτε, τῶν ἐτησίων ἀπολειπόντων παντάπασιν, ὁ μὲν Νεῖλος ὑποῤῥεῖ, γυμνοῦται δὲ ἡ χώρα.

En partant de ce témoignage, et en considérant la figure d'Osiris dans tous les états où nous l'avons montrée, d'abord dans l'état de mort ou de sommeil profond, et enfermée dans un sarcophage, ensuite commençant à sortir de sa léthargie, et finissant par se lever, revêtue de toutes les marques et de tous les attributs de la puissance, il est difficile de ne point saisir l'allusion qu'on paraît avoir eu l'intention de faire aux phénomènes qui se passent en Égypte, premièrement avant l'inondation, lorsque le fleuve, arrivé au dernier période de son décroissement, stationnaire et entièrement contenu dans les limites de son lit, s'écoule à la mer par un canal peu considérable; puis à l'époque même de l'inondation, où le Nil commence à croître; et enfin durant l'inondation, lorsque le fleuve, dans toute la plénitude de sa force, répand ses eaux fécondantes sur la terre d'Égypte, et porte partout l'abondance et la fertilité.

La salle dont les parois sont couvertes de sujets si curieux, se fait aussi remarquer par la singularité des sculptures de son plafond. En effet, la moitié de ce plafond est occupée par trois femmes emboîtées, pour ainsi dire, les unes dans les autres, et dans la même position que celles qui encadrent les bandes zodiacales du portique : elles sont surtout dignes d'attention, à cause de la disproportion choquante de tous leurs membres; et l'on ne peut douter qu'elles ne soient des êtres de convention pour exprimer de certaines choses dont nous ne pou-

Quòd enim inclusus in arcam dicitur Osiris, eo nihil aliud significatur quàm aquæ occultatio et defectus : itaque mense Athyr perüsse Osiridem dicunt, quando, etesiis omnino deficientibus, Nilus recedit, et solum nudatur. (Plutarch. *de Iside et Osiride,* pag. 366.)

vons plus maintenant deviner le sens. Ces figures semblent chercher à atteindre un homme à tête d'épervier. Dans la portion du plafond comprise entre les bras et les jambes de la troisième figure, on voit trois hommes prêts à marcher, et dont les bras sont élevés en l'air; ils portent des bateaux au-dessus de leur tête. Dans l'autre moitié du plafond, on remarque une barque[1] dont le gouvernail est aux mains d'un homme à tête d'épervier, et qui est traînée par quatre chacals et par quatre hommes avec des masques de chacal. Cette barque renferme, au milieu d'un disque, un œil, emblème d'Osiris, précédé d'un personnage à tête de chacal avec les attributs des dieux. Deux femmes et un homme avec un masque d'épervier sont en adoration devant lui.

Il résulte de tout ce que nous venons d'exposer, que l'appartement du zodiaque paraît avoir été une espèce de sanctuaire, de lieu consacré à l'astronomie et à la représentation des phénomènes terrestres qui se lient à ceux du ciel. Peut-être était-il la demeure de l'un des prêtres égyptiens, qui, en desservant le temple de *Tentyris*, était plus spécialement occupé de l'étude du ciel. Peut-être aussi était-ce un lieu du temple où Osiris avait un tombeau; car on sait, d'après les témoignages d'Hérodote et de Diodore de Sicile, que les tombeaux de ce dieu étaient très-révérés et très-multipliés en Égypte, et qu'il y avait peu de villes importantes qui n'en renfermassent un. Quelle que fût, au reste, la destination de cet appartement, il sera certainement, pour les voya-

[1] *Voyez* la pl. 22, fig. 2, *A.*, vol. IV.

geurs qui nous suivront, l'objet de la plus vive curiosité, et il offrira encore à leur zèle un ample sujet d'étude et de recherche. Il serait à désirer, d'après la liaison que nous avons observée dans la plupart des bas-reliefs qui le décorent, que la totalité de ces sculptures fût recueillie sans qu'aucun des hiéroglyphes qui les accompagnent fût omis : alors probablement on aurait, dans des emblèmes ingénieusement exprimés, une histoire continue et bien liée des divers phénomènes de la nature qui intéressaient tant les Égyptiens; car l'existence de ces peuples dépendait de la présence du Nil, de telle sorte que si les débordemens de ce fleuve cessaient de se renouveler périodiquement chaque année, l'Égypte n'offrirait bientôt plus que l'aspect d'un vaste désert. Un examen plus détaillé des sculptures de l'appartement du zodiaque donnerait vraisemblablement lieu à d'autres rapprochemens avec le Traité d'Isis et d'Osiris, et l'on trouverait sans doute que plusieurs des passages de cet ouvrage curieux ne sont en quelque sorte que la traduction des bas-reliefs égyptiens.

ARTICLE IV.

Des sculptures extérieures du temple.

Maintenant que nous avons fait connaître la plupart des sculptures qui décorent l'intérieur du temple, nous allons jeter un coup d'œil sur celles qui ornent l'extérieur. Nous parlerons d'abord, avec quelques détails, de la partie postérieure du temple, où presque tous les bas-reliefs sont visibles ; car l'encombrement de l'édifice, qui est très-considérable sur les côtés, surtout à l'est, ne couvre ici qu'une partie du soubassement. La pl. 16, *A.*, vol. IV, donne une haute idée du système de décoration employé à Denderah : c'est, en quelque sorte, un échantillon complet qui confirme tout ce que nous avons dit jusqu'à présent de la richesse des costumes des personnages, de l'élégance et de la variété des ornemens des frises et des corniches, et de la multiplicité des caractères hiéroglyphiques. On retrouve ici dans toute son étendue le style et le goût des monumens de l'ancienne Égypte, et la perfection d'un art conçu d'après des idées et dans un système appropriés aux convenances locales, ainsi qu'aux mœurs et aux habitudes civiles et religieuses du pays. Mais ce dont le dessin ne peut donner qu'une idée imparfaite, c'est l'exécution, c'est le fini précieux de toutes ces sculptures jusque dans leurs moindres détails. Il faut se représenter, en effet, que le plus petit ornement, les hiéroglyphes à peine aperçus à cause de leur finesse, sont exécutés avec le même soin et la même pureté que les grandes figures où les artistes égyptiens ont pu se livrer avec plus de liberté au développement de leur art. On doit ajouter qu'il est très-probable que toutes ces sculptures étaient rehaussées par l'éclat des plus vives couleurs[1].

Les ornemens de la corniche et de la frise derrière le temple ne sont point pareils à ceux des faces latérales; et cependant on n'est nullement choqué de cette sorte de disparate. Il faut dire, à la vérité, qu'une extrême

---

[1] *Voyez* ce que nous avons dit précédemment, pag. 323.

analogie règne entre ces ornemens, qui concourent tous à un but unique, celui de rappeler partout Isis, déesse à laquelle le temple de Denderah était principalement consacré. A cet égard, les Égyptiens avaient à un haut degré le sentiment des convenances, et ils évitaient ainsi par la variété des détails la monotonie qui pouvait résulter de la représentation nécessaire et souvent répétée d'un même sujet.

L'ornement de la corniche se compose d'un disque ailé, accompagné d'*ubœus*, et lançant des rayons sur un globe où se trouve Isis avec tous les attributs de la divinité. Placé dans une espèce d'échancrure, ce globe représente très-bien la lune dans son croissant; en sorte qu'il y a tout lieu de croire qu'on a voulu indiquer ici l'astre de la nuit, qui, comme l'on sait, était consacré à Isis. De chaque côté du globe sont élevées sur des estrades deux figures accroupies, l'une d'Osiris à tête d'épervier, et l'autre d'Isis : cet emblème est enveloppé par des serpens ailés à tête de lion. Dans la frise, un masque d'Isis occupe le milieu de l'ornement; il est surmonté d'un disque entouré de cornes de génisse, et il est posé sur une coupe. De part et d'autre sont placées une figure accroupie à tête d'épervier, et une légende hiéroglyphique surmontée de coiffures symboliques. Tous ces emblèmes sont en quelque sorte embrassés par des vautours dont les ailes sont déployées. L'intervalle qui sépare les ornemens est rempli par des espèces de balustres et des lignes d'hiéroglyphes.

Au-dessous de la frise on a sculpté, dans toute l'étendue de la façade, dix bas-reliefs de deux mètres environ de hauteur : ils sont distribués symétriquement, par rapport à deux lions accroupis de forme colossale, qui sont en saillie de la moitié de leurs corps sur le nu du mur; ils sont composés de deux, trois, quatre et cinq personnages, et ils représentent tous des offrandes à Isis, et à Osiris tantôt à tête humaine et tantôt à tête d'épervier. Ces offrandes consistent en amulettes relatifs au culte d'Isis, et en vases, emblèmes de l'inondation. De petites figures d'Horus, élevées sur des estrades formées de tiges et de fleurs de lotus, présentent aussi des objets semblables. Dans l'un de ces bas-reliefs, le personnage à tête d'ibis, ou Thoth, est dans l'action d'écrire; il tient dans ses mains un stylet et un bâton à crans surmonté d'une espèce de lanterne.

Le reste de la façade est occupé par deux grands bas-reliefs séparés par une tête colossale d'Isis, sculptée au milieu de la muraille, et représentée avec tous les attributs qui caractérisent cette divinité : on y fait des offrandes aux dieux de l'Égypte. Isis ouvre et ferme la marche : elle est précédée d'Horus, qui, en étendant le bras, présente une image de la déesse, et porte dans sa main gauche une croix à anse. Au nombre de ces dieux, sont Harpocrate, ainsi qu'Osiris à tête d'épervier et à tête humaine. Les offrandes sont faites par un héros égyptien, un roi sans doute : il est aisé au moins de le reconnaître à son costume, à sa coiffure, et surtout au vautour qui plane au-dessus de sa tête; c'est ainsi que nous avons toujours vu les rois d'Égypte figurés dans les bas-reliefs historiques qui décorent les palais de Thèbes. Ici, la richesse du costume caractérise en quelque sorte mieux encore le personnage. En effet, le roi a un vêtement chargé de broderies; les plis et les reflets de l'étoffe légère et transparente qui le forme, sont bien mieux exprimés ici que dans la plupart des bas-reliefs où se trouvent des représentations analogues. On voit sur la robe du héros un homme armé d'une massue, et prêt à frapper un très-grand nombre de victimes agenouillées, de captifs sans doute, qu'il tient par les cheveux. Deux autres prisonniers, les bras liés derrière le dos, sont réunis par des chaînes au groupe principal : il ne nous paraît pas douteux que cet emblème ne fasse allusion au pouvoir et à la vaillance du héros. Des éperviers exécutés en broderie sur son vêtement et sur sa coiffure sont les signes caractéristiques de la puissance qu'il tient de la divinité elle-même : il brûle de l'encens devant les dieux. Derrière lui sont des étendards, ainsi qu'une femme richement habillée, qui présente d'une main une image d'Isis, et de l'autre une espèce de vase. Parmi les offrandes qui sont placées en avant du héros, on distingue des vases de toutes les formes, des pains, des fleurs de lotus, et beaucoup d'autres objets sacrés du culte égyptien. Les personnages de ces grands bas-reliefs ont quatre mètres de proportion, non compris les coiffures, dont la hauteur est d'un mètre.

Le soubassement de la façade est orné d'un très-grand nombre de petites figures debout, alternativement de femmes et d'hommes : les unes ont des têtes d'épervier, de lion, de belier; les autres ont des masques de taureau. Elles portent toutes des offrandes variées, qui consistent en vases, fleurs de lotus, amulettes en forme de temples, et en victuailles ; elles s'avancent pour les présenter à trois divinités, au nombre desquelles se trouvent Osiris à tête d'épervier, et Isis.

Nous ne pouvons donner de grands détails sur les bas-reliefs qui ornent les faces latérales du temple ; ils sont, pour la plupart, cachés sous les décombres ; et ceux que nous avons observés, mais que nous n'avons pas eu le temps de dessiner, ne nous ont point offert de particularités dignes de fixer l'attention : ce sont toujours des offrandes présentées aux dieux de l'Égypte. On voit cependant, sur la face de l'est, un bas-relief[1] où quatre victimes humaines sont immolées devant Isis et Osiris : elles sont à genoux et enchaînées. Le sacrificateur enfonce un dard dans la tête de l'une d'elles, et paraît disposé à immoler ainsi successivement les trois autres.

Sur la même face de l'est, on a sculpté un bas-relief[2] extrêmement curieux, et que nous aurions pris pour la représentation d'un jeu, d'une espèce de mât de cocagne, si nous l'eussions rencontré dans les hypogées, où plus d'une fois nous avons remarqué des scènes familières de la vie civile des Égyptiens : mais il y a tout lieu de croire qu'il faut attacher un sens emblématique à ce bas-relief, sculpté sur les murs d'un temple consacré à Isis, et où tout rappelle le culte grave et sérieux que l'on rendait à l'une des divinités les plus révérées de l'Égypte. Le dieu adoré à Thèbes, Harpocrate, au membre viril en érection, est debout sur un socle ; il porte un fléau sur son bras élevé en l'air : à son cou est suspendu un amulette qui représente la façade d'un

[1] *Voy.* pl. 22, fig. 11, *A.*, vol. IV. [2] *Voy.* pl. 25, fig. 1, *A.*, vol. IV.

ANTIQUITÉS DE DENDERAH. 377

temple. Derrière lui l'on aperçoit des attributs relatifs au culte : c'est une coiffure symbolique, d'où se dégagent une portion de temple, une tige de lotus surmontée de cornes de génisse, et une vrille de vigne croisée sur ces cornes. Ce dernier emblème se retrouve à Medynet-Abou, derrière le dieu qui figure dans la marche triomphale de Sésostris[1]. Ces mêmes symboles sont posés au haut d'un mât dressé devant la divinité, et maintenu dans la position verticale par quatre cordes tirées chacune par deux hommes qui n'ont aucune marque distinctive : quatre autres cordes sont également attachées au mât; elles sont fixées à terre et bien tendues; sur chacune d'elles gravissent deux personnages remarquables par la plume qu'ils ont au-dessus de la tête. Le but de leurs efforts paraît être d'atteindre les divers emblèmes placés au haut du mât. Un prêtre qui est en face de la divinité, offre, avec son bras droit étendu en avant, une sorte de pomme de pin : dans sa main gauche, appuyée sur un bâton, il tient un instrument dont il est difficile de reconnaître l'usage[2]. Aurait-on voulu représenter ici une scène d'initiation aux mystères d'Isis, principe et source de sagesse et de vérité, dont les emblèmes sont arborés au sommet du mât ? Ces personnages qui ont une plume sur la tête, et qui gravissent vers le haut du mât, seraient-ils des initiés dont le degré de science serait indiqué par la hauteur à laquelle ils sont placés ? Ces hommes qui n'ont aucune

---

[1] *Voyez* pl. 11, *A.*, vol. 11, et la Description générale de Thèbes, chapitre IX, section 1, §. v, art. 1er, pag. 97.
[2] *Voyez* pl. 22, fig. 11, *A.*, vol. iv.

marque distinctive, et qui paraissent soutenir le mât, ne représenteraient-ils pas le peuple, qui se borne seulement à maintenir l'édifice de la religion, sans avoir aucune prétention à en connaître les mystères? M. Denon a donné une explication analogue d'un bas-relief presque tout-à-fait semblable à celui que nous venons de décrire, et recueilli de même sur les murs du temple de Denderah [1].

La corniche et la frise qui forment le couronnement des faces latérales du temple, ne sont pas moins remarquables que celles de la façade postérieure, par une grande variété d'ornemens et l'extrême délicatesse avec laquelle ils sont sculptés [2]. Un globe ailé, accompagné d'*ubœus*, et lançant des rayons de lumière sur un disque où se trouve Isis, en forme la partie principale : de chaque côté du disque sont Osiris à tête d'épervier, et Isis, accroupis et élevés tous deux sur des estrades. Des légendes hiéroglyphiques, surmontées de bonnets symboliques, et des chimères ailées à corps de serpent et à tête de lion, complètent l'ornement, qui se répète onze fois dans l'étendue de chaque face latérale. La frise représente une offrande à Isis : le milieu de chaque ornement est occupé par un masque de cette déesse. A ses extrémités sont des vautours dont les ailes sont déployées, et qui ont sur la tête des bonnets symboliques : on y

---

[1] *Voy.* la pl. 121 du Voyage dans la haute et basse Égypte, fig. 8. M. Denon, dans le texte de son ouvrage, n'indiquant point où il a pris son dessin, les différences qu'il présente avec celui de la pl. 22, fig. 11, nous font présumer que ce sont deux sujets analogues, recueillis dans deux endroits différens du temple de Denderah.

[2] *Voy.* pl. 23, fig. 3, *A.*, vol. IV.

voit aussi des lignes d'hiéroglyphes et des espèces de balustres. Les offrandes sont faites par des personnages accroupis et élevés sur des escabeaux et des vases, et par Horus debout sur une estrade.

Les faces latérales extérieures du portique sont ornées de bas-reliefs à peu près semblables à ceux que nous avons décrits, et où nous avons remarqué l'immolation d'une gazelle devant Osiris à tête d'épervier et Isis. La frise et la corniche sont analogues à celles que nous avons déjà fait connaître, si ce n'est qu'elles sont encore plus riches et composées d'un plus grand nombre de personnages[1]. Le globe ailé, lançant des rayons sur un disque qui renferme le masque d'Isis, forme toujours la partie principale de l'ornement de la corniche; de part et d'autre de ce disque sont représentées des offrandes à Osiris à tête d'épervier et à Isis. Derrière Horus, on voit, d'un côté, un globe ailé avec un serpent, et, de l'autre, un disque avec une échancrure figurant le croissant de la lune. Des légendes hiéroglyphiques et des *ubœus* avec des ailes terminent la décoration. Le milieu de la frise est également orné du masque d'Isis, de chaque côté duquel se trouvent des figures accroupies, tenant dans leurs mains élevées en l'air des bâtons à crans. On y remarque aussi des offrandes présentées par Horus à Osiris à tête d'épervier et à Isis. Tous ces personnages sont élevés sur des escabeaux richement décorés. Des figures typhoniennes et des femmes couronnées de lotus font aussi des offrandes à la déesse. L'ornement est terminé par des légendes hiéroglyphiques,

[1] *Voyez* pl. 22, fig. 1, *A.*, vol. IV.

des figures d'Harpocrate assis sur un trône, et par des femmes qui ne sont sans doute que des prêtresses d'Isis. Celles-ci ont des ailes qu'elles semblent étendre pour protéger la scène que nous venons de décrire.

§. VI. *De l'édifice du sud.*

Derrière le grand temple, à la distance de douze mètres environ, se trouve l'édifice du sud, composé seulement de quatre pièces. Le mur latéral de l'ouest et une partie du mur de face sont en ruine. La forme de ce petit temple est presque carrée, l'une de ses dimensions, qui est de onze mètres, n'étant inférieure à l'autre que de soixante-dix centimètres. La première pièce ne paraît avoir été qu'une sorte de vestibule de huit mètres et demi de long et de deux mètres un tiers de large. La porte qui y conduit, est surmontée d'une corniche ornée d'un globe ailé. Le fond de ce vestibule est percé de trois portes, dont les deux extrêmes donnent entrée dans deux couloirs de $5^m,40$ de long, et de $1^m,30$ de large. La porte du milieu mène à la pièce principale : c'était sans doute le sanctuaire du temple. Sa largeur est de $3^m,75$, et sa longueur est égale à celle des couloirs; son entablement, outre l'architrave et la corniche, a encore un couronnement d'*ubœus* : les deux portes latérales n'ont qu'un simple encadrement.

Ce monument est couvert de sculptures. A l'extérieur, la corniche et la frise ont des ornemens aussi riches et aussi variés que ceux du grand temple [1]. Le reste de la

[1] *Voyez* pl. 34, fig. 1, *A.*, vol. IV.

décoration offre des scènes dans le genre de celles dont nous avons déjà parlé avec détail, et où la déesse Isis se fait particulièrement remarquer. Sur la paroi latérale de l'est, on a figuré une baie de porte qui se trouve précisément en face du propylée de l'est, dont il va être question ci-après. Dans l'intérieur du temple, Isis est représentée tenant Horus dans ses bras. On paraît défendre ce dieu contre toute espèce de maléfices; on ne le confie qu'à des femmes à tête de génisse; on l'allaite à tous les âges, depuis l'enfance jusqu'à la puberté; enfin ce sont des scènes tout-à-fait analogues à celles qui se retrouvent dans l'intérieur du *Typhonium*, et sur lesquelles nous sommes déjà entrés dans d'assez grands détails. Au fond du sanctuaire on a pratiqué une niche où étaient sculptées des statues de ronde-bosse, qui ont été presque entièrement mutilées : on peut cependant reconnaître encore une petite figure d'Horus debout et les bras pendans, qui se trouvait placée en avant d'une statue beaucoup plus grande, mais si dégradée, qu'on ne peut hasarder aucune conjecture sur le personnage qu'elle représentait. Le soubassement du sanctuaire est orné d'une décoration de lotus, où cette plante se voit dans tous les états de développement de son accroissement : on y remarque, en outre, un ibis perché sur un bouquet de ces lotus. Cet oiseau se trouve entre un disque qui représente peut-être la lune, et un épervier, emblème du soleil, placé sur un autel. Tous ces symboles ont sans doute quelque rapport à l'inondation du fleuve, vers le temps du solstice d'été. Le plafond est décoré de figures d'Isis qui, avec leurs corps et leurs membres disproportionnés, en enveloppent toute l'étendue : on y remarque aussi un soleil lançant des rayons sur une tête d'Isis. Cet emblème est absolument le même que celui du zodiaque du grand temple, où il indique un lever héliaque de Sirius [1]. Il y a tout lieu de croire que l'édifice que nous venons de décrire était principalement consacré à Isis et à Horus ; c'est au moins la conséquence que l'on peut tirer de la multiplicité des représentations de ces divinités égyptiennes parmi les sculptures dont les murs sont couverts.

§. VII. *De la porte de l'est.*

La porte de l'est est enveloppée dans la grande enceinte de briques qui entoure les principaux édifices de Denderah : elle est presque entièrement enfouie sous les décombres provenant de la destruction des maisons particulières qui, à différentes époques, ont fait partie de la ville de *Tentyris*. Sa forme et ses dimensions sont tout-à-fait semblables à celles de la porte du nord. Les sculptures de ces deux édifices ont aussi la plus grande analogie. L'enfoncement où venait se loger la porte en bois qui fermait la baie, est richement décoré d'ornemens composés de croix à anse, avec des bras armés de sceptres à tête de gazelle, de légendes hiéroglyphiques accompagnées de serpens, et de figures accroupies, tenant dans leurs mains élevées des bâtons à crans qui se recourbent par-dessus leur tête [2]. Tous ces ornemens

---

[1] *Voy.* pl. 20, fig. 1, *A.*, vol. IV.
[2] On voit des ornemens tout-à- fait semblables, pl. 34, fig. 4, *A.*, vol. IV.

sont posés sur des coupes ou vases richement décorés;
ils sont séparés par des lignes d'étoiles et d'hiéroglyphes.

La porte de l'est est remarquable par une inscription
en beaux caractères grecs, répétée sur chacun des listels
de la corniche. Cette inscription, dont il a été parlé plus
au long ailleurs [1], a pour objet de faire connaître que,
sous l'empereur César, dieu, fils de Jupiter libérateur,
Auguste, Publius Octavius étant gouverneur, Marcus
Claudius Postumus commandant général, et Tryphon
commandant particulier des troupes, les citoyens de la
métropole et de la préfecture consacrèrent le propylée
à Isis, très-grande déesse; et aux dieux honorés avec
elle, en l'an xxxi de César, au mois sacré de Thoth [2].

Par les divers rapprochemens que nous avons eu
occasion de faire dans notre Description générale de
Thèbes, nous avons cherché à reconnaître ce que les
Romains appelaient *propylée* dans les monumens égyptiens, et nous avons vu qu'ils nommaient ainsi, soit
une simple porte, ou un simple pylône, soit l'ensemble
de plusieurs pylônes séparés par des cours. Devons-nous
en conclure que le propylée dont la consécration est
constatée par l'inscription que nous venons d'indiquer,

---

[1] *Voyez* le mémoire de M. Jomard sur les inscriptions recueillies
en Égypte.

[2] Voici le texte même de l'inscription:

ΥΠΕΡ ΑΥΤΟΚΡΑΤΟΡΟΣ ΚΑΙΣΑΡΟΣ ΘΕΟΥ ΥΙΟΥ ΔΙΟΣ ΕΛΕΥΘΕΡΙΟΥ
ΣΕΒΑΣΤΟΥ ΕΠΙ ΠΟΠΛΙΟΥ ΟΚΤΑΙΟΥ ΗΓΕΜΟΝΟΣ ΚΑΙ
ΜΑΡΚΟΥ ΚΛΩΔΙΟΥ ΠΟΣΤΟΜΟΥ ΕΠΙΣΤΡΑΤΗΓΟΥ ΤΡΥΦΩΝΟΣ
ΣΤΡΑΤΗΓΟΥΝΤΟΣ ΟΙ ΑΠΟ ΤΗΣ ΜΗΤΡΟΠΟΛΕΩΣ
ΚΑΙ ΤΟΥ ΝΟΜΟΥ ΤΟ ΠΡΟΠΥΛΟΝ ΙΣΙΔΙ ΘΕΑΙ ΜΕΓΙΣΤΗΙ ΚΑΙ ΤΟΙΣ
ΣΥΝΝΑΟΙΣ ΘΕΟΙΣ ΕΤΟΥΣ ΛΑ ΚΑΙΣΑΡΟΣ ΘΩΤΩ ΣΕΒΑΣΤΗΙ

ne consistait que dans la seule porte encore existante, et contre les flancs de laquelle le mur d'enceinte venait s'appuyer? ou bien d'autres constructions augmentaient-elles l'étendue et l'importance de ce propylée? Nous n'avons pas de raison de nous en tenir à la dernière hypothèse, aucun débris de grands monumens qui auraient subsisté entre la porte de l'est et l'édifice du sud, n'ayant frappé nos regards, lorsque nous en faisions à dessein la recherche sur les lieux mêmes.

§. VIII. *De l'enceinte de l'est.*

A quatre cents mètres environ de la porte de l'est, en s'approchant de la chaîne libyque, on trouve une petite enceinte carrée, en briques crues, dont chacun des côtés a cent vingt mètres de longueur. L'intérieur est rempli de monticules de décombres, qui annoncent d'anciens établissemens; et tout porte à croire qu'il y avait là un temple égyptien. Il existe même encore, près de l'angle nord-ouest, une porte en grès très-bien conservée, et semblable à celles du nord et de l'est, si ce n'est qu'elle a des dimensions moindres. Quelques arrachemens qui se voient sur les flancs de cette porte pourraient porter à croire qu'elle devait former un pylône avec d'autres constructions maintenant détruites, ou qui n'ont peut-être jamais été achevées. Les sculptures dont elle est ornée ont été travaillées avec le plus grand soin. Les costumes des figures sont très-riches et très-variés; les sujets des bas-reliefs sont des sacrifices de divers animaux à Osiris à tête d'épervier et à Isis.

Dans l'un de ces bas-reliefs[1], on a représenté le supplice de deux hommes barbus qu'un sacrificateur va percer de sa lance, et qu'un lion s'apprête à dévorer. Dans un autre[2], un jeune crocodile est sur le point d'être immolé : un prêtre égyptien l'écrase sous un de ses pieds, et lui enfonce une lance dans la bouche. Un troisième bas-relief[3] montre enchaîné un animal dont il est difficile de désigner l'espèce, parce que la sculpture a été mutilée : le sacrificateur est dans l'action de le percer d'une lance qu'il tient de la main droite; les chaînons de la double chaîne qui maintient l'animal ont une forme oblongue, et sont exécutés avec la plus grande netteté. En général, toute la sculpture de la porte de l'enceinte de l'est est traitée avec la même perfection que nous avons fait remarquer dans le grand temple.

Si l'on ne savait déjà que les Tentyrites avaient horreur des crocodiles[4], on en trouverait la preuve dans le

---

[1] *Voy.* pl. 25, fig. 3, *A.*, vol. iv.
[2] *Voy.* pl. 25, fig. 5, *A.*, vol. iv.
[3] *Voyez* même planche, fig. 4.
[4] Juvénal, dans sa quinzième satire, parle de la haine qui existait entre les habitans d'*Ombos* et ceux de *Tentyris*, au sujet des honneurs que chacun de ces peuples rendait aux animaux qu'ils regardaient comme sacrés. Il s'en exprime ainsi :

> *Inter finitimos vetus atque antiqua simultas,*
> *Immortale odium, et nunquam sanabile vulnus*
> *Ardet adhuc Ombos et Tentyra. Summus utrinque*
> *Inde furor vulgo, quòd numina vicinorum*
> *Odit uterque locus, cùm solos credat habendos*
> *Esse deos, quos ipse colit.*

L'auteur, au commencement de sa satire, parle ainsi en général du culte des Égyptiens :

> *Quis nescit, Volusi Bithynice, qualia demens*
> *Ægyptus portenta colat? Crocodilon adorat*
> *Pars hæc : illa pavet saturam serpentibus ibin.*
> *Effigies.........................*
> *Illic cæruleos, hic piscem fluminis, illic*

bas-relief que nous venons de décrire, et dans celui de la salle découverte de l'appartement du zodiaque[1], où l'on voit deux de ces animaux écrasés par un personnage recouvert de la dépouille d'un épervier. Le passage de Strabon relatif à cette antipathie des Tentyrites pour le crocodile est trop curieux pour que nous ne le rapportions point ici : « Les habitans de *Tentyris*, dit cet auteur[2], ont plus que tous les autres Égyptiens le crocodile en horreur : ils le regardent comme le plus dange-

Oppida tota canem venerantur, nemo Dianam :
Porrum et cepe nefas violare ac frangere morsu.

[1] *Voy.* pl. 24, fig. 1, *A.*, vol. IV.

[2] Ἐνταῦθα δὲ διαφερόντως παρὰ τοὺς ἄλλους Αἰγυπτίους ὁ κροκόδειλος ἠτίμωται, καὶ ἔχθιστος τῶν ἁπάντων θηρίων νενόμισται. Οἱ μὲν γὰρ ἄλλοι, καίπερ εἰδότες τὴν κακίαν τοῦ ζώου, καὶ ὡς ὀλέθριον τῷ ἀνθρωπίνῳ γένει, σέβονται ὅμως, καὶ ἀπέχονται· οὗτοι δὲ πάντα τρόπον ἀνιχνεύουσι, καὶ διαφθείρουσιν αὐτούς. Ἔνιοι δ' ὥσπερ τοὺς Ψύλλους τοὺς πρὸς τῇ Κυρηναίᾳ φυσικήν τινα ἀντιπάθειαν ἔχειν πρὸς τὰ ἑρπετά, οὕτως καὶ τοὺς Τεντυρίτας φασὶ πρὸς τοὺς κροκοδείλους, ὥστε μηδὲν ὑπ' αὐτῶν πάσχειν, ἀλλὰ καὶ κολυμβᾶν ἀδεῶς, καὶ διαπερᾶν, μηδενὸς ἄλλου θαρροῦντος· εἰς τε τὴν Ῥώμην κομισθεῖσι τοῖς κροκοδείλοις ἐπιδείξεως χάριν, συνηκολούθουν οἱ Τεντυρῖται· γενομένης τε δεξαμενῆς καὶ τρήματός τινος ὑπὲρ μιᾶς τῶν πλευρῶν, ὥστε καὶ τοῖς θηρίοις ἐκβᾶσι τοῦ ὕδατος, ἡλιαστήριον εἶναι, ἐκεῖνοι ἦσαν οἱ τότε μὲν ἐξέλκοντες δικτύῳ πρὸς τὸ ἡλιαστήριον, ὡς καὶ ὑπὸ τῶν θεατῶν ὁραθῆναι, ἐμβαίνοντες ἅμα εἰς τὸ ὕδωρ· τότε δὲ πάλιν εἰς τὴν δεξαμενὴν κατασπῶντες.

Ejus incolæ præter cæteros Ægyptios excellenter crocodilum detestantur, et ex omnibus belluis inimicissimum habent. Nam cæteri, quanquam ejus animalis malitiam norint, et humano generi perniciosum existiment, venerantur tamen et ab eo abstinent : Tentyritæ omnibus modis eos pervestigant, atque occidunt. Sunt qui dicant, quemadmodum Psylli apud Cyrenaïcam regionem naturalem quamdam vim habent adversus serpentes, sic et Tentyritis esse contra crocodilos, ut nihil ab eis damni accipiant, sed intrepidè urinentur et aquam tranent, alio nemine audente. Cùmque crocodili Romam allati essent pro spectaculo, Tentyritæ eos sequebantur, et paratâ crocodilis piscinâ quâdam, et foramine in uno laterum, ut ex aqua in apricum egredi possent : Tentyritæ erant qui eos interdum rete in aquam ipsi intrantes educebant in locum apricationi destinatum, ut à spectatoribus cerni possent ; aliàs rursum eos in piscinam retrahebant. (Strab. Geograph. l. XVII, p. 814 et 815, edit. 1620.)

reux de tous les animaux sauvages. Quelques Égyptiens cependant, quoiqu'ils connaissent la férocité de cet animal, et qu'ils sachent combien il est nuisible à l'homme, l'honorent et ne lui font aucun mal; mais les Tentyrites le poursuivent de toutes les manières et le tuent. On prétend que de même que les Psylles de la Cyrénaïque sont doués d'une faculté naturelle qui les préserve de la morsure des serpens, de même aussi les Tentyrites jouissent d'une certaine propriété qui les empêche d'éprouver rien de fâcheux de la part des crocodiles. Bien plus, ils plongent dans les eaux où se trouvent ces amphibies, et les traversent dans tous les sens; ce que personne autre qu'eux n'oserait faire. Lorsqu'on transportait à Rome des crocodiles pour les spectacles du cirque, des Tentyrites les suivaient. Un réservoir était préparé pour ces animaux : il était percé, sur l'un de ses côtés, d'une ouverture par laquelle les crocodiles sortaient de l'eau et venaient s'étendre au soleil. Les Tentyrites les tiraient du réservoir avec des filets pour les exposer dans l'arène, de manière qu'ils pussent être vus par les spectateurs; ils les remettaient ensuite dans le bassin, en y descendant eux-mêmes. »

Dans le même passage, Strabon nous apprend que les Tentyrites honoraient Vénus. C'est ce qui résulte évidemment de la description détaillée que nous avons donnée du grand temple de Denderah, où partout, en effet, dans les bas-reliefs, dans les frises, et dans les lieux les plus apparens de l'édifice, on retrouve l'image d'Isis, la même que les Grecs nommaient *Aphrodite* ou *Vénus*.

La suite de la citation de Strabon nous paraît mériter d'être remarquée. En effet, ce géographe dit[1] qu'après le temple d'Aphrodite se trouve la chapelle d'Isis, puis ce que l'on appelle *Typhonia*, et le canal qui va à *Coptos*, ville commune aux Égyptiens et aux Arabes. Peut-on s'empêcher de reconnaître dans ces indications le grand temple de Denderah, la petite chapelle d'Isis et d'Horus, située derrière cet édifice, et le *Typhonium*? Cette conséquence découle naturellement de l'état actuel des localités. Les restes du canal qui conduisait à *Coptos* donnent encore le plus grand poids à cette opinion. En effet, aujourd'hui même les eaux de l'inondation arrivent jusqu'au pied des décombres de Denderah, en coulant sur un terrain que sa dépression naturelle annonce comme la continuation d'un canal dont on retrouve des traces non équivoques un peu plus haut, en côtoyant le désert. C'est par-là que les eaux du fleuve arrivent jusqu'à la butte factice sur laquelle s'élèvent les temples de l'ancienne *Tentyris*. Nous conclurons donc de tout cela que les édifices de Denderah existaient à l'époque où Strabon voyageait en Égypte, c'est-à-dire au temps de la conquête des Romains. Nous reviendrons bientôt sur cette conséquence, qui nous importe beaucoup relativement à ce que nous avons à dire sur l'antiquité des monumens de la ville de *Tentyris*[2].

---

[1] Ὄπισθεν δὲ τοῦ νεὼ τῆς Ἀφροδίτης, Ἴσιδός ἐστιν ἱερόν· εἶτα Τυφώνεια καλούμενα, καὶ ἡ εἰς Κοπτὸν διῶρυξ, πόλιν κοινὴν Αἰγυπτίων τε καὶ Ἀράβων.

Post Veneris templum est Isidis fanum; deinceps sunt ea quæ Typhonia vocantur, et fossa quæ Coptum defert, communem Ægyptiorum et Arabum urbem. (Ibid.)

[2] Voyez ci-après, p. 398 et suiv.

§. IX. *Résumé des connaissances que l'on avait sur les temples de* Tentyris *avant l'expédition française.*

Nous nous sommes abstenus jusqu'à présent, dans les descriptions que nous avons données des anciens monumens de l'Égypte, de faire mention des relations des voyageurs qui nous ont précédés. En prenant ce parti, nous avons eu principalement en vue d'écarter des discussions en quelque sorte oiseuses et sans objet, pour arriver à une connaissance plus exacte des monumens que nous avions à décrire. Nous croyons cependant devoir nous éloigner, à l'égard des édifices de Denderah, des règles que nous nous sommes prescrites. Ainsi, avant de terminer la description de ces antiquités remarquables, nous ferons le résumé des notions que l'on en avait au moment de l'expédition française en Égypte : on pourra juger par-là de l'étendue des renseignemens que les circonstances extrêmement favorables dans lesquelles nous nous sommes trouvés, nous ont permis de recueillir. Beaucoup de voyageurs ont parcouru la haute Égypte avant nous; mais parmi eux nous nous bornerons à citer ceux que l'on peut réellement considérer comme ayant donné quelques idées positives sur les monumens de *Tentyris*.

Le P. Sicard, qui parcourait la haute Égypte au mois de septembre 1714, ne paraît avoir vu les temples de Denderah que de la ville de Qené, située un peu plus haut, sur la rive droite du Nil. Il ne parle de ces monumens que pour rapporter à leur sujet une fable qui paraît tout-à-fait absurde. Il prétend, d'après un auteur arabe, que le temple de Denderah a autant de fenêtres que l'année a de jours; que ces fenêtres sont tellement disposées, que chacune, répondant à un degré du zodiaque, reçoit successivement les rayons du soleil. Rien de semblable, d'après ce que nous avons dit, n'a pu exister dans la construction du temple.

Paul Lucas voyageait aussi en Égypte en 1714. Il a donné le premier une figure du grand temple de Denderah; mais c'est bien plutôt une caricature informe, que la représentation fidèle de l'un des plus beaux monumens de l'architecture égyptienne : c'est un dessin fait sans proportion et sans goût, et l'on peut assurer que, pour l'exécuter, l'auteur n'a mesuré aucune partie de l'édifice. Il y a même tout lieu de croire que la vue donnée par Paul Lucas n'a point été faite sur les lieux mêmes, et qu'elle est le résultat de souvenirs vagues; car il n'y a point d'écolier, si peu exercé qu'il fût dans les arts du dessin, qui n'eût mieux représenté le magnifique spectacle que ce voyageur avait sous les yeux. Paul Lucas n'a vu que du granit dans les édifices de Denderah, tandis que tout est en grès, à l'exception de deux blocs de cette roche qui ont été employés pour le couronnement de la porte d'entrée du portique. Au reste, l'auteur, dans sa description très-succincte, s'abandonne à toute l'exagération dont il fait preuve dans les autres parties de son ouvrage. Suivant lui, il ne faudrait pas moins que huit hommes pour embrasser en entier une des colonnes du portique, qui cependant n'ont pas tout-à-fait sept mètres de tour. Si on devait l'en croire, sept portes semblables à celle qui précède le grand temple et à laquelle il donne le nom d'arcade, existaient à l'époque de son voyage; et pourtant on n'en voit actuellement que trois, et rien n'annonce qu'il y en ait eu davantage. Des deux côtés de cette porte, il a remarqué deux bâtimens qu'il prend pour des corps-de-garde. L'une de ces constructions ne peut être que le *Typhonium*, et l'autre n'a probablement jamais existé que dans l'imagination de Paul Lucas.

Granger est de tous les voyageurs celui qui a parlé avec le plus d'exactitude des édifices de Denderah. Sa relation est malheureusement trop peu étendue : il s'est attaché seulement à faire connaître la distribution du grand temple, et les dimensions des principales pièces qui se sont offertes à sa vue; mais il n'a fait aucun effort pour pénétrer dans les parties de l'édifice maintenant encombrées presque jusqu'aux plafonds. Les mesures qu'il donne sont exactes. Granger voyageait en Égypte de 1730 à 1731. Son ouvrage n'est point accompagné de figures.

Pococke, le plus exact et le plus savant voyageur qui ait parlé des monumens de l'Égypte, et dont les descriptions très-détaillées ne laissent quelquefois rien à désirer aux lecteurs les plus exigeans, s'étend très-peu sur les édifices de Denderah : il ne consacre que quelques lignes à la description de monumens qui, après ceux de Thèbes, tiennent cependant le premier rang, et il n'en donne aucun dessin dans l'Atlas joint à son Voyage.

Norden était en Égypte en même temps que Pococke,

vers l'année 1737. Il n'a fait que s'arrêter devant le village de Denderah. Soit en remontant, soit en descendant le fleuve, il n'a jamais pu vaincre l'obstination du *rays* ou commandant de sa barque, qui s'est constamment opposé à ce qu'il mît pied à terre pour visiter les temples existans dans l'emplacement de l'ancienne *Tentyris*. Il est probable que si ce voyageur eût pu nous offrir des images de ces antiquités, elles n'auraient point été représentées sur une plus grande échelle que les autres monumens figurés dans son ouvrage. Il faut convenir alors qu'elles auraient été bien insuffisantes pour satisfaire la curiosité qu'inspirent ces édifices remarquables; car tous ceux qui ont fait le voyage d'Égypte, tomberont d'accord que les planches de Norden ne sont guère propres qu'à rappeler le souvenir des monumens à ceux qui les connaissent déjà, et qu'elles ne peuvent, dans aucun cas, en donner une idée tant soit peu exacte à ceux qui n'ont point parcouru le pays.

De tous les voyageurs modernes, l'Anglais Perry est celui qui a parlé avec le plus de détails des ruines de *Tentyris*. Il parcourait l'Égypte en 1740. Sa description est rapportée dans la nouvelle édition de Norden, publiée par M. Langlès. Elle était assez précise et assez détaillée pour motiver la juste admiration que témoigne l'auteur au sujet des édifices de *Tentyris*; mais elle n'est point encore exempte de notions fausses, qui tiennent principalement à ce que l'encombrement des édifices n'a point permis à Perry de juger sainement de leur distribution. Il n'y avait qu'un séjour paisible et prolongé, tel que celui que nous avons fait à Denderah, qui pût fournir les moyens d'entreprendre des fouilles propres à donner une idée complète de toutes les parties des temples. Ce qu'il y a de fort remarquable dans la description de Perry, c'est que cet Anglais, tout en critiquant avec raison les exagérations de Paul Lucas, lui emprunte cependant son dessin du temple de Denderah; il va même jusqu'à dire qu'il ne le trouve pas très-infidèle, quoiqu'il convienne que cette vue n'exprime pas, à beaucoup près, les beautés de l'original.

Bruce est un des derniers voyageurs qui soient allés dans la haute Égypte, et dont la relation ait été publiée avant l'expédition française. Il parle très-succinctement de l'ancienne *Tentyris*, et il ne fait mention que du grand temple; encore n'entre-t-il, à l'égard de cet édifice, dans aucun détail propre à en faire connaître la distribution et les dimensions : il s'attache seulement à décrire les chapiteaux du portique du temple; ce qu'il fait d'une manière assez obscure. On doit convenir, en effet, qu'une description de ces chapiteaux, dont les formes paraissent au premier abord bizarres et compliquées, ne peut être claire qu'autant qu'elle est accompagnée d'un dessin, et Bruce n'en a pas joint au texte de son ouvrage. Ce voyageur a fort bien remarqué que les sculptures du grand temple sont recouvertes de couleurs très-fraîches et d'une grande variété.

§. X. *Remarques sur l'antiquité des édifices de Denderah.*

L'air de fraîcheur des monumens de Denderah, l'exécution précieuse des sculptures qui les décorent, le dessin en quelque sorte plus correct et plus gracieux des figures, nous ont fait présumer, sur les lieux mêmes, que ces ouvrages devaient être d'une époque plus récente, où l'art, tel que les Égyptiens l'ont conçu, était arrivé au plus haut degré de perfection. Nous avions remarqué que, dans la Thébaïde supérieure, le sol de quelques monumens, qui, à l'époque de leur construction primitive, était certainement élevé au-dessus de la plaine environnante, se trouve maintenant à son niveau, tandis que le socle ou soubassement du grand temple de Denderah, d'après des nivellemens que nous avons faits avec soin, est encore de $4^m,57$ au-dessus de la surface du terrain qui l'entoure. Tous ces faits semblaient annoncer que les temples de Denderah avaient une antiquité relativement moindre que celle des édifices de la haute Thébaïde; mais nous étions loin d'en conclure qu'ils ont été élevés par les Grecs ou les Romains. Voilà cependant la conséquence qu'un célèbre antiquaire[1] a tirée, non pas, il est vrai, des considérations que nous venons de mettre en avant, mais bien de ses remarques sur les zodiaques sculptés aux plafonds du grand temple de Denderah. Il n'entre point dans nos vues, en traitant la matière qui fait l'objet de ce paragraphe, d'examiner les zodiaques égyptiens sous le rapport des conclusions qu'on peut en déduire pour l'antiquité des édifices où ces tableaux astronomiques sont sculptés; M. Fourier a traité cette question dans ses

---

[1] M. Visconti. *Voyez* la Notice sommaire des deux zodiaques de *Tentyra*, et le Supplément à cette Notice, à la fin du deuxième volume de la nouvelle édition de la traduction d'Hérodote par Larcher.

savantes recherches sur les zodiaques égyptiens : notre but est de combattre ici [1] l'opinion de M. Visconti, moins par des raisonnemens tirés de l'examen des bas-reliefs astronomiques, que par des faits relatifs aux édifices eux-mêmes considérés dans leur apparence extérieure, dans la nature et l'objet de leurs bas-reliefs, et dans le style de leurs sculptures ; nous nous bornerons donc à rassembler les preuves que l'on peut en déduire, pour arriver à cette conséquence, que les temples de Denderah n'ont point été construits sous la domination romaine, et qu'ils ne peuvent être non plus le produit de l'art égyptien, modifié par l'influence des Grecs.

M. Visconti paraît convaincu que le zodiaque du grand temple de Denderah a été exécuté dans cet espace de temps dans lequel le Thoth vague, ou le commencement de l'année vague égyptienne, répondait au signe du lion; ce qui est arrivé à peu près depuis l'an 12 jusqu'à l'an 132 de l'ère vulgaire. Comme les sculptures des plafonds sont du même style, et ont le même caractère que tous les autres bas-reliefs dont le temple est décoré, ainsi que nous l'avons déjà fait remarquer ailleurs [2], il s'ensuivrait évidemment, en admettant cette opinion, que la construction du grand temple de Denderah devrait être placée dans les commencemens de la domination romaine en Égypte. M. Visconti ajoute en outre que sur la corniche extérieure du portique du

---

[1] Dans un autre écrit, nous considérons les monumens astronomiques eux-mêmes; et les résultats auxquels nous arrivons, confirment les conséquences que nous tirons ici.

[2] *Voy.* à la fin de ce vol. l'Append. aux Descript. des antiquités, n°. II.

grand temple il existe une inscription grecque dont il a été impossible à M. Denon de prendre copie, et que, lorsqu'on la connaîtra, on pourra décider la question qu'il vient de poser. Cette inscription a été recueillie; elle a été publiée dans l'ouvrage anglais de M. Hamilton sur l'Égypte : nous l'avons nous-mêmes dessinée sur les lieux; et nous l'aurions fait connaître depuis long-temps au public, si l'ordre suivi dans la publication des matériaux de l'ouvrage nous l'eût permis. Voici cette inscription et sa traduction. Malheureusement il y a des lettres tellement effacées, qu'elles sont tout-à-fait illisibles, et que même on n'a pu évaluer avec exactitude le nombre de celles qui manquent : cependant la correspondance des lettres dans chaque ligne peut aider jusqu'à un certain point à retrouver ce nombre, en partant de la supposition que ces trois lignes étaient primitivement de même étendue, ou à peu de chose près.

ΥΠΕΡΑΥΤΟΚΡΑΤΟΡΟΣΤΙΒΕΡΙΟΥΚΑΙΣΑΡΟΣΝΕΟΥΣΕΒΑΣΤΟΥΘΕΟΥΣΕ
ΒΑΣΤΟΥΥΙΟΤΕΠΙΑΥ....ΟΥΦΑΛΙΚΟΥ........

............Ϲ..Ο...........ϹΑΡΑΠΙΩΝΟϹΤΡΥΧΑΜ
ΒΟΥϹΤΡΑΤΗΓΟΥΝΤΟϹΟΙΑΠΟΤΗϹΜΗΤΡΟ

ΠΟΛΕΩϹΚΑΙΤΟΥΝΟΜΟΥΤΟΝΠΡΟΝΑΟΝΑΦΡΩΔΙΤΗΙΘΕΑΙΜΕΓΙϹΤΗΙ
ΚΑΙΤΟΙϹϹΥΝΝΑΟΙϹΘΕΟΙϹ............

SUB IMPERATORE TIBERIO CÆSARE, NOVO AUGUSTO,
DIVI AUGUSTI FILIO, SUB......

....................:SARAPIONE TRUXAMBO DUCE,
CIVES EX METROPOLI

ET PRÆFECTURA (DEDICAVERUNT) PRONAON APHRODITÆ
DEÆ MAXIMÆ ET DIIS UNA HONORATIS.........

Sous le règne de Tibère César, nouvel Auguste, fils du divin Auguste......

.......................Sarapion Truxambo étant commandant
en chef, les citoyens de la

capitale et du nome (ont dédié) le *pronaos* à Vénus, très-grande déesse,
et aux dieux honorés avec elle...

Dans la première ligne, avant le mot ΟΥΦΑΔΙΚΟΥ, il manque quatre lettres, et il est probable qu'après ce nom il y en a un plus grand nombre d'effacées. La fin de la seconde ligne est complète, puisqu'elle se termine par un mot dont les dernières lettres sont au commencement de la troisième ligne; mais les premières lettres de cette deuxième ligne ont presque entièrement disparu : quatorze d'entre elles manquent entre l'O et le mot CΑΡΑΠΙΩΝΟC, deux entre le C et l'O; et il faudrait encore vingt-une à vingt-deux lettres pour que le commencement de la deuxième ligne correspondît exactement à celui de la première. Quant à la troisième ligne, le commencement est complet; et il n'y a point lieu d'en douter, puisqu'il offre, comme nous venons de le dire, la continuation du mot qui termine la seconde ligne. Il manque, à la fin de la troisième ligne, dix-sept à dix-huit lettres; et c'était là peut-être, ainsi que cela a lieu dans l'inscription du propylée, qu'on aurait trouvé la date exacte de celle-ci.

Quoique l'inscription du *pronaos* soit en partie mutilée, ce qui en reste est cependant très-précieux, et suffit, en quelque sorte, pour faire connaître quel était son objet. Mais qu'apprend-elle en effet? rien assurément qui favorise les opinions du célèbre antiquaire que nous avons cité. Y est-il fait mention que le grand temple de Denderah ait été construit sous le règne de

Tibère? Nous ne pouvons y reconnaître autre chose, sinon que, sous ce prince, on a fait une dédicace du *pronaos* aux dieux honorés dans le pays. Les gouverneurs romains en ont agi ici comme on avait fait avant eux sous les rois grecs, dont les noms sont gravés sur quelques-uns des monumens de l'Égypte; encore est-il certain que les Ptolémées ont fait plus que les empereurs romains pour la religion égyptienne. En effet, des inscriptions authentiques, telles que la pierre de Rosette, prouvent au moins que les princes grecs ont favorisé le culte égyptien, et qu'ils ont entretenu et réparé les temples. Mais à qui persuadera-t-on jamais que, sous la domination romaine, on ait construit un édifice de l'importance de celui de Denderah, un édifice qui suffirait lui seul pour immortaliser un règne, lorsqu'on sait, d'après les auteurs romains eux-mêmes [1], qu'au temps où Ælius Gallus était gouverneur de l'Égypte, la religion égyptienne était tombée en désué-

[1] Strabon, dans l'ouvrage duquel on lit le passage suivant:

Ἐν δὲ τῇ Ἡλιουπόλει, καὶ οἴκους εἴδομεν μεγάλους, ἐν οἷς διέτριβον οἱ ἱερεῖς· μάλιστα γὰρ δὴ ταύτην κατοικίαν ἱερέων γεγονέναι φασὶ τὸ παλαιόν, φιλοσόφων ἀνδρῶν, καὶ ἀστρονομικῶν· ἐκλέλοιπε δὲ καὶ τοῦτο νυνὶ τὸ σύστημα, καὶ ἡ ἄσκησις. Ἐκεῖ μὲν οὖν οὐδεὶς ἡμῖν ἐδείκνυτο τῆς τοιαύτης ἀσκήσεως προεστὼς, ἀλλ᾽ οἱ ἱεροποιοὶ μόνον, καὶ ἐξηγηταὶ τοῖς ξένοις τῶν περὶ τὰ ἱερά. Παρηκολούθει δέ τις ἐξ Ἀλεξανδρείας ἀναπλέοντι εἰς τὴν Αἴγυπτον Αἰλίῳ Γάλλῳ τῷ ἡγεμόνι Χαιρήμων τοὔνομα, προσποιούμενος τοιαύτην τινὰ ἐπιστήμην· γελώμενος δὲ τὸ πλέον, ὡς ἀλαζὼν καὶ ἰδιώτης.

Heliopoli domos amplas vidimus, in quibus sacerdotes habitabant. Hanc enim perhibent olim sacerdotum habitationem fuisse, hominum philosophiæ et astronomiæ deditorum: nunc is ordo ac studium defecit, nec quisquam nobis tali exercitationi præfectus ostendebatur, sed homines tantùm qui sacrificia curarent, atque ritus eos peregrinis commonstrarent. Comitatus quidem est Ælium Gallum ducem, ex Alexandria navigantem in Ægyptum, quidam nomine Chæremon, qui ejusmodi scientiam profitebatur: sed ob ignorationem et arrogantiam ferè plurimùm deridebatur. (Geograph. lib. XVII, pag. 806, edit. 1620.)

tude, et que l'on n'en connaissait plus que les rites, qui étaient expliqués aux étrangers par des prêtres ignorans et vains? Personne assurément ne sera tenté de révoquer en doute le témoignage de Strabon, que nous citons ici ; cet auteur est trop grave, et, dans tout le reste de son ouvrage, il donne trop de preuves de son discernement et de l'exactitude de ses observations, pour inspirer la moindre défiance. Comment voudrait-on que des édifices tels que ceux de Denderah eussent été construits à une époque de décadence, lorsque partout au contraire ils présentent les plus hautes spéculations de la philosophie, exprimées dans des bas-reliefs qui joignent à l'intérêt du sujet une exécution extrêmement soignée, qu'ont pu seuls produire les arts arrivés au dernier degré de la perfection? Maintenant, si l'on se rappelle que Strabon indique d'une manière positive les temples de Denderah[1], qu'il a certainement vus en accompagnant Ælius Gallus dans son expédition de la haute Égypte, il ne restera plus aucun doute que ces édifices n'existassent avant l'époque de la domination romaine. Mais si effectivement ils eussent été construits sous le règne d'Auguste, ou de l'un de ses successeurs immédiats, comment se ferait-il que pas un écrivain n'en eût parlé? Peut-on croire qu'aucun historien contemporain n'eût fait mention de monumens d'une telle importance, dont l'exécution a dû coûter beaucoup de temps et des frais immenses, et qui sont d'une si grande magnificence, que la Grèce, et Rome même, en offrent peu qui les surpassent ou les égalent? On peut expli-

[1] *Voyez* ce que nous avons dit ci-dessus, pag. 386.

quer toutefois l'espèce de dédicace nouvelle, mentionnée dans l'inscription du *pronaos*, en l'honneur d'Aphrodite, divinité romaine, qui n'était point identiquement la même que l'Isis des anciens Égyptiens. En effet, les décombres de Denderah offrant beaucoup de débris d'antiquités romaines, telles que des vases, des lampes, des pierres gravées et des médailles, il n'y a point de doute que cette ville n'ait joui d'une certaine splendeur sous la domination des Romains; elle était probablement le séjour d'une colonie. On conçoit facilement que les vainqueurs de l'Égypte, occupant une ville de l'importance de Denderah, n'ont pu résister au désir de prendre en quelque sorte possession du monument magnifique qu'elle renferme, en montrant sa façade décorée d'une inscription qui rappelait le nom d'un de leurs empereurs.

D'après tout ce que nous venons de dire, il ne faut pas croire toutefois que nous voulions inférer que les Romains n'ont élevé aucune construction en Égypte. On rencontre dans ce pays des ouvrages d'un style mêlé, que l'on reconnaît au premier coup d'œil pour n'être pas purement égyptien, et où une influence étrangère se fait aisément remarquer. De ce nombre sont le Qasr Qeroun et les édifices de Taposiris[1], qui peuvent avoir été bâtis sous le gouvernement des Romains, et bien plus probablement encore sous celui des Grecs. Tous ces monumens sont si faciles à distinguer, que, pourvu qu'on ait tant soit peu l'habitude d'observer les antiquités du pays, on ne les confondra jamais

---

[1] *Voyez* les pl. 69 et 70, *A.*, vol. IV, et la pl. 42, *A.*, vol. V.

avec les édifices du beau temps de l'architecture de l'Égypte. Les Romains ont élevé sur les bords du Nil des constructions dans le style pur de leur architecture : tel est, entre autres, un petit arc de triomphe dans l'île de *Philæ* [1], et tels sont encore les monumens qui font l'ornement de la ville d'Antinoé, bâtie par Adrien sur l'emplacement de l'ancienne *Besa*. Mais tous ces édifices sont d'un style tranché qui les fait éminemment reconnaître; et il serait aussi absurde d'admettre l'influence des architectes égyptiens dans la construction des bâtimens d'Antinoé, que de prétendre que des architectes romains ont présidé à l'exécution des temples de *Tentyris*.

Voyons maintenant si l'opinion qui tendrait à établir que les temples de Denderah ont été construits sous la domination des Ptolémées, peut être mieux soutenue que celle que nous venons de combattre.

M. Visconti a avancé que le grand temple de Denderah ne peut être antérieur à la conquête d'Alexandre. Dans sa Notice sur les deux zodiaques de *Tentyris*, ce célèbre antiquaire, tout en accordant un certain crédit à l'opinion que nous venons de combattre, ne croit pas devoir exclure la possibilité que le temple de Denderah ait été construit sous le règne de l'un des Ptolémées. Le motif de sa supposition repose sur une seconde explication qu'il donne du zodiaque, en admettant avec M. de la Nauze une année fixe en Égypte, depuis le règne d'Alexandre; ce qui permet d'assigner aux zodiaques une époque un peu plus ancienne que celle de la domination romaine. M. Visconti avait l'espoir que cette

[1] *Voyez* la pl. 29, fig. 30, 31, 32, *A.*, vol. 1.

dernière explication pourrait être confirmée par l'inscription gravée sur le listel de la corniche du portique, où l'on trouverait sans doute le nom de quelques-uns des Ptolémées : il insiste surtout sur cette dernière hypothèse dans le supplément à sa Notice; mais l'inscription grecque n'offre effectivement le nom d'aucun des rois Lagides. Et comment croire que, si ces princes eussent fait bâtir le temple de Denderah, ils n'y eussent pas inscrit leurs noms, eux, qui les ont fait graver souvent pour des restaurations de peu d'importance, ou seulement pour constater leur présence dans les anciens temples de l'Égypte, et pour faire connaître les vœux qu'ils adressaient aux dieux qu'on y honorait? On a cru remarquer quelque analogie entre les sculptures des temples de Denderah et celles des édifices des Grecs, et l'on s'est hâté d'en tirer la conséquence que les premiers n'ont pu être construits que sous l'influence des Ptolémées. C'est ainsi que de la ressemblance de la plupart des signes du zodiaque de Denderah avec ceux du zodiaque grec [1], M. Visconti conclut que les opinions des Grecs n'étaient pas étrangères à l'Égypte : mais il nous semble que c'est précisément la conséquence contraire que l'on devrait tirer; il faudrait dire, suivant nous, que les opinions des Égyptiens étaient connues des Grecs. En effet, il est assez bien établi par les témoi-

---

[1] Quoique dans cet écrit nous n'ayons point en vue d'entrer dans la discussion des preuves que l'on peut tirer des zodiaques en faveur de notre opinion, nous ne pouvons nous empêcher de rappeler ici qu'il nous paraît parfaitement établi que le zodiaque, tel que les Grecs nous l'ont transmis, est d'origine égyptienne. Les preuves de cette assertion sont développées dans notre mémoire ayant pour titre, *Recherches sur les bas-reliefs astronomiques des Égyptiens.* Voyez *Ant. Mém.*

gnages des historiens et des philosophes grecs qui ont parcouru l'Égypte, et par tous les documens de l'histoire, que si les Grecs ont quelque chose de commun avec les anciens habitans de cette contrée, cela ne peut être que le résultat des emprunts qu'ils leur ont faits; c'est une vérité que les travaux publiés dans la *Description de l'Égypte* mettent dans tout son jour : mais d'ailleurs ceux qui voudront se donner la peine de faire une étude particulière du style de l'architecture égyptienne, le retrouveront dans les édifices de Denderah, pur et sans mélange, mais seulement très-perfectionné. On n'y remarque rien d'essentiel dont les plus anciens monumens n'offrent des exemples ; et de ce que l'on y voit des espèces de palmettes[1] qui paraissent d'un goût plus moderne, ce n'est point une raison suffisante pour en conclure que ces édifices ont été bâtis sous l'influence des Grecs ou des Romains. A la vérité, M. Denon a publié dans son ouvrage le dessin d'un petit temple à fronton[2], renfermant Harpocrate : c'est une offrande qu'un prêtre fait aux dieux dans l'un de ces nombreux bas-reliefs dont le grand temple de Denderah est couvert. Les édifices n'ayant point de toit en Égypte, où il ne pleut presque jamais, il en résulte qu'il n'y a point de fronton dans l'architecture ancienne de ce pays. On peut donc, au premier abord, trouver fort étrange la représentation d'un édifice avec un fronton dans les sculptures égyptiennes ; mais ce fait isolé, quand bien même il

---

[1] *Voyez* particulièrement les planches de bas-reliefs de Denderah, *A.*, vol. IV, où les trônes des divinités sont décorés de cet ornement.

[2] *Voyez* la pl. 127 du Voyage dans la haute et basse Égypte, fig. 15.

serait parfaitement constaté, ne peut être une preuve péremptoire en faveur de l'opinion tendant à attribuer aux Grecs ou aux Romains l'érection des édifices de Denderah. Quelles conséquences peut-on tirer d'un dessin qui très-probablement n'a pu être tracé d'une manière fidèle? C'est une offrande faite à un dieu égyptien; et l'on sait que les objets de cette nature qui se trouvent dans les mains des prêtres, sont, en général, d'une très-petite dimension. Lorsqu'ils sont placés à une certaine hauteur, il est tout-à-fait impossible d'en apercevoir les détails. Il faut remarquer que les parties du temple votif, telles que la porte, les colonnes, la frise et la corniche, sont absolument dans le style de l'architecture égyptienne; il n'y a que le fronton dont l'entablement est surmonté, qui s'en éloigne entièrement. En admettant ce fronton dont l'existence, au reste, nous paraît très-douteuse, et qui pourrait n'être autre chose qu'un pyramidion semblable à ceux qui surmontent les monolithes égyptiens, la chose s'expliquerait encore d'une manière assez naturelle. Pourquoi cette offrande n'aurait-elle pas pour objet de rappeler le souvenir d'un temple qui aurait été érigé par un conquérant égyptien, dans un pays éloigné où le climat exigeait l'emploi du fronton pour la conservation de l'édifice? Il n'y aurait même rien d'extraordinaire à ce que l'on eût employé dans les symboles égyptiens la représentation d'un temple tout-à-fait grec, puisqu'avant Cambyse les Grecs étaient admis en Égypte, et que rien ne s'oppose à ce que les Égyptiens aient pu connaître une forme d'édifice généralement adoptée en Grèce.

Les Grecs ont, ainsi que les Romains, laissé des ouvrages en Égypte; ils y ont même bâti des villes tout entières; au moins les noms d'*Arsinoé*, de *Cléopatris* et d'*Alexandrie*, sont parvenus jusqu'à nous : mais tous ces faits n'ont aucun rapport avec les édifices de Denderah. Les villes que nous venons de citer, n'offrent plus que quelques fragmens, assez précieux toutefois, puisqu'ils indiquent ou tout-à-fait le style grec, ou bien un style mélangé, que l'on ne peut confondre dans aucun cas avec le style égyptien. La ville de *Tentyris* présente un résultat bien différent; ses monumens ont traversé, pour ainsi dire intacts, les siècles qui se sont écoulés depuis leur érection : cette circonstance seule suffirait pour indiquer leur origine tout-à-fait égyptienne; car, si, comme nous l'avons déjà fait observer, les Ptolémées en étaient les auteurs, ils n'auraient probablement point manqué d'y inscrire leurs noms. De ce que ces noms ne figurent point dans les inscriptions existantes, on ne peut nullement en conclure que, sous le règne des princes grecs, les temples de Denderah n'étaient point bâtis : car alors on serait forcé d'en reporter l'érection sous la domination romaine; et nous avons prouvé que cette opinion ne peut être soutenue. D'ailleurs la conséquence à laquelle on serait conduit dans cette hypothèse, présenterait encore beaucoup d'autres difficultés. En effet, on trouve en Égypte nombre de monumens où les Ptolémées n'ont point inscrit leurs noms : nulle part à Thèbes on ne les aperçoit. Serait-ce une raison suffisante pour placer à une époque postérieure à ces princes l'érection des nombreux édifices qui attestent encore aujourd'hui la splendeur de la première capitale de l'Égypte?

Nous terminerons cette discussion en faisant remarquer que l'inscription grecque du grand temple est tracée en caractères maigres, qui sont extrêmement difficiles à lire maintenant. Il est certain que si elle avait été placée là par les auteurs mêmes du temple, ils n'auraient point manqué de la rendre aussi visible, et surtout aussi durable que les autres sculptures qui ornent l'édifice. Peut-on croire d'ailleurs qu'ils eussent mis cette inscription sur un listel qui, dans le système de l'architecture de l'édifice, devait rester constamment lisse? et pense-t-on que les fondateurs d'un monument aussi somptueux que celui de Denderah aient été assez peu soigneux de leur gloire pour négliger ce qui pouvait le plus sûrement en transmettre le souvenir?

Si donc les monumens de Denderah ne peuvent avoir été bâtis, ni sous le règne des princes grecs, ni sous la domination romaine, comme personne ne supposera que ces édifices doivent leur existence aux Perses, à ces destructeurs des temples et des palais de l'Égypte, à ces ennemis invétérés de la religion égyptienne, il faut nécessairement qu'ils aient été élevés à une époque antérieure où le pays était gouverné par des souverains indigènes. C'est à ces conséquences que nous sommes forcés de nous arrêter. S'il s'agissait maintenant de fixer à quelle époque du gouvernement égyptien les édifices de Denderah ont été construits, nous serions assez portés à croire qu'ils doivent dater des règnes des derniers rois, depuis Nécos jusqu'à Amasis. L'histoire[1] fait mention des grandes entreprises de ce genre qui s'exécutèrent dans cet intervalle de temps. Alors quelques villes du Delta virent s'élever de magnifiques monumens; Memphis, la capitale de l'Égypte, acquit elle-même une nouvelle splendeur. Nous ne voyons guère que cette époque, où les arts paraissent avoir été cultivés avec éclat, qui puisse expliquer la perfection et la pureté de style que l'on remarque dans les temples de Denderah. Ces conclusions sont toutefois subordonnées à celles que l'on peut déduire, d'une manière plus certaine, de l'examen et de l'étude des zodiaques. Mais nous ne pousserons pas plus loin nos recherches : nous croyons avoir démontré que les temples de Denderah n'ont été élevés, ni par les Romains, ni par les Grecs; et c'est là seulement ce que nous nous étions proposé dans ce paragraphe.

[1] *Voyez* particulièrement le second livre d'Hérodote.

SUITE DU CHAPITRE DIXIÈME.

NOTICE

SUR

LES RUINES DE QEFT
ET DE QOUS,

Par MM. JOLLOIS et DEVILLIERS,

Ingénieurs des Ponts et Chaussées, Chevaliers de l'Ordre royal
de la Légion d'honneur.

§. I. *Des ruines de* Coptos, *aujourd'hui Qeft.*

Après avoir recueilli les dessins des temples de *Tentyris*, durant les nombreux voyages que nous y avions faits lors de notre séjour à Qené, nous partîmes enfin de cette dernière ville le 8 messidor de l'an VII, pour continuer à remonter la vallée du Nil, et visiter cette fameuse Thèbes, désormais l'objet principal de notre curiosité et de nos recherches. Le général commandant la province faisait une tournée pour reconnaître l'état des canaux et s'assurer que le curage en était fait avec assez de soin, surtout aux embouchures, où les dépôts du Nil sont très-abondans, pour faire arriver le plus loin possible dans l'intérieur des terres et aux environs des villages les eaux de l'inondation : nous profitâmes avec empressement de cette circonstance pour parcourir le pays. Nous voyagions par terre; et, comme nous étions dans la saison la plus chaude de l'année, nous nous mettions en route pendant la nuit, afin de passer le temps de la plus grande chaleur du jour dans les villages où nous faisions halte. En effet, la température était telle, que, quelques jours auparavant, deux soldats étaient tombés sans connaissance au sortir de Qené, et qu'un assez grand nombre d'autres s'étaient trouvés hors d'état de suivre l'escorte dont ils faisaient partie. La route que nous suivîmes nous tint beaucoup plus rapprochés du désert que des bords du Nil; et après avoir passé entre les villages d'Abnoud et de Byr el-Bâr, nous arrivâmes bientôt à la hauteur de l'un des embranchemens du chemin de Qoçeyr, que suivent les caravanes en partant de Qené. De là au village de Qeft, sur lequel se trouvent les ruines de l'ancienne *Coptos*, il n'y a pas plus de cinq mille mètres.

Les débris de cette ville, qui jouit d'une certaine renommée dans l'histoire, sont situés presque au milieu de l'espace compris entre la rive orientale du Nil et le pied de la chaîne arabique, en face d'une plaine de sable sillonnée par les torrens. Là, se trouve une espèce de bas-fond formant un chemin, que les caravanes suivaient autrefois, et qu'elles peuvent suivre encore aujourd'hui, pour rejoindre la route de Qoçeyr. D'après le témoignage des historiens, il paraît que la grande importance de la ville de *Coptos* ne date guère que de l'époque où les Ptolémées en firent en quelque sorte l'entrepôt du commerce de l'Inde, au moyen de la route qu'ils établirent de cet endroit jusqu'à Bérénice, à travers les montagnes et les sables du désert. Il ne faut pas croire, toutefois, que sous le gouvernement égyptien cette ville n'occupât point un rang distingué : les ruines qu'elle présente en rendent témoignage, au défaut de l'histoire. On y remarque, en effet, une ancienne enceinte égyptienne et les restes de deux temples de la haute antiquité. Une autre enceinte, construite en briques séchées au soleil, enferme une ville bâtie par les Sarrasins, et maintenant déserte, comme celles des Romains, des Grecs et des Égyptiens : elle est flanquée de tours, et son épaisseur est de quatre mètres. La petite dimension des briques qui y sont employées ne permet pas de supposer qu'elle soit antérieure à la conquête de l'Égypte par les Arabes. Ainsi, d'une ville que le commerce avait rendue successivement riche et florissante à quatre époques différentes, il ne reste plus actuellement rien que de misérables cahutes, formant, à l'ouest des ruines, le village de Qeft. L'espace occupé par les décombres est de forme irrégulière, et peut avoir de quatre mille à quatre mille cinq cents mètres de circuit.

Les deux temples égyptiens dont nous avons parlé offrent, dans leurs parties inférieures, de riches ornemens, semblables à ceux que nous avons indiqués ailleurs, et notamment dans le grand temple d'Esné. Les sculptures que représente la pl. 1, *A.*, vol. IV, ornent les apophyges des colonnes, qui s'élèvent encore au-dessus du sol de décombres dans l'un des deux édifices. Le diamètre de ces colonnes est de 1^m,60. Les débris d'une porte ou d'un pylône en granit se font aussi remarquer parmi les ruines. Tout près de là, sont des fragmens de porphyre et de granit rouge et gris. A *Coptos,* on retrouve, ainsi qu'à *Hermonthis* et dans d'autres lieux de l'Égypte, les restes d'une église chrétienne. Les murailles en ruine qui en forment la clôture renferment beaucoup de fragmens de colonnes et de pilastres en granit, autrefois l'ornement de cet édifice. Ces colonnes étaient surmontées d'espèces de chapiteaux corinthiens en pierre, comme il en existe à Medynet-abou, et à Antinoé, non loin de l'arc de triomphe. Près d'une niche circulaire, on voit une architrave ou une frise composée de triglyphes, avec des têtes de taureau et des patères dans les métopes. Ce fragment ne peut provenir que d'un édifice construit par les Grecs ou par les Romains. Ailleurs, M. Dutertre, l'un de nos collègues, a dessiné un ornement de tiges et de fleurs de lotus, qui paraît être un ouvrage grec ou romain, fait à l'imitation des ouvrages égyptiens, et tel que nous en avons déjà fait connaître à Medynet-abou [1]. Tous ces fragmens divers peuvent suppléer, pour ainsi dire, aux détails que l'histoire ne nous a point transmis sur l'importante ville de *Coptos.* Les édifices égyptiens annoncent que, sous le gouvernement des rois indigènes, elle avait ses temples consacrés aux dieux du pays, comme toutes les villes un peu considé-

---

[1] *Voyez* pl. 9, fig. 3, *A.*, vol. II.

rables de l'ancienne Égypte. Probablement, à cette époque, elle n'était point aussi florissante qu'elle l'est devenue depuis; car alors, sans doute, la ville de Thèbes était encore l'entrepôt du commerce, auquel elle a dû l'état de splendeur dont il subsiste encore de si éclatans témoignages. Les restes de l'architecture des Grecs et des Romains rappellent ce que ces possesseurs de l'Égypte ont ajouté à l'embellissement d'une ville que le commerce avait enrichie; et la destruction de l'église, évidemment construite avec les débris somptueux des monumens des âges précédens, date, sans doute, de l'époque de la persécution de Dioclétien. Nous sommes donc loin de penser, comme quelques voyageurs modernes l'ont avancé, et comme quelques archæologues seraient portés à le croire, que l'existence des temples égyptiens de *Coptos* prouve que des monumens dans le style de l'architecture antique ont été construits en Égypte postérieurement à la conquête d'Alexandre. En effet, pourquoi les Grecs et les Romains auraient-ils bâti à *Coptos* des édifices dans le style égyptien, lorsqu'ils pouvaient en construire dans le style de leur architecture? ce qu'ils ont réellement fait. Supposera-t-on que c'est par un goût de prédilection pour l'architecture égyptienne? Mais on ne voit pas pourquoi ce goût les aurait si promptement abandonnés, et pourquoi ils seraient revenus sitôt à leur propre architecture, dont on retrouve de nombreux débris épars çà et là parmi les ruines de *Coptos*. On doit convenir qu'il est tout simple que les Grecs et les Romains, vainqueurs de l'Égypte, et pressés, comme tous les conquérans, par le désir de transmettre leurs noms à la postérité dans des monumens publics, aient apporté dans l'érection de ces édifices quelque chose qui leur était propre, plutôt que d'emprunter servilement un genre d'architecture qui ne pouvait s'accommoder ni à leurs habitudes, ni à leurs mœurs, ni à leurs idées religieuses. Tout au plus pourrait-on adopter une opinion contraire, s'il était avéré que les Grecs et les Romains n'eussent point élevé en Égypte de monumens dans le style propre de leur architecture. Mais loin de là, ils y ont bâti des villes tout entières : telles sont, entre autres, Alexandrie et Antinoé. Quoique le temps ne les ait point respectées, comme il a fait des monumens égyptiens, cependant, au milieu des décombres seuls restes de l'ancienne capitale du royaume des Ptolémées, on trouve beaucoup de fragmens d'architecture grecque, et Antinoé n'offre que des édifices tout-à-fait dans le style de l'architecture romaine.

Les restes de l'état florissant de l'ancienne *Coptos* ne se font pas seulement remarquer dans l'enceinte des ruines que nous avons indiquées; à deux mille mètres environ des décombres, au village de Kymân, on voit un petit temple sans colonnes, mais encore tout couvert d'hiéroglyphes et de sculptures allégoriques représentant des offrandes aux dieux de l'Égypte : c'est un petit sanctuaire analogue à celui que nous avons trouvé dans les environs d'*Elethyia*, et qui dépendait de cette dernière ville. Le petit édifice de Kymân est situé sur le bord d'un grand canal, par lequel les eaux de l'inondation arrivent dans la plaine de *Coptos*.

En longeant au sud-sud-est la butte de décombres où

se trouvent les ruines dont nous avons parlé, on aperçoit une belle chaussée qui, traversant perpendiculairement la plaine, va aboutir au pied de la chaîne arabique. Cette chaussée avait sans doute le double but de faciliter, dans le temps de l'inondation, la traversée de la plaine, pour arriver à la route de *Coptos* à Bérénice, et de retenir sur le sol les eaux du fleuve pour l'arrosement des terres. Deux ponts construits dans cette digue maintenaient la communication de la route dans toute son étendue, à toutes les époques de l'année, et servaient de débouché pour les eaux après que les terrains supérieurs avaient été suffisamment imbibés. L'un de ces ponts est un ouvrage assez considérable, formé de sept arches; il est construit avec des débris de monumens égyptiens, ainsi qu'il est facile d'en juger par les hiéroglyphes retournés et sans suite que l'on remarque sur un assez grand nombre de blocs de pierre. Est-ce là un ouvrage du temps des Romains, ou bien doit-on l'attribuer aux Sarrasins, qui ont exécuté en Égypte beaucoup de travaux analogues à ceux-là? C'est une question sur laquelle il est assez difficile de prononcer.

A cinq cents mètres des décombres, et près d'un large réservoir, la chaussée dont nous venons de parler a un embranchement qui se dirigeait vers la ville: là on voit les restes d'établissemens considérables destinés probablement au commerce.

§. II. *Des ruines d'*Apollinopolis parva, *aujourd'hui* Qous.

Après avoir parcouru les ruines de *Coptos*, nous continuâmes notre route à travers la plaine; nous passâmes près du village d'Abou-Hamoudy, dont le nom semble indiquer qu'il renferme des débris antiques, et nous arrivâmes bientôt à Qous, où nous restâmes la journée du 10 messidor. Qous est placée à treize cents mètres environ des bords du Nil, vis-à-vis d'une plaine de sable qui, de l'extrémité est des ruines de Thèbes à Med-a'moud, s'étend jusqu'au-delà de *Coptos*, et forme un désert en avant du pied de la chaîne arabique. Dans ce désert et à la hauteur du village de Kafr-Hagâzy, à onze cents mètres environ de Qous, est une gorge de la montagne, où se trouve un ravin semblable à celui de *Coptos*, et conduisant aussi aux routes de Qoçeyr et de Bérénice. Une grande digue qui s'appuie sur Qous et s'étend jusqu'au désert, traverse la vallée; en même temps qu'elle sert aux irrigations, elle établit, à toutes les époques de l'année, la communication avec la route de Qoçeyr. Lorsqu'on quitte cette digue pour remonter jusqu'au village de Kafr-Hagâzy, situé au débouché de la gorge dont nous avons parlé, on trouve sur son chemin une butte de décombres qui offre les débris d'un monument ancien. On a à sa droite une digue de plus de douze mille mètres de longueur, qui s'appuie au Nil vers le village d'el-Qarâqous, et s'étend jusqu'au désert près de Kafr-Hagâzy. Le voisinage de Qoçeyr et des bords du Nil a, sans doute, fait choisir l'emplacement de Qous pour le point de départ et d'arrivée des caravanes qui entretenaient le commerce de l'Arabie et de l'Inde avec l'Égypte. Si l'on en croit Abou-l-fedâ, cette ville était, après Fostât, la plus considérable de toute la contrée; elle était l'échelle du grand commerce qui se faisait par le golfe arabique. L'immense étendue des décombres qui limitent l'emplacement de la ville, confirme entièrement le témoignage d'Abou-l-fedâ. Qous est maintenant réduite à la condition d'un bourg, dont un grand nombre de maisons abandonnées tombent en ruine, et auquel cependant on conserve dans le pays le nom de ville; ses habitans sont, pour la plus grande partie, des chrétiens. Quelques jardins, qui doivent paraître délicieux lorsqu'on vient de traverser le désert, d'immenses plantations de melons et quelques palmiers épars çà et là, sont les seuls objets qui récréent la vue en arrivant à Qous.

Au milieu de la place se trouve la seule antiquité égyptienne qui soit encore debout : c'est une porte semblable à celle du nord à Denderah. Elle est enfouie jusqu'au linteau; mais ce que l'on en voit, excite un vif intérêt. Ce morceau d'architecture, au milieu de la désolation qui l'environne, contraste d'une manière frappante avec les maisons en ruine et les masures de Qous : on n'en aperçoit plus que l'entablement. Il est probablement intact sous les débris qui le recouvrent maintenant en grande partie. Mais c'est en vain que sa masse imposante a résisté jusqu'ici à l'encombrement total qui le menace; il sera incessamment envahi par les immondices qui l'enveloppent de toutes parts et qui augmentent tous les jours. Il est vraisemblable que cette porte formait le propylée d'un temple maintenant détruit, ou peut-être enfoui tout entier sous les décombres. Les Arabes ont élevé sur sa sommité de misérables cahutes en terre, dont on voit encore des restes; et il y a lieu de croire que les temples qui faisaient l'ornement de l'ancienne *Apollinopolis parva*, ayant été recouverts successivement d'habitations modernes, comme nous en avons vu à Denderah et à Edfoû, ont fini par être enveloppés sous leurs débris.

La porte de Qous offre sur ses montans et sur son architrave des bas-reliefs analogues à ceux que nous avons décrits à Denderah. Son état d'encombrement nous a donné le moyen d'approcher de la partie supérieure, et de tracer avec exactitude le dessin du globe ailé qui décore son élégante corniche. Nous avons pu copier aussi l'inscription, en caractères grecs, qui se trouve sur le listel. On peut la voir dans la pl. 1, *A.*, vol. IV, telle que nous l'avons recueillie sur les lieux, avec les détériorations que le temps lui a fait éprouver. Nous l'avons collationnée sur des copies faites à des époques différentes par plusieurs de nos collègues, et notamment par M. Legentil. Nous pensons que cette inscription peut être lue de la manière suivante avec certitude, au moins dans la partie non entièrement effacée :

ΒΑΣΙΛΙΣΣΑΚΛΕΩΠΑΤΡΑΚΑΙΒΑΣΙΛΕΥΣΠΤΟΛΕΜΑΙΟΣΘΕΟΙΜΕΓΑΛΟΙ
ΦΙΛΟΜΗΤΟΡΕΣ

.........Ρ.ΣΚΑΙΤΑΤΕΚΝΑΗΛΙΩΙΘΕΩΙΜΕΓΙΣΤΩΙΚΑΙΤΟΙΣΣΥΝΝΑΟΙΣ
ΘΕΟΙΣ

RUINES DE QEFT ET DE QOUS.

REGINA CLEOPATRA ET REX PTOLEMÆUS, DII MAGNI, PHILOMETORES,

............ET LIBERI, SOLI, DEO MAXIMO, ET UNA HONORATIS DIIS.

La reine Cléopatre et le roi Ptolémée, grands dieux, amis de leur mère,

............et leurs enfans, au Soleil, très-grand dieu, et aux dieux honorés avec lui.

Il n'y a aucun doute sur la première ligne; nous avons pu la copier en entier. Le commencement de la seconde ligne est tellement effacé, qu'il est impossible de le lire. Dans cette même inscription, rapportée par Paul Lucas et restituée par Bouhier, on lit, à la place des mots effacés, ΕΥΣΕΒΕΙΣ. Mais ce mot ne remplit point toutes les lacunes existantes. Dans le Voyage de M. Denon, on propose, pour la restauration de l'inscription, les mots, ΚΑΙ ΦΙΛΟΠΑΤΟΡΕΣ, qui satisfont bien à la condition de remplir toutes les lacunes, mais qui ne nous paraissent point s'accorder avec l'histoire, puisque le roi Ptolémée et la reine Cléopatre, dont les noms sont inscrits ici, ne portaient point tout à-la-fois les surnoms de *Philometor* et de *Philopator*. Cependant il faut convenir que cette restauration est motivée, jusqu'à un certain point, par les dernières lettres des mots effacés. On distingue, en effet, très-bien un P et un Σ : mais la lettre qui se trouve entre ces deux-là, ne présente aucune forme qui puisse la faire reconnaître. Notre collègue M. Jomard, qui a aussi copié l'inscription dont nous nous occupons, et qui la rapporte dans son Mémoire sur les inscriptions, adopte la restauration proposée dans l'ouvrage de M. Denon : il l'appuie sur des conjectures qui ne nous paraissent point dénuées de fondement.

Dans le *fac simile* de la pl. 1, *A.*, vol. IV, ce qui existe encore des lettres en partie effacées, suffit pour qu'on puisse lire sans incertitude ΚΑΙ ΤΑ ΤΕΚΝΑ ΗΛΙΩΙ ΘΕΩΙ. Les mots suivans sont parfaitement lisibles.

Les différentes copies de l'inscription de Qous que nous avons eues entre les mains, nous ont donné le moyen de lever toutes les incertitudes, parce que nous avons trouvé dans les unes des parties bien nettes et bien reconnaissables qui n'existaient point dans les autres, et réciproquement. On sera peut-être étonné que les copies des mêmes inscriptions qui ont été faites par divers voyageurs, offrent ainsi des lacunes différentes. Nous ferons à ce sujet quelques réflexions qui ne seront point déplacées ici. Les inscriptions sont toutes, en général, gravées très-légèrement, et cela est particulièrement vrai pour l'inscription de Qous. Les siècles écoulés depuis qu'elles ont été placées par les Grecs sur les monumens égyptiens, les ont plus ou moins détériorées; et il arrive qu'on les voit avec plus ou moins de facilité, suivant la manière dont elles sont éclairées par le soleil. Ainsi, à des heures du jour déterminées, certaines parties de ces inscriptions sont plus distinctes; ce qui fait que les voyageurs, suivant les circonstances favorables dans lesquelles ils se sont trouvés, en ont recueilli avec netteté des caractères qui n'ont pu être tracés par d'autres que d'une manière incertaine.

L'inscription de Qous n'annonce rien qui soit relatif

à la construction ou à la restauration du propylée sur lequel elle se trouve ; c'est un monument de la piété du roi Ptolémée et de la reine Cléopatre envers les dieux de l'Égypte : elle constate seulement la présence de ces souverains dans les temples de l'ancienne *Apollinopolis parva*. La dédicace de cette inscription au Soleil annoncerait seule que la ville égyptienne autrefois existante sur l'emplacement de Qous honorait Apollon, quand bien même on ne retrouverait point l'indication du culte de cette divinité dans la dénomination que les Grecs nous ont transmise.

En parcourant les décombres de Qous, nous avons trouvé un de ces monolithes placés ordinairement dans les sanctuaires des temples, et destinés à renfermer l'animal qui, sous une forme emblématique, représentait le dieu que l'on y honorait. Ce monolithe est en beau granit noir, tout-à-fait semblable, et pour la matière et pour le travail, aux monumens de ce genre qui ornent le sanctuaire du grand temple de *Philæ*. Il est renversé près d'une citerne, et paraît avoir servi de vase pour abreuver les animaux. Les sculptures dont il est orné, sont exécutées avec un soin extrême ; elles sont aussi parfaites que les hiéroglyphes des obélisques et des portes en granit de Thèbes. Le plan de cette chapelle monolithe est à peu près carré, et sa partie supérieure est terminée en pyramide quadrangulaire tronquée. Ce seul morceau suffirait pour annoncer que les temples de l'ancienne *Apollinopolis parva* n'offraient pas un degré de perfection moindre que les édifices qui faisaient l'ornement des autres villes de l'Égypte.

Après avoir parcouru dans tous les sens les ruines de Qous, nous en partîmes le 11 messidor pour continuer notre route, et nous arrivâmes dans la matinée sur l'emplacement de l'antique ville de Thèbes.

APPENDICE AUX DESCRIPTIONS
DES MONUMENS ANCIENS.
N°. I.

DESCRIPTION
DES CARRIÈRES
QUI ONT FOURNI LES MATÉRIAUX
DES MONUMENS ANCIENS,
AVEC DES OBSERVATIONS SUR LA NATURE ET L'EMPLOI DE CES MATÉRIAUX;

Par M. DE ROZIÈRE,

Ingénieur en chef des Mines.

Dans les descriptions des anciens monumens de la Thébaïde, on s'est proposé de faire connaître le système d'architecture qu'ont imaginé les Égyptiens, l'ordonnance et les proportions de leurs édifices, les ornemens symboliques dont ils les décoraient, et le degré d'avancement où étaient parvenus chez eux, soit les arts qui avaient pour objet cette décoration, soit ceux de la construction proprement dite et de la coupe des pierres. En décrivant les carrières anciennes, nous nous proposons d'arrêter particulièrement l'attention du lecteur sur la nature et le choix des matériaux employés dans ces édifices, sur leur mode d'exploitation; et nous tâcherons aussi de faire connaître sous quelque point de vue le sol qui renferme les traces de ces anciens travaux. L'examen de ces divers objets, quoique moins intéressant que celui des précédens, peut conduire aussi, comme eux, à quelques considérations curieuses touchant l'architecture des Égyptiens et touchant ce peuple lui-même.

Nous avons déjà eu occasion ailleurs[1] de faire distinguer les trois espèces de sols de nature différente qui partagent la vallée d'Égypte; savoir, le sol granitique qui forme la partie méridionale, le sol de grès qui lui succède, et le sol calcaire qui encaisse toute la partie inférieure de la vallée. Nous nous conformerons à cet ordre dans la description des anciennes exploitations, que nous diviserons d'après cela en trois parties.

PREMIÈRE PARTIE.

Des exploitations de granit.

§. I. *Idée générale des carrières de granit.*

A ce mot de carrières, on se figure ordinairement, ou de vastes souterrains, ou des cavités découvertes, plus ou moins étendues, plus ou moins profondes, taillées dans le sein d'une montagne; mais, si l'on

[1] Description des antiquités de Selseleh.

excepte deux endroits situés au sud de Syène, ce n'est pas là l'idée qu'il faut se faire de l'exploitation du granit chez les Égyptiens. Les carrières étaient partout où il y avait des rochers granitiques isolés et faciles à enlever; autour de Syène, à Éléphantine, vers la cataracte, vers l'île de Philæ, dans les déserts du voisinage, et jusque dans le lit du Nil [1].

Attentifs à ne pas augmenter les difficultés qu'offraient des entreprises déjà si gigantesques, les Égyptiens se bornaient à choisir, parmi les rochers qui les environnaient, celui dont la forme convenait le mieux au monument qu'ils voulaient exécuter, et l'exploitation se réduisait à le séparer de sa base; souvent même ils choisissaient quelques-unes de ces roches anciennement détachées des montagnes, telles qu'on en voit beaucoup dans les déserts voisins : on ne saurait douter qu'ils n'aient enlevé aussi une multitude innombrable de ces masses énormes qui, sans adhérence entre elles, et posées les unes sur les autres, forment ces singulières montagnes que l'on a déjà indiquées entre Syène et Philæ [2]; et voilà pourquoi les vestiges d'exploitation, quoiqu'assez nombreux, ne répondent pas, à beaucoup près, à l'immense quantité de monumens en granit travaillés par les anciens. Les rochers entiers ont été enlevés; ils ont ainsi disparu sans qu'aucune trace d'exploitation puisse attester aujourd'hui leur existence.

[1] On pourrait citer, entre autres monumens tirés du Nil, le fameux temple monolithe de Saïs, décrit par Hérodote, qui paraît avoir été détaché des rochers granitiques qui bordent le fleuve près d'Éléphantine. Cette conjecture, que nous discuterons ailleurs, a déjà été avancée par un ancien voyageur.

[2] Description de l'île de Philæ.

Quelquefois on a partagé un de ces blocs en deux parties, et quelquefois on a abandonné l'entreprise avant de l'avoir achevée. Ces travaux à moitié exécutés, dont on voit plusieurs exemples remarquables dans le chemin qui conduit de Syène à Philæ, attestent ce que nous venons d'avancer; ils sont précieux aussi, en ce qu'ils nous permettent de juger des méthodes d'exploitation employées par les Égyptiens.

Dans les deux endroits au sud de Syène qui méritent plus particulièrement le nom de carrières, on voit le terrain tout parsemé d'éclats de granit rose, qu'à la fraîcheur des cassures, à la vivacité des couleurs, on croirait nouvellement détachés. Parmi les monumens ébauchés qui ont été abandonnés, on remarque un obélisque et plusieurs colonnes à moitié taillées. Plusieurs raisons nous portent à croire que ces travaux ne remontent pas à une très-haute antiquité; qu'ils appartiennent aux Grecs et aux Romains plutôt qu'aux Égyptiens : d'abord, l'état d'abandon de tant d'objets; en second lieu, l'éclat et la fraîcheur des parties de rocher entaillées, et des fragmens accumulés sur le sol : car les surfaces découvertes par les anciens Égyptiens, et surtout les hiéroglyphes tracés sur le rocher, offrent toujours un aspect plus terne.

Une troisième raison, plus décisive, est la nature même des monumens ébauchés. L'obélisque pourrait, à la vérité, être regardé comme un ouvrage des Égyptiens; encore n'est-il pas absolument impossible que les Grecs, que les Romains surtout, qui ont transporté à si grands frais des obélisques en Europe, aient essayé d'en tailler un eux-mêmes : ceci n'est qu'une conjecture; mais, pour les colonnes, il ne peut y avoir de doute sur leur origine. Les Égyptiens ont rarement taillé en granit des fûts d'une seule pièce; on n'en trouverait pas un seul dans toute la Thébaïde qu'on pût regarder comme leur ouvrage[1] : les Grecs, au contraire, en ont taillé des milliers que l'on retrouve encore aujourd'hui, et qui sont bien reconnaissables à leur style et à leurs proportions.

Observations sur la composition du granit de Syène.

La plus importante des roches dont nous avons à parler, est celle que l'on a désignée sous le nom de *granit oriental* ou de *granit rouge de Syène*. La vivacité de ses couleurs, la grandeur des cristaux qui la composent, sa dureté, sa solidité presque inaltérable, la rendraient déjà très-remarquable parmi les autres roches du même genre; mais l'emploi qu'en ont fait les Égyptiens, et à leur exemple les Grecs et les Romains, lui assure une éternelle célébrité. Si cet écrit était uniquement destiné aux naturalistes, je me bornerais à une ou deux observations sur la composition de ce granit, pour m'attacher principalement aux circonstances de son gisement, de son exploitation; mais, pour les personnes peu familiarisées avec l'aspect des roches, quelques détails deviennent nécessaires à l'intelligence de ce que

---

[1] On a vu à Alexandrie un ou deux tronçons de colonnes en syénit où étaient gravés des hiéroglyphes; ce qui a fait penser que ces colonnes avaient été taillées par les Égyptiens : mais aussi faut-il bien remarquer que leurs proportions ne sont pas celles des fûts de colonnes grecques.

nous aurons à dire, d'autant plus que l'on ne trouverait nulle part à y suppléer, les descriptions de roches que l'on trouve dans les livres n'étant propres qu'aux minéralogistes.

La plus légère attention, soit sur un monument ancien, soit sur les planches de l'ouvrage où l'on a représenté les diverses variétés de cette roche, ferait aisément reconnaître qu'elle est composée au moins de trois, et quelquefois de quatre substances différentes, toutes cristallisées distinctement, intimement unies entre elles, quoique sans le secours d'aucun gluten, et ayant cependant une telle adhérence, qu'elles se rompent plutôt que de se désagréger.

La plus abondante est en cristaux de forme rhomboïdale, souvent allongés et tronqués sur les angles, d'une belle couleur rose tirant sur l'incarnat, et quelquefois sur le rouge de brique. Ces cristaux forment depuis les deux tiers jusqu'aux cinq sixièmes de la masse : les plus grands ont presque les dimensions d'une des phalanges du doigt; les autres, beaucoup plus petits, sont disposés entre ceux-ci de manière à en remplir les intervalles; ils sont, en général, d'un rose plus pâle, et quelquefois d'un blanc mat. Les uns et les autres paraissent formés de petits rhombes posés symétriquement par couches souvent cassées en forme d'escaliers. Chaque cristal est coupé dans sa longueur en deux parties par une ligne très-déliée. Il est remarquable qu'une des moitiés semble presque toujours mate et raboteuse, tandis que l'autre est lisse, brillante, et même un peu nacrée. Cette matière, assez dure pour rayer le verre et pour donner des étincelles par le choc de l'acier, porte le nom de *feldspath*.

La seconde substance, en forme d'écailles noires, quelquefois dorées, quelquefois verdâtres, est le *mica*, matière feuilletée sur sa tranche, mais, sur le plat des lames, lisse et d'un brillant métallique : elle se montre quelquefois en hexagones réguliers; mais le plus souvent la forme de ses écailles est indéterminée. Elle semble ordinairement semée au hasard, parce qu'elle suit des lignes sinueuses, souvent interrompues. Elle est très-facile à rayer, flexible, et même un peu élastique.

Entre le feldspath et le mica, sont épars des grains de quartz ou de cristal de roche, matière assez connue, dure, vitreuse, que sa transparence fait ici paraître grise. Sa forme, en apparence peu régulière, laisse pourtant distinguer à l'observateur attentif la coupe ou la cassure, plus ou moins oblique, d'une double pyramide hexaèdre. Cette matière est la moins abondante des trois.

Telle est la composition ordinaire de la principale roche de Syène, dont sont formés les obélisques, les colosses et le plus grand nombre des monolithes égyptiens. On y voit encore, mais accidentellement, une substance noire, dure et lamelleuse, l'amphibole de Haüy (*hornblende* des Allemands). Le mica prend quelquefois ici l'aspect de cette matière, et à tel point, qu'il a trompé plusieurs fois l'œil des minéralogistes les plus exercés[1].

[1] Mais on le distingue facilement à l'aide d'une pointe d'acier, soit à la manière dont il se raye, soit parce qu'il s'effeuille et se lève en écailles

Les variétés de cette roche et ses accidens sont sans nombre : la couleur rose due au feldspath est très-sujette à varier; elle se fonce, se dégrade ou se nuance de jaune et d'orangé. Outre les petites lames de feldspath blanc disséminées entre les cristaux rose, on en voit quelquefois encore de verdâtres, ou d'un jaune de miel. Malgré ces légères différences, on peut dire cependant que le granit oriental a quelque chose de constant, un aspect particulier qui ne permet guère de le confondre avec les granits d'aucune autre contrée. Nous indiquerons plus bas ses principales variétés, en faisant connaître les monumens qui en sont formés.

Dénominations anciennes.

Les anciens ont donné quelquefois à cette roche le nom de *pierre thébaïque*, comme nous l'avons constaté en voyant les lieux et les monumens désignés dans leurs écrits; mais cette dénomination, assez vague, a été appliquée à plusieurs autres roches tirées, comme celle-ci, de la Thébaïde.

Pline nous apprend qu'elle avait porté le nom un peu plus précis de *pyropœcilon*, pierre variée de feu, sans doute à cause de cette multitude de taches rose dont la nuance se rapproche assez de celle de la flamme. Pline donne le *pyropœcilon* comme étant identique avec la pierre thébaïque : *et Thebaïcum quem* pyropœcilon ap-

minces, luisantes et flexibles ; enfin on y trouve aussi, mais bien rarement, quelques grenats bruns, de la grosseur d'un pois, ternes et ayant très-distinctement les formes de dodécaèdres à plans rhombes.

pellavimus[1]. A l'époque où il écrivait, cette roche était plus particulièrement connue sous le nom de *syénit* ou de *marmor syeniten*, et l'écrivain romain nous dit expressément que c'était là cette pierre dont les rois avaient fait, comme à l'envi l'un de l'autre, ces immenses monolithes appelés obélisques. *Circa Syenem verò Thebaïdis syenites, quem antè* pyropœcilon *vocabant. Trabes ex eo fecere reges quodam certamine, obeliscos vocantes*[2].

Il ne peut donc rester de doute sur l'identité du granit oriental avec le *pyropœcilon* et le *syenites* des anciens. M. Werner lui a restitué récemment ce nom de *syenites*; mais, trompé par quelque accident, il en donne une description qui n'est pas exacte, et lui associe des roches tout-à-fait différentes, soit pour la contexture, soit pour la composition, soit pour le gisement[3].

Ainsi, en suivant l'indication de M. Werner, et laissant à la roche de Syène le nom de *syénit* employé par Pline, je dois avertir qu'il ne faut pas confondre

---

[1] Plin. *Hist. nat.* l. xxxvi, c. 8.
[2] *Idem, ibid.*
[3] Le syénit de Pline, ou le *pyropœcilon*, est, comme nous venons de le voir, une véritable roche granitique, composée essentiellement de feldspath, quartz et mica. L'amphibole et les grenats n'y sont qu'accidentels; par conséquent, on doit la rapporter à cette seconde formation de granits que les minéralogistes allemands distinguent de la première, qui est un peu plus ancienne, dont les produits sont inférieurs aux précédens par leur position, qui ont une cristallisation plus nette encore, et dans lesquels on ne trouve jamais ni grenats ni amphibole. Il est vraiment important de distinguer dans le langage ces deux époques de la formation des granits, et c'est ce qui me détermine à appliquer à ceux de la seconde le nom de *syénit*. Voyez la Description minéralogique de la Thébaïde, et le Discours sur la représentation des minéraux par la gravure.

avec elle les autres syénites dont parlent les naturalistes allemands, parce qu'elle appartient à un système de montagnes tout-à-fait différent.

§. II. *Gisement du syénit.*

En remontant la vallée d'Égypte et suivant le cours du Nil, on ne commence à rencontrer cette roche qu'à une demi-lieue au nord de Syène; elle se prolonge jusque beaucoup au sud de la cataracte et de l'île de Philæ, formant, au milieu du terrain primitif, une espèce de banc hérissé d'inégalités entre lesquelles le fleuve se trouve encaissé. Non-seulement les sommets granitiques bordent ses deux rivages, mais son lit en est encore tout semé; et leurs sommités, qui sont fort aiguës, s'élèvent de vingt ou trente pieds, et souvent beaucoup davantage, au-dessus des basses eaux. L'île d'Éléphantine, l'île de Philæ, et une multitude d'autres situées entre ces deux-ci, sont assises sur des rochers de syénit; la cataracte elle-même n'est formée que par un groupe très-nombreux, très-rapproché, de ces mêmes rochers, dont plusieurs ont une masse et une élévation considérables. La couleur sombre de ces roches qui s'élèvent çà et là au milieu du fleuve, l'aspect plus sombre encore des hautes montagnes granitiques qui bordent ses rives, leurs formes aiguës et variées, la multitude des découpures et des accidens du terrain; au milieu de cela, quelques habitations, quelques coins de verdure que l'on rencontre de loin en loin en suivant les sinuosités du fleuve, forment de ces lieux une suite de tableaux tout-à-fait inattendus, aussi pittoresques que l'on puisse en rencontrer en aucun lieu, et qui, par leur singularité, réveillent plus vivement qu'aucune autre partie de l'Égypte les grands souvenirs attachés à cette contrée. Je n'essaierai pas de les décrire; on a dû le faire ailleurs[1], et je dois me borner ici à des détails purement lithologiques.

Au travers de toutes les irrégularités du terrain dont nous venons de parler, on reconnaît aisément que l'inclinaison générale du banc de syénit est d'orient en occident, indépendamment de celle qui a lieu selon le cours du fleuve (je ne considère ici que la superficie du terrain, et non l'inclinaison des couches ou des lits de la roche, qui ne sont pas sensibles, ou du moins n'offrent rien de régulier). Aussi, quoique dominant sur toute la rive droite du Nil, le syénit ne se montre à Éléphantine que par quelques sommités, et bientôt il disparaît entièrement sous les kneis et sous les roches décomposées de la chaîne libyque : mais, en remontant plus au sud, vers la cataracte, vers l'île de Philæ et au-delà, on l'aperçoit également sur les deux rives du Nil; il a été observé encore jusqu'à quatre lieues plus au sud. Il est probable qu'il se prolonge encore beaucoup plus loin; mais on n'a pas de données sur sa limite méridionale, aucun Français, dans le cours de l'expédition, n'ayant pénétré plus loin.

La plus grande largeur qu'occupe le banc de syénit, dans sa partie septentrionale, est tout au plus d'une

---

[1] *Voyez* la Description de l'île de Philæ, par M. Lancret, et celle de Syène, par M. Jomard.

lieue; encore faut-il remarquer qu'il perd peu à peu de son caractère à mesure qu'il s'enfonce dans les déserts qui sont à l'orient du Nil, et n'est nulle part aussi parfait qu'il l'est à Syène ou près des rives du Nil. Cependant, dans ces endroits même, il est mêlé avec des montagnes d'espèce différente, et les passages ne se font pas graduellement, mais le plus souvent d'une manière brusque et tranchée.

Des roches mélangées accidentellement au syénit.

Ces roches mélangées au syénit rouge ont été également exploitées et travaillées par les Égyptiens. On en voit encore une foule de monumens, soit en Égypte, soit en Europe, dans les musées et dans les cabinets des antiquaires : elles ont à peu près la même contexture que la précédente; mais leurs grains sont toujours beaucoup plus petits; leur couleur varie du gris au noir. On pourrait distinguer un assez grand nombre de variétés; mais, pour éviter la confusion, nous les réduirons à trois principales.

Les Italiens ont donné à la première le nom de *granito bigio*, à cause de sa couleur grise, et celui de *granitello*, à cause de la petitesse de ses cristaux : ces dénominations indiquent assez son aspect; on pourrait les traduire par les noms de *syénitelle* et de *syénit gris*.

La seconde a reçu le nom de *granito nero* ou *nero e bianco*, parce qu'en effet elle est marquée de grandes taches blanches feldspathiques, de forme allongée, sur un fond noir écailleux, où domine le mica souvent uni avec un peu d'amphibole; nous l'indiquerons sous le nom de *syénit blanc et noir*[1].

Le syénitelle noir, qui formera la troisième variété, diffère du précédent par l'absence des grandes taches blanches de feldspath : cette matière, au lieu d'être rassemblée en grands cristaux, est disséminée dans toute la masse en lames assez petites pour ne pas altérer très-sensiblement sa couleur noire.

Enfin on trouve aussi une roche tout-à-fait noire, écailleuse, d'apparence presque homogène et d'une extrême dureté, que Strabon, Pline et d'autres écrivains anciens ont désignée par le nom de *basalte égyptien*, et quelques écrivains modernes, par le nom de *basalte antique*. Cette roche se trouve en plusieurs endroits, et surtout aux environs de la cataracte. La chaîne orientale qui borde le chemin de Syène à l'île de Philæ, en renferme de grandes masses, que leur couleur d'un noir intense fait distinguer de fort loin; mais les échantillons que j'ai recueillis et fait graver, ont été détachés des rochers qui bordent la rive occidentale de l'île d'Éléphantine, en face de la chaîne libyque. Cette matière n'est assurément pas de nature volcanique; c'est bien certainement une roche primitive, comme on peut en juger par ses rapports de position avec les roches précédentes : elle forme souvent des nœuds, et même de très-grosses masses enveloppées de toutes parts dans le syénit rose; les statues colossales et les colonnes offrent mille

---

[1] Nous avons fait représenter plusieurs variétés de ces diverses roches, pl. 1, 2 et 3.

exemples de ces sortes de réunions. Si l'on examine avec une forte loupe ce basalte des anciens, on voit qu'il est composé absolument comme le syénitelle noir; on y distingue une multitude de petites écailles feldspathiques avec un peu de quartz, noyées dans un fond noir de mica et d'amphibole en lames et en aiguilles : en conséquence, nous l'avons appelé *syénitelle basaltiforme ;* dénomination un peu longue, mais qui du moins peint à-la-fois sa nature, son aspect, ses rapports avec les roches précédentes, et qui, de plus, a l'avantage de conserver des traces reconnaissables du nom employé par les anciens, sans lui en laisser l'ambiguité ; car il faut remarquer que les anciens ont encore appliqué le nom de *basalte* à plusieurs autres roches travaillées par les Égyptiens, roches noires et dures comme celle-ci, mais qui paraissent véritablement volcaniques. Comme elles sont étrangères aux environs de Syène, nous remettons à en parler ailleurs ; il suffit ici de la distinction que nous avons établie.

Quelquefois le syénit passe à l'état compacte, en conservant sa couleur rouge, parce qu'alors l'amphibole y manque absolument, et que le feldspath seul s'y montre en petites écailles rose, piquées çà et là de lamelles de mica noir fort brillant. Faute de nom pour cette matière, je la désignerai par celui de *feldspath compacte.* Cette matière est quelquefois noire et liée sans transition au syénit à gros grains, et quelquefois au syénit basaltiforme : on voit un exemple de cette réunion dans deux colosses de Thèbes, situés derrière les obélisques de Louqsor. Il est utile de remarquer que sa couleur noire est uniquement due à l'abondance des petites écailles de mica.

Toutes ces roches que nous venons d'indiquer comme ayant été travaillées par les anciens, et comme se trouvant mêlées au syénit proprement dit ou syénit rose, ont été figurées, avec toute l'exactitude possible, dans les planches de minéralogie (pl. 1, 2 et 3); on y verra même leurs principales variétés, les passages d'une roche à l'autre, ainsi que les accidens principaux qu'elles offrent : elles y sont accompagnées d'indications qui dispensent d'entrer ici dans plus de détails, et qui suffiront, je crois, pour éclaircir à fond ce point de lithologie intéressant par ses rapports avec l'industrie égyptienne[1].

[1] Je dois ajouter quelques remarques, pour prévenir des méprises. On comprend quelquefois, en Italie, sous le nom de *granito nero* ou *nero bianco*, et sous le nom de *granito verde*, des roches différentes de celles d'Égypte, et que l'on donne cependant comme appartenant à cette contrée. L'une est blanche, abondante en feldspath blanc et compacte si dur, que Ferber et quelques autres minéralogistes ont pris cette matière pour du quartz.

L'autre ne diffère de celle-ci que par une légère teinte verte que prend le feldspath. Elles ont, dit Ferber, de grandes taches noires, et quelquefois d'un vert foncé, oblongues, de la nature du schorl. Ces taches remplacent le mica qui est dans le granit gris et dans le rouge ; elles sont quelquefois si grandes et si serrées, que cette matière semble faire le fond de la pierre : les ouvriers la nomment alors *granito ner'e bianco a machie grande*. Cette substance noire ou verte diffère en effet totalement de celle des syénits rose et gris, qui n'ont que du mica, comme le remarque très-bien Ferber, quoiqu'elle forme beaucoup de monumens antiques. Je puis assurer que cette roche est étrangère à Syène, et, selon toute vraisemblance, à l'Égypte : ce qui achève de le prouver, c'est que l'on en a trouvé d'anciennes carrières considérables exploitées par les Romains dans la montagne du Falsberg près de Mayence. C'est bien exactement celle que décrit ici Ferber, et l'on ne peut guère douter que tous les monumens de Rome dont il s'agit ne soient tirés de cet endroit.

§. III. *Méthode d'exploitation.*

Nous avons dit que les traces les plus nombreuses d'exploitation sont celles des blocs qu'on a séparés des rochers auxquels ils adhéraient : pour cette opération, on pratiquait de petites tranchées ou rainures de deux à trois pouces de largeur, sur autant de profondeur, et dans leur intérieur, de distance en distance, de petites cavités propres à recevoir des coins.

Tous ces coins, disposés sur une même ligne, devaient agir à-la-fois pour faire éclater la pierre dans toute la longueur de l'entaille; la rainure dont j'ai parlé, ne pouvait avoir d'autre objet que d'assurer davantage la rupture selon cette direction, en diminuant la résistance et la rendant moindre dans cette ligne que partout ailleurs. Souvent cette rainure manque, et les entailles pour les coins sont à la surface même du rocher, soit qu'il importât moins alors que la pierre suivît cette direction, soit qu'il existât des joints naturels qui assurassent sa rupture dans ce sens; et c'est ce que l'on croit apercevoir, en effet, dans plusieurs cas. Ces entailles pour les coins ont environ cinq centimètres (deux pouces) de longueur sur autant de profondeur, et une largeur de moitié moindre [1].

Quelquefois les Égyptiens ont voulu, en détachant un bloc, lui donner par cette opération à peu près la

---

[1] J'ai observé ces traces de coins dans un grand nombre d'endroits; et parmi les échantillons de granit que j'ai recueillis à Syène, il s'en trouve quelques-unes.

forme que devait conserver cette face; ils ont coupé le rocher avec une espèce de scie : j'ai remarqué des indices de cette opération un peu au sud de Syène. Des stries parallèles très-fines, et qui ont une courbure assez sensible, peuvent faire conjecturer que l'instrument avait lui-même une forme courbe. Ce genre de travail s'exécutait nécessairement à bras d'hommes; mais il est assez difficile d'expliquer comment on s'y prenait pour maintenir dans la fente de la scie le sable destiné à user la roche : il fallait qu'il fût renouvelé continuellement. Cette méthode était fort incommode, et je n'en ai remarqué qu'un seul exemple. Une circonstance assez curieuse, c'est que le rocher qui portait ces traces était empreint, dans un endroit, d'oxide de cuivre : je n'en tirerai pas la conséquence que l'instrument dont on s'est servi était de cuivre, cela paraît invraisemblable; mais je rapporte ce fait, parce que j'ai eu occasion de constater l'emploi de ce métal dans beaucoup d'autres circonstances où il ne semblait guère naturel de l'employer.

Il est aussi un procédé fort différent et particulier aux Égyptiens, dont on n'a retrouvé non plus qu'un seul exemple. On avait séparé d'un rocher un bloc destiné à former une statue colossale; toute la partie du rocher restante était couverte de petites traces inclinées et parallèles entre elles, formant de longues bandes horizontales, qui se touchaient latéralement, et dont les stries s'emboîtaient les unes dans les autres. Je renvoie, pour les détails curieux que présente ce monument, à la Description particulière de Syène. Le dessin de ce rocher, qui a été pris avec beaucoup d'exactitude, donnera de ce genre de travail une idée plus nette que ce que nous pourrions ajouter. (*Voyez* les planches de Syène, *A.*, vol. 1, n°. 32.)

Ce procédé a beaucoup d'analogie avec celui qui a été le plus communément employé dans les carrières de grès et de pierre calcaire; et ce que nous aurons occasion de dire en décrivant ces dernières, pourra servir à l'expliquer[1].

§. IV. *Outils employés par les anciens.*

Le pic, le ciseau et le marteau ont dû suffire pour former ces espèces de rigoles ou de rainures dont nous avons parlé plus haut, ainsi que les entailles à placer les coins. Dans nos exploitations modernes, on se sert des coins de deux manières; tantôt de coins de fer que l'on frappe à-la-fois à coups redoublés, tantôt de coins de bois très-secs que l'on enfonce avec force dans les entailles, et que l'on arrose ensuite pour les faire gonfler. Cette dernière méthode est beaucoup plus commode et d'un plus grand effet : comme la pression que les coins exercent contre les parois de l'entaille se développe d'une manière uniforme et simultanée, le bloc se détache toujours dans la direction qu'on a tracée; c'est cette méthode que l'on suit de préférence pour détacher les grandes masses, surtout celles qui doivent conserver certaines formes déterminées. Il est bien probable que c'est celle qu'auront suivie les Égyptiens; et nous ne

[1] Description des carrières de Gebel Selseleh.

concevons pas comment aucune autre aurait pu suffire pour détacher des rochers de granit de cent pieds de long, tels que ceux qui forment les obélisques : la percussion n'aurait jamais pu être instantanée dans toute la longueur du bloc, et l'on aurait couru risque, en le détachant de la montagne, de le briser au moins en deux parties.

Les traces semblables à celles de la scie attestent assez que les Égyptiens avaient l'usage de cet instrument : comme il était peu expéditif, ils l'ont rarement employé, et seulement pour les cas où tout autre moyen les aurait exposés à mutiler le bloc.

Les traces du rocher où l'on a détaché le colosse indiquent un procédé bien plus énergique. Elles peuvent donner lieu à des conjectures variées ; mais il me semble impossible, vu leur régularité et la régularité de la matière, qu'elles aient été faites par la simple percussion d'outils mis en mouvement immédiatement par les bras des hommes; on ne peut se refuser à croire qu'ils avaient des machines très-puissantes, et capables d'imprimer à l'outil un violent mouvement de percussion. D'après l'analogie qui règne entre ces stries et celles que l'on retrouve dans les carrières de grès et de pierre calcaire, il semble assez naturel de penser que les Égyptiens, qui commencèrent par couper les matières tendres au moyen de la percussion d'un long outil, dûrent chercher aussi à appliquer cette méthode au granit; alors ils auraient enlevé entre le colosse et le rocher une certaine épaisseur de pierre, qui, cependant, ne devait pas excéder quelques doigts : car, si elle eût été plus forte, l'empreinte laissée sur le rocher n'aurait certainement pas présenté une surface concave, c'eût été une difficulté sans objet; il eût été plus naturel et plus facile de faire l'entaille droite du côté du rocher [1].

Exploitation des colonnes.

Le mode d'exploitation des colonnes, soit qu'il vienne originairement des Égyptiens, soit, comme il est plus probable, qu'il appartienne aux Grecs, est au moins remarquable par sa simplicité. On voit, dans la carrière, tous les fûts arrondis selon une partie seulement de leur circonférence, et dans toute la longueur de la colonne; et cela résulte évidemment du mode même employé pour les détacher de la montagne. Plusieurs voyageurs, en faisant remarquer cette courbure, ont tâché de l'expliquer. Je trouvai, dit Pococke, dans ces carrières de Syène, quelques colonnes ébauchées, dont deux côtés étaient achevés; et cela lui donna lieu de conjecturer que l'on commençait par tailler les colonnes tout autour, avec des outils minces, pour les détacher ensuite avec de gros coins : mais ce voyageur, exact dans ses observations, n'est pas toujours heureux dans ses conjectures; le moyen employé par les anciens était bien plus expéditif, et s'accordait mieux avec l'immense quantité de colonnes jadis exploitées.

Après avoir marqué la longueur de la colonne par de profondes entailles à ses deux extrémités, on pratiquait

[1] *Voyez* la pl. 32, *A*., vol. 1, et la description de ce monument dans le *chapitre II des Antiquités*.

dans la partie supérieure et dans toute l'étendue du fût, soit une rainure, soit simplement des entailles à placer les coins; et voilà à quoi se réduisait toute l'exploitation proprement dite. Le bloc, en se détachant de la montagne par l'effort des coins, prenait de lui-même une surface convexe du côté par lequel il adhérait à la roche; car on conçoit bien que la rupture ne pouvait se prolonger verticalement : elle tendait à se rapprocher le plus promptement possible de la paroi antérieure, la seule qui fût libre; ce qui, se faisant suivant une ligne courbe, offrait une surface concave dans la montagne, et convexe dans le bloc détaché.

Ce procédé assez prompt, dont on ne fait pas usage chez nous, peut servir à expliquer pourquoi les Grecs et les Romains, sans se rebuter par la dureté excessive de la matière, en ont fabriqué une si grande quantité de colonnes. Les Romains, après avoir emprunté de l'Égypte la méthode d'exploiter les granits, en ont fait usage dans les montagnes de l'Europe, où l'on en trouve encore des traces. Un naturaliste très-distingué, M. Faujas de Saint-Fond, a fait, près du Rhin, les mêmes remarques que j'ai faites à Syène : il a observé dans d'anciennes exploitations des Romains dans la montagne de Falsberg, à quelques lieues de Mayence, les mêmes procédés pour détacher les colonnes des rochers; et ce n'est pas la seule analogie que présentent ces exploitations avec celles de l'Égypte. On voit qu'ici les Romains ont cherché, comme les Égyptiens à Syène, à employer de préférence les grands blocs détachés, soit à cause de la facilité de l'exploitation, soit parce que ces blocs se trouvent déjà en quelque sorte éprouvés, et qu'ils étaient moins sujets à renfermer des joints ou des fentes intérieures.

Nous ne pouvons pas douter que les monolithes d'un volume colossal ne fussent dégrossis sur les lieux mêmes ; on en voit des exemples dans les carrières, et les anciens auteurs sont d'accord sur ce point. Ainsi le fameux sanctuaire monolithe de Saïs, l'un des plus immenses fardeaux qu'ait remués la puissance humaine, non-seulement reçut sa forme extérieure, mais encore fut creusé intérieurement avant qu'on le séparât du rocher. Ces précautions étaient importantes ; car, malgré cela, il ne put être conduit qu'en deux ans depuis Éléphantine jusqu'au Delta, et deux mille pilotes ou mariniers furent employés à ce transport.

Les obélisques qu'on ne pouvait prendre dans les rochers du Nil, offrirent aussi de grandes difficultés, quoique leur poids fût bien inférieur à celui du monolithe de Saïs ; le point embarrassant n'était pas seulement de les détacher de la carrière, mais de les transporter et de les dresser sur leur base. Suivant Pline, on n'employa pas moins de vingt mille hommes pour le transport d'un seul obélisque. Il y a évidemment là de l'exagération ; car l'on ne saurait concevoir un si grand nombre d'hommes appliqués à un même monument : j'avouerai, du reste, que les forces réunies de vingt mille hommes seraient à peine suffisantes, si l'on ne faisait usage d'aucune machine ; et c'est probablement ce que l'on a voulu dire en faisant mention d'un si grand nombre d'hommes. En effet, le poids d'un obélisque de quatre-vingt-douze pieds de hauteur sur sept de largeur moyenne, comme le grand obélisque de Karnak, est d'environ un million de livres; partagé entre vingt mille hommes, le poids serait pour chacun d'environ cinquante livres, ce qui excède encore l'effort qu'un homme peut long-temps continuer : et combien de forces perdues, d'ailleurs, quand l'application en est immédiate! A l'aide de machines, le nombre des ouvriers peut être réduit à volonté, et cela n'a d'autre limite que le temps que l'on veut employer; un calcul fort simple montre qu'un seul homme avec des machines convenables, s'il employait ses forces sans aucune perte, pourrait élever un tel obélisque d'environ un mètre (trois pieds) au-dessus de terre, dans l'espace d'un seul jour.

Entre ces deux limites, l'application immédiate de la force des hommes, et l'emploi d'une telle machine, on conçoit une infinité de termes moyens qui permettent de concilier les différens degrés de commodité et de célérité que l'on pouvait désirer dans le transport d'un obélisque. La difficulté principale, en faisant usage d'une machine, est de prendre, dans certains cas, un point d'appui assez solide. Au surplus, ces sortes de travaux ne nous paraissent aussi considérables que parce qu'ils sont tout-à-fait inusités chez nous; ils ne supposent pas, comme on l'a dit tant de fois, une plus grande industrie ni plus d'habileté dans les mécaniques chez les Égyptiens, que chez les nations modernes : il n'en est aucune qui n'inventât facilement les machines nécessaires à une telle opération. Les Romains, autrefois, ont fait parcourir un plus grand trajet à ces mêmes obélisques, et ont eu plus de difficultés à surmonter encore que les Égyptiens. Les peuples modernes ont transporté des fardeaux beaucoup plus considérables. Le piédestal de la statue de Pierre-le-Grand pesait 2,300,000 livres.

On sent qu'il n'y a qu'un petit nombre d'instans où il faille supporter tout le poids de l'obélisque, c'est lorsqu'il s'agit de le monter à un niveau plus élevé; une force bien inférieure suffit pour le conduire sur un terrain horizontal. Mais d'ailleurs presque tout le trajet se faisait par eau. Pline rapporte que l'architecte Satyrus avait imaginé de creuser un canal qui allait du Nil à la carrière : deux grands navires, attachés par le côté et remplis de pierres, étaient conduits sous l'obélisque, dont les deux extrémités reposaient sur les deux rives du canal; alors on jetait le lest, dont le poids surpassait de beaucoup celui de l'obélisque. Les navires déchargés soulevaient le monument, et on le transportait ainsi jusqu'à l'endroit où il devait être placé; un autre bout du canal conduisait du Nil jusqu'à cette place. On employa dans la suite un procédé analogue pour transporter les obélisques à Rome. C'est Auguste qui y fit transporter le premier, le second y fut apporté sous Caligula : les vaisseaux qui servirent à ce transport, avaient été construits exprès; et c'étaient, de l'aveu de Pline, les plus considérables que les Romains eussent vus jusqu'alors.

§. V. *Énumération des principaux monumens en syénit ou granit oriental qui se sont conservés jusqu'aujourd'hui en Égypte.*

J'ai cru cette énumération utile pour donner une idée plus précise des travaux des anciens en ce genre, en présentant, pour ainsi dire, sous un même coup d'œil, tous les monumens de cette nature qui sont parvenus jusqu'à nous. Elle pourra servir aussi à rectifier les erreurs où sont tombés quelquefois à cet égard les voyageurs.

Les monumens en granit oriental que l'on retrouve encore en Égypte, sont de trois sortes :

1°. Les monumens d'architecture ;

2°. Les monolithes de dimensions colossales, qui, par leur masse, semblent appartenir au sol où ils sont placés, tels que les obélisques, les statues et les colonnes de grandes dimensions, les sanctuaires, les sarcophages, etc. ;

3°. Enfin, les différens ouvrages d'un volume médiocre, qui, susceptibles d'être déplacés aisément, ne doivent être indiqués que collectivement.

L'île de Philæ ne renferme aucune construction en syénit, mais on y voit plusieurs monolithes intéressans :

1°. Trois petits sanctuaires ou espèces de cages qui paraissent avoir été destinées à renfermer l'épervier sacré : la pierre est d'un rose pâle et à très-grands cristaux ; c'est la deuxième variété que nous avons indiquée.

2°. Deux lions dans l'attitude donnée ordinairement aux sphinx, en syénit rouge.

3°. Devant le pylône qui forme l'entrée du grand temple, on voit un monolithe considérable en syénit rose, de forme cubique, et creusé dans son intérieur.

4°. Enfin, des débris de monumens assez variés, parmi lesquels on distingue les fragmens de deux obélisques : ces derniers appartiennent à la variété rouge et noire à grands cristaux et à contexture porphyritique.

A Syène, on ne trouve que les monumens déjà cités dans la Description de ses carrières, et quelques colonnes déplacées, qui évidemment ne sont point l'ouvrage des Égyptiens. On voit les restes d'anciens tombeaux creusés dans des rochers de syénit rouge et noir.

Éléphantine offre une porte de vingt pieds d'élévation, composée de sept blocs de syénit rose; une statue colossale et les débris d'une autre.

A Ombos, on trouve une petite porte de syénit dans une des murailles d'enceinte.

Edfoû et Esné, que l'on rencontre en continuant de descendre le cours du Nil, n'offrent aucun monument intéressant en syénit.

Hermonthis, aujourd'hui Erment, renferme un grand nombre de colonnes de cette matière, travaillées par les Grecs et les Romains, puis employées dans la suite par les chrétiens du moyen âge aux édifices de leur culte.

Les ruines de la célèbre ville de Thèbes, que l'on trouve ensuite, renferment encore, après tant de siècles de ravages et de dégradations, un grand nombre de monumens égyptiens en syénit. Le principal est un petit temple situé dans le prolongement du grand édifice de Karnak, et construit entièrement en syénit rouge foncé. Les blocs de l'extérieur, ceux qui forment le plafond, sont de la même pierre, ainsi que deux espèces de pilastres placés en avant à l'ouest du temple. Je me borne à une simple énumération, et je renvoie, pour prendre une connaissance détaillée de ces objets, à la description de Thèbes.

Le second édifice de Karnak, en syénit, est une porte de l'enceinte, située devant l'allée de sphinx qui conduisait à Louqsor.

Deux obélisques en syénit sont placés devant le grand édifice de Karnak, et l'on voit à leur pied les débris de deux autres qui ont été renversés et brisés[1]; une longue avenue était formée jadis de statues colossales de la même matière, et l'on en voit encore les débris étendus sur le sol.

On trouve aussi à Karnak plusieurs autres colosses en syénit. Les fragmens d'un des plus considérables sont auprès de la porte que nous venons d'indiquer. Nous devons avertir qu'un autre colosse, placé à l'opposite, et que quelques voyageurs indiquent comme étant de granit jaune, est en poudingue siliceux.

Derrière un pylône en partie écroulé, on voit les

[1] Ces monumens appartiennent principalement à la variété rouge et noire tirant un peu sur le violet : les grands cristaux de feldspath s'y détachent au milieu d'un fond composé de cristaux beaucoup plus petits, et d'une grande quantité de mica. La contexture de la roche se rapproche ainsi de la porphyritique.

fragmens d'un colosse d'une très-grande dimension en syénit rouge.

Plusieurs autres monolithes sont en syénit gris et en syénit noir et blanc.

Louqsor, sur l'emplacement de Thèbes, au sud de Karnak, n'offre de monumens remarquables en syénit, que deux obélisques et deux colosses. Les deux obélisques sont de la belle variété rose à très-gros cristaux. L'un des colosses est d'un rouge plus foncé et mêlé de plus de mica. Le second offre une particularité remarquable : la partie supérieure se trouve taillée dans un nœud de trapp grenu micacé, dont la couleur sombre tranche vivement avec une veine de couleur incarnate de feldspath pur et presque compacte, qui termine le colosse et en forme la coiffure.

Sur la rive occidentale, les édifices de Medynet-abou laissent voir quelques débris de constructions ou de revêtemens en syénit gris : une partie des fragmens que j'ai observés, est tout-à-fait désagrégée, et paraît avoir anciennement subi l'action du feu; d'autres blocs, dans les cours intérieures, et surtout un grand nombre de colonnes, ont été employés à des constructions religieuses par les chrétiens des premiers siècles. Ce sont des débris de monumens plus anciens et dont les matériaux avaient été taillés soit par les Égyptiens, soit par les Grecs. Sur la même rive, en parcourant la plaine qui conduit de Medynet-abou au *Memnonium*, on rencontre un assez grand nombre de colosses renversés et mutilés, la plupart en syénit d'un rose pâle.

L'emplacement même du *Memnonium* est jonché de

fragmens de statues colossales, et je puis citer encore, comme un exemple remarquable des passages subits du syénit, une tête bien conservée et dans les plus belles proportions.

C'est près du *Memnonium*, que l'on regarde comme le tombeau d'Osymandyas, que se trouve la plus grande des statues colossales de l'Égypte; elle avait près de quatre-vingts pieds de proportion, et était formée, ainsi que le fauteuil où elle était assise, d'un seul bloc de syénit rose avec quelques taches noires de trapp grenu micacé. Il faut bien remarquer que ce colosse, auquel on donne quelquefois le nom de *colosse de Memnon*, n'est pas celui qui rendait des sons dans l'antiquité; ce dernier n'est point en syénit, ni même en basalte, comme l'assurent quelques écrivains anciens, mais d'une espèce de poudingue siliceux particulière à l'Égypte, et dont nous aurons occasion de parler ailleurs.

Les vastes et magnifiques excavations qui portaient le nom de *tombeaux des rois*, et que l'on rencontre dans une petite vallée qui coupe la chaîne libyque, un peu au nord du *Memnonium*, renferment, pour la plupart, un sarcophage monolithe d'environ dix pieds de longueur, en syénit de différentes variétés : ces sarcophages en roche dure, qui sont assez rares aujourd'hui en Égypte, y avaient été jadis prodigieusement multipliés; on peut en juger par un passage de Pline, qui, parlant des cuves employées aux usages du bain chez les Romains, porte à quatre mille celles en roche dure qui avaient été tirées autrefois de l'Égypte, et qui, selon toute vraisemblance, n'étaient que d'anciens sarcophages[1].

Parmi les ruines de Cnubis, sur la rive du Nil, on remarque un petit sanctuaire ou espèce de cage monolithe, à peu près semblable à celles que nous avons indiquées à Philæ.

Antinoé, quoique bâtie généralement en pierre calcaire, était ornée d'une multitude de colonnes en syénit : les unes sont encore debout près de l'arc de triomphe, les autres sont renversées.

L'ancienne Memphis, plus qu'aucune autre ville d'Égypte, avait été décorée jadis avec le granit de Syène; son emplacement offre encore au voyageur une immense quantité de fragmens la plupart informes : on y a découvert quelques débris de statues, et, entre autres, un poignet qui pèse plusieurs milliers; tout le reste de la statue a disparu : on peut juger par-là combien de monumens antiques ont été anéantis. Le grand bassin situé dans la partie de Memphis qui regarde les pyramides de Saqqârah, et au milieu duquel était le fameux temple de Vulcain, renferme encore aujourd'hui d'énormes blocs de syénit couverts de bas-reliefs et d'hiéroglyphes.

Sur l'emplacement des pyramides de Gyzeh, on voit éparse une quantité considérable de blocs de syénit. La

---

[1] Qous, l'ancienne *Apollinopolis parva*, les ruines de Coptos, celles de Denderah, l'ancienne *Tentyris*, ne nous offrent, pour notre énumération, aucun monument, aucun monolithe remarquable : on observe seulement, dans la façade du grand temple de Denderah, que les deux pierres qui recevaient les gonds des portes, au lieu d'être en grès, comme le reste du monument, étaient en syénit.

troisième pyramide, connue sous le nom de *Mycérinus*, en était revêtue en grande partie. Strabon a désigné ici cette matière sous le nom de *basalte* : c'est une erreur, dont on trouve plusieurs autres exemples dans ce voyageur ; ce revêtement est de la variété du syénit rouge et noir veiné.

Dans l'intérieur de la grande pyramide appelée *le Chéops*, la chambre du roi est revêtue d'énormes blocs de syénit rose qui en forment le plafond et les parois ; il en est de même du vestibule. Le passage par lequel on s'introduit dans cette pyramide est aujourd'hui barré par un bloc de cette matière, qui en rend l'accès fort difficile. Du reste, on n'a remarqué aucune partie de la construction qui fût en roche dure ; mais, dans toutes les pyramides maintenant ouvertes, on trouve un sarcophage en syénit.

J'ai indiqué seulement les monumens en syénit qui se trouvent dans les principaux endroits de la haute Égypte où il reste encore des édifices égyptiens qui peuvent attirer l'attention du voyageur ; mais presque toutes les villes du Sa'yd et une infinité de villages en renferment aussi quelques-uns.

Dans la plupart des mosquées, on voit un grand nombre de colonnes, quelques sarcophages et d'autres monumens en syénit employés aujourd'hui aux usages du culte musulman ; chez les particuliers, presque tous les moulins à bras dont on se sert pour moudre le grain, presque toutes les meules employées dans les arts, sont des tronçons de colonnes antiques ; les *o'kel*, ou magasins des commerçans, renferment aussi beaucoup de colonnes de syénit; les seuils des portes en sont également formés; les sarcophages anciens servent d'abreuvoir pour les animaux; enfin, beaucoup de monumens mutilés et de blocs de syénit sont épars dans tous les lieux anciennement habités.

Dans la ville du Kaire surtout, les édifices religieux, les autres édifices publics, les manufactures, les fabriques et les maisons des particuliers en renferment une quantité prodigieuse, et qu'il serait impossible d'énumérer. Nous citerons seulement le monument moderne appelé *divân de Joseph*, comme contenant les plus belles colonnes en syénit que nous ayons vues dans cette ville, et les ruines d'un monument situé près de l'aqueduc.

Mais continuons d'indiquer ceux qui se trouvent encore sur les ruines des anciennes villes.

Héliopolis, près du Kaire, n'a conservé, des monumens qui la décoraient jadis, qu'un seul obélisque en syénit. On sait que trois autres de même nature ont été enlevés et transportés autrefois à Rome.

En descendant la branche orientale du Nil, entre plusieurs anciennes villes égyptiennes qui pourraient nous fournir le sujet de quelques remarques, je me bornerai à citer la ville de Sân, près du lac Menzaleh, où l'on voit les débris de sept obélisques ruinés, dont plusieurs étaient en syénit.

Plusieurs anciennes villes sur la limite de l'isthme de Suez avaient été également décorées de monumens de cette matière; et jusque dans le centre de l'isthme on en trouve encore aujourd'hui des blocs considérables, restes d'anciens édifices. Les ruines qui portent le nom d'*Abou-Keycheyd*, dans la vallée de Seba'-byâr, et que je présume être celles de l'ancienne *Avaris*[1], en renferment plusieurs ornés de sculptures intéressantes; on en voit surtout au lieu nommé *Serapeum*, près de l'extrémité septentrionale des lacs amers, et vers l'extrémité méridionale de ces lacs. Les débris d'un monument partie en syénit doivent être cités comme extrêmement remarquables par les caractères persépolitains dont ils sont recouverts, seul monument de ce genre que l'on ait rencontré en Égypte.

L'intérieur du Delta, quoiqu'il n'ait été visité qu'en partie, a offert, aux voyageurs qui l'ont parcouru, nombre de monumens tirés, comme les précédens, des carrières de Syène : le plus considérable de tous est le grand édifice de Bahbeyt, qui, construit entièrement en granit, ne le cédait point, pour l'étendue, à la plupart des temples de la Thébaïde[2].

Les anciennes villes situées aux environs de la branche occidentale du Nil offrent peu de monumens assez intéressans pour qu'on en fasse mention ici; et parmi ceux même que renferme la ville de Rosette, nous nous bornerons à citer la pierre aux trois inscriptions, l'un des monumens les plus curieux qu'on ait découverts en Égypte : il est en syénitelle noir, à très-petits grains et passant au trapp. Une pierre semblable a été trouvée au Kaire, à la citadelle; elle est de la même matière, mais à grains un peu plus gros. Malheureusement les

---

[1] Mémoire sur la géographie comparée et l'ancien état des côtes de la mer Rouge, *première partie*.

[2] Ce monument, comme tous ceux que nous avons cités, était recouvert en entier de caractères hiéroglyphiques et de bas-reliefs sculptés avec le plus grand soin.

caractères en sont beaucoup moins conservés, et la plupart même sont presque illisibles.

Les ruines de Canope sont encore marquées par quelques débris anciens, parmi lesquels on en compte plusieurs en syénit; mais c'est à Alexandrie que cette matière se trouve accumulée avec le plus de profusion.

Tout le terrain qui a appartenu à l'ancienne ville des Ptolémées est jonché de débris de monumens en syénit : la ville des Arabes en renferme une quantité considérable, les uns épars à la surface du sol, les autres à demi enfouis dans les amas de décombres qui recouvrent la plus grande partie de son sol; c'est pour les habitans de la ville moderne, qui les emploient à mille usages différens, une carrière qu'ils exploitent depuis bien des siècles, et qu'ils sont bien loin d'avoir épuisée.

Les citernes où se conserve l'eau qu'amène chaque année le canal d'Alexandrie, sont soutenues par des colonnes de syénit : ces citernes, dont la quantité était autrefois si considérable, se trouvaient encore, peu de temps avant l'expédition, au nombre de trois cent soixante, la plupart offrant plusieurs étages. On pourrait déjà prendre, par ce seul fait, quelque idée du nombre prodigieux de ces anciennes colonnes.

Dans les murailles et les tours de la ville des Arabes, les fragmens de granit travaillé ont été souvent employés; les tronçons de colonnes, dirigés selon l'épaisseur de la muraille, servent quelquefois à en lier les matériaux, au milieu desquels les bases de ces colonnes se distinguent comme autant de disques placés de distance en distance d'une manière symétrique.

Les grands monolithes, restes de l'ancienne splendeur d'Alexandrie, tels que la colonne de Pompée et les aiguilles de Cléopatre, sont également tirés des carrières de Syène.

Dans l'enceinte de la ville moderne, la vue est frappée par l'aspect d'une multitude infinie d'anciens monumens de granit employés dans les constructions. L'intérieur des maisons, et surtout des *o'kel* ou magasins de commerce, offre une quantité prodigieuse de colonnes de syénit; le château du Phare en renferme également un nombre considérable.

La jetée du port vieux est formée en partie de blocs de cette matière : dans le port neuf, une digue entière qui en borne le fond n'est formée que d'un amas de colonnes anciennes couchées les unes sur les autres, et la plupart en syénit.

A cette énumération que nous aurions pu étendre beaucoup davantage, quoique nous soyons bien éloignés d'avoir vu tout ce qui existe encore aujourd'hui en Égypte, il faut encore ajouter l'immense quantité de monumens enlevés de cette contrée, depuis vingt siècles, par les Grecs, par les Romains, par les Arabes, par les Turcs, et par les commerçans de toutes les nations qui fréquentent les ports de l'Égypte, et forment souvent le lest de leurs vaisseaux des débris de monumens anciens : on sait, en effet, qu'il existe une grande quantité de monumens en syénit dans la Syrie, dans l'Asie mineure, à Constantinople, dans la Grèce, dans l'Italie, et dans les musées de toutes les nations de l'Europe.

Cependant tous ces monumens, pris ensemble, sont encore bien loin peut-être d'égaler en quantité ce qui est enfoui et perdu pour jamais, soit dans les buttes de décombres dont sont recouverts les emplacemens des anciennes villes, soit dans les dépôts des inondations annuelles qui ont exhaussé d'une couche épaisse la surface de l'Égypte, depuis Syène jusqu'aux rivages de la Méditerranée. M. Dolomieu, dans un ouvrage particulier sur l'exhaussement du sol de cette contrée, a estimé à quinze ou seize pouces par siècle l'épaisseur de ce dépôt : or, depuis vingt-cinq siècles que les Perses ont ravagé l'Égypte, et détruit ou renversé la plupart de ses monumens, le sol se serait exhaussé de plus de trente pieds. Nous sommes bien éloignés d'admettre cette élévation[1] ; mais, quand on la réduirait au quart, que de choses encore ont dû être enfouies et dérobées pour jamais à la connaissance des hommes ! C'est en partie pour cette raison qu'Alexandrie et ses environs surpassent autant aujourd'hui, par la quantité de ces débris d'anciens monumens, toutes les anciennes villes de l'Égypte; car le sol n'y est point exposé aux inondations du fleuve, et n'a point participé à l'exhaussement général.

Par les détails où nous venons d'entrer, on pourra se former quelque idée de l'immensité du travail fait anciennement pour l'exploitation du granit de Syène, surtout si l'on fait attention en même temps, que, de tant de monumens, il n'en est pas un seul dont chaque

---

[1] Cette opinion sera discutée dans la Description minéralogique de l'Égypte.

bloc, malgré l'avancement de nos arts et les méthodes expéditives que l'on a imaginées, ne coûtât encore aujourd'hui plusieurs années de travail, soit pour le détacher de la carrière, soit pour en aplanir et en dresser les différentes faces; et nous ne parlons pas du travail plus considérable qui serait nécessaire pour le recouvrir de bas-reliefs, de sculptures délicates et d'un poli parfait, comme l'ont fait les Égyptiens. On jugera par-là, mieux que par tout autre moyen, du génie, de la patience et de l'industrie de cet ancien peuple, et l'on conclura aussi que tant de travaux n'ont pu être exécutés que dans une bien longue suite de siècles.

On a pu remarquer, par l'énumération que nous venons de faire, que les monumens en syénit sont d'autant plus abondans que l'on descend vers le nord, c'est-à-dire à mesure que l'on s'éloigne davantage des carrières qui les ont fournis; circonstance assez étrange : on l'attribuera sans doute à ce que, le siége du gouvernement de l'Égypte s'étant rapproché de plus en plus de la Méditerranée, les matériaux des monumens les plus anciens ont été enlevés pour servir aux édifices postérieurs. Je ne nierai pas que cela ne soit arrivé souvent, du moins sous la domination des Grecs et des Romains; mais il est encore, je crois, une autre cause. A Syène, à Philæ et dans l'île d'Éléphantine, au milieu des montagnes granitiques, les monumens qui en étaient tirés frappaient beaucoup moins l'œil du spectateur, tandis qu'en descendant dans l'intérieur de la Thébaïde, au milieu de montagnes de nature différente, l'effet qu'ils produisent est beaucoup plus imposant, et les difficultés sont infiniment mieux senties. Ajoutons encore que dans le Delta, dont tout le sol n'est formé que de terre végétale, on ne pourrait trouver de matériaux solides qu'à d'assez grandes distances; et il devenait naturel d'attacher plus d'importance à leur choix.

§. VI. *Des dégradations qu'a éprouvées le syénit dans les monumens qui existent encore en Égypte.*

La grandeur des cristaux, la beauté, la vivacité des couleurs, ne sont pas les seules qualités qui rendent remarquable le granit oriental, il l'est également par sa difficulté à s'altérer. En effet, une partie des monumens qui en sont formés se sont conservés intacts malgré tant de siècles écoulés, et conservent encore aujourd'hui jusqu'au poli parfait que les Égyptiens avaient su leur donner.

Dans des blocs de près de cent pieds de longueur, comme ceux qui forment les obélisques, il ne s'est manifesté aucune fente, aucune fissure, qui aient pu déterminer leur rupture. Les obélisques renversés et brisés, comme on en trouve à Thèbes, à Philæ, à Sân, l'ont visiblement été par des moyens violens.

Le poli parfait donné jadis à ces monumens a contribué beaucoup à leur conservation, en ce qu'il ôtait tout accès à l'humidité de l'air, cause la plus ordinaire de l'altération des roches. Non contens de cette précaution, les Égyptiens recouvraient encore d'une couleur rouge la plupart de leurs monolithes : plusieurs en portent encore aujourd'hui les traces; je les ai retrouvées dans les débris du fameux colosse du *Memnonium*, la plus grande des statues que les Égyptiens aient exécutées en syénit.

Le climat de la Thébaïde a contribué beaucoup, il est vrai, à la conservation de ces monumens; et une des preuves les plus incontestables que l'on en puisse donner, c'est que ceux qui ont été transportés vers les bords de la mer, n'ont pas été aussi bien à l'abri des dégradations. La ville d'Alexandrie nous en fournit de nombreux exemples : les Grecs avaient rempli cette ville de monumens en syénit, dont ils avaient dépouillé les villes de Memphis, d'Héliopolis et plusieurs autres; parmi ceux qui y subsistent, plusieurs encore ont subi des dégradations sensibles [1].

Ces dégradations se sont opérées de différentes manières et avec des circonstances différentes, qu'il convient d'exposer. 1°. Quelquefois les blocs altérés sont susceptibles de se débiter en fragmens irréguliers, tandis que les grains de chaque fragment conservent encore entre eux une forte adhérence, de sorte qu'une percussion un peu forte suffit pour réduire en morceaux un bloc considérable.

2°. Plus communément ce sont les élémens qui se désagrègent; et leur cohésion est devenue si faible, que le moindre effort suffit pour les isoler. Cette altération s'étend quelquefois d'une manière uniforme sur une grande étendue; quelquefois aussi elle est restreinte à un espace très-limité.

[1] Parmi les roches qui se sont conservées le plus intactes, il faut compter les syénits gris, mais surtout le syénitelle noir et le *syéni-* *telle basaltiforme;* en général, les roches composées de très-petits cristaux ont été moins attaquées que les autres.

On voit encore certains monumens s'exfolier parallèlement à leurs surfaces : les corps arrondis, tels que les colonnes, se délitent en couches concentriques ; j'ai fait surtout cette observation à Alexandrie, et notamment dans l'ancienne mosquée dite *des mille colonnes*. Ce fait assez remarquable, qui suffit pour faire distinguer ces exfoliations des délitemens naturels à certains granits, montre bien que les dégradations tiennent ici à des causes étrangères à leur nature.

L'altération n'a pas lieu sur toutes les parties d'un bloc considérable : on remarque souvent qu'une seule de ses faces y a été soumise ; c'est même une observation assez constante, que, dans les monumens exposés de tous côtés à la libre action de l'air, la face qui a éprouvé le plus de dégradations est principalement celle qui est frappée des rayons du soleil levant.

Une dernière observation assez importante, et qui confirme ce que nous avons indiqué plus haut, c'est que, dans un même bloc, les faces qui n'avaient pas reçu le poli, ou qui par suite avaient été exposées à le perdre, sont précisément celles qui ont été attaquées. Ceci nous montre encore que la cause de l'altération ne tient pas à la nature de la roche.

Sans nous engager ici dans les discussions qui ont eu lieu entre plusieurs physiciens sur ce genre de dégradation, nous nous bornerons à dire que la cause principale nous paraît être l'humidité, qui s'attache plus aisément aux surfaces qui ne sont point polies, s'insinue peu à peu entre leurs divers élémens, et finit par les écarter lorsqu'elle vient à s'évaporer promptement.

Si l'eau contient du sel marin en dissolution, son action est alors beaucoup plus énergique; c'est un fait constaté par des observations très-multipliées.

On s'est demandé quelquefois si l'action chimique du sel ne contribuait pas ici à cet effet; mais on ne voit point que des cristaux de feldspath, de quartz, de mica, puissent éprouver, dans leur composition, aucune altération de sa part.

Ceux qui ont cru que la cristallisation du sel marin, dans les interstices du granit, opérait directement cet effet, à peu près comme l'eau dont certaines pierres sont imbibées, les désagrège pendant l'hiver en se glaçant dans leurs pores; ceux-là, dis-je, n'ont point fait attention à ce qui a lieu dans ces deux cas. Dans le premier, il y a solidification de tout ce qui est contenu dans les interstices, sans soustraction d'aucune matière : en se solidifiant, l'eau conserve le même volume, ou plutôt en prend un un peu plus considérable : mais, dans le cas dont il s'agit, la cristallisation ne s'opérant qu'à mesure que le liquide s'évapore, il est évident que l'espace occupé avant la cristallisation ne peut pas même être complétement rempli après.

Je crois au contraire que le sel marin n'agit ici que par la propriété d'attirer l'humidité de l'atmosphère : il doit en résulter que, toutes les fois que l'air est simplement humide, toutes les parties du granit où le sel marin a pénétré, se mouillent de nouveau, et sont par-là plus exposées à cette alternative d'humidité et de sécheresse qui accélère d'autant leur dégradation.

On peut encore mettre au nombre des causes de destruction des monumens en granit, les sables que les vents charrient si fréquemment en Égypte, surtout vers les limites du désert. Ce n'est pas, comme l'ont pensé quelques personnes, qu'ils puissent opérer immédiatement de grandes dégradations; mais, par un frottement continuel sur les surfaces du granit, ils doivent à la longue en altérer le poli, et faciliter par-là l'action des autres causes que nous venons de développer.

APPENDICE AUX DESCRIPTIONS

DES MONUMENS ANCIENS.

N°. II.

DESCRIPTION

DES

MONUMENS ASTRONOMIQUES

DÉCOUVERTS EN ÉGYPTE;

Par MM. JOLLOIS et DEVILLIERS,

INGÉNIEURS DES PONTS ET CHAUSSÉES [1].

OBSERVATIONS PRÉLIMINAIRES.

A notre arrivée à Syout, le 29 mars 1799, nous apprîmes que le général Desaix, en visitant le temple de Denderah, avait découvert, parmi les tableaux hiéroglyphiques qui en composent la décoration, un zodiaque à peu près semblable à celui que les Grecs nous ont transmis. Ce zodiaque tenait une place distinguée

---

[1] La description du plafond astronomique du premier tombeau des rois à l'ouest a été rédigée par M. Jomard, d'après les notes fournies par M. Legentil, auteur du dessin. *Voyez* ci-après, pag. 478.

parmi les merveilles de la haute Égypte, dont on nous parlait sans cesse pendant notre séjour à Syout, et dont la vue avait excité dans l'armée un enthousiasme général : aussi avions-nous le plus grand désir de pénétrer dans la Thébaïde, où les temples de Denderah et d'Esné, les palais de Karnak et de Louqsor, et tant d'autres monumens dont nous n'avions encore qu'une idée confuse, produisaient des impressions si vives et une admiration si soutenue. En attendant à Syout une occasion favorable pour continuer notre voyage, nous eûmes le temps d'étudier les antiquités de Lycopolis. Nous partîmes enfin de cette ville le 17 avril, et nous arrivâmes le 25 du même mois à Qené, ville moderne, située en face de Denderah. M. Denon y était alors. Notre impatiente curiosité s'accrut encore à la vue de son portefeuille, déjà très-riche. Nous remarquâmes dans sa collection le dessin du zodiaque circulaire, à peu près tel qu'il l'a publié. Bientôt nous allâmes à Denderah, et nous vîmes le zodiaque lui-même : il nous parut d'un si grand intérêt, que nous résolûmes aussitôt de le dessiner sur une échelle beaucoup plus grande que celle qu'avait adoptée M. Denon. Nous sentîmes qu'il était nécessaire d'apporter à ce travail l'exactitude la plus scrupuleuse, étant bien persuadés que les positions des signes du zodiaque, et des figures qui les accompagnent, n'étaient pas indifférentes dans ce bas-relief, qui, au premier aspect, a l'apparence d'un planisphère céleste.

En examinant les bas-reliefs qui décorent le temple de Denderah, M. Dupuis, notre collègue, aperçut un jour, à l'extrémité du plafond du portique, du côté du nord, quelques figures analogues à celles du zodiaque circulaire. Bientôt nous vîmes que ces figures étaient rangées dans un certain ordre, et nous reconnûmes distinctement six des signes du zodiaque. Ces signes, et tous les personnages qui les accompagnent, sont tournés vers la façade du portique.

Nous regardions vainement dans les environs pour découvrir les six autres signes, lorsque l'idée nous vint de les chercher à l'extrémité opposée du portique. Nous eûmes la satisfaction de les y trouver rangés dans un ordre régulier, formant, comme les six premiers, une procession avec d'autres figures emblématiques : ils sont tournés vers le fond du temple.

Ces découvertes éveillèrent singulièrement notre attention : aussi avons-nous, depuis, visité tous les monumens de l'Égypte, en recherchant avec un soin particulier les bas-reliefs astronomiques ; et nous pouvons presque assurer qu'il n'y a pas un seul tableau de ce genre qui nous ait échappé. C'est ainsi que nous avons découvert les deux zodiaques d'Esné[1] et le tableau astronomique d'Erment[2]. Le seul plafond d'une salle d'un des tombeaux des rois[3], renfermant des signes du zodiaque[4], n'avait été remarqué d'abord que par M. Ripault, notre collègue. Il a été dessiné par M. Legentil, officier du génie.

---

[1] *Voyez* les pl. 79 et 87, *A.*, vol. 1, et les pl. a et b de la collection des monumens astronomiques.

[2] *Voyez* la pl. 96, fig. 2, *A.*, vol. II, et la pl. c de la même collection.

[3] C'est le premier tombeau des rois à l'ouest. *Voyez*-en le plan et la coupe, pl. 79, fig. 13 et 14, *A.*, vol. II.

[4] *Voyez* la pl. 82, *A.*, vol. II, et la pl. d de la collection des monumens astronomiques.

Satisfaits d'avoir recueilli les matériaux d'un travail intéressant, et privés alors des moyens d'en tirer parti, nous nous livrions avec ardeur à d'autres occupations; les mouvemens de l'armée et la multiplicité des ruines ne nous laissaient pas un moment de relâche. Nous parcourions, depuis huit mois, tous les monumens de la haute Égypte, lorsque M. Fourier et plusieurs de nos collègues partirent du Kaire pour remonter le Nil jusqu'aux cataractes, afin d'étudier les antiquités dont les bords de ce fleuve sont couverts.

M. Fourier, averti de l'existence des zodiaques de Denderah par une lettre que M. Descostils avait adressée à l'Institut d'Égypte, pressentait toute l'importance de ces tableaux astronomiques. Muni des renseignemens qu'il avait pu rassembler au Kaire, il arriva dans la haute Égypte, avec l'intention d'étudier, sur les lieux mêmes, ces monumens que les dessins de M. Denon lui avaient déjà fait connaître. A son passage à Esné, il aperçut, dans le temple ancien que renferme cette ville, un zodiaque dont il ignorait encore l'existence; et il vit enfin à Edfoû, où nous le rencontrâmes lorsqu'il descendait des cataractes, les dessins que nous avions recueillis, non-seulement du zodiaque du temple d'Esné, mais encore des divers monumens astronomiques que nous avions découverts. La comparaison qu'il fut à portée d'en faire sur-le-champ, détermina son opinion sur la nature de ces bas-reliefs; il nous en fit part, et à l'instant même nous dûmes renoncer à traiter une matière qu'il possédait avec tant d'avantages. Nous nous trouvâmes heureux de pouvoir l'aider dans son important travail, en lui communiquant sans réserve tous les dessins que nous avions rassemblés. Nous nous bornerons donc à donner ici une description succincte des tableaux astronomiques que nous avons dessinés, en y ajoutant seulement quelques observations générales sur la manière dont ils sont exécutés, et sur la position qu'ils occupent dans les édifices. Nous nous étendrons davantage dans l'exposé des moyens que nous avons employés pour donner à notre travail un degré d'exactitude que rien ne pût surpasser; car il importe surtout de ne laisser aucun doute sur l'authenticité de nos dessins. A l'égard des conséquences que l'on peut déduire de l'étude et de la comparaison de ces monumens, nous ferons seulement remarquer que toute discussion partielle et préliminaire, sur une question de cette nature, ne peut conduire qu'à des résultats incertains et confus. On s'expose à des erreurs grossières et inévitables, lorsqu'on exprime une opinion sur ce sujet sans avoir vu les bas-reliefs originaux, ou du moins sans avoir consulté les dessins qui les représentent fidèlement. Nous regrettons que le concours de diverses circonstances ait retardé la publication des mémoires que M. Fourier a composés sur cet objet : ce travail aurait fixé les idées du lecteur, parce qu'il est fondé sur l'observation attentive des lieux et sur la connaissance exacte de tous les monumens.

§. I. *Zodiaque du portique d'Esné.*

Le portique d'Esné renferme vingt-quatre colonnes disposées sur six rangs parallèles à l'axe du temple[1]. Chacun de ces rangs de colonnes est surmonté d'architraves qui s'étendent dans toute la profondeur du portique, et qui portent les pierres du plafond, dont tous les soffites sont ornés de sculptures. Sur l'avant-dernier soffite, à gauche en entrant dans le temple, on a représenté un zodiaque. Ce tableau astronomique se voit au premier plan de la perspective représentée pl. 83, *A.*, vol. 1. Il renferme les douze signes du zodiaque : à chaque extrémité, il est terminé et en quelque sorte encadré par une figure allongée, dont le corps occupe toute la largeur du soffite, tandis que, d'un côté, les bras et la tête, et, de l'autre, les jambes s'étendent dans le sens de la longueur du bas-relief. Ce tableau, représenté à l'échelle d'un vingtième, pl. 79, *A.*, vol. 1, et pl. 2 de la collection des monumens astronomiques, est divisé longitudinalement en deux parties égales par une bande d'hiéroglyphes. Les figures de la partie supérieure marchent en général de gauche à droite; et dans la partie inférieure, au contraire, elles marchent toutes de droite à gauche. Pour se faire une idée exacte de la situation de tout l'ensemble, il faut supposer que l'on est transporté sous le soffite que nous avons désigné, et placé en face du mur latéral le plus voisin, situé au sud, de manière à tourner le dos à la plus grande partie du

[1] *Voyez* la pl. 72, fig. 2 et 4, *A.*, vol. 1.

portique. Alors, si l'on met la gravure devant soi, qu'on la prenne par ses deux extrémités, et qu'on l'élève ainsi au-dessus de sa tête, sans cesser de la regarder, on verra toutes les figures dans une position absolument semblable à celle qu'elles occupent. La vue perspective représentée pl. 83 peut encore aider à donner une idée exacte de la position du zodiaque. On remarquera seulement que, dans ce dessin, le spectateur est supposé avoir en avant de lui la plus grande partie du portique, hypothèse contraire à celle que nous venons de faire.

Dans ce zodiaque, où l'ordre des signes est parfaitement bien observé, toutes les figures ont les pieds tournés vers le mur latéral le plus voisin au sud.

Dans la bande inférieure, et près de la façade du temple, sont la vierge, la balance, le scorpion, le sagittaire, le capricorne et le verseau. Le sagittaire est renversé, par rapport aux autres figures. Tous les signes marchent de droite à gauche; à leur suite, est un grand nombre d'autres figures faisant partie du même tableau, qui s'étend jusqu'au fond du portique. Les signes que nous avons nommés, occupent environ les deux tiers de la longueur du tableau, dans la bande inférieure : les six autres signes sont au-dessus des six premiers, et marchent dans un sens inverse; ils sont précédés d'autres figures correspondantes à celles de même nature que nous avons fait remarquer. Ils les suivent dans l'ordre connu, en commençant par les poissons et finissant par le lion. Ces signes sont mêlés à d'autres figures; mais ils sont faciles à distinguer, parce qu'ils sont les seuls qui soient accompagnés d'étoiles sculptées en relief.

Ce tableau, dans la position qu'il occupe, était extrêmement fatigant à dessiner. Les difficultés que nous éprouvions, nous ont fait aisément sentir combien nous devions craindre de commettre de graves erreurs, et nous ont forcés à redoubler de soins et d'attention. Quoique le portique soit extrêmement encombré, cependant nous nous trouvions encore à huit ou neuf mètres du tableau que nous avions à dessiner. En conséquence, nous ne pouvions prendre directement aucune mesure; mais la longueur totale du soffite nous était donnée par la profondeur même du portique, et sa largeur par celle de l'entre-colonnement. Nous avons ensuite partagé notre dessin en deux parties égales dans le sens de la longueur, au moyen de la ligne d'hiéroglyphes qui nous a paru le diviser exactement. Enfin, dans le sens de la largeur, les distances qui existent entre les colonnes, et les dimensions des chapiteaux et des dés, nous ont servi de point de comparaison. Nous avons pu diviser ainsi le tableau en carreaux, dont les plus grands n'avaient que trois mètres sur un mètre et demi environ, et dans lesquels il nous a été facile de placer toutes les figures du bas-relief dans leur position respective.

Néanmoins toutes les heures du jour ne nous étaient pas également favorables pour dessiner; et ce n'est guère que le matin, lorsque les rayons du soleil qui pénétraient dans le portique, étaient reflétés par le sol, que nous pouvions continuer notre travail. La hauteur à laquelle se trouvait le plafond, et sa couleur rembrunie, nous empêchaient quelquefois de distinguer les objets. Ces inconvéniens sont les seules causes de la lacune qui existe dans notre dessin, où l'on voit que les hiéroglyphes de la ligne du milieu ne sont pas représentés : ces caractères sont trop petits, et leurs formes trop altérées par une croûte saline qui les recouvre, pour que nous ayons pu en rendre un compte satisfaisant. Notre dessin a été vérifié sur les lieux, à plusieurs reprises; et pendant le long séjour que nous avons fait à Esné, nous n'avons rien négligé pour lui donner le dernier degré d'exactitude.

§. II. *Zodiaque du temple au nord d'Esné.*

Le portique du petit temple au nord d'Esné renferme huit colonnes disposées sur quatre rangs parallèlement à l'axe du temple[1], et réunies par des architraves qui partent de la façade et s'étendent jusqu'au fond du portique. Ces architraves et les murs latéraux soutiennent les pierres du plafond qui forment soffites; il y a donc cinq soffites qui ont une longueur égale à la profondeur du portique, et la même largeur que les entre-colonnemens.

Ces soffites sont couverts de sculptures; ceux des deux extrémités du portique sont ornés de bas-reliefs représentant un zodiaque[2].

La moitié des signes se trouve à gauche en entrant : ce sont, dans l'ordre suivant, les poissons, le bélier, le

[1] *Voyez* la pl. 85, fig. 1, 2 et 3, *A.*, vol I. la pl. b de la collection des monumens astronomiques.
[2] *Voyez* la pl. 87, *A.*, vol. I, et

taureau, les gémeaux, le cancer et le lion. L'autre moitié des signes est à droite; mais on n'en voit plus qu'une partie, parce que l'affaissement d'une colonne de la façade a entraîné la chute de la moitié du soffite.

Une partie du sagittaire, le capricorne et le verseau sont encore en place.

Dans le soffite à droite en entrant, les figures marchent presque toutes de gauche à droite, le visage tourné vers la façade du portique, et les pieds du côté du mur latéral. Dans le soffite à gauche en entrant, les figures marchent aussi de gauche à droite; mais, comme elles ont en même temps les pieds tournés vers le mur latéral, il s'ensuit qu'elles marchent réellement dans un autre sens que celles du soffite à droite, c'est-à-dire qu'elles paraissent entrer dans le temple, en sorte que les figures des deux tableaux sont opposées tête à tête.

Ces tableaux sont, comme celui du portique d'Esné, partagés en deux parties, dans le sens de la longueur, par une ligne d'hiéroglyphes. Mais ici les deux parties ne sont pas égales : la bande supérieure est beaucoup plus étroite, et ne renferme pas de signes du zodiaque; la bande inférieure, beaucoup plus large, contient, en outre, d'autres figures qui paraissent y être placées sans ordre. Parmi ces dernières, on en retrouve beaucoup de semblables à celles du monument astronomique du grand temple d'Esné.

La pl. 87, *A.*, vol. 1, et la pl. b de la collection particulière des monumens astronomiques, offrent, rapprochés l'un de l'autre, les deux soffites extrêmes du portique. Pour se représenter exactement leur position respective, il faut supposer que l'on est transporté sous le soffite à gauche en entrant, le dos tourné vers le mur latéral du temple, du même côté. Alors, si l'on prend par ses deux extrémités le dessin qu'on aura placé verticalement devant soi, et si on l'élève ensuite au-dessus de sa tête, sans perdre de vue les figures, on mettra les deux tableaux à leur place respective : seulement ils sont séparés l'un de l'autre par l'intervalle qu'occuperaient dans le dessin les trois autres soffites du portique.

On croira facilement que nous avons mis à dessiner ce tableau astronomique, la même exactitude et le même soin que nous avons apportés à copier celui du grand temple d'Esné, puisque l'intérêt était le même.

Ce zodiaque renferme un plus grand nombre de figures. Comme il était mieux et plus long-temps éclairé que celui du temple d'Esné, ce qui provenait de quelques dégradations du plafond, qui permettaient aux rayons du soleil de pénétrer pendant tout le jour dans le portique, nous avons pu le dessiner avec plus de facilité. Cependant il nous a été impossible de copier la ligne d'hiéroglyphes qui le sépare en deux parties. Il manque à peu près la moitié du soffite à droite, qui, ainsi que nous l'avons dit, a été entraîné par l'affaissement d'une des colonnes de la façade. Nous avons ajouté à notre dessin quelques figures de plus que celles qui restent encore en place, en réunissant deux fragmens d'une des pierres du plafond, que nous avons retrouvés à terre. Il n'est pas douteux que l'on ne puisse ainsi rassembler toutes les autres parties de cet intéressant tableau; mais il faudrait beaucoup de temps, et des moyens qui nous ont manqué à Esné. Une chose importante à consigner ici, c'est que nous avons reconnu, à travers les jours que le hasard a laissés entre les pierres amoncelées au pied de l'édifice, des indices certains de tous les signes du zodiaque qu'on ne voit plus au plafond; nous avons remarqué particulièrement l'épi de la vierge, un des plateaux de la balance, et la queue du scorpion.

§. III. *Plafond d'une des salles du temple d'Erment.*

Le temple d'Erment est partagé en deux salles, qui ont l'une et l'autre la même largeur, mais qui sont de longueurs différentes[1]. Ces salles communiquent par une petite porte située à droite dans le fond de la première. Au plafond de la seconde salle, est sculpté le bas-relief dont on voit la représentation dans la pl. 96, fig. 2, *A.*, vol. 1, et dans la pl. C de la collection des monumens astronomiques. Ce bas-relief occupe toute la surface du plafond; il est rapporté à l'échelle de huit centimètres pour un mètre.

Pour se représenter exactement la position des figures, il faut supposer que l'on est au-dessous de ce tableau, le dos tourné vers le fond du temple; alors, en prenant le dessin par ses deux extrémités, et en l'élevant au-dessus de sa tête, on mettra toutes les figures dans la position qui leur convient. La grande figure de femme qui enve-

[1] *Voyez* la pl. 94, fig. 1, *A.*, vol. 1.

loppe tout le tableau, tourne par conséquent le dos au fond du temple, et a les bras et les jambes étendus des deux côtés du plafond. Sur son corps, qui est d'une longueur disproportionnée, sont représentés des disques, devant lesquels des figures sont agenouillées. L'un de ces disques, qui est voisin de la mamelle, renferme une figure debout, tenant un bâton augural, et coiffée de cornes de belier. Au milieu de la longueur, et vers l'extrémité, sont trois disques pareils : on en voit encore deux autres, dont le premier est placé dans l'angle formé par les jambes et le corps de la figure, et le second dans l'angle opposé, entre le visage et les bras. A celui-ci est jointe une aile qui s'étend le long de la figure.

Trois lignes d'hiéroglyphes que l'on n'a pu dessiner, sont placées de chaque côté parallèlement aux bras et aux jambes. Au-dessus de celles qui sont à gauche, est représenté un taureau ; et presque au-dessus de celles qui sont à droite, on voit un scorpion.

Au milieu du tableau, une grande figure est représentée dans une barque : elle paraît marcher avec vitesse. Un de ses bras est étendu en haut et en arrière, l'autre en avant et en bas. Elle regarde derrière elle le taureau, qu'elle paraît fuir. Entre elle et le taureau sont, en haut, un belier placé en travers du plafond, la tête tournée vers le bas du dessin ; au milieu, un scarabée avec des ailes doubles étendues horizontalement ; et en bas, une petite barque dans laquelle est une figure accroupie. Devant la grande figure et presque au-dessous du scorpion qui est un peu à droite, sont, dans la partie supérieure, un épervier avec une tête de belier, et au-dessous, un belier ailé, placé en travers du plafond et la tête tournée vers le haut du dessin.

Les figures du taureau et du scorpion ont beaucoup d'analogie avec celles qui se trouvent dans les zodiaques. Les deux beliers, le scarabée et l'épervier à tête de belier, sont coiffés d'une plume ou d'une palme placée verticalement.

§. IV. *Tableau astronomique peint au plafond du premier tombeau des rois à l'ouest.*

Ce tableau a été dessiné par M. Legentil, avec une exactitude et un soin minutieux [1]. L'explication suivante est tirée des notes qu'il a fournies [2].

« La partie inférieure de la gravure représente le côté du plafond qui est à gauche en entrant, et la supérieure, le côté droit. Le tableau est peint sur un fond concave, légèrement arqué, dont la corde a $3^m,9$; un bandeau de sept décimètres de large et d'environ cinq décimètres de hauteur, en forme de poutre, encadre de chaque côté le tableau dans sa longueur, laquelle est de $8^m,40$.

« Ce plafond est partagé en deux moitiés par deux grandes figures de femmes nues, dont les corps, allongés en forme de règles, occupent la plus grande dimension de la pièce, tandis que leurs bras et leurs jambes se recourbent à angle droit en sens opposé, pour envelopper les tableaux auxquels ils paraissent servir de cadres. Les

---

[1] *Voyez* la pl. d de la collection des monumens astronomiques, et la pl. 82, *A.*, vol. II.

[2] *Voyez* l'Explication des planches, pl. 82, *A.*, vol. II.

contours de ces deux figures sont dessinés avec un trait rouge, et leur carnation est d'un jaune très-foncé. Leurs corps renferment cinq grands disques dont la couleur est rouge-foncé; c'est aussi la couleur de tous les globes qui sont distribués dans ce plafond. Les parties sexuelles sont peintes en noir mat.

« Chaque moitié du plafond est encore divisée en deux parties ou bandes rectangulaires à peu près égales. La première, ou la plus voisine du centre, représente un ciel azuré, parsemé d'étoiles d'un jaune pâle et d'hiéroglyphes très-petits de la même couleur, lesquels semblent placés derrière un réseau dont les lignes se coupent à angle droit; ces lignes sont aussi tracées en jaune pâle [1]. Cette partie est tellement oblitérée par l'humidité qui en a fait tomber les couleurs en plusieurs endroits, qu'on n'a pu en dessiner les détails. La seconde bande est composée d'une suite de personnages peints sur un fond blanc, dessinés à un trait rouge pâle et presque rose, et d'une carnation jaune moins foncée que celle des deux grandes figures; leurs costumes sont rayés en jaune terne. Ils sont symétriquement placés des deux côtés d'un tableau qui paraît être le sujet principal de cette composition, tant du côté gauche du plafond que du côté droit.

CÔTÉ GAUCHE DU PLAFOND.

« La bande inférieure contient une scène composée de trois figures humaines et de sept figures d'animaux.

---

[1]. On n'a pu exprimer, dans la gravure, la couleur jaune de ces lignes.

La plus grande de celles-ci est debout et appuyée sur un vase. Sa tête et son corps ressemblent à ceux du cochon, et sont garnis d'une crinière épaisse et tressée qui descend jusqu'en bas. Les pieds de la figure sont ceux d'un lion; ses bras, ceux d'un homme, ou peut-être d'un singe. Elle porte sur la tête et le dos un grand crocodile, dont la queue s'applique sur sa crinière. Quatre petits hiéroglyphes tracés en jaune pâle, ainsi que plusieurs autres hiéroglyphes de ce tableau, sont devant la gueule de l'animal. En bas est une figure d'homme renversée, à tête d'épervier, armée d'une longue tige qui est dirigée sur la bande où sont les étoiles, et au bout de laquelle est une suite de points détachés qui se prolongent jusqu'au corps de la grande figure.

« Après, et au centre même de la scène, se remarque un taureau tourné dans le même sens que les deux précédentes figures, et posé sur une barre horizontale qu'un homme paraît soutenir de la main droite. En face est un lion couché, et au-dessous de lui un crocodile de taille moyenne, qui regardent les personnages qu'on vient de décrire : sous les pieds de derrière du lion est une troisième figure de crocodile, mais fort petite et reployée sur elle-même. Entre le lion et le crocodile, est un scorpion placé sous la queue même du lion. Enfin, au-dessus de ce dernier, est une figure de femme renversée, qui tourne le dos à la bande céleste.

« A droite de cette scène, est une marche de dix figures humaines debout et à tête d'homme, excepté la cinquième qui a une tête de chacal, la sixième une tête d'ibis, la septième une tête d'épervier. Le dessin fait voir l'attitude, l'action et le costume semblables de ces dix figures, qui regardent vers le milieu du tableau. On y remarquera les différences du nombre de traits que renferment leurs colliers et le bas de leurs draperies; ces traits ont été comptés partout.

« A gauche, on voit neuf personnages qui regardent les précédens, et qui diffèrent tous. Un dixième, placé entre les bras de la grande figure reployée, leur tourne le dos. La première de ces dix figures est une femme; les deux suivantes sont deux hommes à tête de lion, dont le premier paraît plus âgé, etc. On renvoie au dessin pour l'étude de ces neuf figures, qui sont fort dignes*d'attention. Il faut surtout remarquer l'avant-dernière, qui est sans bras, et qui porte deux longues feuilles sur la tête, ainsi qu'une figure de momie qui la précède, dont le corps est blanc, et dont la chevelure, nouée sous le menton, est noire. On doit également noter que, sur le corps des huit premières, on a distribué de petits cercles peints en rouge foncé. Enfin, pour terminer ce qui regarde la gauche de ce plafond, il faut faire remarquer que la grande figure qui l'enveloppe a un disque rouge devant la tête, et devant le nombril, un disque ailé. Plus loin, sont deux petites figures que l'on a crues ressembler à des vases renversés, et qui paraissent plutôt les contours de deux légendes hiéroglyphiques placées, comme c'est l'ordinaire, à côté des colonnes d'hiéroglyphes du tableau; d'ailleurs, il y a au-dessus quelques petits caractères, ainsi qu'on en voit souvent au-dessus de ces légendes.

CÔTÉ DROIT DU PLAFOND.

« La bande de figures qui fait pendant à celle du côté gauche du plafond, est composée d'une manière absolument semblable. Au milieu est une scène principale, à droite et à gauche de laquelle sont neuf personnages debout. On remarque dans cette scène, comme dans l'autre, un lion et un crocodile couchés l'un au-dessus de l'autre; une figure d'homme renversée, tournant le dos à la bande étoilée; un vase de la forme de ceux des puits de Saqqârah, peint en jaune pâle, surmonté d'une tête de taureau et couvert de quelques petites figures tracées légèrement en rouge pâle et presque effacées. Au-dessous, l'on voit un homme qui semble, à l'aide d'un bâton, soutenir le vase de la main droite, et repousser de l'autre le crocodile; un homme à tête d'épervier, renversé horizontalement, armé d'une tige qu'il tourne contre le vase, comme s'il voulait le percer; enfin, une figure à tête et à corps de cochon et à longue crinière, la gueule un peu ouverte, en tout semblable à celle qui a été déjà décrite : elle a la main gauche posée sur la tête d'un petit crocodile, et l'autre main sur un objet de forme triangulaire qui sert aussi à porter l'homme à tête d'épervier. Ce petit crocodile n'est guère plus grand que celui qui est sous les pieds du lion de l'autre scène; mais ici il est fort éloigné du lion.

« A droite et à gauche de cette scène, sont deux

suites de figures qui font pendant à celle de l'autre côté, et qui regardent vers le milieu, mais qui ont de plus sur la tête des globes rouges : elles sont au nombre de neuf, à corps et à tête d'homme, hormis trois qui ont des têtes d'animaux. A gauche, elles sont absolument les mêmes, pour l'attitude et pour tout le reste (à quelques différences près dans le costume), que les neuf premières de la bande qui leur correspond en face : il faut ajouter que la première a dans la main une tige ou une sorte d'épi. A droite, on remarquera que le neuvième personnage de la suite est entre les bras de la grande figure reployée, comme on l'a observé pour la dixième figure de la série qui est parallèle. On y voit encore deux figures qui ont les bras liés ou cachés : dans les mains des deux dernières sont des attributs qu'il n'est guère possible de qualifier. Les quatre premières figures sont séparées des autres.

« La grande figure qui encadre ce côté droit du plafond, a aussi un globe rouge devant la tête : au-devant de la matrice est un scarabée, les ailes déployées, tenant une boule rouge entre les pattes de devant ; il est peint d'une couleur jaune très-foncée, de même que les deux grandes figures. »

§. V. *Zodiaque du portique du temple de Denderah.*

L'emplacement de l'ancienne Tentyris offre des ruines importantes, qui font l'objet d'une description très-étendue. Pour remplir l'objet que nous avons en vue en ce moment, il suffira de dire que le portique du grand temple de Denderah renferme, comme celui d'Esné, vingt-quatre colonnes[1], et que tous les soffites sont couverts de tableaux hiéroglyphiques, qui ont plus ou moins de rapports avec l'astronomie[2]. Les deux soffites extrêmes, surtout, renferment des sculptures qui ne laissent aucun doute sur le sujet qu'elles représentent : on y remarque, en effet, mêlés à beaucoup d'autres figures, les signes du zodiaque[3]. Ces sculptures occupent en entier les deux soffites extrêmes, qui ont vingt mètres seize centimètres de longueur et trois mètres soixante-dix-neuf centimètres de largeur.

Une vue perspective[4], semblable à celle du portique d'Esné, fait parfaitement connaître la position du zodiaque de Denderah; mais on peut s'en faire une idée suffisamment exacte, si, en se transportant par la pensée dans le dernier entre-colonnement du portique à droite, et en regardant la face du mur latéral, on prend par ses deux extrémités le dessin placé verticalement devant soi, et qu'on le ramène horizontalement au-dessus de sa tête : alors la partie du dessin qui est contiguë à la façade du portique, se trouve à droite, et celle qui est dans le fond est à gauche.

Le bas-relief représenté en haut de la planche est sculpté sur le soffite du dernier entre-colonnement, à gauche en entrant dans le temple; et celui qui est au

---

[1] *Voyez* le plan du grand temple de Denderah, pl. 8, *A.*, vol. IV.

[2] *Voyez* les pl. 18 et 19, *A.*, vol. IV, qui présentent l'ensemble et les détails du plafond du portique.

[3] *Voyez* la pl. 20, *A.*, vol. IV, et la pl. e de la collection des monumens astronomiques.

[4] *Voyez* la pl. 30, *A.*, vol. IV.

bas, est la décoration du dernier soffite à droite : l'un et l'autre sont ici figurés au vingtième de leur grandeur réelle. Pour donner à ces dessins toute l'exactitude convenable, on a suivi les mêmes procédés et l'on a eu les mêmes attentions qui ont été indiqués pour le zodiaque du portique d'Esné; seulement, ces bas-reliefs étant plus chargés de détails et se trouvant dans deux entre-colonnemens différens, on a dû redoubler de soins pour conserver à toutes les figures leur position relative. Comme des dessins de cette étendue ne pouvaient être ni terminés dans une seule séance, ni copiés du même point de vue, on a dû, surtout à chaque fois qu'on a repris le travail, se remettre dans une position semblable à celle dans laquelle on l'avait commencé, et s'avancer sur une même ligne droite parallèle à la longueur du temple, en regardant toujours les sculptures du même côté. On conçoit facilement que, sans ces précautions, on aurait été exposé à des méprises inévitables, à des transpositions de figures, et peut-être même à un renversement total, dans le sens de la marche de la plus grande partie des figures. Par exemple, si, après avoir terminé le dessin du dernier entre-colonnement à droite, on eût commencé à copier le bas-relief du dernier entre-colonnement à gauche, sans se mettre, par rapport aux figures de cette seconde bande, dans la même position que l'on avait prise relativement à celles de la première, une erreur sur la situation de la première figure aurait naturellement, et sans qu'on s'en fût aperçu, déterminé une erreur semblable pour toutes les autres. Nous avons pris toutes les précautions qui viennent d'être indiquées, en nous tenant toujours en garde contre les illusions qui pouvaient résulter de la position forcée et très-fatigante que nous étions obligés de prendre pour dessiner des objets qui étaient à plus de douze mètres au-dessus de nous.

Les deux parties du zodiaque sont composées d'une manière semblable. Dans l'une et l'autre, une grande figure de femme paraît envelopper tout le tableau : son corps est de la même longueur que le plafond; ses bras, qui sont passés par-derrière sa tête, où ils ne paraissent avoir qu'une seule et même attache, et ses jambes, terminent le tableau à ses deux extrémités. La disproportion des diverses parties de cette figure ne peut être que de convention, et tout avait sans doute ici un sens qu'il nous est actuellement impossible de pénétrer. Dans l'un et l'autre soffite, cette grande figure a le dos tourné vers le mur latéral le plus voisin, en sorte que les deux ensemble paraissent embrasser tout le plafond du portique. Leur vêtement est très-remarquable. En haut, près de la mamelle, on voit un scarabée, les ailes étendues; au-dessus, on aperçoit plusieurs ornemens qui paraissent plutôt peints que sculptés, et au-dessous une ceinture ornée de fleurs de lotus. Une espèce de guirlande de fleurs de la même plante occupe le milieu de la robe dans toute sa longueur, et la borde par le bas; de chaque côté sont quatre lignes de zigzags qui représentent sans doute de l'eau. C'est ainsi du moins que les Égyptiens ont figuré l'eau qui sort des vases du verseau, et celle qui remplit l'espèce de bassin que l'on voit entre les deux poissons : ils ont représenté à peu près de la même manière les eaux des fleuves, dans les tableaux de batailles que l'on voit encore sur les monumens de Thèbes. Vis-à-vis la bouche de chacune des deux grandes figures symboliques, est un globe avec une seule aile étendue le long des bras. Le reste de chaque tableau est partagé, dans le sens de sa longueur, en deux parties égales, comprises entre trois lignes d'hiéroglyphes. Dans la bande supérieure, on remarque, parmi un grand nombre d'autres figures, six des signes du zodiaque. Dans la bande inférieure, sont des barques montées par d'autres figures symboliques : ces barques sont armées de deux rames qui paraissent figurer des branches de palmier ou des plumes, et dont les poignées sont ornées de têtes d'épervier. Les deux extrémités de chaque barque sont façonnées en forme de fleurs de lotus.

Toutes les étoiles que l'on voit dans les dessins, sont sculptées en relief comme le reste des figures. Il est important de les distinguer d'une multitude d'autres qui ne sont que peintes : car il faut se représenter que toutes les sculptures se détachaient sur un fond bleu, parsemé d'étoiles coloriées en jaune d'or, dont on voit encore une grande quantité dans plusieurs endroits; mais, dans d'autres aussi, elles ont disparu avec la couche bleue qui s'est détachée du plafond, ou qui a été noircie par la fumée des flambeaux qu'on allumait dans le temple. Tout ce que l'on voit d'hiéroglyphes accompagnant les figures a été copié avec exactitude : il était très-difficile de dessiner des caractères aussi petits; et ce n'est qu'à force de soins, et en choisissant les instans du jour où le plafond était le mieux éclairé, que nous sommes parvenus à obtenir les détails que nous donnons. Dans les intervalles que nous avons laissés en blanc, il y avait aussi des hiéroglyphes que nous n'avons pu copier, soit parce que la croûte saline ou la poussière dont ils sont recouverts, nous a empêchés de les distinguer, soit parce qu'ils ont été emportés avec quelques éclats de pierre, comme cela est arrivé pour deux figures entières du bas-relief inférieur de la pl. 20, *A*., vol. IV, et de la pl. e de la collection des monumens astronomiques. Ces accidens paraissent dus aux infiltrations des eaux qui se sont écoulées des maisons de briques bâties dans des temps modernes, et dont il existe encore des ruines sur les terrasses du portique : ils peuvent provenir aussi de coups de fusil qui ont été tirés dans ce portique, et dont on voit des traces au plafond.

Dans le dessin qui est au bas de la planche, on remarquera un scarabée placé à la naissance des cuisses de la grande figure; il n'a qu'une seule aile qui est étendue diagonalement dans le tableau. Les signes du zodiaque représentés dans la première bande sont le lion, la vierge, la balance, le scorpion, le sagittaire, le capricorne. Dans la bande inférieure, on voit dix-neuf figures montées sur des barques.

Le bas-relief gravé en haut de la planche offre, dans la première bande, le verseau, les poissons, le belier, le taureau, les gémeaux représentés par deux personnages qui se donnent la main, et le cancer, qui est en partie engagé dans les jambes de la grande figure. Dans la seconde bande, indépendamment des dix-neuf barques analogues à celles du premier dessin, il y a, du côté des jambes de la grande figure, une vingtième barque beaucoup plus petite que les autres, dans laquelle est placée une fleur de lotus d'où semble sortir un serpent.

A l'angle formé par le corps et les jambes de la grande figure, on voit un soleil lançant des rayons sur une tête d'Isis qui est au-dessus d'un temple. La lumière est figurée par des lignes divergentes de cônes tronqués, dont les diamètres augmentent à mesure que ces cônes sont plus loin du disque du soleil. On trouve la lumière représentée de la même manière sur les parois des soupiraux qui donnent du jour dans les différentes salles du temple de Denderah.

§. VI. *Zodiaque circulaire du temple de Denderah.*

En sortant du portique du temple de Denderah, et en prenant sur la droite pour en faire le tour, on marche sur des monticules de décombres qui, s'élevant par une pente rapide, enveloppent de ce côté le portique jusqu'à une hauteur assez considérable, et le temple proprement dit, jusqu'à la partie inférieure de ces frises richement décorées que l'on voit dans tous les édifices égyptiens. Une ouverture évidemment forcée à travers l'entablement donne accès sur la terrasse du temple. En y pénétrant, on trouve aussitôt, à sa droite, un petit appartement[1] partagé en trois pièces. La première, dans laquelle

[1] *Voyez* la pl. 8, fig. 2, et la pl. 11, fig. 2, *A.*, vol. IV.

on entre, est découverte ; ses murs sont décorés de sculptures parfaitement exécutées : elle a quatre mètres quarante centimètres de longueur, et six mètres quarante centimètres de largeur. On la traverse pour arriver à une seconde salle qui est couverte et qui reçoit le jour par une porte et deux fenêtres à peu près carrées : tous les murs de celle-ci sont décorés de sculptures dont le travail est extrêmement soigné ; on y voit une étonnante profusion de petits hiéroglyphes en relief, qui sont sculptés avec la dernière précision. C'est au plafond de cette salle que l'on trouve le zodiaque représenté pl. 21 [1]. Cette chambre a la même largeur que la précédente, et une longueur de trois mètres cinquante-trois centimètres. La pièce que l'on trouve après celle-là, et dont les dimensions sont à peu près les mêmes, est dans l'obscurité la plus profonde : ses murs sont aussi couverts de sculptures, et son plafond, surtout, offre des sujets qui sont très-bien exécutés, et qui paraissent avoir trait à l'astronomie.

L'ouverture forcée à travers la corniche est le passage qui se présente naturellement aux voyageurs pour arriver sur les terrasses du temple : mais on y monte aussi par un très-bel escalier [2], que l'on ne trouve point d'abord, et auquel on ne parvient que difficilement ; tant est grand l'encombrement de l'intérieur de l'édifice.

La pl. 21 de l'Atlas, *A.*, vol. IV, et la pl. f de la

---

[1] Voyez *A.*, vol. IV, et la pl. f de la collection des monumens astronomiques.

[2] Voyez la pl. 8, fig. 1, 2 et 4, *A.*, vol. IV.

collection des monumens astronomiques, offrent le dessin d'une partie du plafond de la salle intermédiaire de l'appartement que nous venons de décrire. Si l'on suppose que l'on regarde le fond de cette salle, en ayant devant soi le dessin placé verticalement, et si l'on ramène ensuite ce dessin horizontalement au-dessus de sa tête, on le mettra dans une position semblable à celle qu'occupent les objets dont il offre la représentation.

La grande figure qui est à droite de ce dessin, a la tête tournée vers l'extérieur de la salle, et s'étend dans toute la longueur du plafond, qu'elle partage en deux parties égales. C'est un des plus beaux morceaux de sculpture égyptienne que nous ayons trouvés. Cette figure est dans une espèce de niche cylindrique, dont la section perpendiculaire à l'axe serait une demi-ellipse; elle est exécutée presque de ronde-bosse, et placée de manière que ses parties les plus saillantes ne dépassent pas le plan du plafond. Elle n'est pas aussi bien conservée que le dessin la représente; elle a souffert quelques mutilations au bas du ventre, aux bras, à la poitrine, et particulièrement au visage : mais la restauration que nous en avons faite, était bien indiquée. Ses pieds sont encore intacts et du plus beau style. Cette figure est vêtue d'une robe longue et étroite qui descend jusqu'au-dessus des chevilles, et qui laisse apercevoir toutes les formes. Les ornemens de sa coiffure et son collier sont, dans quelques endroits, très-bien conservés. Elle est accompagnée de deux lignes d'hiéroglyphes sculptées en relief, et qui ont été copiées avec le soin que demandaient naturellement leur exécution précieuse et leur conservation parfaite.

Nous n'avons pu dessiner les sculptures qui se trouvent à droite du plafond : elles représentent quatorze disques portés sur un même nombre de barques disposées deux par deux, suivant des lignes parallèles à la largeur du plafond. Ces quatorze barques sont enveloppées par une grande figure, dont les bras, le corps et les jambes occupent trois côtés du tableau.

La pl. 21 offre la décoration de toute la partie du plafond qui se trouve à gauche de la grande figure, par rapport au spectateur entrant dans la salle. On voit que ce qui en fait l'objet principal, est un disque circulaire porté par quatre groupes de deux hommes à tête d'épervier agenouillés, et par quatre figures de femmes debout, qui se succèdent alternativement. Toutes ces figures sont bien ajustées, si l'on en excepte cependant leur position forcée, qui, ainsi que nous l'avons déjà remarqué plusieurs fois, paraît être le résultat de conventions établies. Elles ne manquent pas d'une certaine grâce, et leur action est bien indiquée. A côté de chacune des figures de femmes, sont des hiéroglyphes que nous avons copiés avec le plus grand soin. Une bande circulaire de grands hiéroglyphes enveloppe le médaillon qui renferme les signes du zodiaque. Toutes ces sculptures ont un relief plus ou moins fort : celui des grandes figures est de douze à treize millimètres [1], et celui des hiéroglyphes est moins considérable. Le fond des hiéroglyphes est lui-même en saillie sur celui des grandes figures.

[1] Quatre à cinq lignes.

La disposition que nous venons de décrire, nous indiquait naturellement ce qu'il fallait faire pour obtenir un dessin exact. Nous avons tendu sur le plafond quatre fils, que nous avons fait passer d'un bout à l'autre par le milieu des groupes d'hommes à tête d'épervier et par le milieu des figures de femmes : nous avons ainsi partagé le médaillon en huit secteurs égaux. Nous avons ensuite rapporté sur notre dessin, qui est au cinquième de la grandeur naturelle des objets, ces lignes de construction, et nous avons pu placer avec exactitude toutes les figures dans leurs situations et leurs proportions respectives.

Le premier rang de figures du médaillon est disposé régulièrement dans une bande circulaire concentrique. Toutes les figures ont la même hauteur, et toutes leurs lignes de milieu tendent au centre du tableau : elles ont un relief de cinq à six millimètres[2] sur le fond; elles sont accompagnées d'étoiles et d'hiéroglyphes sculptés aussi en relief. Dans l'intérieur de l'espace renfermé par cette rangée circulaire de figures, on en voit une multitude d'autres qui n'y paraissent pas disposées dans le même ordre ni avec la même régularité. Parmi elles, on distingue les douze signes du zodiaque, distribués sur une espèce de spirale, dont le lion occupe l'extrémité la plus éloignée du centre, et le cancer l'extrémité la plus rapprochée. Cette spirale ne fait qu'une révolution autour du centre; le lion et le cancer sont à peu près sur le même rayon du cercle.

Nous ferons remarquer que, dans l'espace qui est

[2] Deux à trois lignes.

entre le médaillon principal et la grande ligne circulaire d'hiéroglyphes, on voit deux phrases hiéroglyphiques opposées l'une à l'autre, qui se trouvent sur un même diamètre avec le cancer et le capricorne. Deux hiéroglyphes placés dans le même espace, et pareillement opposés l'un à l'autre, se trouvent sur un autre diamètre avec le taureau et le scorpion. De deux côtés seulement, le tableau est bordé par treize lignes de zigzags, qui, comme nous l'avons dit, offrent la configuration de l'eau. Tout le plafond où se voit ce monument astronomique, est noirci par les flambeaux des voyageurs, et probablement aussi par ceux que les anciens Égyptiens allumaient dans la salle, lorsqu'ils se livraient aux exercices de leur culte. Nous n'avons donc pu retrouver aucune trace des peintures qui devaient revêtir, comme partout ailleurs, les sculptures de ce plafond.

RÉSUMÉ ET OBSERVATIONS GÉNÉRALES.

Une description des monumens astronomiques, plus étendue que celle que nous avons donnée, sortirait des limites que nous nous sommes prescrites, et présenterait beaucoup de difficultés. Il faudrait, pour désigner chaque figure, avoir recours à des dénominations incertaines, ou s'assujettir à les décrire individuellement avec tous leurs accessoires; ce que l'on ne pourrait faire sans entrer dans des détails fastidieux. Nous ajouterons seulement quelques observations générales que nous croyons utiles.

Tous les monumens astronomiques sont sculptés aux

plafonds des salles dans lesquelles ils se trouvent. Il paraît certain que c'est la place que les anciens Égyptiens avaient particulièrement consacrée à leurs bas-reliefs astronomiques : cela ne peut être ni un effet du hasard, ni une affaire de convention. La nature même des scènes représentées, et qui étaient censées se passer dans le ciel, obligeait à les placer dans une situation à peu près semblable à celle où on les voyait tous les jours. Dans les tableaux qui décorent les plafonds, toutes les figures ont les pieds tournés vers le mur latéral le plus voisin, et la tête vers le centre de la salle; en sorte que les personnages qui sont des deux côtés de l'axe de l'édifice, sont opposés tête à tête. Les figures renfermées dans les zodiaques participent de cette disposition; et c'est pour cela que, dans le monument astronomique du grand portique d'Esné, les personnages des deux bandes ont les pieds tournés du même côté, comme étant sur le même soffite. On retrouve cette disposition dans le zodiaque circulaire de Denderah, où toutes les figures sont placées dans un même cercle, vers le centre duquel sont dirigées les têtes des personnages.

Les sculptures des plafonds des temples n'ont rien qui les distingue des autres décorations des monumens; et dans ces plafonds, les tableaux qui représentent les zodiaques, ne diffèrent en rien des autres sous le rapport du dessin et de la perfection du travail.

Enfin les bas-reliefs astronomiques sont évidemment du même temps que toutes les autres sculptures des temples dans lesquels ils se trouvent.

Nous terminerons par une dernière remarque : c'est

que les planches des monumens astronomiques ont été gravées sous nos yeux, et que nous avons mis un soin particulier à y conserver l'exactitude scrupuleuse de nos dessins originaux.

FIN DU TOME TROISIÈME.

TABLE

DES MATIERES DU TOME III.

ANTIQUITÉS—DESCRIPTIONS.

	Pages.
CHAPITRE IX. SECTION X, par E. Jomard............	1
DESCRIPTION GÉNÉRALE DE THÈBES......................	Ibid.
Description des hypogées de la ville de Thèbes............	Ibid.
PREMIÈRE PARTIE. *Observations historiques sur les hypogées*.....	Ibid.
§. I.er. Coup d'œil général............................	Ibid.
§. II. Topographie des hypogées, et remarques historiques..	8
§. III. De la nature du sol où les hypogées ont été creusés...	18
§. IV. De l'état actuel des hypogées, et des obstacles qu'on trouve en les parcourant........................	20
DEUXIÈME PARTIE. *Des hypogées sous le rapport de l'art*......	34
§. V. De la disposition des hypogées..................	Ibid.
§. VI. Du système de décoration des hypogées..........	39
§. VII. Des sujets représentés sur les murs des hypogées....	45
Scènes familières.....................................	46
Costumes..	57
Ustensiles domestiques...............................	62
Style des figures....................................	64
§. VIII. Des objets que l'on trouve dans l'intérieur des hypogées.	67
1°. Momies humaines. État des momies, caractère de la physionomie...................................	68
2°. *Momies d'animaux*................................	87
3°. *Sarcophages ou enveloppes des momies, peintures qui les décorent, procédés employés par les peintres*............	95
4°. *Antiques trouvées dans les hypogées*................	103
§. IX. Manuscrits sur papyrus......................	109
§. X. Des briques imprimées, trouvées dans un hypogée....	131
TROISIÈME PARTIE. *Remarques et conjectures appuyées sur les monumens*...............................	135
§. XI. De l'écriture des papyrus....................	Ibid.

TABLE DES MATIÈRES.

Pages.

§. XII. De quelques symboles remarquables parmi les peintures des hypogées... 150
§. XIII. Ressemblance entre les usages des anciens et des modernes habitans de l'Égypte................................. 161
PASSAGES *des anciens auteurs qui ne sont point cités textuellement dans la Description des hypogées*........................ 173

SECTION XI, par M. Costaz.. 181
Description des tombeaux des rois.................................. Ibid.
De la grande grotte ou syringe..................................... 183
Tombeaux des rois.. 189
Catacombe des harpes... 194
Catacombe de la métempsycose....................................... 210
Catacombe astronomique... 215
Sujets divers.. 218

DISSERTATION *sur la position géographique et l'étendue de Thèbes, et Recherches historiques relatives à cette ancienne capitale, par* MM. Jollois *et* Devilliers, *ingénieurs des ponts et chaussées*.. 225
§. Ier. Détermination de la position géographique de Thèbes, résultant de la comparaison des observations modernes avec les témoignages de l'antiquité................ Ibid.
§. II. De l'étendue de Thèbes, et de la nature de ses constructions.. 233
§. III. De l'étymologie du nom de THÈBES, et des différentes dénominations que la première capitale de l'Égypte a portées dans l'antiquité................................. 246
§. IV. Examen d'un passage d'Homère sur la ville de Thèbes.. 249
§. V. Origine et fondation de Thèbes............................ 259
§. VI. Thèbes a été la capitale d'un empire qui ne se bornait pas seulement à l'Égypte..................................... 261
§. VII. Quelles ont été les causes de la splendeur de Thèbes... 265
§. VIII. Des catastrophes que Thèbes a successivement éprouvées.. 270
TEXTES *des auteurs cités*... 275

CHAPITRE X.. 281
Description des antiquités de Denderah, par MM. Jollois *et* Devilliers, *ingénieurs des ponts et chaussées, chevaliers de l'ordre royal de la Légion d'honneur*.................................. Ibid.
§. Ier. Observations générales............................ Ibid.

TABLE DES MATIÈRES.

Pages.

§. II. De l'édifice du nord......................... 293
§. III. De la porte du nord......................... 294
§. IV. Du petit temple ou *Typhonium*............. 298
§. V. Du grand temple............................ 312
ARTICLE PREMIER. *De la forme générale du grand temple, et de son aspect extérieur*................................. Ibid.
ARTICLE DEUXIÈME. *De l'intérieur du portique*......... 320
ARTICLE TROISIÈME. *De l'intérieur du temple proprement dit*. 345
ARTICLE QUATRIÈME. *Des sculptures extérieures du temple*. 371
§. VI. De l'édifice du sud......................... 380
§. VII. De la porte de l'est......................... 382
§. VIII. De l'enceinte de l'est....................... 384
§. IX. Résumé des connaissances que l'on avait sur les temples de *Tentyris* avant l'expédition française......... 389
§. X. Remarques sur l'antiquité des édifices de Denderah.. 393

SUITE DU CHAPITRE X........................... 409

Notice sur les ruines de Qeft et de Qous, par MM. Jollois et Devilliers, ingénieurs des ponts et chaussées, chevaliers de l'ordre royal de la Légion d'honneur...................... Ibid.

§. Ier. Des ruines de *Coptos*, aujourd'hui Qeft......... Ibid.
§. II. Des ruines d'*Apollinopolis parva*, aujourd'hui Qous. 416

APPENDICE AUX DESCRIPTIONS DES MONUMENS ANCIENS, N°. I.. 423

Description des carrières qui ont fourni les matériaux des monumens anciens, avec des observations sur la nature et l'emploi de ces matériaux, par M. De Rozière, ingénieur en chef des mines. Ibid.

PREMIÈRE PARTIE. *Des exploitations de granit*.......... 424
§. Ier. Idée générale des carrières de granit............ Ibid.
Observations sur la composition du granit de Syène....... 427
Dénominations anciennes............................ 430
§. II. Gisement du syénit........................... 432
Des roches mélangées accidentellement au syénit......... 434
§. III. Méthode d'exploitation...................... 438
§. IV. Outils employés par les anciens............... 440
Exploitation des colonnes........................... 442
§. V. Énumération des principaux monumens en syénit ou granit oriental qui se sont conservés jusqu'aujourd'hui en Égypte........................... 447
§. VI. Des dégradations qu'a éprouvées le syénit dans les monumens qui existent encore en Égypte............ 460

TABLE DES MATIÈRES.

	Pages.
APPENDICE aux descriptions des monumens anciens, n°. II.	465
Description des monumens astronomiques découverts en Égypte; par MM. Jollois et Devilliers, ingénieurs des ponts et chaussées.	*Ibid.*
Observations *préliminaires*...	*Ibid.*
§. Ier. Zodiaque du portique d'Esné...........................	470
§. II. Zodiaque du temple au nord d'Esné....................	473
§. III. Plafond d'une des salles du temple d'Erment........	476
§. IV. Tableau astronomique peint au plafond du premier tombeau des rois à l'ouest..	478
Côté gauche du plafond..	479
Côté droit du plafond..	482
§. V. Zodiaque du portique du temple de Denderah.......	483
§. VI. Zodiaque circulaire du temple de Denderah..........	489
Résumé *et observations générales*.....................................	494

FIN DE LA TABLE.

BARREAU FRANÇAIS.

COLLECTION
DES CHEFS-D'OEUVRE
DE L'ÉLOQUENCE JUDICIAIRE
EN FRANCE

Par Omer Talon, Denis Talon, Patru, Lemaître, Pélisson, Erard, d'Aguesseau, Cochin, Montesquieu, Gerbier, Loyseau de Mauléon, Dupaty, Elie de Beaumont, Lally-Tolendal, Linguet, Beaumarchais, Servan, Mirabeau, Lachalotais, Target, Portalis, Duveyrier, Bergasse, Courvoisier, Lacretelle, Siméon, etc., etc. (*Ancien Barreau*).

Et par Bellart, Berryer, Billecocq, Bonnet, Berville, Chauveau-Lagarde, Dufin, Ferrere, Guichard, Hennequin, Lainé, Manuel, Marchangy, Mauguin, Quecquet, Ravès, Romiguière, Trinquelague, Trifier, Vatesmenil, etc., etc. (*Barreau moderne*).

RECUEILLIE PAR MM. CLAIR ET CLAPIER,
AVOCATS.

DEUX VOLUMES ONT DÉJÀ PARU,
LE TROISIÈME SERA MIS EN VENTE INCESSAMMENT.

L'ouvrage paraîtra par souscription; un volume in-8°, sur très-beau papier, toutes les six semaines.

Le prix de chaque volume est de SIX FRANCS, et de HUIT FRANCS franc de port par la poste.

La Collection formera SEIZE volumes; il n'en sera pas publié un seul au-delà; huit volumes pour l'ancien barreau et huit pour le barreau moderne. L'éditeur s'engage formellement à donner *gratis* le dix-septième et les suivans, s'il les publiait.

Ce Recueil présentera cet avantage, que, pour une somme modique, on pourra se procurer des ouvrages qui, achetés séparément, coûtent des sommes considérables, et que souvent même on ne peut plus retrouver.

La souscription est ouverte chez l'éditeur C. L. F. Panckoucke, rue des Poitevins, n° 14, et chez tous les libraires de la France et de l'étranger.

Chaque volume sera de 450 à 500 pages, imprimé sur très-beau papier des Vosges, des fabriques de M. Desgranges.

www.ingramcontent.com/pod-product-compliance
Lightning Source LLC
Chambersburg PA
CBHW050555230426
43670CB00009B/1136